KB010126

이제부터는
공정채용이다

채용담당자와 구직자 모두를 위한 **공정채용 A to Z**

이제부터는
공정채용이다

초판인쇄 | 2024년 1월 5일
초판발행 | 2024년 1월 10일
공 저 자 | 김면식, 김순호, 이선옥, 이승철, 최승규
펴 낸 이 | 박 용
펴 낸 곳 | (주)박문각출판
표지디자인 | 서동옥
디 자 인 | 박수은
등 록 | 2015년 4월 29일 제2015-000104호
주 소 | 06654 서울특별시 서초구 효령로 283 서경 B/D
전 화 | (02)6466-7202

이 책의 무단 전재 또는 복제 행위를 금합니다.

ISBN 979-11-6987-599-8   정가 25,000원

저자와의
협의하에
인지생략

이제부터는 공정채용이다

채용담당자와 구직자 모두를 위한 **공정채용 A to Z**

김면식 · 김순호 · 이선옥 · 이승철 · 최승규 공저

채용전문가 5인이
"공정채용"에 명쾌하게 답하다!

공정채용의
실제 적용에 대한
최초 안내서

기업도 구직자도
성공하는 과학적
공정채용 프로세스

도표와 사례를 통한
선발전형별
채용 노하우 수록

박문각

"

이현주 CJ 수석

치열한 경쟁 환경에서 살아남기 위해 수많은 지원자들 사이에서 적합한 인재를 넘어 최고 인재를 선발하기 위한 기업들의 다양한 시도와 노력은 필연적인 과정일 것이다. 그 결과, 불필요한 정보를 걷어내고 해당 직무에서 필요로 하는 역량과 지원자가 보유한 능력만을 제대로 판단하기 위해 NCS 기반 채용방식이 도입됐다. 여기에 블라인드 채용을 넘어 채용 절차, 평가 기준 등의 공정성까지 요구되면서 역량중심채용에 대한 요구가 한층 더 높아지고 있다.

이처럼 채용의 중요성과 난도가 높아지는 상황에서 이 책은 공정채용, 과학적 선발 시스템, NCS 등 채용담당자가 채용을 제대로 설계하고 실행할 수 있도록 채용의 A to Z를 다뤘다. 즉, 가장 필요한 때 가장 의미 있는 내용을 선보인 것이다. 채용담당자들은 이 책의 내용을 책 속의 텍스트로만 보는 데서 그치지 않고, 본인이 속한 기업에서 채용의 본질적 취지를 잘 실현할 수 있도록 직접 따라하며 적용해 보길 바란다. #]

김범석 기고만장 대표

채용규모가 지속적으로 축소되고 있는 상황에서, 요즘 만나는 채용담당자들은 "이럴 때일수록 지원자들을 분별할 수 있는 유의미한 선발도구가 더욱 간절하다."고 입을 모아 이야기한다.

이런 시기에 새로운 선발도구를 제시하기보다는 채용담당자가 기존의 선발도구를 제대로 활용할 수 있도록 가이드를 주는 이 책의 출간 소식은 매우 반갑다. 이 책은 기존에 존재했던 역량평가에 초점을 맞추고 이를 제대로 활용할 수 있는 구체적·현실적 방안을 제공하고 있기 때문이다. 특히 공정채용에 대한 전반적인 이해는 물론 채용·선발과정의 설계, 직무 설명자료 및 평가도구의 개발방법 등 채용실무에 직접 적용할 수 있는 내용을 구체적으로 서술하고 있다는 점에서 훌륭한 책이다. #2

이재형   농협대학교 인사·조직전공 교수

"만약 한 사람을 적절히 배치하는 데 4시간을 들이지 않는다면, 그 실수를 만회하는 데에는 400시간이 들 것이다."
현대경영학을 창시한 경영학의 대가 피터 드러커의 말이다. 하지만, 실제 사람을 잘못 채용하면 400시간이 아닌 무한대의 비용이 발생한다. 그럼에도 불구하고 실제 기업들은 여전히 사람을 뽑는 데 충분한 시간을 들이지 않고 있다. 채용은 최대한 신중하게 천천히, 해고와 퇴사는 빨리 진행해야 하는데, 실제로는 그 반대로 성급하게 빨리 사람을 뽑다가 잘못 채용해 비용은 비용대로 부담하면서 사람 문제로 전전긍긍하는 경우가 많다.

"회사가 교육 비용을 많이 쓴다는 것은 그만큼 채용에 소홀했다는 반증이다."
"회사와 관리자들이 인사평가에 고민이 많다는 것은 그만큼 채용에도 소홀했고, 교육훈련도 제대로 하지 않았다는 얘기이다."
"구성원들에게 줄 수 있는 최고의 복지는 보고 배울 게 많은 최고의 동료를 채용하는 것이다. 이는 회사에 적합한 인재 채용이 중요하고 필요한 이유이기도 하다."
이 역시도 교육훈련, 인사평가, 복리후생 등 다른 그 어떤 것보다 모집과 선발에 이르는 채용이 중요하다는 말이다.

이러한 가운데, 우리 회사에 적합한 인재를 제대로 잘 뽑을 수 있는 방법을 다룬 책이 출간돼 소개한다. 이 책은 학벌과 학력, 만들어진 스펙이 아닌 직무능력에 초점을 맞춘 능력중심채용으로 선발과정을 설계하고 평가도구까지 직접 개발해 운영하는 방법을 알려준다. 기업의 채용담당자가 이 책을 잘 활용해 실무에 도움을 받고, 우리 사회가 직무중심 사회로 나아가는 데에도 일조하기를 바란다. #3

이상돈 사람인 상무

이 책은 공정채용의 일부가 아닌 전체를 다루고 있다. 적어도 이 책을 읽어본 채용담당자라면 공정채용이 단순히 평가도구를 객관적으로 적용하는 것만을 이야기하지 않는다는 것을 알 수 있을 것이다. 즉, 적합한 인재를 선발하기 위해 전반적인 채용 프로세스를 점검하고 과학적인 선발도구를 개발·운영하는 모든 과정이 공정채용이라는 것을 알 수 있다.

나아가 이 책은 실제 채용과정에서 알아야 할 채용단계별 진단방법과 평가도구의 개발 요령뿐 아니라 고용브랜드에 이르기까지 채용실무에 필요한 실속 있는 지식들을 고스란히 담아내고 있다. 이는 공정채용을 활용하고자 하는 채용담당자들에게 좋은 길라잡이가 돼줄 것이다. #4

신일용 인크루트 본부장

공정한 채용과 관련된 쟁점들은 매년 단골 이슈로 떠오르고 있다. 이 책은 채용과정에서 편견이 개입돼 지원자를 불합리하게 차별하지 않고, 오로지 지원자의 직무능력으로만 평가해 인재를 채용하는 과정을 소개한다.

공정채용은 피할 수 없는 기업의 과제이자, 조직문화를 형성하는 첫 단추라고 할 수 있다. 이를 위해 현재도 다양한 채용도구들이 개발·연구되고 있으며, 기업에서도 직무중심 인재선발을 통해 적합한 인재를 채용하고자 노력하고 있다. 이 책은 이러한 직무중심채용에 필요한 내용들을 집대성했다. #5

어수봉 한국기술교육대학교 명예교수

요즘 채용담당자는 힘들다. 가뜩이나 지원자 모집도 어려운데 블라인드 채용이니 공정채용이니 또, MZ세대를 위한 다양한 채용 서비스를 제공하라고 하니 뭘 어떻게 해야 할지 당황스러울 것이다. 정부가 능력중심 채용모델 사업과 공정채용 컨설팅 사업 등 채용과 관련한 여러 지원 사업을 벌이고는 있지만, 시간적 문제와 현실적인 경영 환경을 고려하면 기업이 선뜻 이러한 사업에 참여하기는 어려운 일이다.

이 책은 바쁜 와중에도 새로운 채용 트렌드를 익히고 활용하고자 하는 채용담당자를 위해 만들어졌다. 구체적으로 채용담당자에게 필요한 채용·선발과정의 설계, NCS 기반 직무기술서와 입사지원서의 개발, 그리고 서류 및 면접전형에서 활용할 수 있는 평가도구의 개발과 운영 등 채용의 전 과정에 대해 자세히 안내해 준다. 또한, 채용절차법을 기반으로 채용담당자가 직접 기존의 채용제도를 진단하고 채용과정에서 개선할 사항을 도출할 수 있도록 도왔다. 나아가 기업의 이미지 제고 차원에서 고용브랜드를 통한 직원가치제안(EVP)과 불합격자에 대한 피드백 서비스 등 MZ세대의 니즈에 부합하는 최신 채용 트렌드도 소개하고 있다. 각각의 내용은 모듈 형태로 구성돼 독자가 필요한 내용만을 선택해 볼 수 있도록 했으며, 실제 채용에서 참고할 만한 다양한 사례를 제공해 활용도를 높였다.

"人事가 萬事다."라는 말이 있다. 다양한 경영 환경에서 조직에 적합한 인재를 선발하는 것이 그만큼 중요하고 어렵다는 뜻이다. 기업이 이 책을 활용해 공정채용으로 인재를 선발한다면, 우리 사회가 공정한 사회로 발전해 나가는 데에도 기여할 수 있을 것이다. #6

이 책은 채용담당자를 위한 일종의 '공정채용 운영 매뉴얼'이다. '공정채용'이란 채용과정에서 불합리한 차별을 야기할 수 있는 지원자의 출신지·가족관계·학력·외모 등 개인적 편견요인은 제외하고, 오로지 직무능력만으로 지원자를 평가해 채용하는 것을 의미한다. 여기서 '직무능력'이란 직무수행에 필요한 능력으로, 이 책에서는 일반적으로 기업에서 활용하고 있는 역량 기반 채용 이외에, NCS(National Competency Standards·국가직무능력표준)를 활용한 NCS 기반 능력중심채용의 평가방법들을 소개하고자 한다.

공정채용이 왜 필요한가? '공정성'을 최우선적 가치로 여기는 MZ세대들의 불공정 채용관행에 대한 불신을 해소함으로써 청년들이 본격적으로 사회에 진출하고, 기업이 공정한 채용을 통해 유능한 인재를 확보할 수 있는 발판을 마련하는 것이 국가적으로 중요한 과제이기 때문이다.

이와 관련해 정부적 차원에서 고용노동부는 공정채용을 국정과제로 추진하고 있으며, 최근 국회에서는 「채용절차의 공정화에 관한 법률」을 「공정채용에 관한 법률」로 개정하는 내용의 '채용절차의 공정화에 관한 법률 전부개정법률안'을 발의함으로써 채용의 공정성과 투명성을 높이고자 노력하고 있다. 특히 이 개정법률안은 부정채용 행위 금지 조항, 공정채용에 대한 정부의 지원 근거, 채용에 관한 기본법으로 기능할 수 있는 규정 등을 신설함으로써 공정하고 투명한 채용절차를 확립하고자 했다.

공정채용은 기업 측면에서 직무중심 인재선발을 통한 체계적 채용제도를 구축해 직무 재교육·조기 퇴사율 등 전반적 채용비용을 절감시킬 수 있으며, 차별적 채용이 기업 경쟁력의 저해요소라는 인식을 유도할 수 있다. 나아가 지원자의 취업준비 비용을 줄이고 불공정 채용관행에 대한 사회적 불신을 해소할 수도 있다.

공정채용이 제대로 운영되기 위해서는 먼저 채용인원·채용일정·선발절차 등 채용 프로세스에 대한 정보를 지원자에게 투명하게 공개해 채용과정에서 지원자의 혼란을 방지하고, 공고한 내용에 따라 채용을 운영해야 한다. 또한 개인의 배경 등 직무와 무관한 편견요소를 제외하고 직무역량과 발전가능성 등 직무능력을 중심으로 평가해야 하며, 지원자와 기업이 모두 공감할 수 있는 채용문화를 형성할 수 있도록 지원자의 피드백을 반영한 채용제도를 마련하는 등의 노력이 필요하다.

이 책은 기업의 채용담당자가 공정채용을 실제 기획하고 운영하는 데 참고할 수 있도록 매뉴얼(Manual) 방식으로 구성됐다. 구체적으로 본문 총 9부를 통해 공정채용의 이해 – 기존 채용제도 진단 – 채용·선발과정의 설계 – 직무설명자료의 기능과 개발 – 고용브랜딩 – 평가도구의 개발 – 구조화면접의 평가와 운영 – 직업기초능력의 평가 – 탈락자 불합격 피드백 운영 순으로 채용의 전 단계를 설명하고자 했다.

그리고 부록에서는 채용절차법 외 고용 관련 법률, 채용담당자를 위한 AI 챗봇 활용, 자기소개서·면접 질문 예시, 시뮬레이션 면접 과제 예시를 제시했다. 이를 통해 기업의 채용담당자가 직접 자사의 채용제도를 진단할 때 필요한 참고자료를 찾아보기 쉽게 했으며, 입사지원서의 자기소개서 문항부터 면접전형의 질문과 과제를 직접 개발할 수 있도록 도움을 주고자 했다(자세한 내용은 차례를 참조).

특히 이 책은 공정채용을 실제로 기획하고 운영할 때의 모든 과정을 모듈(Module) 방식으로 구성해 독자가 책의 전체 내용을 다 읽어보지 않아도 필요한 내용만을 찾아볼 수 있도록 했다. 또한, 실제 공공기관이나 공기업의 다양한 신입사원 선발의 사례들을 기반으로 작성돼 기업의 채용담당자가 채용을 기획하고 적용하는 데 좋은 참고자료가 될 것으로 생각한다.

아무쪼록 이 책이 공정채용을 도입하려는 많은 기업들의 채용담당자들과, 공정채용 프로세스를 잘 알지 못해 취업에 어려움을 겪는 구직자들에게 명쾌한 해답을 제시해줄 수 있길 바란다.

차례

제1부 **공정채용의 이해**

1. 공정채용이란 · 15
2. 공정채용의 3요소 · 17
3. 공정채용 도입을 위한 수행과제 · 21
4. 공정채용의 도입유형과 효과 · 28

제4부 **직무설명자료의 기능과 개발**

1. 선발과정에서 직무설명자료의 기능 · 71
2. 직무분석의 이해 · 74
3. NCS 분류체계를 활용한 직무설명자료 개발 · 76
4. 직무분석 방법론을 활용한 직무설명자료 개발 · 90

제2부 **기존 채용제도 진단**

1. 채용제도 진단의 필요성과 방법 · 33
2. 채용단계별 진단 · 35
3. 채용절차법 준수사항 진단 · 38
4. 타사 벤치마킹하기 · 44
5. 채용 진단결과에 따른 개선방안 · 46

제5부 **고용브랜딩**

1. 고용브랜드란 · 99
2. 고용브랜딩의 기대효과 · 101
3. 직원가치제안 · 104
4. 고용브랜드 구축 프로세스 · 107
5. 채용단계별 고용브랜딩 활용 · 114

제3부 **채용·선발과정의 설계**

1. 신입직원 선발기준 수립에 대한 논의 · 51
2. 과학적 선발시스템의 구축방안 · 58
3. 선발방법의 개발 · 61
4. 선발의 타당화 과정 · 64
5. 인사선발의 타당도 · 66

제6부 **평가도구의 개발**

1. 입사지원서의 구성요소와 평가 · 119
2. 자기소개서 항목의 개발과 평가 · 126
3. 직무수행능력 평가문항의 개발 · 131
4. 면접전형의 이해와 평가과제 개발 · 136
5. 면접관 교육(평가자 교육) · 155

제7부 **구조화면접의 평가와 운영**

1. 구조화면접의 이해 · 165
2. 면접 평가요소의 구조화 · 170
3. 면접 평가방법의 구조화 · 175
4. 면접관 유의사항 · 184

제9부 **탈락자 불합격 피드백 운영**

1. 불합격 사유 피드백이란 · 293
2. 불합격 사유 피드백 항목과 효과적인 전달 · 295
3. 불합격 사유 피드백의 운영절차 · 299

제8부 **직업기초능력의 평가**

1. NCS 직업기초능력과 선발 매트릭스 · 189
2. 의사소통능력 · 196
3. 수리능력 · 210
4. 문제해결능력 · 217
5. 자기개발능력 · 226
6. 자원관리능력 · 233
7. 대인관계능력 · 244
8. 정보능력 · 259
9. 기술능력 · 264
10. 조직이해능력 · 272
11. 직업윤리 · 281
12. 직무수행능력 평가를 위한 제언 · 287

부록

채용절차법 외 고용 관련 법률 · 306
채용담당자를 위한 AI 챗봇 활용 · 310
자기소개서 · 면접 질문 예시 · 313
시뮬레이션 면접 과제 예시 · 315

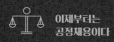

**이제부터는
공정채용이다**

Chapter 01	공정채용이란
Chapter 02	공정채용의 3요소
Chapter 03	공정채용 도입을 위한 수행과제
Chapter 04	공정채용의 도입유형과 효과

제 1 부

공정채용의
이해

○
○
●

공정채용이란 채용의 전 과정에서 지원자에게 정보를 '투명'하게 공개하고, 공개된 내용대로
채용과정을 운영하며, 직무와 무관한 편견요소가 아닌 '능력'을 중심으로 평가함으로써
지원자와 기업이 모두 '공감'할 수 있는 채용방식을 말한다. 채용담당자는 채용·선발과정에서
공정채용을 알맞게 도입함으로써 기업의 경쟁력을 강화하고 지원자의 업무 이해도를 높이는
한편, 궁극적으로는 국가나 사회에 대한 신뢰도를 제고할 수 있다.

공정채용이란

공정채용이란 채용의 전 과정에서 지원자에게 정보를 '투명'하게 공개하고, 공개된 내용대로 채용과정을 운영하며, 직무와 무관한 편견요소가 아닌 '능력'을 중심으로 평가함으로써 지원자와 기업 모두가 '공감'할 수 있는 인재채용 방식을 의미한다.

여기서 투명채용이란 채용인원·일정·선발절차 등 채용 프로세스에 대한 정보를 지원자에게 투명하게 공개함으로써 채용과정에서 지원자의 혼란을 방지하고, 공고한 내용에 따라 운영하는 채용을 말한다. 그리고 능력중심채용이란 개인의 배경 등 직무와 무관한 편견요소를 제외하고, 직무역량과 발전 가능성을 중심으로 평가하는 채용을 말한다. 마지막으로 공감채용이란 지원자와 기업이 모두 공감할 수 있는 채용문화 형성을 위해 지원자의 피드백을 반영한 채용제도를 마련하는 등 기업의 채용 자율성과 지원자의 권익 보호 간에 조화를 도모하는 채용을 말한다.

[그림 1.1] **공정채용의 3요소**

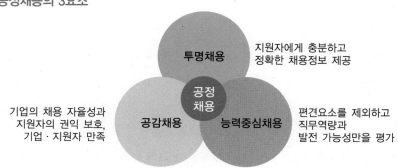

출처: 고용노동부·한국산업인력공단·국가직무능력표준원, 『2023 공정채용 컨설팅 가이드북』, 2023, p.6

그렇다면 공정채용이 필요한 이유는 무엇일까?

첫째, 채용의 공정성에 대한 사회적 요구가 증가하고 있기 때문이다. 채용과정에서 지원자들은 공정한 평가를 받아야 마땅하지만, 빈번히 발생하는 불공정한 채용비리가 불신을 초래하고 있다. 이에 따라 채용상 차별금지에 대한 법적 요건이 권고적 성격에서 처벌을 동반한 의무적 성격으로 점차 강화되는 추세이다.[1]

둘째, 우수인재 채용을 통한 기업의 경쟁력 강화가 필요하기 때문이다. 직무능력과 무관한 학벌, 외모 위주의 선발은 우수인재 선발 기회를 빼앗아 기업의 경쟁력을 약화시킬 우려가 있다. 이에 기업의 채용과정에서 차별적 요소를 없애고 직무능력 중심으로 선발함으로써 우수인재를 확보할 수 있도록 공정채용을 도입·확산할 필요가 있다.

셋째, 사회적 비용을 절감하기 위해서이다. 편견에 기반한 차별적 채용은 우수인재의 선발을 저해하고, 외모 지상주의나 학벌주의 등을 심화시켜 불필요한 사회적 비용을 늘린다. 따라서 학연, 지연, 혈연에 의한 채용관행에서 벗어나 채용에서의 공정성을 높여 사회의 신뢰 수준을 제고할 필요가 있다.

공정채용은 편견요소를 요구하지 않는 대신 직무수행에 필요한 '능력'과 '역량'을 평가해 선발하는 방식이다. 실제 채용과정에서도 직무수행에 필요한 지식·기술·태도(인성 포함)를 평가요소(평가항목 및 평가기준)로 활용, 과학적 선발기법을 통해 평가한다. 이때 과학적 선발기법이란 직무분석을 통해 도출된 평가요소를 서류전형, 필기전형, 면접전형 등 신뢰성과 타당성이 갖춰진 채용단계에서 체계적으로 평가하는 것을 말한다. 대표적인 과학적 선발도구로는 ▷입사지원서(자기소개서 포함) ▷직업기초능력 및 직무수행능력 평가, 인성검사 등의 필기시험 ▷경험면접(또는 과거행동면접), 상황면접, 시뮬레이션 면접 등의 구조화면접이 있다.

요약하면, 공정채용은 기업의 채용담당자가 과학적 선발기법들을 채용·선발과정에서 활용할 때 편견이 개입되는 요소들을 배제하고 직무수행에 필요한 능력과 역량을 서류전형, 필기전형, 면접전형 등에 적용·평가하는 것이라 할 수 있다.

1　직무수행과 무관한 개인정보를 요구하거나 채용의 공정성을 침해하지 못하게 하는 개정된 「채용절차의 공정화에 관한 법률(약칭: 채용절차법)」이 2020년 5월 26일부터 상시 30명 이상의 근로자를 사용하는 사업장을 대상으로 시행됐다. 단, 국가와 지방자치단체의 공무원 채용은 이 법의 적용 대상이 아니다.

공정채용의 3요소

투명채용

공정채용에서 투명채용이란 모집부터 결과 발표까지 채용의 전 과정에서 지원자에게 충분하고 정확한 채용정보를 제공함으로써 절차의 투명성을 보장하는 것이다. 예를 들면, ▷채용공고 시 직무요건 및 채용인원·선발절차 관련 투명한 정보공개 ▷면접시간 및 진행방법·면접관에 대한 사전 안내 ▷면접 후 결과 발표 일정·방법 및 이후 진행절차에 대한 정보제공 등이다. 투명채용을 통해서는 다음의 세 가지 효과를 얻을 수 있다. 첫째, 절차적 투명성을 확보함으로써 지원자로 하여금 직무능력에 기반한 공정한 평가를 받았다는 믿음을 형성, 평가결과에 대한 수용성과 기업에 대한 신뢰도를 향상시킬 수 있다. 둘째, 지원한 회사와 직무에 대한 지원자의 이해도를 향상시키고 정보의 불균형을 완화해 채용과정의 합리성을 제고할수 있다. 셋째, 채용에 필요한 자격 이상의 불필요한 스펙 쌓기를 방지해 지원자의 취업 부담과 사회적 비용을 감소시킬 수 있다.[2]

채용절차법상 투명채용의 주요 내용을 살펴보면, 정당한 사유 없이 일방적으로 채용공고의 내용을 지원자에게 불리하게 변경해서는 안 되며, 채용 이후에도 근로조건을 채용공고의 내용보다 불리하게 변경해서는 안 된다고 명시하고 있다. 만약 이를 어겼을 경우 「채용절차법」 제4조 제2항(거짓채용광고 금지)에 대한 위반으로 과태료가 부과될 수 있다. 또한 채용과정을 고지하는 과정에서 일정이 지연되는 등의 사정이 생길 경우 그 변경된 사실을 반드시 지원자에게 알려야 한다. 만약 이를 알리지 않으면 「채용절차법」 제8조(채용일정 및 채용과정의 고지) 위반에 해당된다는 점에 주의해야 한다.

---

2   출처: 고용노동부·한국산업인력공단·국가직무능력표준원, 「2023 공정채용 컨설팅 가이드북」, 2023, p.7

능력중심채용

　　공정채용에서 능력중심채용이란 채용과정에서 편견이 개입돼 불합리한 차별을 야기할 수 있는 출신지역·가족관계·학력 등의 인적사항 요구를 금지하고, 직무능력을 중심으로 지원자를 평가·채용하는 방식을 말한다. 이를 위해서는 채용직무에 필요한 수행준거(Performance Criteria)를 설정해 관련 지식·기술·태도 등을 도출한 뒤, 이를 선발기준으로 공지하고 각 전형단계별 평가도구를 개발해야 한다.

능력중심채용을 위해서는 먼저 직무 및 조직적합도에 관련한 정보들로 채용공고문을 구성하고, 직무수행에 필요한 자격요건·교육사항·경험 및 경력 관련 내용으로 입사지원서와 자기소개서·경험 및 경력기술서 양식을 개발해야 한다. 그리고 입사지원 전 지원자들에게는 채용공고문 등을 통해 수행할 직무에 대한 직무분석 및 직무설명자료를 제공해야 한다. 이후 지원자들을 평가할 수 있는 전형단계별 평가도구를 개발해야 하는데, 구체적으로 ▷직무수행에 필요한 자격이나 교육·경험과 경력 등을 측정할 수 있는 서류전형 평가도구 ▷직무수행에 필요한 지식이나 기술을 평가할 수 있는 필기전형 평가도구 ▷직무수행 태도를 평가할 수 있는 면접전형 평가도구 등이다. 이때 면접전형에서는 직무역량 중심의 구조화된 평가방식을 통해 지원자의 직무역량과 발전 가능성을 신뢰성·타당성 있게 측정할 수 있어야 한다. 특히 평가의 오류와 왜곡된 판단을 방지하기 위해 채용담당자·면접관·CEO 등을 대상으로 평가자 교육을 실시하는 한편, 객관성을 확보하기 위해 2인 이상의 다수로 구성된 면접관이 평가에 참여하도록 해야 한다.

　　한편, 능력중심채용과 관련해 채용절차법에서는 직무와 무관한 개인정보(출신지역 등)의 수집을 금지하고 있다. 구체적으로 「채용절차법」 제4조의3은 출신지역 등 개인정보 요구 금지를 명시하고 있으며, 이를 위반할 경우 과태료가 부과될 수 있으므로 주의해야 한다.

> **참고** **[1.2] 채용절차법**
>
> 채용절차법이란 지원자의 외모·출신지역 등의 입사지원서 기재를 금지하는 「채용절차의 공정화에 관한 법률」의 약칭으로, 직무 중심의 공정한 채용을 목적으로 2020년 5월 6일 개정 시행됐다.
> 주요 내용으로는 구인자가 지원자에게 직무수행과 관련 없는 신체적 조건(키·체중), 출신지역, 혼인 여부, 재산, 직계 존비속 또는 형제자매의 학력·직업·재산을 기초심사자료에 기재하도록 요구하거나 입증자료로 수집하는 것을 금지한다. 이를 위반할 경우 그 위반 횟수에 따라 300~500만 원의 과태료가 부과된다. 또한, 채용에 관한 부당한 청탁이나 압력, 강요 등을 하는 행위 및 채용과 관련된 금전, 물품, 향응 또는 재산상의 이익을 제공하거나 수수하는 행위를 금지함으로써 채용의 공정성을 확보하도록 했다.
> 다만, 연구인력을 채용하는 경우는 2022년 11월 3일 개정된 『공공기관 블라인드 채용 가이드라인(고용노동부)』에서 주무부처 장이 직무수행에 필요하다고 인정하는 정보의 범위(학위취득기관·연구수행기관·추천서 등)를 별도로 정할 수 있다고 명시함에 따라 기관별 인사위원회 또는 이에 준하는 심의·의결기구를 통해 블라인드 채용 기준 제외 대상을 결정할 수 있도록 규정했다. 이 경우 별도로 수집되는 정보의 종류·범위 및 구체적 이유 등은 채용공고 또는 직무기술서에 명시·안내돼야 한다.

[표 1.2-1] 채용절차법상 능력중심채용 위반 사례

구분	위반 여부	사유
입사지원서 작성 시 기재되는 인적사항(성명·주소·연락처 등), 병역사항	×	인적사항과 병역사항은 본인 확인 및 지원 자격요건을 확인하기 위해 요구되는 정보이며, 전형위원에게는 공개되지 않음
각종 증명서 내 성명, 출신학교명 등	×	전형위원에게 공개되는 자료 아님 – 단, 각종 증명서를 추가서류에 첨부해 제출하는 경우 블라인드 채용 위반
경력사항 중 직장명, 직위 등	×	경력사항은 블라인드 채용에서 규제하고 있는 항목에 해당하지 않음
추가서류 중 CV(이력서), 수상실적, 논문 증빙 등	○	지원자를 특정할 수 있는 정보가 기재되어 있는 경우 블라인드 채용 위반 – 단, 해당 내용을 지우고 제출하는 경우 블라인드 채용 위반이 아님
자기소개서, 직무기술서 내 개인을 특정할 수 있는 정보	○	• 출신학교: 논문의 지도교수, 위치, 특징(상징물 포함) 등 • 출신지역: 본인의 출신지역 또는 출신지역을 유추할 수 있는 내용 등 • 성별: '군복무(사병) 경험, 여성과학자, 장녀(장남), 누나, 여고시절'과 같이 성별 혹은 성별을 유추할 수 있는 내용 등

공감채용

　공정채용에서 공감채용이란 지원자와 기업이 모두 공감할 수 있는 채용문화 형성을 위해 지원자의 피드백을 반영한 채용제도를 마련하는 등 기업의 채용 자율성과 지원자의 권익 보호 간에 조화를 도모하는 것을 말한다. 이는 지원자들이 공감할 만한 자사의 강점과 차별점을 고용브랜딩 요소로 활용함으로써 우수인재 유인전략으로 쓰이는 한편, 지원자에게는 기업에 대한 다양한 정보 획득의 기회를 제공할 수 있다. 특히 공정한 과정과 그에 따른 보상을 중시하는 MZ세대에게 공감채용은 입사지원을 결정하는 중요한 요소 중 하나로 꼽힌다.[3]

3　출처: 고용노동부·한국산업인력공단·국가직무능력표준원, 「2023 공정채용 컨설팅 가이드북」, 2023, p.12

[표 1.2-2] 공감채용의 실천 사례

구분	내용
자발적인 채용정보 제공	• 자사에 관심이 있는 지원자에게 자발적으로 채용정보를 제공하는 '채용공고 알리미' 운영 • 필기시험 출제 범위·비중, 면접유형별 배점·시간·형태까지 공개함으로써 지원자가 채용시험에 대해 상세히 파악하고 준비할 수 있도록 함
불합격 사유 피드백	채용에 불합격한 지원자에게 단순히 채용 결과만을 고지하는 것이 아니라, 불합격 사유 피드백을 함께 제공해 줌으로써 지원자가 채용 결과에 대해 공감할 수 있게 함 **(지원자)** 불합격한 구직자의 채용 결과에 대한 수용성을 높이고 취업준비 과정에서 부족한 점을 파악하게 해 발전 가능성 제고 **(기업)** 불합격자를 잠재적 고객으로 확보하고 기업 이미지를 제고할 수 있으며, 피드백 제공을 위한 채용과정 분석 결과는 향후 채용 프로세스 개선에 활용할 수 있음
면접관 품질관리 평가제도 도입	• 지원자의 입장을 고려한 면접관 품질관리평가제도 도입 • 채용과정에서 지원자만 평가받는 것이 아니라 면접관의 공정채용 위반요인 여부(차별적 요인이나 사적인 질문 여부 등)도 평가, 이를 면접관 구성에 반영하고 면접 중 지원자들에게 불쾌한 일이 생기지 않도록 방지
채용절차 만족도 조사	• 채용절차 전반에 대한 만족도 설문조사를 실시해 보완사항 체크 • 신규 입사자 인터뷰를 통해 지원자의 니즈를 파악한 후 다음 채용에 반영
공인 어학성적 유효 인정기한 연장	지원자의 부담을 완화하기 위해 채용 시 요구하는 공인 어학성적 유효 인정기간을 2년에서 5년으로 확대 **(제도 도입 효과)** 지원자의 심리적·경제적 부담을 완화할 뿐 아니라, 지원자의 어려움을 공감하는 기업의 이미지 제고 가능

출처: 고용노동부·한국산업인력공단·국가직무능력표준원, 『2023 공정채용 컨설팅 가이드북』, 2023, p.13

공정채용 도입을 위한 수행과제

기업이 공정채용을 도입하기 위해서는 채용설계단계부터 지원자 모집·선발에 이르는 각 전형단계, 즉 서류전형·필기전형·면접전형별로 수행해야 할 과제들이 어떤 것인지 정확히 이해하고 체계적으로 관리해야 한다. 공정채용에서 전형단계별 도입 목적 및 주요 내용을 정리하면 다음 표와 같다.

[표 1.3-1] **공정채용의 전형단계**

전형단계	목적	주요 내용
채용설계	직무의 내용 및 직무수행에 필요한 능력 구체화	• 기업 규모와 상황을 고려해 전형을 설계하고, 전형별로 차별이나 편견이 개입될 가능성이 있는 평가요소를 배제 • 채용대상 직무의 내용 및 직무수행에 필요한 능력(지식·기술·태도 등)을 도출·정의하고, 지원자가 충분히 이해할 수 있도록 직무기술서 개발
모집공고	직무기술서 등과 같은 채용직무에 대한 사전 설명자료 제공	• 모집공고에 차별이나 편견요소로 지원자격을 제한하는 내용이 포함돼 있는지 확인 • 채용직무의 구체적인 직무내용 및 필요능력(역량)을 모집공고문 또는 직무기술서 등을 통해 사전에 설명자료 제공 • 성별, 연령, 신체조건, 학력 등에 대한 정보가 직무수행과 연관이 있는 경우 그 이유를 모집공고문 및 입사지원서 등에 명시
서류전형	직무 연관성이 없는 차별 및 편견 요소 제거	• 입사지원서에 차별이나 편견을 유발할 수 있는 인적사항(출신지, 가족관계, 연령, 학력, 출신학교 등)은 요구 금지 • 입사지원서는 직무와 연관성이 있는 교육·훈련, 자격, 경험(경력) 등 실제 직무수행과 관련된 능력만을 작성 요구 • 사회형평적 채용을 위해 국가유공자, 장애인, 지역인재 등에 대한 정보가 필요한 경우에만 입사지원서에 작성 요구

필기전형	직무수행에 필요한 능력을 평가할 수 있는 필기전형 실시	• 차별 또는 편견유발 항목을 기준으로 응시자격 제한 금지 • 직무수행에 필요한 지식, 기술 등을 필기시험으로 구성해 평가 • 필기전형의 공정성을 확보하기 위해 사전에 필기시험 과목 및 평가방식 등을 공개
면접전형	블라인드 면접과 구조화된 면접의 활용	• 차별이나 편견을 유발하는 항목을 포함한 개인의 신상정보를 사전에 면접관에게 제공하지 않아야 함 • 면접관은 지원자에게 차별이나 편견에 입각한 질문을 해서는 안 됨 • 직무능력 평가를 위한 구조화된 면접(경험·상황·발표·토론면접 등)을 통해 공정한 평가를 실시 • 면접관에게 블라인드 면접에 대한 사전교육 실시

직무분석단계

공정채용 프로세스에 따른 수행과제의 첫 번째 단계는 바로 직무분석이다. 이 단계에서는 직무능력 선정과 직무분석이 이뤄져야 한다. 직무능력은 기업의 인재상과 채용직무에 대한 내부자료(직무기술서, 직무명세서, 역량사전 등) 또는 국가직무능력표준(이하 NCS) 등을 활용해 관련 능력들을 도출·정의한 것이다. 이렇게 도출·정의된 평가요소들은 각 채용단계별로 직무능력 관련 평가항목을 선정하고, 객관적 평가를 위한 평가기준을 개발하는 데 쓰인다. 이때 평가요소로서의 직무능력은 역량(Competency)과 유사한 개념으로, 지식(Knowledge)·기술(Skill)·인지능력(Cognitive ability)·태도(Attitude)·인성(Personality) 등을 포괄한다. NCS에서는 직업기초능력과 직무수행능력이 이에 해당된다.

채용설계단계

그 다음은 채용설계단계로, 일정·비용·채용 프로세스 등의 계획을 수립하고 전형방법 및 절차와 관련한 선발전형을 설계한다. 여기서는 서류전형 - 필기전형 - 면접전형 각 단계별로 편견 유발요소를 검토한 뒤 제외하는 것이 중요하다. 이때 현행 법령의 규정, 차별에 대한 사회적 인식, 채용직무에 필수적인 조건인지 여부, 사업상 필요성 등을 고려해 선발평가 시 제외할 요소를 결정한다.

[표 1.3-2] **선발단계별 편견요소의 제외**

선발단계	직무능력과 평가요소 평가방법		편견요소 제외
	능력중심채용 평가요소		
서류전형	• 직무와 관련된 교육사항, 경험사항, 자격증, 경험 및 경력사항에 대해 정량평가 • 자기소개서 항목에 대해 정성평가	+	채용단계별 편견이 개입되는 요소, 즉 성별, 연령, 출신학교, 신체조건, 종교 등 직무와 관련 없는 항목에 대한 질문 및 평가 금지
필기전형	• 직무수행과 직접적으로 관련된 지식, 기술 등을 객관식 필기시험 또는 논술(보고서 작성)시험 등을 통해 정성평가 • 직무수행과 관련된 개인의 성격 및 조직적합성 검사 실시 • 직무수행에 공통적으로 요구되는 직업기초능력 필기시험 실시		
면접전형 (실기 포함)	• 직무수행과 관련된 전문성, 태도, 행동 등을 구술면접(경험·상황면접) 방식으로 평가 • 직무수행과 관련된 과제를 부여하고 과제 수행 과정에서의 행동이나 태도를 관찰하는 시뮬레이션(GD, PT, RP, IB 등) 면접방식으로 평가		

이와 관련해 채용과 관련된 5대 법률은 모든 국민의 기본적인 인권과 평등권을 보장하는 헌법을 바탕으로 채용과정에서의 차별금지 항목을 구체적으로 규정하고 있다. 이때 채용에서의 차별이란 합리적인 이유 없이 '성별, 나이, 장애, 학력, 출신학교, 출신지역, 외모' 등 직무와 직접적인 관련이 없는 지원자의 개인적인 특성을 기준으로 특정 지원자를 우대·배제·차별하거나 불리하게 대우하는 경우를 의미한다.

[표 1.3-3] **5대 법률에서 정하는 차별금지 항목**

법률	차별금지 항목
고용정책기본법	성별, 임신 또는 출산, 장애, 연령, 사회적 신분, 종교 등
남녀고용평등과 일·가정 양립 지원에 관한 법률	성별, 임신 또는 출산 가능성, 출산 이력 등
고용상 연령차별금지 및 고령자고용촉진에 관한 법률	연령(연령차별 금지, 연령정보 요구 금지)
장애인차별금지 및 권리구제에 관한 법률	장애인(장애에 따른 차별 금지, 불필요한 장애 관련 정보 요구 금지)
국가인권위원회법	성별, 종교, 장애, 나이, 사회적 신분, 출신지역, 출신국가, 출신민족, 용모 등 신체조건, 혼인 여부, 임신 또는 출산, 가족형태 또는 가족상황, 인종, 피부색, 사상 또는 정치적 의견, 형의 효력이 실효된 전과, 성적 지향, 학력, 병력 등

공정채용에서는 서류전형, 면접전형 등의 채용과정에서 이들 법률에서 정한 항목들을 요구하지 않도록 권고한다. 고용노동부도 채용단계에서 출신지역(본적), 가족사항 등을 채용의 모든 단계에서 요구하지 않을 것을 권장하고 있다. 다만 사진의 경우 서류전형 이후 필기 또는 면접전형에서 본인 확인을 위해 필요한 때에만 요구할 수 있다. 또한 성별, 신앙, 연령, 신체조건, 사회적 신분, 학력, 출신학교 등은 '직무에 필수적인 조건인지'를 기준으로 포함 여부를 결정할 것을 권하고 있다.

그러나 ① 기업이나 직무의 특성상 반드시 필요한 자격요건에 해당하는 경우 ② 이미 존재하는 차별을 개선하기 위해 특정 지원자를 우대하는 경우(사회형평적 채용, 적극적 고용개선조치 등) 등의 합리적인 이유가 있으면 차별로 보지 않는다.
①에서 직무상 필요한 조건에 해당되는지를 판단하기 위해서는 그 조건에 따라 직무의 본질적인 의무를 수행할 수 있는지를 고려해야 한다. 예를 들어 성별의 경우 환자 도우미나 기숙사 사감 등의 직무에서는 필요조건이 되지만, 육체노동이 상당하다는 이유로 여성을 배제하거나 섬세함의 필요성 등을 이유로 남성을 배제하는 것은 직무상의 필요조건을 충족하지 못한다.

[그림 1.3] **채용상 제외요소 판단기준**

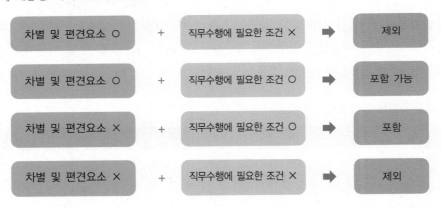

②에서는 이미 존재하는 차별의 개선이나 지역균형발전 등 사회적 목적을 위해 특정 성(여성), 지역(지역인재), 학력(고졸) 등의 소지자를 우대하기 위한 개인정보 요구가 가능하다. 그러나 해당 정보 요구 시 관련 법령 및 목적을 입사지원서에 분명하게 명시해야 한다.

[표 1.3-4] 채용단계별 주요 편견요소

구분	채용공고	입사지원서	면접전형
성별	직무 연관성이 없음에도 불구하고 특정 성별을 지원자격으로 한정	입사지원서 작성 시 성별에 따라 다른 기재항목 작성, 구비서류 제출 등을 요구	성별에 따라 면접방식이나 질문 문항을 달리하거나, 평가에 있어 점수배점 등을 차별
신앙	직무 연관성이 없음에도 불구하고 특정 종교를 지원자격으로 우대	입사지원서에 종교에 대해 작성 요구	특정 종교에 대한 편파적인 질문 및 평가로 점수배점 등을 차별
연령	직무 연관성이 없음에도 불구하고 지원자격을 일정 연령 이하 또는 이상으로 제한	입사지원서에 연령을 식별할 수 있는 생년월일, 주민등록번호, 학교 입학 연도, 졸업 연도 등을 작성 요구	면접과정에서 지원자의 나이를 묻거나 나이에 대해 긍정 또는 부정적인 견해를 언급
신체조건	직무 연관성이 없음에도 불구하고 외모, 신장, 체중, 시력 등의 신체조건을 지원자격으로 우대 또는 제한	입사지원서에 사진을 요구하거나 직무수행과 관련 없는 신장, 체중 등 신체조건에 대해 작성 요구	면접과정에서 용모 및 신체조건에 대해 질문하거나 긍정 또는 부정적인 견해를 언급
사회적 신분	직무 연관성이 없음에도 불구하고 전과 등을 이유로 지원자격을 제한	입사지원서에 전과자, 탈북자 등 사회적 신분을 작성 요구	면접관들에게 지원자의 신원조회 결과 등을 제공하는 경우
출신지역	직무 연관성이 없음에도 불구하고 출신지역을 지원자격으로 제한	입사지원서에 출신지, 본적 등을 작성 요구	면접과정에서 출신지역이나 본적에 대한 질문을 하는 경우
학력·출신 학교	직무 연관성이 없음에도 불구하고 지원자격을 특정 학력 이상 또는 이하로 규정	입사지원서에 직무에 필수적인 조건이 아님에도 학력, 출신학교 등을 기재하도록 하는 경우	면접과정에서 직무수행에 필요하지 않은 학력, 출신학교 등을 질문하는 경우
혼인·임신	직무 연관성이 없음에도 불구하고 결혼이나 임신 여부 등을 지원자격으로 제한	입사지원서에 결혼 여부, 자녀 유무, 임신 여부 등의 개인정보를 요구하는 경우	면접과정에서 결혼 여부, 임신 여부 등을 질문하는 경우
가족관계		입사지원서에 가족과 관련된 사항에 대해 작성하도록 요구	면접과정에서 가족관계, 재산, 직업 등에 대해 질문하는 경우

평가도구 개발단계

　이상에서 설명한 채용·설계 과정에서 선발전형별 편견 유발요소를 제거한 이후에는 선발전형별 평가도구를 개발해야 한다. 먼저 채용직무의 내용·수준 및 직무요건 등을 명시한 '직무기술서'를 개발한다. 그리고 채용분야·지원자격·근무조건·채용절차 및 일정을 중심으로 한 '채용공고'를 개발한다. 다음으로 입사지원서, 자기소개서, 경험 및 경력기술서 등의 '서류전형 평가도구'와 직무수행 및 직업기초능력을 평가할 수 있는 '필기전형 평가도구'를 개발한다. 마지막으로 면접전형에서 활용할 상황·경험면접 등의 구술면접과 토론·발표면접 등의 과제면접 평가도구를 개발해야 한다.

선발전형 운영 및 평가단계

　선발전형별 평가도구의 개발이 완료된 후에는 실제 선발전형을 운영 및 평가해 최종 채용의사를 결정할 수 있다. 이상의 내용을 전체적으로 정리하면 다음 표와 같다.

[표 1.3-5] 공정채용 도입을 위한 채용단계별 주요 활동

프로세스	세부 프로세스	주요 활동
직무분석	직무능력 선정	직무체계 검토, 직무분류
	직무분석	국가직무능력표준(NCS) 및 데이컴(DACUM) 활용 직무분석

⬇

프로세스	세부 프로세스	주요 활동
채용설계	채용계획 수립	일정, 비용, 채용 프로세스 등 계획
	선발전형 설계	전형방법, 전형절차 등 설계
	편견 유발요소 배제	선발전형별 편견 유발요소 검토 후 제외

⬇

프로세스	세부 프로세스	주요 활동
평가도구 개발	직무기술서 개발	채용직무 내용, 수준 및 직무요건
	채용공고 개발	분야, 전공, 지원자격, 채용인원, 근무조건, 채용절차 및 일정
	서류전형 개발	입사지원서, 자기소개서 등 서류전형 평가도구
	필기전형 개발	직무수행능력 및 직업기초능력 평가도구(인·적성검사)
	면접전형 개발	상황면접, 경험면접, 토론면접, 발표면접 등 평가도구

⬇

프로세스	세부 프로세스	주요 활동
선발전형 운영 및 평가	채용공고	채용직무 내용, 직무요건, 직무능력 공고
	서류전형 운영	입사지원서, 자기소개서 등 지원자 평가
	필기전형 운영	직무관련성 높은 시험·검사로 지원자 평가
	면접전형 운영	구조화된 도구를 사용해 지원자 평가
	선발전형별 평가	서류전형, 필기전형, 면접전형 평가

⬇

채용의사 결정

출처: 고용노동부·한국산업인력공단·국가직무능력표준원, 『2023 공정채용 컨설팅 가이드북』, 2023, p.10

공정채용의 도입유형과 효과

공정채용의 도입방식은 채용규모, 기업 및 직무의 특성에 따라 다양하다. 각 선발단계 전형별로 살펴보면, 먼저 서류전형에서는 (학력이나 학점·전공·어학성적 등의 제한 없이 지원할 수 있는) 무서류전형과 블라인드 입사지원서 등을, 면접전형에서는 블라인드 면접과 블라인드 오디션 등을 활용할 수 있다. 필기전형의 경우 지원자의 인적 특성에 대한 식별이 어렵기 때문에 대체로 블라인드 채용의 의미를 내포하고 있다고 할 수 있다.

[표 1.4] **블라인드 채용의 유형**

채용단계	유형	주요 내용
서류전형	무서류전형	채용을 진행하는 과정에서 최소한의 인적사항(이름·연락처 등)만 포함한 입사지원서를 접수하고, 온라인 테스트나 과제·제출물 등에 대해 평가하는 방식
	블라인드 지원서	입사지원서와 자기소개서에서 불합리한 편견이나 차별을 유발할 수 있는 항목(출신지·가족관계·사진·성별·연령·학력·출신학교 등)을 요구하지 않고, 직무 관련 사항만을 요구하여 평가하는 방식
면접전형	블라인드 면접	면접관에게 입사지원서·자기소개서 등 일체의 사전자료를 제공하지 않거나, 사전자료를 제공하되 불합리한 차별이나 편견을 유발할 수 있는 항목을 포함하지 않는 방식 * 면접 도중에도 차별을 유발할 수 있는 개인 신상 등을 질문하지 않아야 함
	블라인드 오디션	사전에 일체의 자료나 정보를 제공하지 않으며, 오디션 방식으로 지원자의 재능을 자유롭게 보여 주도록 하고, 그 과정을 관찰하여 직무수행능력을 평가하는 방식

그렇다면 공정채용을 도입했을 때 어떠한 효과가 있을까? 이는 크게 기업적 측면, 개인적 측면, 사회적 측면으로 구분할 수 있다.

먼저 기업적 측면에서는 블라인드 채용을 통해 구성원의 다양성과 창의성이 높아져 기업의 경쟁력이 강화된다. 기업이 블라인드 채용을 통해 편견을 없애고 직무능력을 중심으로 선발하는 경우, 직원들의 구성이 이전보다 다양해진다. 다양한 생각과 의견은 기업의 창의성을 높이며, 결과적으로 기업의 경쟁력 강화로 이어진다.[4] 실제로 미국의 대기업 127개를 조사한 결과, 이사회 내 성별·인종이 다양할수록 기업의 성과(ROA·ROI)가 증가한 것으로 나타난 연구 결과도 있다.[5]

개인적 측면에서 직무능력에 따른 적합한 인재의 선발은 개인의 이직률을 줄이고 만족도를 높일 수 있다. 사전에 구체적이고 상세한 직무요건을 공개하면 직무에 적합한 지원자가 더 많이 몰리면서 허수 지원이 줄어들 것이기 때문이다. 이는 또한 입사한 직원들의 직무 이해도를 높임으로써 업무효율이 증대되고 결과적으로 만족도가 높아지는 결과를 낳는다.

마지막으로 사회적 측면에서는 기업이 채용과정에서 불합리한 차별을 하지 않고 실력에 의해 공정하게 평가할 것이라는 믿음을 제공한다. 다시 말해 지원자들이 평등한 기회와 공정한 선발과정을 경험하게 되면 궁극적으로는 국가나 사회에 대한 신뢰도를 높이는 데도 긍정적 영향을 미칠 것이다. 이에 더해 직무 중심의 선발을 실시하면 지원자들은 취업에 필요한 스펙(On Spec)만을 준비하면 되고, 소모적이고 목적이 없는 불필요한 스펙(Over Spec)은 쌓지 않아도 되기 때문에 취업에 필요한 사회적 비용을 줄일 수 있다.

---

4 블라인드 채용의 유래와 관련해 추가적인 사례를 설명하면, 1970년대 토론토 심포니 오케스트라(TSO)는 거의 모든 연주자가 백인 남성들로 구성됐었다. 그러던 어느 날 TSO는 구성원의 다양성 문제가 있음을 인식하고, 1980년 예비 회원 오디션에서 선발전략을 변경했다. 바로 연주자와 평가자 사이에 스크린을 놓은 것이다. 선발위원이 평가할 수 있는 요소는 오로지 지원자가 연주하는 음악뿐이었다. 그 결과, 모두 백인 남성 단원이었던 TSO는 절반의 여성과 남성, 그리고 훨씬 더 다양한 인종으로 구성됐다. 이는 그들이 원하는 소리는 물론 다양성을 얻게 되는 결과를 가져왔다.

5 Niclas L.Erhardt · James D.Werbel · Charles B.Shrader, 「Board of Director Diversity and Firm Financial Performance」, 「Corporate Governance: An International Review」, 2003.

이제부터는
공정채용이다

Chapter 01　채용제도 진단의 필요성과 방법

Chapter 02　채용단계별 진단

Chapter 03　채용절차법 준수사항 진단

Chapter 04　타사 벤치마킹하기

Chapter 05　채용 진단결과에 따른 개선방안

제 2 부

기존 채용제도
진단

○
○
●

채용제도는 공정성을 중시하는 사회적 요구의 변화, MZ세대 등 지원자 특성의 변화,
기업의 경영 환경 변화 등에 따라 지속적으로 바뀌고 있다. 이러한 상황에서 기업은
기존 채용제도에 대한 진단을 통해 이전 채용제도의 문제점을 명확히 인식하고,
이에 대한 해결책을 제시함으로써 변화하는 채용제도의 흐름에 맞춰 채용의 질과 성공률을
높일 수 있다.

채용제도 진단의 필요성과 방법

채용제도는 사회적 요구, 지원자 특성, 기업 경영환경 등에 따라 그 흐름이 지속적으로 변해 왔다. 예컨대 ▷블라인드 채용 ▷능력중심채용 ▷공정채용 ▷공감채용 등 점점 진화하고 있는 채용방식과 함께 이를 효과적으로 운영하기 위한 법 개정 작업도 부단히 이뤄지고 있다. 이러한 환경에서 각 기업들은 지속적으로 변화하는 새로운 흐름에 맞춰 적합한 인재를 확보하기 위해 부단히 노력 중인데, 이를 위해서는 먼저 이전의 채용제도에 대해 현황 진단을 하는 것이 필수적이다.

채용제도 현황 진단이란 기업에서 새로운 구성원을 영입하기 위한 제도나 프로세스의 현재 상태를 정확하게 파악하고 분석하는 것을 말한다. 기업은 이를 통해 다음과 같은 이점을 얻을 수 있다.

첫째, 문제점을 명확하게 인식할 수 있다. 현황 진단을 통해 기업에서 운영되는 채용제도의 강점과 약점, 기회와 위협, 장단점과 위험 등을 파악할 수 있으며, 이를 바탕으로 문제점의 원인과 영향을 분석하고 해결해야 할 사항에 대한 우선순위를 정할 수 있다.

둘째, 적절한 해결책을 제시할 수 있다. 현황 진단을 통해 기업이나 조직의 목표와 비전, 전략과 방향, 문화와 가치 등을 이해하고 이를 기준으로 개선해야 하는 사항이 무엇인지 명확히 구분하고 제시할 수 있다. 여기에 문제점에 맞는 최적의 해결책에 대한 실행 계획까지 수립할 수 있다.

셋째, 채용과정에서 이뤄지는 성과를 측정하고 평가하기 위한 기반을 마련할 수 있다. 즉, 현황 진단을 통해 향후 이뤄져야 하는 채용의 성과지표와 기준, 측정방법과 평가방법 등을 확인하고 마련할 수 있다. 또한 개선안의 효과와 효율, 지원자 만족도, 채용제도의 지속성 등을 측정 및 평가할 수 있다. 이렇듯 채용제도 현황 진단은 가장 먼저 기본적으로 이뤄져야 하는 중요한 단계로, 정확한 현황 진단은 기업채용의 품질과 성공률을 높일 수 있다.

채용제도 현황 진단은 기업이 보유한 채용 관련 규정 분석, 담당자 인터뷰를 통한 채용 프로세스 파악, 직무체계를 바탕으로 한 채용분야 분석, 최근 실시한 채용과정 및 결과 분석, 채용 관련 법령(채용절차법) 준수 여부 분석 등을 통해 할 수 있다. 또한 유사 업종 및 규모를 가진 기업의 채용현황이나 채용단계별 우수사례를 벤치마킹해 기업의 이슈에 적용할 수 있는 포인트를 찾을 수 있다. 그리고 이러한 진단을 통한 결과물로 시사점과 개선방향을 도출해야 한다.

[표 2.1] 채용제도 현황 진단방법 및 내용

진단방법	내용
기존 채용현황 분석	• 채용 관련 기업 내 문서자료, 직무전문가(SME) 인터뷰 등을 통해 채용현황 분석 예 전형방법, 채용분야 구분, 직무체계, 고용브랜딩 등 • 채용 관련 사내규정 분석 예 인사규정, 인사규정 시행규칙 등 • 최근 실시한 채용절차 및 결과에 대한 분석 • 채용 관련 법령(채용절차법) 준수 여부 분석
타사 벤치마킹	• 기업 규모, 산업분야, 주요 채용직무 등의 유사도를 바탕으로 타사 벤치마킹 실시 • 채용단계별 우수사례를 보유한 기업을 벤치마킹 * 구체적 우수사례는 『공감채용 가이드북』(고용노동부, 한국산업인력공단) 참고

⬇

| 시사점 및 개선 방향 도출 | • 현행 채용제도의 한계점을 보완·개선할 수 있도록 채용제도 개선(안) 작성
• 개선 과제의 중요도와 기업의 상황에 따른 우선순위를 선정해 단기·중기 과제로 구분 |

채용단계별 진단

　채용은 확보하고자 하는 분야에 적합한 인재를 선발하는 것이다. 그러나 선발하기 이전에 중요한 단계가 있는데, 바로 '모집'이다. 기업은 모집을 통해 채용분야에 우수한 역량을 가진 지원자가 많이 지원할 수 있도록 해야 한다. 아무리 경쟁률이 100 대 1이더라도 연관성이 없는 지원자가 대다수라면 이 모집은 실패한 것이며, 제대로 된 선발도 이뤄질 수 없다. 그래서 채용은 모집과 선발이 모두 중요하며, 이에 전 과정에서 현황 진단을 하는 것이 필요하다.

　채용하고자 하는 분야에 적합한 지원자가 모이도록 하는 첫 단계가 '채용공고'이다. 공정채용을 위해 채용공고단계에서 현황 진단을 하는 방법에는 여러 가지가 있다. 우선 채용분야, 채용분야 관련 정보, 선발인원, 자격요건 등 필수적인 정보가 공고문에 제시돼야 한다. 이는 지원자의 입장에서 봤을 때 깜깜이 채용으로 여겨지지 않게끔 하기 위한 것이다. 특히 채용분야의 업무내용, 필요 역량, 자격증 등을 명확하게 제시함으로써 허수 지원자를 줄이는 노력도 필요하다. 또한 공고문의 차별금지 법률 저촉 및 우대법률 준수 여부, 가산점과 우대사항 등의 충분한 고지 여부를 확인해야 한다. 이후 채용 진행과정에서 공고문과 다르게 변경된 사항이 있는지도 체크해야 한다.

　서류접수단계에서는 지원자를 위한 편의 제공과 개인정보 보안이 잘 이뤄질 수 있도록 해야 한다. 우선 지원자의 궁금증 해소 또는 민원조치를 위한 담당자의 연락처 및 도움창구가 마련돼 있는지 확인해야 한다. 또한, 원서접수 기간이 지원자가 충분한 시간을 갖고 지원할 수 있을 정도로 설정돼 있는지도 진단해야 한다.

서류전형단계에서는 공정한 평가가 이뤄지도록 하기 위해 선입견을 줄 수 있는 지원자의 정보가 평가위원에게 제공됐는지, 외부 평가위원을 활용했는지, 자격·경력 등의 증빙서류가 자격요건 등 공고 기준과 부합하는지 등을 확인해야 한다. 또한 응시원서와 제출서류에서 가족관계, 신체조건 등 편견을 유발할 수 있는 정보를 요구하고 있는지도 점검해야 한다.

필기전형단계에서는 문제 보안, 약자에 대한 편의 제공, 관리감독이 철저히 이뤄져야 한다. 이를 위해 문제 유출 방지와 외부인 무단침입 통제 여부, 필기시험 감독관을 대상으로 한 사전교육 실시 여부를 확인해야 한다. 또한 장애를 가진 지원자가 필기시험에 응할 경우 이에 대응할 수 있는 편의서비스가 준비돼 있는지도 점검해야 한다.

면접전형단계에서는 면접을 구조화하고 오류를 줄이기 위해 노력해야 한다. 이를 위해 면접시간과 면접 선발기준 및 검증을 위한 질문이 잘 구성되고 진행됐는지 확인해야 한다. 또한, 평가오류를 줄이기 위해서는 평가자 교육이 진행됐는지와 평가자에게 제공되는 자료가 편견을 줄 수 있는지를 점검해야 한다.

합격자 결정단계에서는 합격자 결정에 대한 정확성과 합격자 발표 이후의 지원자 편의를 높이기 위해 노력해야 한다. 이를 위해 합격자 결정의 채용기준 준수 여부와 발표 진행의 준수 여부를 확인해야 하며, 불합격자에 대한 불합격 사유 고지 및 이의제기 절차에 대해 점검해야 한다.

[표 2.2] 채용단계별 진단 체크리스트

채용단계	체크리스트	진단결과	
		적	부
채용공고	지원자는 공고내용을 기준으로 지원을 준비하므로, 채용과 관련된 필수적인 정보는 공고문에 제시		
	채용 시 차별금지 관련 법률 저촉 여부, 사회적 약자 우대법률 준수 여부 검토		
	채용공고는 가능한 복수의 매체를 통해 게시		
	지원자가 준비할 수 있게 미리 공고하고, 공고문에 명시한 대로 채용 진행		
	공고문의 내용은 원칙적으로 변경 불가능하며, 부득이한 경우에 한하여 변경 또는 재공고		
	변경 또는 재공고를 실시할 때 지원자에게 불편함이 없도록 충분히 고지		
	합격자 결정과 관련한 가산점과 우대사항은 공고문에 명시		

서류접수	지원자의 궁금증 해소 또는 민원사항 조치를 위한 담당자 연락처, 원서접수 도움창구 제시		
	응시원서 작성 및 제출서류 준비에 소요되는 시간을 감안하여 원서접수 기간을 충분히 설정		
	개인정보 보호 등 보안에 유의		
	사진이 없는 지원서 활용		
서류전형	응시원서 및 제출서류에 출신지역, 가족관계, 신체적 조건, 학력 등 편견을 유발할 수 있는 정보 요구 금지		
	지원자의 증빙자료는 최소한으로 제출하도록 하고 개인정보, 학위증빙 등의 자료를 평가위원에게 제공하지 않음		
	공정한 평가를 위해서는 내부 및 외부 평가자가 같이 평가		
	지원자의 자격, 경력 등과 관련된 증빙서류가 응시자격 요건 등 기존 공고 기준과 부합하는지 확인		
필기전형	문제 유출 방지, 외부인 무단침입 통제 등 보안 관리에 유의		
	필기시험 집행 시 발생할 수 있는 돌발상황 및 부정행위 대응을 위해 파견관 및 감독관을 대상으로 사전교육 실시		
	장애를 가진 지원자가 필기시험에 응시하는 경우 시험시간 연장, 장소 및 장비 등 편의 지원		
면접전형	평가의 특성을 고려하여 특정 입장을 지지하거나 특정 답으로 유도하지 않도록 자료의 균형 유지		
	동일 유형의 직무·직급을 대상으로 진행할 때는 대상자별 면접시간을 균등하게 적용		
	면접관의 평가오류를 줄이고 면접역량을 강화하기 위해 면접관 유의사항 등 사전교육 실시		
합격자 결정 발표	채용기준을 정확히 준수했는지 확인		
	합격자 발표는 사전 공지된 일자에 공지된 방식으로 진행		
	내정된 불합격자에 대해 불합격 사유 등을 고지방법에 따라 고지		
	응시생에게 민원 또는 이의제기 절차에 대해 안내하고 관련 의견 수렴		

출처: 고용노동부·한국산업인력공단·국가직무능력표준원, 『2023 공정채용 컨설팅 가이드북』, 2023, p.52

채용절차법 준수사항 진단

채용담당자의 직무는 법의 테두리 내에서 수행돼야만 한다. 이를 위해 2020년 5월 26일 부터 시행된 「채용절차의 공정화에 관한 법률(약칭: 채용절차법)」의 내용을 잘 이해하고 실제 업무에 적용할 수 있어야 한다. 이 법은 상시 30명 이상의 근로자를 사용하는 기업에 적용되는데, 주요 내용은 다음과 같다.

채용절차법 주요 내용

> **제3조(적용범위)** 이 법은 상시 30명 이상의 근로자를 사용하는 사업 또는 사업장의 채용절차에 적용한다.
>
> **제4조(거짓 채용광고 등의 금지)** ① 구인자는 채용을 가장하여 아이디어를 수집하거나 사업장을 홍보하기 위한 목적 등으로 거짓의 채용광고를 내서는 아니 된다.
>
> ② 구인자는 정당한 사유 없이 채용광고의 내용을 구직자에게 불리하게 변경하여서는 아니 된다.
>
> ③ 구인자는 구직자를 채용한 후에 정당한 사유 없이 채용광고에서 제시한 근로조건을 구직자에게 불리하게 변경하여서는 아니 된다.
>
> ④ 구인자는 구직자에게 채용서류 및 이와 관련한 저작권 등의 지식재산권을 자신에게 귀속하도록 강요하여서는 아니 된다.
>
> **제4조의2(채용강요 등의 금지)** 누구든지 채용의 공정성을 침해하는 다음 각 호의 어느 하나에 해당하는 행위를 할 수 없다.
>
> 1. 법령을 위반하여 채용에 관한 부당한 청탁, 압력, 강요 등을 하는 행위
> 2. 채용과 관련하여 금전, 물품, 향응 또는 재산상의 이익을 제공하거나 수수하는 행위
>
> **제4조의3(출신지역 등 개인정보 요구 금지)** 구인자는 구직자에 대하여 그 직무의 수행에 필요하지 아니한 다음 각 호의 정보를 기초심사자료에 기재하도록 요구하거나 입증자료로 수집하여서는 아니 된다.
>
> 1. 구직자 본인의 용모·키·체중 등의 신체적 조건
> 2. 구직자 본인의 출신지역·혼인 여부·재산
> 3. 구직자 본인의 직계 존비속 및 형제자매의 학력·직업·재산

제7조(전자우편 등을 통한 채용서류의 접수) ① 구인자는 구직자의 채용서류를 사업장 또는 구인자로부터 위탁받아 채용업무에 종사하는 자의 홈페이지 또는 전자우편으로 받도록 노력하여야 한다.
② 구인자는 채용서류를 전자우편 등으로 받은 경우에는 지체 없이 구직자에게 접수된 사실을 제1항에 따른 홈페이지 게시, 휴대전화에 의한 문자전송, 전자우편, 팩스, 전화 등으로 알려야 한다.

제8조(채용일정 및 채용과정의 고지) 구인자는 구직자에게 채용일정, 채용심사 지연의 사실, 채용과정의 변경 등 채용과정을 알려야 한다. 이 경우 고지방법은 제7조 제2항을 준용한다.

제9조(채용심사비용의 부담금지) 구인자는 채용심사를 목적으로 구직자에게 채용서류 제출에 드는 비용 이외의 어떠한 금전적 비용(이하 "채용심사비용"이라고 한다)도 부담시키지 못한다. 다만, 사업장 및 직종의 특수성으로 인하여 불가피한 사정이 있는 경우 고용노동부장관의 승인을 받아 구직자에게 채용심사비용의 일부를 부담하게 할 수 있다.

제10조(채용 여부의 고지) 구인자는 채용대상자를 확정한 경우에는 지체 없이 구직자에게 채용 여부를 알려야 한다. 이 경우 고지방법은 제7조 제2항을 준용한다.

제11조(채용서류의 반환 등) ① 구인자는 구직자의 채용 여부가 확정된 이후 구직자(확정된 채용대상자는 제외한다)가 채용서류의 반환을 청구하는 경우에는 본인임을 확인한 후 대통령령으로 정하는 바에 따라 반환하여야 한다. 다만, 제7조 제1항에 따라 홈페이지 또는 전자우편으로 제출된 경우나 구직자가 구인자의 요구 없이 자발적으로 제출한 경우에는 그러하지 아니하다.
② 제1항에 따른 구직자의 채용서류 반환 청구는 서면 또는 전자적 방법 등 고용노동부령으로 정하는 바에 따라 하여야 한다.
③ 구인자는 제1항에 따른 구직자의 반환 청구에 대비하여 대통령령으로 정하는 기간 동안 채용서류를 보관하여야 한다. 다만, 천재지변이나 그 밖에 구인자에게 책임 없는 사유로 채용서류가 멸실된 경우 구인자는 제1항에 따른 채용서류의 반환 의무를 이행한 것으로 본다.
④ 구인자는 대통령령으로 정한 반환의 청구기간이 지난 경우 및 채용서류를 반환하지 아니한 경우에는 「개인정보 보호법」에 따라 채용서류를 파기하여야 한다.
⑤ 제1항에 따른 채용서류의 반환에 소요되는 비용은 원칙적으로 구인자가 부담한다. 다만, 구인자는 대통령령으로 정하는 범위에서 채용서류의 반환에 소요되는 비용을 구직자에게 부담하게 할 수 있다.
⑥ 구인자는 제1항부터 제5항까지의 규정을 채용 여부가 확정되기 전까지 구직자에게 알려야 한다.

제13조(입증자료·심층심사자료의 제출 제한) 구인자는 채용시험을 서류심사와 필기·면접시험 등으로 구분하여 실시하는 경우 서류심사에 합격한 구직자에 한정하여 입증자료 및 심층심사자료를 제출하게 하도록 노력하여야 한다.

채용절차법의 주요 제재·권고규정

모든 법과 마찬가지로 채용절차법도 위반 행위에 대해서는 제재와 권고가 진행된다. 즉, 채용절차법도 제재규정과 권고규정으로 구분돼 있으며, 제재사항과 관련해 채용과정에서 위반이 발견될 경우 즉시 형사고발 혹은 과태료가 부과되고, 권고사항에 대해서는 이행 준수 협조를 당부하게 된다. 제재규정과 권고규정의 주요 내용과 수단은 다음과 같다.

[표 2.3-1] 채용절차법의 주요 제재규정

구분	주요 내용	제재수단
거짓 채용광고 금지 (제4조 제1항)	채용을 가장하여 아이디어를 수집하거나 사업장 홍보 목적 등으로 거짓 채용광고 금지 ┃주요 사례┃ – 지원자가 제출한 채용서류 등에 포함된 설계, 그림, 사진 등과 관련한 저작권 등 지식 재산권을 구인자에게 귀속하도록 강요한 사례 – 채용을 가장해 아이디어를 수집하거나 사업장을 홍보한 사례 **(거짓 채용광고)** B기업은 채용광고에서는 소정의 기본급이 있다고 언급했으나, 면접과정에서 기본급은 전혀 없고 100% 성과급이라고 일방적으로 통보	5년 이하 징역 또는 2000만 원 이하 벌금
내용·근로조건 변경 금지 (제4조 제2항, 제3항)	정당한 사유 없이 광고 내용의 불리한 변경 및 채용 이후 채용광고보다 근로조건 불리하게 변경 금지 ┃주요 사례┃ 임금, 고용형태, 근로시간, 근로장소 등 채용광고의 내용을 정당한 사유 없이 지원자에게 불리하게 변경한 사례 **(일방적 채용전형 취소)** A기업은 신입사원 채용 진행 중 면접 당일 이메일·문자로 채용전형이 취소되었다고 지원자에게 통보. 관할 고용노동지청에서 조사를 실시한 결과, 이 외에도 다수 모집단위에서 일방적으로 채용전형이 취소된 것을 확인 ➡ 채용절차법 제4조 제2항을 위반한, 정당한 사유 없는 채용광고의 불리한 변경으로 판단해 과태료 300만 원 부과	500만 원 이하 과태료
채용강요 등 금지 (제4조의2)	1. 법령 위반 채용 관련 부당한 청탁·압력·강요 금지 2. 채용 관련 금품 등 제공·수수 금지	3000만 원 이하 과태료
출신지역 등 개인정보 요구 금지 (제4조의3)	직무 무관 정보 서류상 요구·수집 금지 　1. 구직자 본인의 용모·키·체중 등 신체적 조건 　2. 구직자 본인의 출신지역·혼인 여부·재산 　3. 구직자 본인의 직계 존비속 및 형제자매의 학력·직업·재산 ┃주요 사례┃ **(직무무관 정보 수집)** D호텔은 채용 사이트에 조리팀 사무관리직원 채용광고를 게재하면서 입사지원서에 직무수행과 관련 없는 지원자 본인의 키와 몸무게, 가족의 학력 등 개인정보를 기재하도록 요구 ➡ 관할 고용노동지청은 채용절차법 제4조의3 위반을 근거로 과태료 300만 원을 부과	500만 원 이하 과태료

채용심사비용 부담 금지 (제9조)	채용서류 제출비용 외 채용심사 목적의 어떠한 금전적 비용도 지원자에게 전가 금지 **│주요 사례│** - 자치단체에서 공무원 채용 시 「지방공무원 임용령」에 따라 응시수수료를 받을 수 있으나, 이를 비공무원 채용에까지 관행적으로 적용한 사례 - 사립학교에서 교사를 채용하면서 응시수수료를 받은 사례 - 급식조리원을 채용하면서 구직자 부담으로 건강진단서를 발급받도록 한 사례	시정명령 → 불이행 시 300만 원 이하 과태료
채용서류 반환 등 (제11조)	• 서류 반환 요구 시 반환 의무 및 미반환 서류 파기 • 서류 반환 비용 구인자 부담 **│주요 사례│** - 채용공고에서 "제출된 서류는 일체 반환하지 않는다"라는 내용을 명시한 사례 - 채용 여부가 확정되기 전까지 구직자에게 채용서류 반환 청구에 대하여 고지하지 않아 구직자가 전혀 인지하지 못한 사례 - 채용서류 반환 청구기간까지 보관하지 않고 모두 파기한 사례 - 특수 취급 우편물로 송달하는 우편 요금 외의 채용서류 반환에 드는 비용을 지원자에게 부담시킨 사례	시정명령 → 불이행 시 300만 원 이하 과태료
	• 서류 반환 청구 대비 보관 의무 • 서류 반환·폐기 등에 대한 규정 고지	300만 원 이하 과태료

[표 2.3-2] 채용절차법의 주요 권고사항

구분	주요 내용
표준이력서 권장 (제5조)	기초심사자료(응시원서, 이력서, 자기소개서) 표준양식 사용 권장
전자방식 서류접수 (제7조)	채용서류를 홈페이지 또는 전자우편으로 받도록 노력
채용일정 및 채용과정 고지 (제8조)	채용일정, 심사 지연 사실, 채용과정 변경 등을 알려야 함
채용 여부 고지 (제10조)	채용대상자 확정 시 지체 없이 채용 여부를 알려야 함 **│주요 사례│** **(채용 여부 고지)** 제조업체 C는 채용 사이트를 통해 근로자 3명을 모집하면서 최종 합격 여부를 합격자에게만 고지하고 불합격자에게는 알리지 않았음 ➡ 관할 고용노동지청은 채용절차법 제10조 위반을 근거로 개선을 지도
입증·심층심사자료 제출 제한 (제13조)	서류합격자에 한정해 입증자료·심층심사자료를 제출받도록 노력

출처: 고용노동부·한국산업인력공단·국가직무능력표준원, 「2023 공정채용 컨설팅 가이드북」, 2023, p.25

채용절차법의 준수 여부 진단

30인 이상의 기업이라면 채용절차법을 준수해야 하므로 채용담당자는 채용과정에서 이뤄지는 모든 단계를 면밀하게 점검해 제재가 발생하는 것을 예방하고, 기업의 이미지를 실추시키지 않도록 해야 한다. 이는 다음의 '채용절차법 준수사항 진단 Sheet'를 활용해 실현할 수 있다.

[표 2.3-3] 채용절차법 준수사항 진단 Sheet

준수사항		진단결과	
채용단계	항목		
채용광고 및 지원서 접수단계	거짓 채용광고 등의 금지	내용	채용을 가장하여 아이디어를 수집하거나 사업장을 홍보하기 위한 목적으로 거짓 채용광고 시행
		진단 결과	□적절 □부적절 (상세내용)
	입사지원서 표준양식 사용	내용	입사지원서에 직무와 직접적인 관련이 없는 개인정보를 기재하지 않도록 표준양식 사용
		진단 결과	□적절 □부적절 (상세내용)
	개인정보 요구 금지	내용	직무와 무관한 개인정보를 기초심사자료에 기재하도록 요구하거나 입증자료로 수집하는 것 금지 데 구직자의 용모·키 등의 신체조건, 출신지역, 혼인 여부, 재산 등
		진단 결과	□적절 □부적절 (상세내용)
	입증자료, 심층심사자료의 제출	내용	서류심사에 합격한 지원자에 한정하여 입증자료 및 심층심사자료를 제출하도록 노력
		진단 결과	□적절 □부적절 (상세내용)
채용단계	채용강요, 금품수수 금지	내용	채용 관련 부당한 청탁, 압력, 강요 등을 하거나 금전, 물품, 향응 또는 재산상의 이익 제공·수수 금지
		진단 결과	□적절 □부적절 (상세내용)

	채용광고 내용의 불리한 변경 금지	내용	정당한 사유 없이 구인자가 채용광고의 내용을 지원자에게 불리하게 변경하는 행위 금지
		진단 결과	□ 적절 □ 부적절 (상세내용)
	채용일정 및 채용과정 고지	내용	지원자에게 채용일정, 채용심사 지연의 사실, 채용과정의 변경 등 채용과정 고지
		진단 결과	□ 적절 □ 부적절 (상세내용)
	채용심사 비용의 부담 금지	내용	채용심사를 목적으로 지원자에게 채용서류 제출에 드는 비용 이외의 일체의 금전적 비용 전가 금지 예 건강검진 진단서 발급을 위한 검진비용 전가 불가
		진단 결과	□ 적절 □ 부적절 (상세내용)
채용확정 단계	채용 여부 고지	내용	채용대상자를 확정한 경우, 지체 없이 지원자에게 채용 여부 고지
		진단 결과	□ 적절 □ 부적절 (상세내용)
	채용광고에서 제시한 근로조건의 불리한 변경 금지	내용	채용 후 정당한 사유 없이 채용광고에서 제시한 근로조건을 지원자에게 불리하게 변경 금지
		진단 결과	□ 적절 □ 부적절 (상세내용)
채용서류 관련	채용서류 등의 귀속 강요 금지	내용	지원자에게 채용서류 및 이와 관련된 저작권 등의 지식 재산권을 자사에 귀속하도록 강요 금지
		진단 결과	□ 적절 □ 부적절 (상세내용)
	채용서류 반환 및 파기	내용	• 채용 여부 확정 후 지원자가 채용서류 반환 청구 시 반환(채용 확정 후 14일~180일 사이) • 반환 청구기간이 지난 경우 및 채용서류를 반환하지 않은 경우 「개인정보보호법」에 따라 채용서류 파기(채용확정자 제외) • 채용서류 반환 청구권 및 행사방법, 보관기간, 청구기간 도래 후 파기, 반환비용 부담 등을 채용 여부가 확정되기 전까지 지원자에게 고지
		진단 결과	□ 적절 □ 부적절 (상세내용)

타사 벤치마킹하기

벤치마킹(Benchmarking)이란 어떤 분야에서 우수한 성과를 내고 있는 조직이나 개인을 참고해 자신의 업무나 프로세스를 개선하는 활동을 말한다. 이를 통해 자신의 현재 상태와 목표의 차이를 인식하고 우수한 사례를 모방하거나 창조적으로 변형해 자신의 성과를 향상시키는 것을 목적으로 한다. 이를 채용에 접목하면 채용 관련 벤치마킹이란 다른 기업이나 조직의 우수한 채용전략, 방법 및 프로세스를 참고·비교해 자사의 채용과정을 개선하고 혁신하는 활동이다.

채용과 관련된 벤치마킹은 다음과 같은 효용성을 가진다. 첫째, 벤치마킹을 통해 선도 기업의 채용방식과 비교해 자사의 강점과 약점을 파악하고 개선할 수 있다. 둘째, 다양한 산업이나 분야에서 우수한 인재를 발굴하고 유치하는 방법을 배울 수 있다. 셋째, 산업의 미래 채용 트렌드와 변화에 대응할 수 있다. 넷째, 벤치마킹을 통해 혁신적인 채용문화를 만들 수 있다.

타사의 채용 성공요인을 분석하고 학습해 기업의 채용제도 및 프로세스에 적용하기 위해서는 ▷벤치마킹의 목적과 범위 설정 ▷대상과 기준 설정 ▷정보수집 및 분석 ▷결과 적용 및 평가의 방법을 순차적으로 활용하면 된다. 이와 관련된 자세한 내용은 다음과 같다.

[표 2.4-1] 벤치마킹의 단계별 주요 내용

단계	주요 내용
목적과 범위 설정	채용과 관련해 어떤 문제를 해결하거나 목표를 달성하기 위해 벤치마킹을 하는지를 구체적으로 정의하고, 벤치마킹의 대상이 될 채용 서비스 및 프로세스 등을 선정한다.
대상과 기준 설정	자사의 비즈니스와 유사하거나 우수한 채용성과를 보여준 다른 기업이나 조직을 벤치마킹의 대상으로 선정해 비교할 수 있는 측정기준이나 지표를 정한다.
정보수집 및 분석	벤치마킹 대상의 채용 서비스 및 프로세스에 대한 정보를 다양한 방법으로 수집하고, 자사의 비즈니스 및 환경과 비교해 성과 격차나 개선 가능성을 파악한다.
결과 적용 및 평가	벤치마킹을 통해 얻은 채용 지식과 모범 사례를 자사의 채용제도에 적용하기 위해 개선 계획을 수립하고 실행하며, 개선된 성과를 측정·평가해 효과를 확인하고, 지속적인 개선을 위해 노력한다.

[그림 2.4] A기업의 벤치마킹 사례

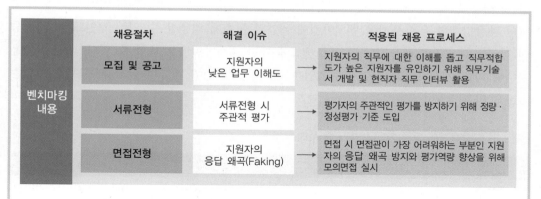

- A기업은 모집 및 공고 – 서류전형 – 면접전형의 3단계에서 존재했던 각각의 이슈를 해결하고자 프로세스를 새롭게 적용해 정착시켰으며, 이를 통해 이슈가 해결됐다.
- A기업처럼 지원자의 낮은 업무 이해도, 서류전형의 주관적 평가, 지원자의 응답 왜곡(Faking) 등의 이슈가 있는 기업은 채용절차를 세부적으로 분석하거나 벤치마킹을 실시함으로써 해결방안을 도출할 수 있다.

채용 진단결과에 따른 개선방안

채용제도 현황 진단은 채용 관련 규정 분석, 채용 프로세스 파악, 최근 실시한 채용과정 및 결과 분석, 채용 관련 법령(채용절차법) 준수 여부 분석 등을 통해 이뤄진다. 특히 타사의 채용단계별 우수사례를 벤치마킹해 기업의 이슈에 적용할 수 있는 포인트를 찾는 등의 접근이 이뤄지면 채용제도 및 프로세스에 대한 개선방안을 도출할 수 있다. 이처럼 채용진단에 따라 개선방안이 마련되면 기업은 변화하는 환경에 적합한 인재를 확보할 수 있는 기반을 만들게 된다.

[표 2.5] 진단결과에 따른 개선방안 도출 사례

	채용제도 진단결과	채용제도 개선방안	
채용규정	• 채용 매뉴얼 부재 • 규정상 채용절차법 위반 요소는 없으나, 법령 개정 등으로 인해 보완이 필요한 부분 존재	• 채용 매뉴얼 개발(법령 위반요소 개선) • 채용제도 개선	개발 개선
모집공고	• 모집분야의 직무설명 내용 미흡 • 채용 홍보를 위한 채널 미흡(채널별 특성을 고려한 채용광고 게시 필요) • 서류 반환에 대한 내용 미고지	• 직무 관련 지식·기술·태도를 도출해 내용 보완 • 최신 트렌드에 맞는 채용광고 채널 확대 • 채용 관련 법령 위반 요소 제외	개선
서류전형	• 서류전형 평가기준 모호 • 채용절차법 및 정부지침 위배사항 존재 예 입사지원서에 직무 무관 정보 수집 항목 존재	• 서류전형 평가기준 설정 및 가중치 설계 • 채용절차법에 위배되는 항목 배제 후 서류전형 평가도구(입사지원서, 자기소개서 및 경력기술서) 개선	개선

면접전형	• 평가항목별 정의 및 평가지표 부재 • 부서별 면접관의 시각 상이 • 구조화된 질문지 부재 및 평가기준 미흡	• 면접전형 평가항목 정의 및 평가지표 개발 • 면접관 교육을 통해 타당도 높은 면접스킬 향상 • 구조화된 면접도구 개발	개발
고용브랜딩	• 조직문화 및 일하는 방식의 내부 만족도 우수 • 연봉 및 복리후생은 경쟁사 대비 부족 • 면접관에 따라 부적절한 언행 발생	• 조직문화 및 일하는 방식의 강점을 어필 • 만족도 높은 현직자 인터뷰를 통해 회사 및 직무 소개자료 제작 • 면접관 교육을 통해 면접관 태도 개선	강화

⚖ 이제부터는
공정채용이다

Chapter 01   신입직원 선발기준 수립에 대한 논의

Chapter 02   과학적 선발시스템의 구축방안

Chapter 03   선발방법의 개발

Chapter 04   선발의 타당화 과정

Chapter 05   인사선발의 타당도

제 3 부

채용·선발과정의
설계

○
○
●

'채용·선발과정을 설계한다'고 하는 것은 우수한 지원자가 많이 지원할 수 있도록 효율적인
모집절차와 방법을 마련하고, 선발기준에 맞는 선발도구를 개발함으로써 지원자를
제대로 평가, 채용직무에 적합한 인재를 선별하는 일련의 과정을 뜻한다.
성공적인 선발은 적절한 평가기준, 평가도구, 평가자가 조화를 이룰 때 그 가능성이 높아진다.

신입직원 선발기준 수립에 대한 논의

채용·선발과정을 설계한다는 의미는 직원을 채용할 때 우수한 지원자가 많이 지원할 수 있도록 효율적인 모집절차 및 방법을 설계하고, 이후 선발기준에 맞는 신뢰도·타당도가 높은 선발도구를 개발, 서류전형·필기전형·면접전형 등에 적용해 효과적으로 평가함으로써 채용하고자 하는 직무에 적합한 인재를 선별하는 일련의 과정이라고 할 수 있다.

어떤 회사든지 채용담당자가 직원을 선발할 때 공통적인 고려사항은 최종 입사자로 결정된(합격한) 직원이 입사 후 맡은 직무를 잘 수행할 뿐만 아니라 팀 활동이나 조직에 잘 적응할 수 있는지 판단해 보는 것이다. 성공적인 직원 선발은 여러 가지 평가요소들이 조화를 이룰 때 그 가능성이 높아진다. 여기서 평가요소는 ▷평가기준(Criteria) ▷평가도구(Tools) ▷평가자(Assessor)를 말한다. 먼저 평가기준은 선발하려는 지원자에 대해 어떠한 측면들을 평가할 것인가에 대한 내용이며, 평가도구는 평가할 대상을 무엇으로 평가할 것인지를 말한다. 그리고 평가자는 평가도구를 활용해 누가 어떻게 평가할 것인가에 대한 내용이다. 채용이나 선발이 평가의 과정이라 할 때, 평가는 신뢰성(Reliability)·타당성(Validity)·공정성(Fairness)·효율성(Efficiency) 등을 충족시켜야 한다. 신뢰성이란 한 지원자를 여러 번 평가했을 경우 또는 여러 지원자에 대한 동일한 능력을 평가했을 경우 동일한 평가결과가 나와야 함을 의미한다. 타당성이란 선발과정에서 지원자에 대한 평가내용이 입사 후에도 일관되게 지속되는 것을 말한다. 공정성[1]이란 모든 지원자에게 채용절차를 동일하게 적용하는 것으로, 면접에서의 구조화가 대표적인 예라고 할 수 있다. 마지막으로 효율성은 선발비용에 대한 것으로, 선발과정에서의 선발률에 대한 관리뿐만 아니라 입사 후 퇴사에 따른 손실도 포함할 수 있다.

성공적인 직원 선발이란 이상의 평가요소 및 과정이 잘 진행됐을 때를 의미한다. 제3부에서는 이론적 측면에서 성공적인 신입직원 선발을 위한 평가요소와 기준에 관한 기존의 논의들을 정리하고자 한다.

선발기준 수립을 위한 직무분석 방법

직원 선발의 기준은 다양한 차원에서 논의될 수 있다. 공통적 기준의 예를 들면, 우리나라의 대기업이나 공공기관 같은 비교적 대규모의 회사들에서 사용되는 인재상·핵심가치·직무가치 등을 들 수 있다. 또한, 선발하고자 하는 직원이 어떤 직무를 수행할 것인가에 대한 고려도 있을 수 있다. 여기에 경력직 직원인지 신입직 직원인지에 따라서도 선발기준이 달라질 수 있다. 이 밖에 직접적인 직무관련성을 가지고 기준을 만들 것인지 아니면 직무에서 성과를 잘 내기 위한 능력인 역량을 가지고 기준을 만들 것인지도 고려할 수 있다.

일반적인 선발기준의 수립과정은 직무 기반 채용이든 역량 기반 채용이든 직무내용을 먼저 기술하고 이를 직급별로 구분해 평가표를 작성한 다음 채용을 시작하게 된다. 직급에 대한 평가기준은 직무에 대한 전문성 외에도 상급자일수록 리더십, 전략적 사고, 문제해결 등과 같은 관리능력이 중요하다. 또한 중간관리자의 경우 업무지식, 팀워크, 갈등관리 등의 실무능력이 중요하다.

(1) DACUM(Developing a Curriculum)

최근 4차 산업혁명으로 각 직업의 업무내용과 수행방식에 큰 변화가 닥치면서 인사선발에도 많은 변화가 이뤄지고 있다. 대표적으로 정보통신기술(ICT)의 발달, 팀 활동 비중의 증가, 의사소통 기술의 발달, 고객의 중요성 부각 등을 들 수 있다. 이에 따라 직무의 내용과 직원 선발기준도 지속적으로 변화해 가고 있기는 하지만, 일반적으로 직원

---

1 평가결과가 평가받는 특성 이외의 요인, 즉 평가대상이 속하는 특정 집단의 특성에 따라 다르지 않게 나오는 정도를 말한다. 평가대상이 속하는 지역, 문화적 배경, 학교환경, 가정환경 또는 성별에 따라서 불리하게 평가된다면 평가의 공정성에 문제가 있다고 봐야 한다. 평가에 있어서 공정성의 의미는 평등(Equality)과 형평(Equity)의 양면을 포함하고 있다.

선발기준은 직무분석을 통해 정립되며, 여기에 사용되는 대표적인 직무분석 방법이 DACUM이다. 이는 해당 직무를 분석해 직무수행에 필요한 지식·기술·태도 등을 중요도·사용빈도·학습가능성에 따라 우선순위를 도출하고, 해당 직무를 효과적으로 수행할 수 있는 기준을 개발하는 것이다. 그러한 과정에서 해당 직무를 수행하는 전문가들의 의견을 수집하거나 해당 직무의 수행과정을 직접 관찰해 필요한 요소들을 구체적으로 분석할 수도 있다. 즉, 직무분석을 통해 직원을 선발하고자 하는 경우에는 먼저 재직자를 대상으로 직무분석을 실시해 이에 필요한 지식·기술·태도를 정리하고, 이에 근거한 직무기술서 및 평가요소를 개발해야 한다.

DACUM은 1960년대 대표적인 직무분석기법으로 활용됐지만, 실질적으로는 조직의 미션(Mission)과 연계된 개념으로서 이를 정의하기가 쉽지 않다. 또한 '적극성', '판단력', '규율성' 등과 같은 일반적·추상적 표현 등으로 인해 평가자의 가치관이나 개인적 선호에 영향을 받기 쉽다는 단점이 있다.

(2) 역량모델링(Competency Modeling)

'역량모델링'은 DACUM의 단점을 보완하는 차원에서 1970년대부터 도입된 개념이다. 이때 역량은 조직 내 특정 직무에서 고성과를 낸 사람(High Performer)이 갖는 특성을 추출하고, 직무수행과정에서 일관되게 높은 성과를 내기 위해 강하게 요구되는 특성을 모아놓은 것이다. 역량모델링은 이러한 역량을 구체화해 조직의 목표 달성에 필요한 조직 구성원의 지식·기술·태도로 정리한다. 여기서 중요한 특징은 역량을 '행동이나 태도'로 정의했다는 것이다.

즉, 역량모델링에서 '역량을 규명'한다는 것은 역량에 대한 정의를 내리는 것뿐만 아니라, 특정 조직이나 직무에서 요구되는 구체적 행동특성까지 표현해내는 것을 의미한다. 이때 '행동지표(Behavior Indicator)'를 사용하는데, 행동지표란 조직 내 고성과자의 일관된 행동특성이나 사례를 일반화해 같은 조직·직무의 사람들이 행동기준으로 삼을 수 있도록 체계적으로 정리·수준화(Level)한 것을 말한다. 행동지표는 역량을 관찰·측정하는 중요한 기준이 되며, 이때 좋은 행동지표는 관찰 가능한 하나의 분명한 행동으로 기술된다.

[표 3.1-1] 지식·기술·능력·태도 vs 역량

지식·기술·능력·태도(KSAO)	역량(Competency)
• 지식, 기술 등은 Input을 강조 → 실용성에 대한 논란 • 가시화·구체화 미흡 • 개인의 자질에 초점 • 실제적으로 조직의 미션과 연계된 개념으로서의 정의가 어려움 • 일반적·추상적 표현으로 공통의 이해가 어려움 　예 적극성, 판단력, 협조성, 기획력, 책임감, 실행력, 규율성, 절충력, 감정의 안정, 지도·통솔력 • Level 척도의 불명확으로 평가자의 가치관이나 감정에 영향을 받기 쉬움 　예 대단히 우수, 조금 우수, 충분/보통, 조금 불충분, 불충분 • 평가에 대한 Model이 없거나 형식적으로 돼 있음	• 조직의 성과 창출과 관련된 Processing 요건을 강조 • 관찰 가능한 행동 중심으로 기술 → 조직원의 공감 형성 용이 • 우수성과 창출에 요구되는 자질 강조 → 성과 연계 용이 • 행동으로 정의, 세분화해 구분돼 있음 　예 역량별 2~3개 하위요소, 하위요소별 3~7개 구체적인 행동들 • 심리학적으로 검증된 행동 Level 척도로 설정돼 있으므로, 평가자의 공통척도로 작용해 편차가 적고 재현성이 있음 • 우수한 사람의 실례가 행동 Level로 Model화돼 있음

역량모델링은 경영환경 및 조직의 역할구조와 기능의 분석, 역량모델 벤치마킹, 인터뷰를 통해 이뤄진다. 역량은 직급(사원·대리·과장·차장·부장 등), 역할, 권한, 책임(본부장·팀장·감독자 등) 등과 같이 수직적으로 구분할 수 있는가 하면, 직무·직종·직군에 따른 수평적 구분도 가능하다. 또한 사용 목적·대상 등에 따라 요구되는 역량이 달라지고, 같은 역량명을 사용하더라도 그 정의와 하위개념은 달라질 수 있다.

직원의 채용·선발에서 역량모델링은 지원자 중심의 선발에서 선발자 중심의 선발, 임의적 평가에서 정확한 평가가 가능하다는 장점이 있다. 구체적으로 역량모델링은 다양한 직무에 대한 개인의 적합도나 잠재력을 측정할 때 정확도를 향상시켜주며, 면접관이나 평가자가 지원자를 평가할 때 즉흥적으로 평가하지 않고, 역량과 무관한 특징에 대해 평가하지 않도록 도와준다. 또한 선발과 관련된 다양한 기법(지원서·면접·검사·평가센터 및 평가척도)의 토대와 구조를 구축하는 데도 사용될 수 있다.

[표 3.1-2] **직무분석과 역량모델링의 차이**

구분	직무분석(Task Analysis)	역량모델링(Competency Modeling)
목적	일의 단계·절차 분석을 통해 필요한 지식, 기술, 능력을 밝힘(업무수행)	조직이나 개인의 우수한 성과 창출을 가능하게 하는 역량을 밝힘(성과 창출)
접근	• 대상 직무에서 요구되는 업무활동 및 지식·기술·태도의 이해 • 구체적이면서도 현 직무에 필요한 요소들을 조사하며, 중요한 일 차원을 구성함	연역적인 접근방식으로, 조직이 효과적으로 기능하기 위해 무엇이 필요한지를 먼저 고려한 후 조직 내 효과성을 위해 필요한 지식·기술·태도를 파악함
초점	직무 중심	사람 중심
적용평가	최소한의 직무수행능력 여부	다양한 해결방안 관련 능력
활용	비지식노동 분야에서 활용 예 OJT 또는 교육훈련, 직무설계, 정원 산정, 직무평가	지식노동 분야에서 활용 예 직원 선발, 평가, 교육
결과물	• 직무기술서 • 직무명세서	• 역량모델 • 행동지표 및 행동사례
장점	• 해당 직무에 대한 구체적 이해 제공 • 업무의 규모 파악, 업무의 구성요소 및 업무수행에 필요한 기술적 지식의 규명	• 조직의 핵심가치, 사명, 전략적 목표 등과의 연계성 확보 • 성과중심 또는 미래중심적 채용, 평가, 교육, 후계자 양성 등에 활용

나아가 역량모델링은 선발과정에서 직무요건(Job Requirements)에 대한 명확한 기준을 제공하며, 지원자의 지식과 기술 이외의 특성을 고려해 선발할 수 있도록 한다. 또한, 직무수행에 필요한 주요 특성·지식·기술이 부족한 지원자들을 배제하고 강한 잠재력의 소유자를 채용함으로써 향후 조직에서 성공할 수 있는 사람을 채용할 가능성을 높일 수 있다. 특히 효율적으로 직무를 수행하지 못할 지원자를 사전에 선발하지 않는 것은 조직의 생산성과 수익성에 이익이 되므로, 역량모델링으로 선발과정에서 이러한 사람을 사전에 배제해 기회비용을 최소화할 수 있다.

이에 더해 역량모델링은 지원자들의 능력을 성과와 연계시킴으로써 주요 직무 관련 수행능력에 집중할 수 있게 해주고, 선발과 관련된 모든 사람들(채용담당자·지원자·평가자 등)에게 동일한 기준을 적용함으로써 선발 의사결정의 수용성을 높일 수 있다. 여기에 어떤 역량이 성과에 가장 관련이 있는지를 명확히 해줄 뿐만 아니라, 교육·훈련을 통해 쉽게 개발될 수 있는 속성과 그렇지 않은 속성을 구별하게 함으로써 지원자가 가지고 있는 정보를 더 잘 평가할 수 있게 한다. 나아가 효율적인 성과를 위해 조직 구성원이 필요로 하는 교육의 질과 양을 판단해주며, 현실적인 결정을 내리도록 돕는다. 이 밖에 선발결정과 향후 직무성과 간의 상관관계에 있어서도 역량모델링을 통해 직무에 적합한 역량을 체계적으로 찾아낼 수 있다.

역량모델링에 의한 선발은 선발기준의 모호성이나 추상성을 해결할 수 있게 해준다. 또한 직원 선발에 있어 지원자가 전사 공통(기본)역량뿐 아니라 충원이 필요한 직무역량을 보유하고 있는지도 파악할 수 있다. 결국 역량모델링에 의한 선발방식은 조직의 성과 달성을 위한 과학적인 접근방법이라고 할 수 있다.

(3) NCS 기반 능력중심채용

최근 많은 기업들이 DACUM과 역량모델링을 혼합해 사용하고 있는데, 지난 2015년부터 실시해 온 NCS(국가직무능력표준) 기반 능력중심채용도 같은 맥락에서 이해할 수 있다. NCS는 직무에 대한 내용 구성이 '대분류－중분류－소분류－세분류'로 체계화돼 있는데, 이때 세분류가 직무의 역할을 한다. 세분류는 '능력단위－능력단위요소－(수행준거)－지식·기술·태도'로 구성돼 있으며, 능력단위요소별 필요한 직업기초능력을 명시하고 있다.

NCS를 활용한 선발기준을 개발하는 경우 먼저 직무설명자료를 작성하게 된다. 이는 조직의 직무를 NCS와 맵핑(Mapping)해 직무수행능력과 관련된 지식, 기술, 태도와 직업기초능력(Key Competency)을 최종적으로 선정하고 이를 직원 채용이나 선발에 필요한 평가요소로 활용하기 위함이다.

신입직원 선발에의 적용

지금까지 직원 선발에 사용하는 선발기준 수립방법을 살펴봤다. 그러면 신입직원 선발에 있어 이러한 분석기법들은 어떻게 적용되는 것이 바람직할까? 일반적으로 신입직원 선발 시에는 직무수행능력의 직접적 평가가 불가능하므로 직무수행능력의 기초가 되는 부분에 초점을 맞추는 것이 바람직하다.[2]

또한, 교육이나 훈련을 통해 개발할 수 없는 특성들을 신입직원 선발 시 우선적인 기준으로 적용하는 것이 효율적이다. Hogan은 "인간의 성격은 50%가 유전적으로 결정되고 50%가 학습된다."라고 했다. 유전적 기질이란 생후 초기에 형성돼 변하기 어려운 특성들로, 사교성·정서적 안정성·민첩성·쾌활함·소심함 등이 이에 해당한다. 이러한 유전적 요인의 결핍은 직장생활에서 조직이나 상사에 대한 충성심, 일에 대한 성실성, 어려움 속에서의 적응 등에 영향을 미칠 가능성이 있으며, 입사 후 이를 변화시키는 것은 쉽지 않다.

정리하면, 신입직원 선발에 필요한 기준은 직무수행과 관련된 직접적인 능력보다는 기초적이고 잠재적인 능력을 위주로 하는 것이 바람직하다. 이와 관련해 일반적으로 우리나라 신입직원 선발과정에서는 필기전형단계에서 적성검사와 같은 능력검사를 통해 인지능력을, 심리검사를 통해 성격이나 동기를 평가한다. 이후 이 능력검사와 심리검사의 결과를 확인하기 위해 면접전형단계에서 면접을 실시함으로써 지원자를 최종 선발한다. 이때 지원자의 행동이나 태도를 통해 평가하는 것이 특징이며, 평가센터[3] 방식을 주로 활용한다. 다음으로 신입직원 선발과 관련해 과학적 선발시스템의 구축방안에 대해 살펴보도록 하겠다.

---

2 Murphy는 신입직원이 입사 후 성과를 내기까지의 과정을 2단계로 구분했다. 1단계는 '학습단계(Transition Stage)'로, 입사 후 1~2년 사이의 기간을 말한다. 이 단계에서는 새로운 업무와 기술 등을 학습하게 되는데, 이때 수행은 1차적으로 인지능력에 의해 결정된다. 2단계는 '유지·발전단계(Maintenance Stage)'로, 입사 후 3~5년 사이의 기간이 해당한다. 이는 학습단계에서 학습한 업무행동들을 지속·강화하는 시기로, 실질적인 성과를 내기 시작하는 한편 새로운 변화를 스스로 탐색·적용할 수 있다. 이 단계에서의 수행은 일차적으로 성격과 동기에 의해 결정된다. 즉, Murphy의 주장에 따르면 신입직원이 입사 후 성과를 내고 유지·발전할 수 있는 수행 관련 주요 능력은 ▷1단계 인지능력 ▷2단계 성격과 동기이다.

3 '평가센터(Assessment center)'란 훈련받은 다수의 평가자들이 피평가자의 직무역량을 집단토의, 발표, 역할연기, 서류함기법 등의 다양한 과제 중 나타나는 행동을 관찰함으로써 평가하는 방식을 말한다.

과학적 선발시스템의 구축방안

과학적 선발이란

　　과학적 선발이란 올바른 선발의사결정 비율을 높이고 잘못된 선발의사결정 비율을 낮출 수 있는 선발시스템을 설계하고, 이를 과학적으로 입증하는 것이다. 이를 위해서는 성과를 결정하는 핵심역량을 설정하고, 이를 평가하기 위한 과학적 선발도구와 프로세스를 통해 합리적인 의사결정을 내리고 그 타당성을 증명해야 한다.

구체적 과정은 조직의 핵심가치 및 직무특성에 적합한 인재(Right People)상을 규명하고 해당 인재를 선발하기 위한 적합한 도구를 선정함으로써 시작된다. 그 다음에는 선발에 활용할 기법들의 특성을 고려한 프로세스를 설계하고, 선발단계별로 효율적인 선발률을 결정한다. 이후 선발결과에 대한 신뢰도 및 타당도 연구를 실시해야 하는데, 아쉽게도 우리나라 대부분의 기업에서는 채용 후 분석은 거의 실시하지 않고 있는 실정이다.

　　과학적 선발의 기대효과는 조직 차원과 개인 차원으로 나눠 설명할 수 있다. 먼저 조직 차원에서는 타당하고 신뢰성 있는 선발도구(Selection Tool)를 활용함으로써 기업이 요구하는 역량 및 가치와 일치하는 적합한 인재를 선발할 수 있다. 또한, 인재에 대한 해당 기업의 관심을 널리 홍보함으로써 향후 우수인재들의 지원 가능성을 높일 수 있다. 아울러 이를 통한 우수인재 확보를 기반으로 기업의 조직역량을 향상시켜 경쟁력을 강화할 수 있다.

개인 차원에서는 공정한 선발과정(Selection Process)을 통해 입사했다는 성취감을 경험함으로써 신입직원들의 자기효능감(Self-Efficacy)[4]이 향상될 수 있다. 또한, 과학적 선발도구를 통해 기업의 핵심가치와의 부합(Value Fit)을 점검받았기 때문에 입사 후 적응 및 사회화가 수월할 수 있다. 결과적으로 신입직원은 향상된 자기효능감 및 원활한 적응, 사회화를 기반으로 자신이 가진 역량을 최대한 발휘해 지속적인 성장을 이룰 수 있다.

과학적 선발시스템의 구축과정

과학적 선발시스템은 ▷선발도구 ▷선발기준 ▷선발 프로세스로 구성돼 있다. 그렇다면 각 선발단계별로 어떤 도구를 활용할 것인가? 각 선발도구별로 어떤 기준을 적용해 선발결정을 할 것인가? 어떤 선발방법을 어떤 프로세스로 진행할 것인가?

과학적 선발시스템을 구축하기 위해서는 우선 '공정성(Fairness), 타당성(Validity), 효율성(Efficiency)' 등의 핵심요인을 고려해야 한다. 이때 공정성이란 현재의 선발시스템이 응시자 모두에게 동등한 기회를 제공하며, 선발의 절차와 결정이 공정하다고 인식되는 것을 말한다. 타당성이란 현재의 선발시스템이 업무성과 및 조직적응력이 높고 낮은 응시자를 잘 변별하고 있는가를 말한다. 효율성은 현재의 선발시스템이 응시자의 규모, 소요 비용·시간, 관리의 용이성 등의 측면에서 적합한가와 관련된다.

과학적 선발시스템을 구축하는 과정은 크게 5단계로 이뤄진다. 1단계인 역량규명의 단계에서는 인재상을 정의하고 선발 시 고려할 역량을 설정한다. 2단계, 선발 프로세스의 설계단계에서는 역량 파악에 적합한 선발도구를 결정, 선발 매트릭스(Matrix)를 작성한 뒤 선발진행 프로세스를 개발한다. 3단계, 평가도구의 개발단계에서는 설계에 따른 도구를 개발하거나 목적에 맞는 도구를 선정한다. 4단계, 선발기준의 설정단계에서는 점수 산출방법을 선정하고 표준(Norm)을 개발한 다음 탈락(Cut-off) 기준을 설정한다. 마지막 5단계, 타당성 검증단계에서는 개발된 도구가 역량을 정확하게 측정하며 업무성과를 예측하는지를 평가한다.

4　자기효능감은 입사 후 목표에 도달할 수 있는 자신의 능력에 대한 스스로의 평가를 의미한다. 이는 인간이 기울이는 노력의 모든 영역에 영향을 미친다. 구체적으로 한 사람이 상황에 영향을 미칠 수 있는 자신의 힘에 대해 가진 신념을 결정함으로써, 그 사람이 도전에 유능하게 대응하는 실제의 힘과 취하는 선택 등에 강한 영향을 미친다.

과학적 선발시스템의 주요 원칙

　　선발시스템을 설계하는 경우 그 원칙은 다양하지만, 과학적 선발시스템의 핵심은 선발의 타당성과 공정성을 극대화하는 것에 있다. 그 주요 원칙은 다음과 같다.

첫째, 단계적 프로세스의 설정이다. 선발과정은 100m 허들을 넘듯이 한 단계씩 진행해야 하며, 복수의 선발단계를 설정해야 한다.

둘째, 독립적 의사결정이다. 각 선발단계별 의사결정은 다른 단계의 의사결정과 독립적이어야 한다. 이는 합격자 선정기준을 채용 전에 결정해 적용하는 것을 말한다.

셋째, 증분적 타당도(Incremental Validity)이다. 각 선발방식은 낮은 타당도 방식에서 높은 타당도 방식으로 진행돼야 하며, 이때 서로 다른 영역을 측정해야 타당도를 증가시킬 수 있다. 이는 선발 프로세스 설계 시 반영해야 한다.

넷째, 적절한 선발률 유지이다. 각 선발단계에서의 통과율은 선발단계의 위치·비용·시간·응시자의 비율 등을 고려해야 한다. 이 역시 증분적 타당도와 마찬가지로 선발 프로세스 설계 시 반영해야 한다.

다섯째, 선발영역의 독립성이다. 선발과정에서의 평가방법들은 상호 구분되는 영역을 평가해야 한다. 이는 예언변인 간 중복성에 대한 것으로, 선발도구 간 평가요소의 중복성을 낮추는 것이 전체 타당도를 높일 수 있다.[5]

마지막으로 이원적 접근이다. 선발의 의사결정은 지원자에 대해 긍정적 접근(Positive Approach)과 부정적 접근(Negative Approach)을 함께 적용해야 한다. 일반적인 채용 의사결정은 지원자의 긍정적인 측면에만 평가의 초점을 맞춰왔기 때문에 채용 후 지원자가 조직 생활에서 보여줄 수 있는 부정적 행동들은 간과해 왔다. 이를 보완하기 위해 지원자에 대한 부정적인 접근을 병행한다면 채용의 위험(Risk)을 감소시킬 수 있다. 또한 독립적·이원적 접근은 선발도구를 선정·개발하면서 이를 의사결정에도 반영할 수 있다는 장점이 있다.

5　하지만 중요한 평가요소의 경우 전형단계별로 중복평가를 통해 확인하는 것도 바람직하다.

선발방법의 개발

 과학적 선발기법을 포함한 기업의 일반적인 채용과정에 있어서 가장 먼저 할 일은 조직에서 필요로 하는 인력을 산정한 후 충원계획을 세우는 것이다. 그리고 공고 및 지원서 접수를 실시한 이후에는 선발과정(서류전형 → 선발검사 → 면접전형 → 채용 결정)을 거쳐 배치와 교육훈련을 실시한다.
선발과정에서는 합격시켜야 할 사람과 탈락시켜야 할 사람을 가리는 것이 중요하다. 이를 위해서는 인사선발에 있어 타당성 높은 선발 예측치를 선정하고, 이를 평가해 의사결정을 내릴 수 있는 선발방법을 개발하는 것이 필수적이다.

[그림 3.3] **채용 프로세스에 따른 선발의사결정**

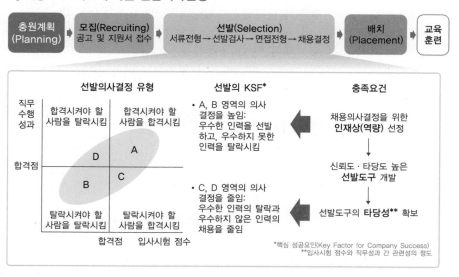

보편적으로 인재를 선발하고자 할 때에는 사람의 성격과 품성, 적성과 스타일, 전문성 및 자격조건, 지능과 인지적 능력, 문제해결능력, 사회적 능력 등을 파악하게 된다. 이러한 요소들은 한 가지 방법으로 파악하기 어렵기 때문에 다양한 인재평가방법이 존재하며, 이를 통해 파악이 이뤄지게 된다.

선발도구별 특징과 선택

선발도구는 일반적으로 1차 서류전형단계에서 지원자의 학력이나 전공, 학점, 자격증 등을 정량적으로 평가하고 조직이 원하는 역량을 역량 기반 자기소개서를 통해 평가해 왔다. 다만 최근에는 고용노동부에서 권장하는 '공공기관 표준 입사지원서'[6]를 활용하거나, 필요에 따라 추가적인 직무 관련 항목을 구성할 수 있다. 공공기관 표준 입사지원서의 경우 지원자가 지원하는 직무와 관련한 학교 교과목 또는 학교 이외의 직무 관련 수강내역, 직무 관련 자격증, 경험 및 (임금을 받은) 경력사항에 대해 작성하도록 돼 있다.

2차 필기전형단계에서는 주로 인·적성검사, 필기시험 등을 시행한다. 인성검사는 지원자의 전반적인 성격 및 조직 적응도에 대한 검사를 실시한다. 적성검사는 지원자의 인지능력에 대한 평가로, 언어·수리·공간지각능력 등을 주로 평가하며, 문제해결·사무지각·상황판단 능력 등을 추가적으로 평가하기도 한다. 그리고 필기시험에는 전공, 상식(한국사 포함), 논술 등이 있다.

3차 면접전형단계 중 개별면접에서는 조직 및 직무적합성을 평가한다. 과제면접으로 개인의 직무능력을 평가하기 위해서는 주로 발표과제(PT·Presentation)를, 조직적합성을 파악하기 위해서는 그룹토의 과제(GD·Group Discussion)를 실시했지만, 최근에는 서류함기법(IB·In-Basket)이나 게임과 같은 집단활동과제(Group Activity) 등으로 다양화되고 있다.

다음에서는 기업의 선발 장면에서 자주 사용되고 있는 선발도구들의 특징을 살펴보고자 한다. 이때 선발과정에서의 타당성을 극대화하기 위해서는 여러 선발도구들을 동시에 활용하는 것이 바람직하다.

---

6 '공공기관 표준 입사지원서'에 대한 자세한 내용은 〈제6부 평가도구의 개발 – Chapter1. 입사지원서의 구성요소 및 평가〉를 참조

[표 3.3-1] **인재선발을 위한 다양한 평가도구**

구분	내용	평가도구 및 방법
지원서	대상자의 직무 관련 교육사항, 자격, 경험 및 경력 등 다양한 자료를 작성하게 하고 이를 확인해 인재 판별	입사지원서, 자기소개서, 자격증 등
인·적성 검사	특정 모델에 따라 표준화된 진단도구에 응답하게 해 성격, 적성 등 특정 요소 판별	인성검사, 조직적합도 검사, 적성검사, MMPI 등
전공시험	선발목적과 직종 및 직무 관련 과목의 시험을 통한 인재 선발	경영·전기·건축·토목 등 직무 관련 필기시험
작업표본	특정 직종에서 실제 직무와 같은 역할수행을 시켜보고 실기능력 판단	각종 자격시험의 실기, 오디션
개별면접	대상자를 대면해 계획된 질의응답을 거쳐 인성, 역량 판별	경험면접(과거행동면접), 상황면접 등의 심층면접
평가센터	대상자가 보이는 다양한 반응행동을 관찰·기록해 역량 확인	GD, PT, IB, RP 등 AC 방식의 시뮬레이션 면접
주변탐문	대상자의 주변인에게 탐문해 평소 모습을 질의응답하는 식으로 인성, 자질, 역량 등을 확인	평판 조회, 추천 등
시범근무	일정 기간(3개월~1년) 조직에 근무하게 하고 일을 수행하는 모습을 관찰하면서 인재 판별	인턴십

선발도구 선택 시에는 일반적으로 비용, 타당도, 지원자 수, 평가의 정교성, 배치 등을 고려해야 한다. 이때 선발의 효율성을 위해서는 먼저 채용과정에서의 증분 타당도를 높이는 것이 중요하다. 이를 위해서는 비용과 효과성이 적은 선발도구를 채용단계에서 가능한 앞 단계에 배치해 대량의 지원자를 탈락시키고, 효과성이 높고 비용이 많이 드는 면접을 최소한의 인원으로 축소해 실시하는 것이 일반적이다.

[표 3.3-2] **선발도구 선택 시 고려사항**

고려요소	지원서	인성검사	적성검사	작업표본	면접	평가센터
비용	낮음	중간	중간	중간	중간	높음
타당도	중간	중간	높음	높음	높음	높음
지원자 수	많음	적음	많음	많음	적음	적음
평가 정교성	낮음	중간	낮음	중간	중간	높음
배치	앞	뒤	중간	중간·뒤	중간·뒤	뒤

선발의 타당화 과정

　　선발의 타당화 과정은 적합한 인재의 선발 여부 확인과 선발도구 및 전형단계의 개선사항들을 도출하는 두 가지 차원에서 중요한 역할을 한다. 먼저 적합한 인재의 선발 여부 확인 측면에서는 기업에서 원하는 역량을 갖춘 인재를 선발했는지와 기업에서 추구하는 문화 및 가치와 부합하는 인재를 선발했는지에 초점을 둔다.

선발도구 및 전형단계의 개선사항 도출 측면에서는 선발도구(자기소개서·직무수행능력 평가·그룹토의·발표면접·실무진면접 등) 자체에 대한 개선사항과 선발과정 관련 개선사항으로 구분할 수 있다. 먼저 선발도구 자체의 개선사항은 채용 시 사용되는 선발도구 자체의 개선사항들을 확인해 이를 보완하기 위한 근거를 제공한다. 선발과정 관련 개선사항은 전체적인 선발과정(서류전형·필기전형·면접전형)의 효과성을 살펴보고 각 과정의 개선사항들을 확인·보완하기 위한 근거를 제공한다.

　　선발 타당화의 목적은 선발평가 타당성에 대한 과학적 검증을 통해 선발도구 및 선발운영의 개선방안을 도출하고 선발의 공정성을 확보하는 데 있다. 선발 타당화의 대상은 도구적 측면에서 ▷평가항목들이 측정하고자 하는 역량을 제대로 나타내고 있는가 ▷선발도구들과 면접관들이 평가하고자 하는 역량을 제대로 평가하고 있는가 ▷선발방식들이 상호 일관된 평가를 하고 있는가 등이다. 결과적 측면에서는 ▷선발점수가 지원자들의 역량 발휘를 예측하고 있는가 ▷선발점수가 지원자들의 업무성과를 예측하고 있는가 등이다.

선발 타당화의 활용방안은 선발도구의 개선방향을 설정하는 데 있다. 예를 들면 선발 타당화를 통해 선발방식 및 선발평가 항목(역량 또는 하위요소)을 설계할 수 있으며, 면접관 교육의 방향을 제시함으로써 우수 면접관 선발과 면접관 교육 설계에 반영할 수 있다. 이는 궁극적으로 선발결정에 대한 조직 내 수용도 제고, 내·외부 인재선발 및 평가에 활용할 법적 근거 확보, 선발 및 인사체계의 공정성 제고 등의 효과를 거둘 수 있다.

한편, 타당도 분석 이전에 신뢰도에 대한 분석이 선행돼야 하는데, 이는 신뢰도가 없는 선발도구의 경우 타당도 분석 자체에 의미가 없기 때문이다. 평가의 신뢰도는 측정결과의 반복성(Repeatability), 안정성(Stability), 일관성(Consistency), 정확성(Accuracy)을 평가한다. 이는 평가가 시간을 두고 반복됐을 때 그 결과가 일치하는 정도와 평가결과가 오류가 아닌, 진정한 평가에 의해 결정된 정도를 분석하기 위함이다.

인사선발의 타당도

타당도란

타당도(Validity)란 측정하고자 하는 대상이 지니고 있는 개념을 얼마나 잘 나타내고 있는가의 정도를 말한다. 이는 일반적으로 번역 타당도(Translation Validity)와 준거 타당도(Criteria-Related Validity)로 분류할 수 있다.

번역 타당도는 평가항목이 측정 대상의 의미나 내용을 얼마나 잘 나타내고 있는가를 말한다. 여기에는 안면 타당도(Face Validity), 내용 타당도(Content Validity), 구성개념 타당도(Construct Validity)가 있다.

준거 타당도는 평가항목이 측정하고자 하는 바를 얼마나 잘 예측하고 있는가의 정도이다. 예측 타당도(Predictive Validity), 동시 타당도(Concurrent Validity), 수렴 타당도(Convergent Validity), 변별 타당도(Discriminant Validity)가 이에 해당한다. 준거 타당도는 측정대상자의 어떠한 행동이나 태도 등을 얼마나 정확하게 예측하는지를 나타낸다. 예를 들어 시험을 선발도구로 활용하는 경우 이때 측정된 결과는 시험점수이며, 기준이 되는 변수는 실제 직무성과라고 할 수 있다. 즉, 시험점수가 측정도구를 활용해 측정한 결과로서 예측치가 되는 것이고, 실제 직무성과가 기준으로 생각하는 변수의 값이 되는 것이다. 이때 예측치와 기준치가 정(+)의 상관관계를 나타낸다면 "타당성이 높다"라고 말할 수 있다.

한편, 현재 타당도(Current Validity)는 이미 그 직무에 종사하고 있는 종업원들에게 그 예측치를 주는 것으로, 예측 타당도에 비해 기준치에 관한 자료수집이 훨씬 용이하다. 또 소요시간과 비용상의 이점도 커서 거의 대부분의 경우 예측치의 실제 예측치를 나타내는 수치로 활용된다.

예측 타당도(Predictive Validity)는 실제 지원자에 대한 예측치를 평가해 선발된 사람을 직무에 배치한 후, 나중에 기준을 측정해 기준 점수와 초기 예측치 점수를 관련시킨다. 예측 타당도는 실제 지원자들을 대상으로 선발시스템이 미래의 지원자에게 사용될 때 얼마나 성과를 잘 낼 수 있는가를 매우 근접하게 반영시킨 예측치를 얻은 다음 기준치를 얻어야 한다. 그러나 이 기준치를 얻기까지는 상당한 시간이 걸리기 때문에 결과를 금방 확인할 수 없다는 단점이 있다. 예측 타당도의 측정은 선발시험 성적을 일정기간 동안 보관했다가 선발된 인원들의 실제 성과를 측정해 상관관계를 구함으로써 이뤄진다. 대표적으로 미국 연방정부의 지침은 예측 타당성 연구를 선호하는 것으로 알려져 있다.

내용 타당도는 그 직무에서 사용되는 지식·기능 및 능력을 포함한 선발기법들을 선택해 구성하는 것이다. 예를 들어 비서직과 관련해 실시되는 시험에서 타이핑이나 워드프로세서 조작능력 등 비서업무 수행에 필요한 기능을 측정한다면, 이는 비서직이라는 직무에서 실질적으로 요구하는 대표적인 행위를 포함하고 있기 때문에 내용 타당도가 있는 시험이라고 말할 수 있다. 그러나 어떠한 측정도구의 타당도를 내용 타당도를 통해서만 평가할 경우, 평가자의 주관적인 판단과 해석에만 의존해 착오가 개입될 여지가 많고, 통계적인 검증이 불가능하다는 한계가 있다. 이 내용 타당도 분석은 직무행위와 지식, 기능, 능력 및 예측치 과업이 관찰 가능할 때 가장 효과가 높다.

선발에서의 타당도 분석

선발에서의 타당도 분석은 평가역량, 평가도구, 평가자, 평가결과가 선발목적에 부합하는가를 검증한다. 먼저 평가역량의 경우 ▷선발모델링으로 선정된 역량이 업무성과에 정말 중요한 요인인가 ▷어떤 요인이 보다 더 중요한가 ▷각 역량이 어떤 결과에 영향을 미치는가를 분석한다.

평가도구의 경우 ▷평가도구들이 보고자 한 역량을 제대로 보고 있는가 ▷평가항목들이 측정하고자 하는 역량을 제대로 나타내고 있는가 ▷평가방식들이 상호 일관된 평가결과를 산출하고 있는가 ▷어떤 도구가 보다 신뢰성이 있으며 타당한가를 분석한다.

평가자 측면에서는 ▷평가자들이 역량을 명확히 구분하고 있는가 아니면, 그냥 전반적으로 괜찮은 사람을 뽑고 있는가 ▷평가자들이 사람들을 구분하고 있는가 아니면, 그냥 비슷한 점수를 부여하고 있는가 ▷평가자들이 동일한 눈높이를 가지고 있는가 ▷평가자들이 점수부여에 일관성이 있는가를 분석한다.

마지막으로 평가결과 측면에서는 ▷선발과정을 통해 우수한 인재들이 선발됐는가 ▷선발과정을 통해 얼마나 더 많은 인재들이 입사하게 됐는가를 분석한다.

이제부터는
공정채용이다

Chapter 01   선발과정에서 직무설명자료의 기능

Chapter 02   직무분석의 이해

Chapter 03   NCS 분류체계를 활용한 직무설명자료 개발

Chapter 04   직무분석 방법론을 활용한 직무설명자료 개발

제 4 부

직무설명자료의
기능과 개발

○
○
●

직무설명자료란 채용하고자 하는 직무의 내용과 수행요건에 관한 정보를 구체적으로 파악할 수 있도록 정리한 직무기술서를 말한다. 채용담당자 입장에서 능력중심채용에 충실하기 위해서는 직무설명자료를 통해 직무와 직무수행요건에 관한 구체적이고 정확한 정보를 사전에 공개해야 한다.

선발과정에서 직무설명자료의 기능

'직무설명자료'는 채용하고자 하는 직무의 내용과 수행요건에 관한 정보를 구체적으로 파악할 수 있도록 정리한 직무기술서이다. 채용담당자 입장에서 NCS 기반 능력중심채용에 충실하기 위해서는 직무설명자료를 통해 직무와 직무수행요건에 관한 구체적이고 정확한 정보를 사전에 공개해야 한다. 직무설명자료를 활용하면 기업은 모집단계에서부터 서류전형 – 필기전형 – 면접전형에 이르는 선발의 전 과정에서 직무에 적합한 인재를 선발하기 위한 평가도구를 체계적으로 개발·평가할 수 있다.

지원자 입장에서는 직무설명자료를 통해 지원직무의 내용과 수행요건을 구체적으로 확인함으로써 자신의 비전 및 적성과 지원직무와의 적합성을 판단할 수 있다. 또한 입사를 위해 무엇을 준비해야 하는지에 관한 정확한 정보를 얻을 수 있다.

채용담당자는 직무설명자료를 사전에 공개해 직무에 적합한 인물을 중심으로 지원자를 모집함으로써 지원자 모집의 적중률을 높일 수 있다. 나아가 직무설명자료에 구체적으로 제시된 직무수행요건을 선발 시 지원자들의 직무적합성을 평가할 수 있는 준거(Criteria)로 활용할 수 있다.

직무설명자료를 사전에 개발함으로써 서류전형단계의 입사지원서에서는 직무설명자료의 능력단위(또는 세분류[1])로 지원자의 교육·자격·경험 및 경력사항을, 자기소개서에서는 직업기초능력의 일부를 반영해 평가할 수 있다.

1　NCS에서 세분류란 하나의 '직무(Job)'를 의미한다.

필기전형에서는 직무설명자료의 필요지식 및 기술 관련 전공 또는 직무수행능력에 관해 객관식 필기시험이나 논술시험(보고서 작성) 등으로 평가할 수 있다. 직업기초능력의 경우도 직무설명자료에 명시한 직업기초의 영역에 대해 객관식 필기시험으로 평가할 수 있다.

면접전형에서는 직무설명자료의 필요태도와 직업기초능력을 경험면접(과거행동면접), 상황면접, 발표면접, 그룹토의 등으로 평가할 수 있다. 특히 경험면접의 경우 자기소개서의 직업기초능력 항목 평가와 연계해 평가할 수도 있다.

다음 자료는 직무설명자료의 예시이다. 능력중심채용에 있어 직무설명자료의 구성 및 내용은 기관별로 대동소이하지만, 하나의 직무설명자료를 제대로 이해할 수 있다면 나머지 모든 공공기관 채용에서 현재 활용하고 있는 직무설명자료도 이해할 수 있을 것이다. 나아가 채용담당자가 속해 있는 기관에서의 직무설명자료도 자체적으로 개발 및 활용이 가능할 것이다.

[표 4.1] 직무설명자료의 구성 및 주요 내용 예시

직무설명자료의 구성					주요 내용
	대분류	중분류	소분류	세분류	
분류체계	02. 경영·회계·사무	01. 기획사무	01. 경영기획	01. 경영기획	채용직무를 NCS 분류체계와 맵핑
				02. 경영평가	
		02. 총무·인사	02. 인사·조직	01. 인사	
주요 사업	환경기초시설 운영, 문화스포츠센터 운영, 공공하수관로 유지관리, 도로개설 및 확·포장 공사, 주차장 운영, 종량제 쓰레기봉투 배송사업 및 신규 경영수익사업 등 '시민의 생활안정과 복지향상 및 지역발전 촉진에 기여'하는 사업을 수행				주요 사업 내용
직무수행 내용	**(경영기획)** 경영목표를 효과적으로 달성하기 위한 전략을 수립하고 최적의 자원을 효율적으로 배분하도록 경영진의 의사결정을 체계적으로 지원 **(경영평가)** 조직의 지속적 성장을 위하여 경영목표에 따른 평가기준을 마련하고, 일정기간 동안 조직이 수행한 성과를 이 기준에 따라 분석·정리하여 보고 **(인사)** 목표 달성을 위해 인적 자원을 효율적으로 활용하고 육성하기 위하여 직무조사 및 직무분석을 통해 제반사항을 담당하며, 조직의 인사제도를 개선 및 운영				NCS 세분류 정의 (지원자가 이해하기 쉽게 작성)
전형방법	서류평가 → 직업기초능력평가 → 인성검사 → 면접				채용방법 및 절차

일반요건	연령 – 공고문 참조	지원요건(블라인드 채용 기반)
	성별 – 무관	
교육요건	학력 – 무관	
	전공 – 무관	
능력단위	**(경영기획)** 01. 사업환경 분석 02. 경영방침 수립 03. 경영계획 수립 04. 신규사업기획 **(경영평가)** 01. 경영평가계획 수립 02. 경영평가 관련 정보수집 04. 경영평가방법 설정 **(인사)** 01. 인사기획 02. 직무관리 03. 인력채용 04. 인력이동관리 05. 인사평가	채용직무 세분류의 수행능력단위
필요지식	**(경영기획)** 내·외부 환경분석기법, 사업별 핵심성과 평가기준 및 전략기술 등 **(경영평가)** 경영조직체계 및 평가방법론, 노사관계법, 인사 관련 규정분석, 일정관리방법론 등 **(인사)** 근로기준법, 직무분석방법론, 직무평가법, 채용기법, 취업규칙 등	직무요건: 직무수행에 필요한 지식, 기술, 태도, 필요자격 및 직업기초능력(NCS 능력단위요소를 참조해 작성)
필요기술	**(경영기획)** 사업기획 및 보고서 작성기술, 문제 예측 및 대응방안 능력, 분석기법 및 통계 프로그램 운영기술, 의사결정능력 등 **(경영평가)** 경영공시시스템 사용기술, 공문서 작성능력, 정보수집 기술능력, 평가분석(SWOT) 활용기술 등 **(인사)** 인력운영 효율성 분석, 직무기술서 작성기술, 면담기법 등	
필요태도	**(경영기획)** 객관적인 판단 및 논리적인 분석태도, 사업파악 및 개선의지 등 **(경영평가)** 경영자원전략자세, 수용적 의지 및 관찰태도, 다양한 정보를 수집하려는 태도, 합리적 분류자세 등 **(인사)** 객관적 태도, 공정성, 타 부서와의 협업적 태도, 균형감각 등	
필요자격	공인회계사, 세무사, 공인노무사, 변호사, 법무사, 변리사 자격증 보유자 우대	
직업기초능력	의사소통능력, 자원관리능력, 문제해결능력, 정보능력, 조직이해능력, 직업윤리	
참고 사이트	www.ncs.go.kr 또는 자사 홈페이지	

직무분석의 이해

직무설명자료를 개발하기 위해서는 채용담당자가 채용대상 직무의 내용을 도출하고 이에 따른 직무능력을 정의해야 하는데, 이를 '직무분석'이라고 한다. 대표적인 직무분석 방법에는 조직 자체적으로 보유하고 있는 직무전문가(SME)[2]와의 인터뷰 또는 직무기술서·직무명세서 등 기업 내부자료를 활용하는 방법이 있다. 이 밖에 2019년 7월 국가 주도로 산업현장 전문가들이 모여 개발한 1000여 개의 직무분석자료인 '국가직무능력표준(NCS)'을 활용할 수도 있다.

[표 4.2] 내부자원을 이용한 직무설명자료 개발과정

프로세스	내용
기업환경 & 직무·직급 자료 분석	• 기업의 전략 및 산업·경영환경 검토 • 경쟁사, 동종업계 채용 동향 및 역량모델링 벤치마킹 • 직무 및 직급체계 분석
직무내용 도출	• 직무능력 도출방법(예 자료분석, 인터뷰, 설문, 워크숍, 관찰)에 따른 자료수집 • 직무분석, 역량모델링, NCS 등을 활용 • 선정된 도출방법에 따라 직무능력 도출
직무능력 도출	• 직무능력 도출(직무내용 도출 참고) • 직무능력별 정의, 하위요소, 행동지표(평가기준) 개발
직무능력 검증 및 확정	• SME를 활용한 검증 및 수정·보완 • 직무능력 최종 확정

---

2   SME(Subject Matter Expert): 직무 또는 내용전문가. 해당 직무 또는 과제 내용과 관련해 전문적인 지식과 경험을 가진 사람

직무기술서 개발	도출된 직무내용 및 직무능력을 활용해 직무기술서 개발
채용설계	• 도출된 직무능력을 어떤 전형에서 어떤 기법·방법으로 평가할지 결정 • Matrix를 이용해 세로축에 직무능력, 가로축에 선발기법을 나열

이때에는 조직의 비전·사업·전략 등에 기초해 미래에 필요한 직무내용을 분석하는 전략적 직무분석을 통해 직무내용과 직무능력을 정의할 수 있다. 또한 채용대상 직무의 우수성과 자들이 공통적으로 보유하고 있는 행동특성을 중심으로 직무수행에 필요한 인적요건을 구체화하는 역량모델링도 활용할 수 있다.

[그림 4.2] **직무의 내용 및 능력의 도출**

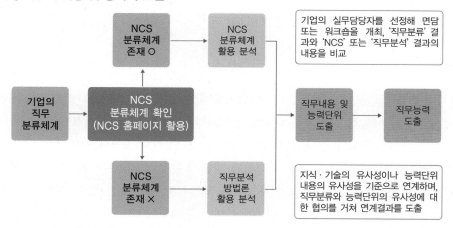

출처: 고용노동부·한국산업인력공단·국가직무능력표준원, 『2023 공정채용 컨설팅 가이드북』, 2023, p.38

이처럼 직무분석이란 직무설명자료[3]를 개발하는 과정이라 할 수 있다. 그중 가장 핵심적인 내용은 채용직무 선발에 활용할 직무수행능력과 직업기초능력을 도출해 내는 것이다. NCS 관점에서는 능력단위(능력단위요소), 필요지식, 필요기술, 필요태도, 필요자격이 직무수행능력에 해당한다.

이 책에서 설명하고자 하는 직무분석방법은 크게 NCS 분류체계가 존재하는 경우와 존재하지 않는 경우로 분류할 수 있다. 먼저 NCS 분류체계가 존재하는 경우에는 기업의 실무담당자를 선정해 면담 또는 워크숍을 개최함으로써 '직무분류' 결과와 'NCS' 또는 '직무분석' 결과의 내용을 비교하면 된다. 그러나 NCS 분류체계가 존재하지 않는 경우에는 지식·기술의 유사성이나 능력단위 내용의 유사성을 기준으로 연계하며, 직무분류와 능력단위의 유사성에 대한 협의를 거쳐 연계결과를 도출해야 한다. 그 구체적인 방법에 대해서는 각각 Chapter3와 Chapter4에서 설명할 것이다.

---

3 〈Chapter1. 선발과정에서 직무설명자료의 기능〉에서 봤듯 일반적으로 직무설명자료는 분류체계, 사업 내용(주요 사업), 직무수행 내용, 전형방법, 자격요건(일반요건·교육여건 등), 능력단위, 필요기술·태도·자격, 직업기초능력, 참고 사이트로 구성돼 있다.

NCS 분류체계를 활용한 직무설명자료 개발

    국가직무능력표준(NCS)은 국가가 산업현장에서 직무를 수행하는 데 필요한 지식과 기술, 자격 등의 내용을 산업부문별, 수준별로 체계화한 자료이다. 이는 1000여 개의 직무에 대한 분석을 통해 직무내용과 직무능력을 체계적으로 정리해 공개하고 있다.[4]

NCS를 이용한 직무내용 및 직무능력 정의에 대한 직무분석 과정은 다음 표를 참고하면 된다. 여기서 1~5단계는 직무내용과 직무능력을 도출하고, 6단계는 직무능력에 적합한 평가기법을 결정하는 방법에 대한 설명이다. 이에 대한 구체적인 내용은 〈제8부 직업기초능력의 평가〉를 통해 설명하고자 한다.

[표 4.3-1] NCS를 활용한 직무분석 과정

단계	프로세스	내용
1단계	직무 관련 정보수집 및 분석	조직에서 보유하고 있는 직무 관련 분류체계 또는 정보들(예 직무기술서, 직무명세서, 조직도, 업무분장표 등)을 수집해 분석
2단계	NCS 맵핑	• 기존 직무 관련 정보를 분석한 내용에 기반해 가장 유사한 NCS 체계 내의 세분류 정보 탐색 • NCS 세분류 정보들을 검토해 선발평가 시 활용할 능력단위 도출
3단계	NCS 맵핑 타당성 검증	직무전문가(SME)의 의견을 수렴(예 인터뷰, 설문, 워크숍 등)해 NCS 맵핑 결과의 적절성 검토
4단계	직무능력 최종 선정	SME 검토를 통해 검증된 직무능력들을 취합하고, 필요성이나 중요도가 높은 직무능력(예 지식·기술·태도·자격 등)을 선정

---

4   자세한 사항은 국가직무능력표준 홈페이지(www.ncs.go.kr) 참조

5단계	직무설명자료 개발	NCS로 도출된 직무내용 및 직무능력을 활용해 직무설명자료 개발
6단계	채용설계	• 도출된 직무능력을 어떤 전형에서 어떤 기법·방법으로 평가할지 결정 • Matrix를 이용해 세로축에 직무능력, 가로축에 선발기법을 나열

직무 관련 정보수집 및 분석

1단계 직무 관련 정보수집 및 분석은 직무 파악의 단계이다. 여기에서는 조직이 이미 보유하고 있는 직무분석자료 및 직무기술서 등을 활용해 채용하고자 하는 직무(직군)별 ▷수행직무 ▷자격요건 ▷직무특성을 조사한다. 그리고 조직의 정원, 현원 관리에 따른 결원 및 미래의 인력 수요를 감안해 채용분야 및 인원을 확정한다.

NCS 맵핑(mapping)

한편 채용담당자로서 채용에 NCS를 적용하기 위해서는 사전에 NCS의 개념, 구성 등 기본사항을 숙지해야 한다. 예를 들어, NCS의 체계가 ▷대분류 ▷중분류 ▷소분류 ▷세분류(직무) ▷능력단위 ▷능력단위요소로 구성돼 있고, 능력단위요소 이하에 수행준거를 근거로 정리한 지식·기술·태도, 직업기초능력, 자격증 등에 관한 내용들이 포함돼 있다는 것 등이다.

이와 관련해 NCS에서 말하는 세분류의 구성에 대해 설명하도록 하겠다. 앞에서도 말한 바와 같이, 세분류는 직무를 의미한다. 직무에는 다음 그림과 같이 능력단위가 있으며, 능력단위는 ▷능력단위요소 ▷적용범위 및 작업상황 ▷평가지침 ▷직업기초능력으로 구성되고, 능력단위요소는 다시 수행준거와 지식·기술·태도로 구성된다.

[그림 4.3-1] NCS에서 세분류(직무)별 구성요소

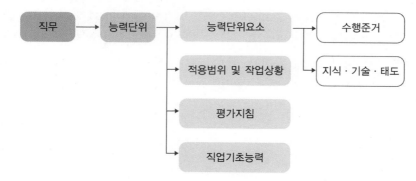

이때 채용담당자는 직무수행능력과 직업기초능력을 구분할 줄 알아야 한다. 먼저 직업기초능력은 앞의 그림과 같이 능력단위요소별로 필요한 직업기초능력을 제시한다. 그리고 이를 제외한 나머지 모두가 직무수행능력으로, ▷능력단위 ▷능력단위요소 ▷적용범위 및 작업상황 ▷평가지침 그리고 능력단위요소를 구성하는 수행준거, 지식·기술·태도가 모두 직무수행능력에 대한 내용이다. 이 중에서 직무설명자료에 필수적으로 들어가야 하는 능력단위요소(능력단위)와 지식·기술·태도가 직무수행능력의 구성요소에, 나머지가 직업기초능력에 해당한다.

먼저 능력단위(Competency Unit Description)는 NCS의 세분류를 구성하는 기본단위를 말한다. 능력단위의 설정기준은 한 사람이 수행 가능해야 하며, 명확한 성과를 도출해야 하고, 교육훈련 및 평가가 가능해야 한다는 것이다. 또한 일정한 기능을 해야 하고, 수행하는 직무가 독립적이어야 한다. 능력단위는 능력단위 분류번호, 능력단위 정의, 능력단위 요소(수행준거 및 지식·기술·태도), 적용범위 및 작업상황, 평가지침, 직업기초능력으로 구성돼 있다. 그리고 능력단위요소(Competency Unit Element)는 해당 능력단위를 구성하는 핵심 하위능력을 기술한 것이다.

수행준거(Performance Criteria)란 기본적으로 '~을(를) 할 수 있는가'에 대한 개념이다. 이는 각 능력단위요소별로 능력의 성취 여부를 판단하기 위해 개인들이 도달해야 하는 수행의 기준을 제시하며, 지식(Knowledge)·기술(Skill)·태도(Attitude)로 구성돼 있다.

적용범위 및 작업상황(Range of Variable)과 평가지침(Guide of Assessment)은 실질적으로 평가보다는 교육과 관련된 내용이다. 먼저 적용범위 및 작업상황은 능력단위를 수행하는 데 관련되는 수행범위와 물리적 혹은 환경적 조건을 말한다. 여기에는 교육장소, 자료, 서류, 장비, 도구, 재료 등이 있다.

그리고 평가지침(Guide of Assement)은 능력단위 교육에 대한 성취 여부를 평가하는 방법과 평가 시 고려돼야 할 사항을 말한다. 이는 채용 및 선발과 관련된 평가보다 범위가 넓으며, 다양하게 제시돼 있다.

마지막으로 직업기초능력(Key Competency)은 10가지 영역과 34개 하위요소로 구성돼 있다. 이는 직무와 관련해 각 능력단위요소를 수행하는 데 필요한 인지적·정신적·신체적 능력을 말한다. 주로 읽기, 쓰기, 말하기, 산술, 커뮤니케이션 능력 등 능력단위요소의 수행을 위해 기본적으로 갖추고 있어야 할 능력이다.

[표 4.3-2] NCS에서 세분류(직무)별 구성요소

구성항목	내용
능력단위 정의 (Competency Unit Description)	• 능력단위의 목적, 업무수행 및 활용 범위를 개략적으로 기술 • NCS의 세분류를 구성하는 기본 단위
능력단위 요소 (Competency Unit Element)	능력단위를 구성하는 핵심 하위능력을 기술
수행준거 (Performance Criteria)	능력단위요소별로 성취 여부를 판단하기 위해 개인이 도달해야 하는 수행의 기준을 제시
지식·기술·태도 (Knowledge·Skill·Attitude)	능력단위요소를 수행하는 데 필요한 지식·기술·태도
적용범위 및 작업상황 (Range of Variable)	• 능력단위를 수행하는 데 있어 관련되는 범위와 물리적 혹은 환경적 조건 • 능력단위를 수행하는 데 있어 관련되는 자료, 서류, 장비, 도구, 재료
평가지침 (Guide of Assessment)	능력단위의 성취 여부를 평가하는 방법과 평가 시 고려해야 할 사항
직업기초능력 (Key Competency)	능력단위별로 업무수행을 위해 기본적으로 갖춰야 할 직업능력

이를 바탕으로 2단계 NCS 맵핑에서는 기존 직무 관련 정보를 분석한 내용에 기반해 가장 유사한 NCS 체계 내의 세분류(직무) 정보를 탐색한다. 여기에서는 NCS 세분류(직무) 정보들을 검토해 선발평가 시 활용할 능력단위를 도출한다.

이를 위해 먼저 NCS 분류체계가 ▷대분류 ▷중분류 ▷소분류 ▷세분류(직무)로 이뤄져 있다는 것을 알고 있어야 한다. 예를 들면, 다음 표와 같이 인사라는 세분류를 찾기 위해서는 경영·회계·사무라는 대분류에서 총무·인사라는 중분류, 인사·조직의 소분류를 거쳐 인사라는 세분류를 찾을 수 있다.

[그림 4.3-2] 인사 세분류(직무)에 대한 NCS 분류체계 탐색 예시

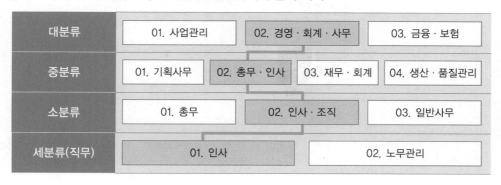

한편, 채용에 필요한 직무설명자료를 개발할 때 적게는 하나의 소분류로도 가능할 수 있겠지만 여러 직무를 모아야 하는 경우도 있다. 이런 경우에는 다음의 그림처럼 여러 개의 세분류를 NCS 분류체계 내에서 찾아야 한다. 이를 채용대상 직무에 적용해 보면 다음 그림과 같다.

[그림 4.3-3] **채용대상 직무에 대한 NCS 분류체계 예시**

실제로 직무설명자료를 개발하기 위해서는 먼저 국가직무능력표준 홈페이지(www.ncs.go.kr)를 방문, 다음의 내용을 참고해 실행해 보기를 권장한다.

참고 [4.3] **NCS 검색방법**

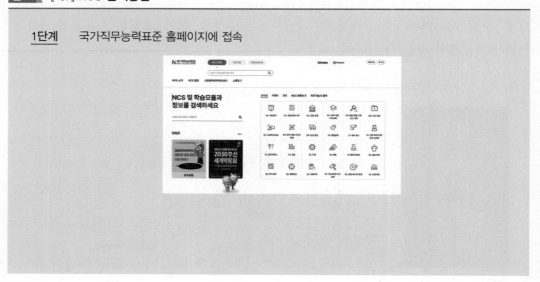

1단계   국가직무능력표준 홈페이지에 접속

2단계
- 채용분야에 맞는 NCS를 찾기 위해 NCS 검색메뉴 내 분야별 검색창에 접속, 대분류 → 중분류 → 소분류 → 세분류의 순으로 NCS 검색
- 효율적인 NCS 검색을 위해 사전에 채용분야와 NCS 분류체계를 맵핑함으로써 획득하고자 하는 NCS 파악
  - Step1. '01. 사업관리' 대분류 선택

  - Step2. '01. 사업관리' 중분류 선택

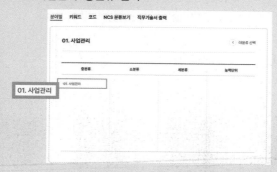

  - Step3. '01. 프로젝트관리' 소분류 선택

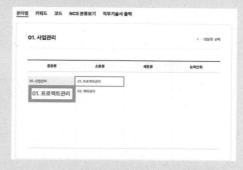

– Step4. '02. 프로젝트관리' 세분류 선택

3단계 NCS 세분류 및 능력단위를 모듈 형태로(PDF)로 다운로드해 채용평가 시 필요로 하는 능력을 도출·활용

– Step1. '01. 프로젝트 전략기획' 능력단위 선택

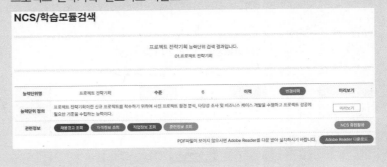

– Step2. '프로젝트 전략기획' 필요자료 다운로드

이때 능력단위 도출과정에서는 채용담당자와 SME 간 협의가 반드시 필요하다.

NCS 맵핑 타당성 검증

3단계 NCS 맵핑 타당성 검증에서는 SME의 의견을 수렴해 NCS 맵핑 결과의 적절성을 검토한다. 이 과정에서 중요도, 사용빈도, 학습가능성 등 일정한 기준을 적용해 정리하는 것이 필요하다. 예를 들어, 1차 필터링(Filtering)을 거쳐 '수행업무 내용 및 직무수행의 필수조건'을 도출하고, 2차 필터링을 통해 '우수한 직무수행의 요건'을 도출하는 식이다. 그리고 이렇게 도출된 결과를 SME와 채용담당자의 최종 검토를 거쳐 채용직무의 직무능력(지식 · 기술 · 태도 · 자격)으로 선정한다. 이때 SME의 의견을 수렴하는 방법에는 인터뷰, 설문, 워크숍 등이 있다.

직무능력 최종 선정

4단계 직무능력 최종 선정에서는 SME 검토를 통해 채용에 필요한 것으로 검증된 직무능력들을 취합한다. 이후 필요성 등을 기준으로 직무능력(지식 · 기술 · 태도)과 직업기초능력 등을 선정한다.

(1) 능력단위

채용대상 직무 관련 능력단위를 우선 선정해야 한다.[5] 그리고 도출된 능력단위가 해당 기관의 채용대상 직무에서 실제 수행하는 업무인지를 채용담당 부서 또는 직무(군)별 SME를 활용해 확인한다. 이후 능력단위별 중요도[6]를 고려해 최종 능력단위를 선정한다. 실제 활용방법은 다음 그림과 표를 참고하면 된다.

5　실제 이 작업은 매우 중요하다. 일반적으로 NCS 세분류(직무)에는 보통 10~15개 정도의 능력단위가 있으며, 능력단위별로 8~10개 정도의 능력단위요소가 있다. 즉, 하나의 세분류에 100개 내외의 능력단위요소가 있으며, 능력단위요소에 따른 지식 · 기술 · 태도 · 자격증 · 직업기초능력 등이 각각 20~30개 있으므로 하나의 세분류에 따르는 평가요소(지식 · 기술 · 태도 등)는 적어도 2000~3000개 정도에 이른다. 따라서 능력단위 및 능력단위요소를 적절하게 선정하지 않는다면 직무설명자료를 개발할 수 없다.

6　중요도 평가기준은 일반적으로 5점 척도를 활용, 1점 '전혀 중요하지 않다'부터 5점 '매우 중요하다'까지 구분할 수 있다.

[그림 4.3-4] 채용대상 직무(직군) 관련 능력단위 선정과정

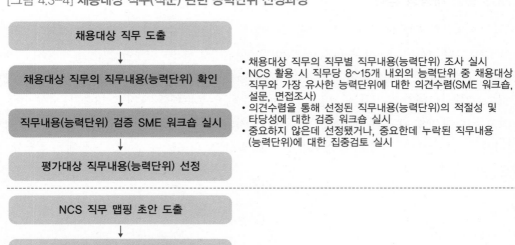

채용대상 직무 도출

↓

채용대상 직무의 직무내용(능력단위) 확인

↓

직무내용(능력단위) 검증 SME 워크숍 실시

↓

평가대상 직무내용(능력단위) 선정

- 채용대상 직무의 직무별 직무내용(능력단위) 조사 실시
- NCS 활용 시 직무당 8~15개 내외의 능력단위 중 채용대상 직무와 가장 유사한 능력단위에 대한 의견수렴(SME 워크숍, 설문, 면접조사)
- 의견수렴을 통해 선정된 직무내용(능력단위)의 적절성 및 타당성에 대한 검증 워크숍 실시
- 중요하지 않은데 선정됐거나, 중요한데 누락된 직무내용(능력단위)에 대한 집중검토 실시

NCS 직무 맵핑 초안 도출

↓

채용대상 직무 능력단위 확인

↓

NCS 요구 능력단위 검증 SME 워크숍 실시

↓

평가대상 직무내용(능력단위) 선정

타당성 검증 SME 워크숍 실시결과를 반영해 최종 능력단위 선정

[표 4.3-3] 요구 능력단위 선정 Matrix

대분류	중분류	소분류	세분류	순번	능력단위	수행 여부	중요도
02. 경영 회계 사무	01. 기획사무	01. 경영기획	01. 경영기획	1	사업환경 분석	○	4
				2	경영방침 수립	○	4
				3	경영계획 수립	○	5
				4	신규사업 기획		
				5	사업별 투자 관리	○	3
				6	예산 관리	○	5
				7	경영실적 분석		
				8	경영 리스크 관리		
				9	이해관계자 관리		

			02. 경영평가	1	경영평가계획 수립	○	4
				2	경영평가 관련 정보수집	○	5
				3	경영평가범위 설정	○	3
				4	경영평가방법 설정	○	3
				5	경영평가도구 개발	○	3
				6	경영평가활동 수행		
				7	경영평가결과 보고		
				8	경영평가 모니터링	○	3
				9	경영평가 사후관리	○	3

(2) 관련 직무요건(지식·기술·태도)

관련 직무요건은 선정된 능력단위요소 또는 수행준거별로 관련된 필요지식(K), 필요기술(S), 필요태도(A) 등 직무에 필요한 능력을 조사·확인한다. 그리고 중복 여부와 중요도 및 채용 후 학습가능성 등을 고려해 지식·기술·태도를 선정한다.

구체적으로 설명하자면, 능력단위요소가 선정되면 각 능력단위요소에 대한 지식·기술·태도의 목록을 도출해내고, 이후 채용대상 직무의 성공적 수행을 위해 각각의 지식·기술·태도가 얼마나 중요한지를 평가해야 한다.

이때 채용담당 부서 또는 직무(군)별 SME를 활용, 각각의 중요도[7]와 학습가능성[8]을 고려해 최종 평가 대상인 지식·기술·태도를 선정한다. 여기서 일반적으로 중요도는 4 이상, 학습가능성은 2 이하로 선정되며, 이는 최종 선정되는 개수에 따라 조정이 가능하다.

한편, 학습가능성이란 교육훈련을 통한 개발의 용이성 여부를 의미하는데, 채용·선발에서는 학습가능성이 낮은 지식·기술·태도를 선정하는 것이 바람직하다. 왜냐하면 학습가능성이 높다는 것은 입사 후 교육을 통해 지식·기술·태도를 쉽게 개발할 수 있다는 뜻인데, 신입사원 선발에 있어서는 개발이 어려운 지식·기술·태도를 보유한 지원자를 선발하는 것이 직무의 적응이나 개발 측면에서 훨씬 유리하기 때문이다. 이에 대한 실제 활용방법은 다음 그림과 표를 참고하면 된다.

---

7 중요도 평가기준은 일반적으로 5점 척도를 활용. 1점 '전혀 중요하지 않다'부터 5점 '매우 중요하다'까지 구분할 수 있다.

8 학습가능성의 수준은 일반적으로 5점 척도를 활용. 1점 '학습이 불가능하다'에서 5점 '경험을 통해 쉽게 학습이 가능하다'로 구분할 수 있다.

[그림 4.3-5] **직무설명자료의 지식·기술·태도 선정과정**

관련 지식·기술·태도 List-up	지식·기술·태도별 중요도 평가	지식·기술·태도별 학습가능성 평가	중요 지식·기술·태도 선정
최종 선정된 능력단위별 관련 지식·기술·태도 List-up	채용대상 직무의 성공적 수행을 위해 각각의 지식·기술·태도가 얼마나 중요한지를 평가	해당 지식·기술·태도의 경험·교육을 통한 학습 가능성 평가	중요도와 학습가능성을 고려해 최종 평가대상 지식·기술·태도 선정 예 중요도 4 이상, 학습가능성 2 이하

[표 4.3-4] **능력단위별 관련 지식(Knowledge) 도출 Matrix**

세분류	순번	능력단위	관련 지식	중요도	학습가능성
02010101. 경영기획	1	사업환경 분석	핵심역량의 개념	3	4
			기업 경영자원(유형·무형·인적자원)의 개념	5	4
			자사의 사업구조와 실적에 대한 개념	4	4
			거시환경분석 단계별 프로세스	3	4
			경쟁자에 대한 정의	2	5
			전략적 목표에 대한 개념	5	3
			비용 우위(규모의 경제, 경험효과)의 개념	4	3
			차별화 우위(제품·광고·유통)의 개념	3	4
	2	경영방침 수립	경영이념과 경영철학	4	3
			핵심가치체계	5	4
			전사목표에 대한 개념	3	3
			동종·유사 기업의 비전에 대한 정보	1	5
			사명(미션)에 대한 개념	4	3
			기업문화의 개념	5	2
			내부적·외부적 가치의 개념	3	4
			기업의 사회적 책임에 대한 개념	2	3
			기업윤리의 개념	5	3

[표 4.3-5] **능력단위별 관련 기술(Skill) 도출 Matrix**

세분류	순번	능력단위	관련 기술	중요도	학습가능성
02010101. 경영기획	1	사업환경 분석	경영환경 분석기법	5	4
			분석대상 항목별 주요 정보 파악·정리 기술	4	3
			분석 결과로부터 시사점 도출 기술	4	2
			경쟁자 분류 기술	2	4
			고객·소비자 분류 기술	3	3
			핵심성공요소 도출 기법	3	4
			목표와 성공요소 관계설정 기술	3	4
			벤치마킹 기법	2	5
	2	경영방침 수립	경영이념 설정 프로세스	2	4
			핵심가치체계 수립 방법론	4	5
			비전 도출 기법	2	3
			자산·역량에 대한 분석 기법	5	2
			비전과 사명의 연계성 기법(Cascading 방식)	2	4
			사명 수립 기법(Key Word 도출방식)	3	4
			일체감 조성 방법론(동기부여 방법론)	4	2
			핵심가치 도출 기법	3	4

(3) 자격

자격의 경우 능력단위에 따른 관련 자격을 조사·확인한 후 중요도 및 필수 여부에 따라 선정한다. 선정방법은 먼저 자격증의 필수 여부를 O·X로 판단한 후 중요도[9]에 따라 결정하는데, 일반적으로 3점 이상의 자격증을 기준으로 최종 선정하면 된다. 구체적인 활용방법은 다음 표를 참고하길 바란다.

---

9   중요도 평가기준은 일반적으로 5점 척도를 활용, 1점 '전혀 중요하지 않다'부터 5점 '매우 중요하다'까지 구분할 수 있다.

[표 4.3-6] **능력단위별 관련 자격 도출 Matrix**

세분류	능력단위	관련자격	중요도	필수 여부
02010101. 경영기획	1. 사업환경 분석 2. 경영방침 수립 3. 경영계획 수립 5. 사업별 투자 관리 6. 예산 관리	(국가공인) 경영지도사	3	×
		(비공인 민간) TESAT	1	×
		(비공인 민간) 매경 TEST	1	×
02010102. 경영평가	1. 경영평가계획 수립 2. 경영평가관련 정보수집 3. 경영평가범위 설정 4. 경영평가방법 설정 5. 경영평가도구 개발	공인회계사	5	×
		경영지도사	2	×
		사회조사분석사(2급)	3	×
		세무사	5	×
		비서(1급)	2	×
	8. 경영평가 모니터링 9. 경영평가 사후관리	공인노무사	5	×
		사회조사분석사(2급)	2	×
		비서(1급)	2	×

(4) 직업기초능력

직업기초능력의 경우 일반적으로 NCS 세분류(직무)의 능력단위별로 표기된 직업기초능력의 주요 영역(10개 영역) 5~6개를 채용대상 직무에 통합해 빈도수가 많은 직업기초능력 5~6개 정도를 최종적으로 선정한다. 이때 10개의 직업기초능력을 다 선정할 수도 있지만, 채용 프로세스의 효율성 측면에서 입사 후 성과에 영향을 미치는 영역들을 우선적으로 선정하는 것이 바람직하다. 이 외에 직무상황에 따라 필요한 경우 채용담당자나 SME가 협의해 직업기초능력을 추가할 수도 있다.

NCS 세분류(직무)의 능력단위별 직업기초능력은 주요 영역과 하위 영역을 함께 제시하고 있지만, 직무설명자료에는 주요 영역만을 기재하도록 돼 있으며, 하위 영역은 평가에 대한 설계 및 과제개발 시 참고하면 된다.

[표 4.3-7] 채용대상 직무(군)별 직업기초능력 도출 Matrix

채용대상 직무	의사 소통	수리	문제 해결	자기 개발	자원 관리	대인 관계	정보	기술	조직 이해	직업 윤리	비고
성과관리	14	11	13	0	6	5	10	0	11	6	
선정 여부	○	○	○	×	×	×	○	×	○	○	
기금관리	1	0	1	0	0	1	1	0	1	1	
선정 여부	○	×	○	×	×	○	×	×	○	○	
사무행정	7	3	6	0	4	4	7	3	4	5	
선정 여부	○	×	○	×	×	○	○	×	○	○	

직무설명자료 개발

선정된 채용직무의 직무능력은 직무설명자료(직무기술서)로 개발·공개해야 한다. 직무설명자료에는 ▷채용직무 ▷업무내용 ▷세부 수행내용 ▷직무요건(지식·기술·태도) ▷직업기초능력 ▷경험(경력) ▷자격 등에 대해 기재하고, 이를 채용공고문에 포함시키거나 별첨자료로 제시해야 한다. 지원자는 이를 통해 채용직무와 업무내용을 알 수 있고, 취업을 위해 준비해야 할 사항이 무엇인지 파악할 수 있다.

이때 제대로 된 직무설명자료를 개발하기 위해서는 각 과정별로 해당 부서와 직무(군)별 SME 활용 및 의견 반영을 하는 것이 반드시 필요하다.

직무분석 방법론을 활용한 직무설명자료 개발

채용직무(군)에 필요한 자료가 국가직무능력표준(NCS)에서 이미 개발됐다면 Chapter3
을 활용하면 되겠지만, NCS에서 개발되지 않은 직무라면 자체적인 직무분석을 통해 별도
의 직무설명자료를 개발해야 한다. 실제로 NCS를 통해 1000여 개의 직무분석자료를 확인
할 수 있지만, 기업에 따른 특수한 직무의 경우 NCS에서 미개발된 직무일 수 있다.

이러한 경우에는 NCS 개발 시 활용한 직무분석 프로세스를 그대로 활용하는 것이 효율적
이다. 실제 NCS 개발은 10명 내외로 구성된 3개의 전문가 그룹(직무 관련 실무전문가·교
육전문가·자격전문가)이 8회에 걸친 토론과 합의를 통해 얻어낸 결과로, 기간상으로도 5개
월 이상이 걸렸다. 그러나 우리는 이와 똑같은 프로세스를 밟을 것이 아니고, 그럴 필요도
없다. 우리는 직무설명자료를 만들 수 있는 만큼의 정보를 취합하고 분석하면 되는데, 이는
빠르면 1주일 이내에도 가능하다.

다만 NCS 개발 시 활용했던 직무분석 방법론을 그대로 활용하는 것이 중요하다. 즉, 직
무분석에 활용됐던 능력단위, 능력단위요소, 지식, 기술, 업무수행에 필요한 태도 등의 분
석요소와 정의방법, 작성방법 등 내용의 개발 및 구성방법을 그대로 활용해야 한다. 이는
NCS 개발의 질적 유지를 담보하기 위함으로, 직무설명자료를 빨리 개발할 수는 있지만 내
용의 질적 부분은 NCS 개발과 동일한 기조로 유지돼야 하기 때문이다.

앞서 NCS를 개발할 때 직무분석의 다양한 분석기법 중 DACUM[10]을 기본으로 진행했
는데, 이번 Chapter에서는 짧은 시간 내에 원하는 정보를 얻기 위해 NCS 개발 시 활용했
던 방식을 적용하도록 하겠다.

---

10 DACUM에 대한 자세한 내용은 〈제3부 채용·선발과정의 설계 – Chapter1. 신입직원 선발기준 수립에 대한 논의〉 참조

> **참고** [4.4] DACUM(Developing A Curriculum)
>
> • 원래 캐나다에서 고안됐으며, 미국의 직업교육 분야에서 널리 사용함
> • Ohio State University의 고용을 위한 교육훈련센터의 Dr. Robert Norton에 의해 발전됨
> • Duty 및 Task 중심의 분석
> • 기본적으로 교육과정을 개발하기 위한 기법으로, 직무에서 요구되는 업무처리과정·Skill·Knowledge·Tool·Attitude 등을 찾아내기 위해 직무 숙련자들의 Group Interview를 진행함

　　직무분석 방법론을 활용한 직무설명자료의 개발은 ① 직무기본정보 작성하기 ② 주요 업무 및 수행준거 작성하기 ③ 직무수행조건 작성하기 ④ 직업기초능력 선별하기의 순서대로 진행하면 된다.

직무기본정보 작성하기

　　첫 번째 직무기본정보 작성하기는 직무에 대한 기본적인 정보를 취합하는 과정으로, 이때 직무기본정보는 ▷직무명 ▷직무정의 ▷직무숙련기간 등 3가지 정보로 구성돼 있다. 각각의 정보에 대한 내용은 다음과 같다.

[표 4.4-1] **직무기본정보의 구성항목 및 내용**

구성항목	내용
직무명	개발하는 직무의 이름을 작성한다. 예 자동차 연구, 품질관리
직무정의	수행직무의 목적을 표현하기 위해 행동용어를 사용해 기술하며, 목표·수단·업무의 개념이 들어가도록 내용을 작성한다.
직무숙련기간	직무를 독립적으로 수행할 때까지의 기간을 말하는 것으로, 1년 단위로 작성한다.

특히 직무정의를 작성할 때에는 현장에서 쓰이는 용어를 사용하고, 목표 및 목표를 달성하기 위한 수단과 업무의 내용이 모두 포함되도록 해야 한다.

┌─ 예 '자동차 정비검사'의 직무정의 ─┐
│ 목표 자동차 안전기준 및 관련 법규에 의거해 주인의식을 가지고 안전운행을 위한
│ 수단 동일성 유지, 환경 등을 정기 또는 수시로
│ 업무 검사하는 일이다.
└────────────────────────┘

[표 4.4-2] **직무기본정보 작성 Worksheet**

직무명		직무숙련기간	
직무정의			

주요 업무 및 수행준거 작성하기

두 번째 작업은 주요 업무 및 수행준거 작성하기로, 직무의 업무구성과 업무별 수행준거에 대한 정보를 수집하는 것이다. 이때 직무가 어떤 업무로 구성돼 있는지 3개 이상 작성해야 하며, 각 업무수행 시 도출돼야 하는 바람직한 모습은 5개 이상 작성하도록 독려해야 한다. 각각의 작성방법은 다음과 같다.

[표 4.4-3] 주요 업무 및 수행준거 작성하기

구성항목	내용
주요 업무	• 직무를 수행하기 위해 반드시 이뤄져야 하는 업무를 3개 이상 작성한다. 주요 업무는 '기획·운영·사후관리' 등과 같은 프로세스의 모습일 수도 있고, '환경변화 검토·사업 타당성 검토' 등과 같이 서로 독립된 경향의 업무일 수도 있다. • 주요 업무를 설정할 때에는 한 사람이 수행 가능할 것, 명확한 성과를 도출할 것, 일정한 기능을 수행할 것, 수행하는 업무가 독립적일 것 등의 사항을 고려해 3개 이상 작성해야 한다.
수행준거	• 수행준거는 성취 여부를 판단하기 위해 개인이 도달해야 하는 수행의 기준(업무수행 평가기준)을 말하는 것으로, 수행준거의 문장에는 조건·판단기준·행동이 모두 포함돼 있어야 한다. • 수행준거는 성과에 초점을 맞춰 작성해야 하며, 관찰이 가능한 내용으로 작성해야 한다. 이는 조건·판단기준·행동으로 이루어진 문장이지만, 판단기준이 없을 경우 제외해도 무방하다.

[그림 4.4] 수행준거 작성 예

┌─ 예 '자동차 정비검사'의 수행준거 ─────────────────┐

자동차 검사 기준·방법에 따라 윤활유 누출 여부를 확인할 수 있다.
　　　(조건)　　　　　　　　(판단기준)　　　　(행동)

└────────────────────────────────┘

[표 4.4-4] **주요 업무 및 수행준거 작성 Worksheet**

주요 업무	수행준거
	• • • •
	• • • •
	• • • •

직무수행조건 작성하기

세 번째 작업은 직무수행조건 작성하기이다. 여기서는 직무수행에 필요한 학습, 자격증 및 필요역량(지식·기술·태도)이 무엇인지 작성한다. 직무수행조건은 직무수행에서 성과를 도출하기 위해 개인이 갖춰야 할 요건이라고 보면 된다. 구성항목은 학습경험, 자격증, 필요지식, 필요기술, 수행태도 등이다. 각각의 작성방법은 다음과 같다.

[표 4.4-5] **직무수행조건 작성하기**

구성항목	내용
학습경험	직무수행에 반드시 필요한 학력, 전공을 작성한다.
자격증	직무수행에 필요한 자격증을 기재한다.
필요지식	지식은 '학습 및 경험을 통해 알게 된 정보'를 말한다. '~지식', '~법', '~방법' 등의 형식으로 작성한다.
필요기술	기술은 '지식을 지속적으로 경험화해 숙련도를 갖게 된 것'을 말한다. '~기술', '~기법' 등의 형식으로 작성한다.
수행태도	태도는 '습관화돼 행동으로 보이는 모습'을 말한다. '~태도' 등의 형식으로 작성한다.

필요지식·필요기술·수행태도를 작성할 때에는 주요 업무별 수행준거를 참고, 수행준거를 이루기 위해 필요한 것들을 중심으로 작성해야 한다.

[표 4.4-6] 직무수행조건 작성 Worksheet

학습경험	(전공:)		
자격증			
필요지식		**필요기술**	**수행태도**

직업기초능력 선별하기

마지막 작업은 직업기초능력 선별이다. NCS에서는 직업인으로서 가져야 할 기초능력을 10가지로 구분하고 있으며, 개발된 직무별로 필요로 하는 직업기초능력을 상이하게 선별했다. 채용에 있어서는 10개의 직업기초능력을 모두 갖추면 좋겠지만, 성과 도출에 영향을 많이 미치는 것을 선별하도록 한다. 선별을 할 때에는 10개의 직업기초능력 중에서 직무수행에 반드시 필요한 능력을 최소 5개 이상 선택하도록 한다.

[표 4.4-7] **직업기초능력 선별 Worksheet**

선택(✓표)	구분(10개 영역)	세부능력(34개 하위영역)
	의사소통능력	문서이해능력, 문서작성능력, 경청능력, 의사표현능력, 기초외국어능력
	수리능력	기초연산능력, 기초통계능력, 도표분석능력, 도표작성능력
	문제해결능력	사고력, 문제처리능력
	자기개발능력	자아인식능력, 자기관리능력, 경력개발능력
	자원관리능력	시간관리능력, 예산관리능력, 물적자원관리능력, 인적자원관리능력
	대인관계능력	팀워크능력, 리더십능력, 갈등관리능력, 협상능력, 고객서비스능력
	정보능력	컴퓨터활용능력, 정보처리능력
	기술능력	기술이해능력, 기술선택능력, 기술적용능력
	조직이해능력	국제감각, 체제이해능력, 경영이해능력, 업무이해능력
	직업윤리	근로윤리, 공동체윤리

지금까지 미개발 NCS 분야의 직무설명자료를 개발하기 위해 ▷직무기본정보 작성 ▷주요 업무 및 수행준거 작성 ▷직무수행조건 작성 ▷직업기초능력 선별의 4가지에 대해 설명하고 Worksheet를 제시했다. 4가지 작업은 개발하고자 하는 직무의 SME가 주축을 이뤄야 하며, 다양한 아이디어 도출 및 내용의 질적 향상을 위해 최소 3명 이상의 SME가 모여 토론하고 결과물을 도출해야 함을 잊지 말아야 한다.

결과물이 도출되면, 이제는 채용담당자로서 앞의 내용을 직무설명자료 양식에 포함시켜 지원자가 볼 수 있도록 채용공고문에 함께 게재하면 된다. 게재 전에는 앞의 내용을 작성했던 SME에게 직무설명자료를 공유하고 그 내용을 확인받아야 한다. 이러한 과정은 직무설명자료의 질을 향상시키는 것은 물론 SME에게는 동기를 부여하는 기회가 될 수 있다.

**이제부터는
공정채용이다**

Chapter 01　고용브랜드란

Chapter 02　고용브랜딩의 기대효과

Chapter 03　직원가치제안

Chapter 04　고용브랜드 구축 프로세스

Chapter 05　채용단계별 고용브랜딩 활용

제 5 부

고용브랜딩

○
○
●

고용브랜딩이란 기업이 고용시장에서 자사의 고용브랜드를 전략적으로 구축·관리하는 일련의 과정을 뜻한다. 기업은 고용브랜딩을 통해 긍정적인 이미지를 구축하고 원하는 인재를 유인할 수 있으며, 기존 직원들을 유지하고 핵심 인재의 이탈을 방지할 수 있다.

고용브랜드란

고용브랜드라는 용어는 1996년 Ambler & Barrow에 의해 '고용주브랜드(Employer Brand)'라는 이름으로 개념화되기 시작했다. 이는 일자리로서 해당 기업의 장점들, 소위 '고용에 의해 제공되는 기능적·경제적·심리적 혜택이자 고용주로서 기업을 식별해주는 것'으로 정의됐다. 이 외에도 고용브랜드는 "고용시장에서 기업만의 고유한 정체성을 바탕으로 차별화된 이미지를 창출함으로써 기업의 중요한 경쟁적 우위를 창출할 수 있는 자산"(Michaels et al, 2001), "한 기업의 고용관계와 관련해 구성원들에게 제공하는 가치를 생각할 때 조직 내 구성원뿐 아니라 잠재적 구성원인 외부 인력이 떠올리는 총체적 이미지"(조성일, 2010) 등 국내외 학자들에 의해 다양하게 정의되고 있다.

이러한 정의들을 종합할 때, 고용브랜드는 기업이 제공하는 일자리와 관련된 이미지와 명성을 의미하며, 노동시장에서 고용주로 인식되는 기업의 특성과 가치를 반영한다. 즉, 고용관계와 관련한 ▷외부 평판 ▷경영진 리더십 ▷직원가치제안 ▷근무조건 ▷조직문화 ▷기업 경쟁력 등이 종합적으로 고려된 기업의 이미지라고 할 수 있다. 이는 조직의 내부 구성원뿐만 아니라 외부의 잠재적 구성원들이 떠올리는 고용주로서의 기업에 대한 총체적인 이미지를 의미한다.

이러한 고용브랜드는 1990년대 이후 글로벌 경제의 급속한 변화와 기업들이 직면하게 된 무한경쟁상황 등으로 인해 우수인재에 대한 기업들의 니즈가 크게 증가하면서 중요한 개념으로 부상하게 됐다. 각 기업들이 경쟁력 유지와 성장을 위해 우수한 인재의 확보·유지가 어느 때보다 중요해지면서, 고용에 대한 관점이 마케팅적 접근으로 바뀌어 자사의 고용환경과 브랜드 이미지를 강화하려는 노력이 시작된 것이다. 즉, 기업들은 구축된 고용브랜드를 통해 우수한 인재들이 자사의 고용환경을 명확히 인식하고 관심을 갖도록 하는 것이 중요한 과제가 됐다.

또한, 인터넷과 소셜미디어의 발전으로 정보가 쉽게 전달·공유될 수 있는 환경이 갖춰짐에 따라 기업들의 채용관행과 근로환경에 대한 정보가 더욱 투명하게 공개된 점도 기업들로 하여금 고용브랜드의 중요성을 인식하게 하는 계기가 됐다. 기업들이 고용브랜드 관리를 통해 자사에 대한 이미지를 긍정적으로 전달하고 유지할 필요가 커지게 된 것이다.

여기에 노동시장에 진입하는 밀레니얼 세대와 Z세대의 기업에 대한 기대와 요구가 이전 세대와 큰 차이를 보이는 점도 고용브랜드 관리의 필요성이 커지는 배경이라고 볼 수 있다. 소위 MZ세대는 연봉 및 근무환경뿐만 아니라 일자리의 적응성·유연성·사회적 가치 등을 중요하게 생각하며, 고용브랜드를 통해 기업이 이러한 가치에 부합하는지를 판단하고 기업을 선택하는 경향이 크기 때문이다.

이와 같은 배경에 따라 2000년대 후반 이후 많은 기업들은 고용브랜드 관리에 더욱 관심을 가지고 전략적으로 접근하게 됐다. 정리하면 현재의 고용브랜드는 기업의 이미지와 명성을 통해 조직에서 원하는 적합한 인재를 유치하고 유지하는 데 매우 중요한 역할을 한다고 볼 수 있다.

고용브랜딩의 기대효과

고용브랜딩(Employment Branding)은 고용브랜드와 동의어로 사용되기도 한다. 그러나 엄밀하게는 고용브랜드가 고용주로서 인식되는 기업의 이미지 또는 브랜드라는 의미인 데 비해, 고용브랜딩은 기업들이 고용시장에서 자사의 브랜드 이미지를 강화하기 위해 사용하는 전략적인 접근방식을 의미한다. 즉, 고용브랜딩은 기업이 자사의 고용브랜드를 구축하고 관리하는 과정을 포함하는 개념이며, 지원자들이 기업에 대해 '일하고 싶은 회사' 또는 '지원하고 싶은 회사'라는 이미지로 인식되도록(Positioning) 홍보하는 활동(Communication)이라는 의미를 담고 있다.

기업은 고용브랜딩을 통해 인재 확보와 유지를 위한 경쟁력을 강화하고, 일자리를 찾는 지원자들이 자사를 선호하게 만들어 인재 영입에 유리한 환경을 조성하는 것을 1차적인 목표로 한다. 그러나 고용브랜딩을 통해 기업이 갖게 되는 효과는 이보다 훨씬 많으며, 기업뿐만 아니라 구직자 입장에서도 고용브랜딩은 여러 가지 긍정적인 효과를 갖는다.

우선 기업 입장에서 고용브랜딩의 기대효과를 구체적으로 살펴보면 다음과 같다.

첫째, 고용브랜딩은 기업에 대한 긍정적인 이미지를 구축하는 데 도움을 준다. 고객, 파트너, 주주, 지역사회 등 기업을 둘러싼 많은 이해관계자들은 고용브랜딩을 통해 해당 기업에 대한 긍정적인 이미지를 가질 수 있다. 특히 고용브랜딩은 기업의 고객관계에 중요한 영향을 미치는데, 기업이 책임감 있는 고용을 강조하고 직원들을 중시하는 모습을 보여주면 고객들은 기업에 대한 신뢰를 갖게 되기 때문이다.

둘째, 매력적인 고용브랜드를 가진 기업은 우수한 인재를 유치할 수 있다. 지원자 중 우수한 인재는 자신의 가치관과 성장 가능성 등을 고려해 지원할 기업을 선택한다. 이때 매력적인 고용브랜드를 가진 기업은 경쟁기업에 비해 선호될 가능성이 매우 높으며, 이는 결국 원하는 인재를 효과적으로 유인(Attract)하고 확보하는 동력이 된다.

셋째, 고용브랜딩을 통해 조직 적합성이 높은 인재를 확보할 수 있다. 고용브랜딩은 단순히 좋은 기업이라는 대외적인 이미지보다는 조직문화와 그 기업의 역사 등을 바탕으로 한 고유한 기업 이미지를 구축하고 외부에 알리는 것이다. 이는 그러한 이미지를 선호하고 그에 충분히 공감할 수 있는 가치관과 태도를 가진 적합한 인재(Right People)를 확보하는 데 도움이 된다.

넷째, 기존 직원들의 유지(Retention)와 핵심인재의 이탈을 방지한다. 고용브랜딩은 기존 직원들에게도 동기부여라는 긍정적인 효과를 제공한다. 고용브랜드의 구성요소인 직원가치제안은 조직 내 성장비전·경력경로·수행업무의 가치와 중요도 등에 대한 정보를 제공함으로써 기존 직원들의 조직에 대한 충성도를 높이는 역할을 한다. 기업은 이를 통해 직원들의 이직률을 낮추고 핵심인재의 이탈을 막을 수 있다.

한편, 고용브랜딩은 지원자에게도 긍정적인 영향을 미치는데, 이들이 갖는 기대효과는 다음과 같다.

첫째, 고용브랜딩을 통해 회사 선택을 위한 다양한 정보를 확인할 수 있다. 지원자는 고용브랜딩을 통해 조직문화, 비전, 구성원의 성장 등에 관한 정보를 제공받음으로써 기업에 대한 정보를 사전에 충분히 확인하고 선택할 수 있게 된다.

둘째, 조직 적합성을 사전에 파악해 부적합으로 인한 자발적인 퇴사 가능성을 낮춘다. 지원자는 고용브랜딩을 통해 기업의 가치와 문화, 근로환경, 인재개발 등에 대한 정보를 사전에 충분히 파악하고 자신과의 적합성을 평가한 후 입사하게 된다. 따라서 조직에 빨리 적응하기가 수월해지며, 향후 부적합으로 인한 퇴사 가능성을 낮출 수 있다.

셋째, 입사 후 자신의 성장·경력관리·비전 등을 만들 수 있다는 확신을 가질 수 있다. 잠재적 지원자들은 기업의 고용브랜딩을 통해 그 회사에 입사하게 될 경우 자신이 어떻게 성장할 수 있고, 어떤 경력경로와 비전을 만들 수 있는지에 대한 자신감과 확신을 가질 수 있다.

[표 5.2] **고용브랜드의 기대효과**

기업 입장	지원자 입장
• 기업 이미지 및 선호도가 상승한다. • 조직의 강점을 홍보해 우수인재를 유치할 수 있다. • 기업문화에 맞는 조직 적합성이 높은 인재를 채용할 수 있다. • 이직률을 감소시키고 핵심인재의 이탈을 방지할 수 있다.	• 회사 선택을 위한 다양한 정보 확인이 가능하다. • 조직 적합성을 사전에 파악해 부적합으로 인한 자발적 퇴사 가능성을 낮출 수 있다. • 입사 후 자신의 성장, 경력관리, 비전 등을 만들 수 있다는 자신감과 확신을 가질 수 있다.

직원가치제안

　　지원자 입장에서 고용브랜드는 회사를 고용주로 봤을 때 느껴지는 이미지이자, 지원자가 그 기업에 입사하면 얻을 수 있는 종합적인 가치와 혜택이라고 해석할 수 있다. 직원가치제안(EVP · Employee Value Proposition)은 고용주로서의 기업이 직원들에게 제공하는 종합적인 가치와 혜택을 의미한다. 즉, 구성원들이 해당 기업에서 근무하면서 얻을 수 있는 금전적 · 사회적 · 심리적 가치 등을 일컫는 총체적인 개념이다.

지원자들은 기업을 선택할 때 입사 후 그 기업으로부터 얻을 수 있는 가치와 혜택, 예를 들어 최고의 연봉, 빠른 성장, 글로벌 경험, 친절한 동료 등을 그 기업의 직원가치제안을 통해 구체적으로 확인한다. 그리고 이 내용이 자신의 가치, 선호, 욕구 등과 부합하면 기업에 대한 긍정적 이미지를 얻는 것은 물론, 자신과의 적합성을 인식하고 지원하게 된다.

[그림 5.3-1] **직원가치제안의 의미**

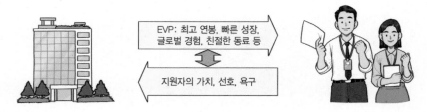

　　결국 직원가치제안은 고용브랜드와 동전의 앞뒷면처럼 깊은 상호관계를 가진 개념이며, 고용브랜드를 구성하는 가장 중요하고 핵심적인 요소라 할 수 있다. 따라서 기업은 직원가치제안을 통해 기업이 구성원들에게 제공하는 가치와 구성원들이 조직에서 기대하는 경험

을 명확하게 할 필요가 있다. 또한, 기업이 목표로 하는 타깃 인재를 유인하고 유지하기 위해 고용브랜딩을 활용, 직원가치제안을 브랜드화해서 효과적으로 마케팅할 필요가 있다.

[그림 5.3-2] **직원가치제안과 고용브랜딩의 관계**

한편, 직원가치제안의 유형은 고용주로서 기업이 구성원들에게 제공하는 가치와 혜택의 ▷금전적인 부분을 강조하는 형태 ▷비금전적인 부분을 강조하는 형태 ▷금전적·비금전적인 부분을 모두 포괄하는 형태의 세 가지로 구분할 수 있다.

[표 5.3-1] **직원가치제안의 유형**

구분	특성
금전적 가치	성과지향 조직에서 금전적 보상을 강조
비금전적 가치	일의 의미와 일과 삶의 균형을 강조
포괄형	금전적·비금전적 가치요인을 모두 포괄

먼저 금전적 가치를 강조하는 형태는 성과에 대한 구성원 개인의 공헌을 인정하고 그에 대한 충분한 보상에 초점을 둔다. 비금전적 가치를 강조하는 형태는 일과 삶의 균형 또는 비전과 성장기회의 제공 등에 초점을 두는데, 대표적인 사례로 재미있고 즐거운 직장으로 잘 알려진 '사우스웨스트 항공사'를 들 수 있다. 마지막으로 포괄형 직원가치제안은 가장 많은 기업들이 채택하고 있는 형태로, 금전적·비금전적 가치 모두를 강조한다. 그러나 이 경우 기업의 특징이 부각되지 않을 수도 있다. 예를 들면, "탁월한 성과에 대해 충분한 보상을 제공하고, 역량개발을 촉진시키며, 구성원들에게 일과 삶의 균형을 장려한다"와 같은 내용의 직원가치제안이다.

이 밖에도 직원가치제안의 유형은 고용브랜드를 연구하는 목적에 따라 다양하게 구분할 수 있다. 일례로 「청년구직자의 중소기업 고용주 브랜드 인식이 취업의향에 미치는 영향 분석」(이정환·김동욱, 2022)에서는 중소기업 고용브랜드에 대한 청년 구직자의 인식을 구체적으로 확인하기 위해 직원가치제안을 다음과 같이 다섯 가지 형태로 구분했다.

[표 5.3-2] **직원가치제안의 유형 예시**

구분	특성
관심 가치 (Interest)	회사가 열정적이고 창의적인 정책, 절차, 제품, 서비스를 중시하는가 예 고품질 혁신제품, 창의적이고 흥미로운 환경, 혁신적 경영진·직원
사회적 가치 (Social)	친절하고 즐거우며, 쾌적한 환경을 제공하고 동료애와 팀워크를 촉진하는가 예 친절하고 신뢰하는 직원관계, 동료애와 존중하는 문화, 즐거운 근무환경
경제적 가치 (Economic)	적절한 보수와 직업적 안정성, 전망이 있는가 예 체계적인 승진·보상, 평균 이상의 연봉, 안정적 직업
인재 가치 (Development)	미래를 위한 경력개발경험을 제공하는가 예 경력발전 기회, 인재육성 비전, 경력 자부심
활용 가치 (Application)	교육과 직장경험을 바탕으로 자신의 역량을 발휘할 기회가 있는가 예 업무 코칭 및 멘토링, 자신의 전공·경험 활용, 사회적 역할·책임 이행

고용브랜드 구축 프로세스

기업에서 고용브랜드를 구축하는 목적은 잠재적인 인재를 유치하고 최고 수준의 인재를 유지하기 위해서이다. 즉, 기업은 고용브랜드를 통해 자사의 이미지·가치·문화·업무환경 등을 인재들에게 전달하고, 그들의 관심과 참여를 유도함으로써 경쟁력 있는 인재를 확보·유지할 수 있다. 따라서 기업은 고용브랜드를 구축하기 전에 다음과 같은 고용브랜드 구축의 목표를 명확히 해둘 필요가 있다.

첫째, 고용브랜드를 통해 인재들이 회사에 바라는 가치가 무엇인지 정확히 파악하고 이를 제공해줄 수 있어야 한다. 다시 말해 회사가 확보하고 유지하길 바라는 인재가 무엇을 원하는지를 파악해야 하며, 이를 위해 고용브랜드 구축 과정에서 내부 구성원 및 외부의 잠재적 구성원들과 충분한 소통이 필요하다.

둘째, 효과적인 고용브랜드는 현재 또는 잠재적 구성원들에게 매력적이며, 구성원들이 실제 경험할 수 있는 것이어야 한다. 고용브랜드는 단순히 외부에서 만들어진 이미지나 메시지로 끝나는 것이 아니라, 실제로 기업 내 구성원들이 경험할 수 있어야 한다. 고용브랜드의 메시지와 실제 경험이 일치하지 않는다면 구성원들의 신뢰를 잃을 수 있고, 기업의 고용브랜드 이미지에 손상을 입을 수 있기 때문이다.

셋째, 고용브랜드를 통해 다른 경쟁기업과 차별되는 가치를 구성원에게 제공해야 한다. 고용브랜드의 핵심은 치열한 경쟁 환경에서 다른 기업들과 구별되는 가치를 제시하는 데 있다. 차별화된 가치를 제공하는 고용브랜드는 인재들이 기업을 선택할 때 중요한 결정요인이 된다.

고용브랜드가 고용시장을 마케팅 관점에서 접근한 개념인 것처럼, 고용브랜드를 구축하는 프로세스 역시 마케팅 전략을 수립하는 프로세스와 유사하다고 볼 수 있다. 마케팅은 2차 세계대전 이후 대량생산 및 대량판매의 공급자 중심 시장이 수요자 중심으로 변화하면서 등장했다. 즉, 공급 초과로 기업 간 경쟁이 심화되는 한편 고객의 니즈는 갈수록 다양해지면서 기업들이 제품 판매를 위해 자사 브랜드를 차별화할 필요가 생긴 것이다. 이에 따라 마케팅에서는 복잡한 시장을 우선 세분화(Segmentation)하고, 세분화된 시장 중 자사가 집중할 고객을 명확히 선정(Targeting)한 후, 해당 고객을 대상으로 긍정적이고 매력적인 이미지를 전달(Positioning)함으로써 제품 구매를 유인하는 방식으로 전략을 수립하게 된다.

마찬가지로 고용시장 역시 우수인재 확보를 위한 기업 간 경쟁이 심화되는 한편, 집단보다 개인의 가치를 더 중시하는 소위 MZ세대 인재의 기업 선택 동기가 매우 다양해지고 있다. 결국 기업이 고용시장에서 자사의 '일자리'를 성공적으로 판매하기 위해서는 마케팅의 전략처럼 브랜드를 차별화할 필요가 있다. 이를 위한 고용브랜드 구축 프로세스는 '시장 세분화 → 타겟팅 → 포지셔닝'의 순으로 접근하는 마케팅 전략 수립 프로세스를 적용하는 것이 효과적이다.

기업이 고용브랜드를 구축하기 위해서는 목표인재를 선정하고, 목표인재에게 매력적인 직원가치제안(EVP)을 도출하는 작업이 가장 먼저 이뤄져야 한다. 이후 가장 중요도가 높은 직원가치제안 요소를 중심으로 고용브랜딩(안)을 마련하는 순으로 작업을 진행한다. 구체적인 고용브랜드 구축 프로세스는 다음과 같다.

[그림 5.4-1] **고용브랜드 구축 프로세스**

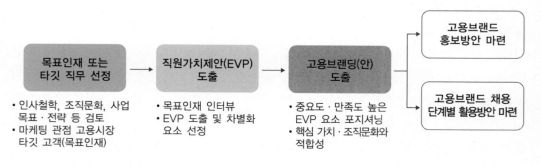

목표인재 또는 타깃 직무 선정

직원가치제안은 기업으로 하여금 회사가 원하는 인재가 어떤 사람이고, 회사가 추구하는 가치가 무엇인지를 명확히 제시하는 것이라고 할 수 있다. 따라서 직원가치제안을 도출하기 위해서는 먼저 기업 차원의 전략과 문화를 고려해 구체적인 방향과 영역을 도출할 필요가 있다. 이때에는 회사의 핵심가치, 조직문화, 인사철학, 사업전략 등 주요 가치들에 따라 목표인재 또는 타깃 직무를 우선 선정하는 것이 중요하다.

참고로, 기업은 직원가치제안을 불특정 다수를 대상으로 설정할 수도 있고, 특정 직무나 레벨에 맞게 차별화할 수도 있다. 그러나 효과적인 고용브랜드 구축을 위해서는 무엇보다 회사가 내·외부 직원들에게 전달하고자 하는 핵심 메시지가 명확해야 한다. 이를 위해서는 가장 먼저 전달할 대상, 즉 고객층을 명확히 할 필요가 있다.

예를 들어 한 회사가 특정 분야의 경험이 풍부한 소프트웨어 엔지니어를 목표인재로 설정했다면, 이 회사는 목표인재의 경험, 전문성, 혁신적인 마인드셋, 팀워크, 학습, 성장 등에 관한 구체적인 프로필을 설정할 수 있다. 그리고 이렇게 설정된 목표인재 프로필을 바탕으로 직원가치제안을 도출할 수 있다. 즉, '경력개발 기회를 제공함으로써 인재들의 전문성을 확대시키고 창의적인 업무환경을 제공하며, 다양한 팀 빌딩 활동 및 커뮤니케이션 훈련을 제공하는 것'을 주요 직원가치제안으로 도출할 수 있다. 이렇게 도출된 직원가치제안 요소들은 목표인재의 관점에서 가치를 제공하는 것이자, 효과적인 고용브랜드의 요소가 된다.

직원가치제안 도출

직원가치제안은 구성원들의 욕구와 기업의 가치를 조합해 도출된다. 이때 구성원들의 욕구는 목표인재인 사내 구성원 및 잠재적 구성원을 대상으로 한 인터뷰를 통해 확인할 수 있다.

[그림 5.4-2] **직원가치제안 도출 프로세스**

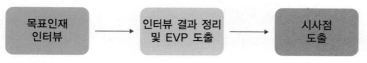

구성원 인터뷰는 직원가치제안을 도출하기 위해 취업시장에서의 입사 선호도 및 우리 회사의 이미지 개선 니즈 등에 관한 구성원들의 의견 청취를 통해 시행된다. 이때 인터뷰에서 일반적으로 사용하는 질문은 다음과 같다.

- **입사 선호도**: 취업시장에서 우리 회사를 포함한 경쟁사들에 대해 입사 선호도 순위를 말씀해 주십시오.
- **선호 사유**: 1위로 선정한 기업을 선호하는 이유는 구체적으로 무엇입니까?
- **우리 회사 (비)선호 사유**: 우리 회사를 선호 또는 선호하지 않는 이유는 구체적으로 무엇입니까?
- **회사 이미지**: 입사 선호도 1위인 기업과 우리 회사에 대해 떠오르는 이미지를 말씀해 주십시오. 향후 우리 회사가 가져야 할 이미지는 구체적으로 무엇이라고 생각하십니까? 이 같은 이미지에 맞는 직원을 선발하기 위해 어떤 부분에 대한 개선이 필요하다고 생각하십니까?[1]

이후 인터뷰를 통해 수집한 구성원들의 의견을 정리해 다음 예시와 같이 직원가치제안과 그 시사점을 도출한다. 이때 시사점은 도출된 직원가치제안 요소들을 유형별로 분류해 중요도를 판단할 수 있도록 정리한다.

[그림 5.4-3] **직원가치제안 및 시사점 도출 예시**

인터뷰 결과	시사점
빠른 시기에 업무를 주도적으로 할 수 있는 기회가 주어짐	금전적 혜택
동종업계 상위 수준의 연봉을 받고 있음	
연봉 외 성과에 대한 차별적인 사내 보상 기준을 운영하고 있음	
전국에 지점과 공장이 있어 지역에서 근무하기에 유리함	성장욕구 충족
직원들 간 동료애와 팀워크가 좋음	
업무 강도가 세지 않고 장기근속이 가능함	
해외에 지사가 많아 해외업무 경험을 쌓기에 유리함	기타: 근무 환경, 직장 분위기, 장기근속, 업계 선도 등
직무 교육체계가 잘 갖춰져 있음	
동종업계에서 업계 1위의 시장점유율을 가지고 있음	
직원들에 대한 복지제도가 우수함	

---

1 출처: 고용노동부·한국산업인력공단·국가직무능력표준원, 『2023 공정채용 컨설팅 가이드북』, 2023, p.33

고용브랜딩(안) 도출

도출된 직원가치제안 및 시사점을 통해 잠재적인 구성원들에게 전달하고자 하는 메시지를 문장으로 정리, 고용브랜딩(안)을 도출한다.

[표 5.4] 고용브랜딩 예시

구분	고용브랜딩 예시
경제적 가치	"우수인재에 대한 최고 수준의 보상 제공"
	"열심히 일해서 성과를 내면 그에 상응하는 대가로 최고의 보상을 받을 수 있는, 철저한 성과 지향 회사"
관심 가치	"죽음을 물리친다는 가치가 있고, 열정을 가질 수 있는 일을 해볼 수 있는 회사" – 제약회사
	"세상을 바꿀 수 있는 무한한 잠재력을 일깨우는 회사" – 애플
사회적 가치	"따뜻한 프로들이 일하는 회사" – LS전선
	"신사 숙녀가 신사 숙녀를 모십니다." – 리츠 칼튼
	"즐겁고 유머 있는 문화" – 사우스웨스트 항공
인재 가치	"구성원의 학습과 업무 자율성 부여" – Container Store
	"일은 매우 힘들지만, 그 대가로 경제의 최첨단 기업들과 일하는 경험을 쌓을 수 있는 회사" – 맥킨지 컨설팅
	"구성원의 능력개발을 적극 지원하는 회사" – Arrow Electronics
포괄형	"성장의 기회, 도전정신, 성과에 대한 보상" – LG전자
	"우리는 종업원들에게 높은 성과 창출을 요구한다. 대신 탁월한 성과를 낸 사람에게는 파격적인 보상을 해준다. 또한 일과 삶의 균형과 개인 성장을 적극 배려한다." – 생명보험사 Cigna

고용브랜드 홍보방안 마련

　　기업은 고용브랜드를 구축하고 난 뒤 이를 기업의 내·외부에 적극적으로 홍보해야 한다. 고용브랜드를 홍보함으로써 인재들에게 기업의 가치와 매력을 알려 인재 유치 및 유지에 도움이 될 수 있으며, 기업의 파트너·고객·주주 등 이해관계자들에게는 기업에 대한 긍정적인 이미지를 전달할 수 있다.

고용브랜드 홍보는 외부 홍보뿐만 아니라 구성원이 고용브랜드를 공유하고 공감하도록 하는 내부 홍보도 매우 비중 있게 추진돼야 한다. 고용브랜드 외부 홍보는 채용전략과 함께 기업의 가치와 문화를 알림으로써 경쟁적인 채용환경에서 인재 유치와 기업의 경쟁력 강화에 도움이 된다. 내부 홍보는 구성원들에게 고용브랜드를 강조함으로써 회사의 문화와 가치를 더 잘 이해하고 공감할 수 있도록 해 충성도를 높일 수 있다. 또한, 직원들이 회사의 고용브랜드 홍보대사 역할을 자발적으로 수행하도록 하는 효과도 있다.

고용브랜드 홍보를 위해 기업에서 진행할 수 있는 내부 구성원 홍보 및 대외 홍보방안의 구체적인 예시는 다음과 같다.

(1) 내부 구성원 홍보

- **공식적 사내 선포**: 고용브랜드 구축 사실과 내용을 별도의 사내 행사, 공문, 사내 플래카드 등을 활용해 공식적으로 선포함으로써 모든 직원들에게 적극적으로 알린다.
- **내부 커뮤니케이션 강화**: 회사의 내부 이메일, 내부 포털, 회사 소통 앱 등을 활용해 고용브랜드와 관련된 소식을 공유하고 직원들의 참여를 유도한다.
- **내부 이벤트 및 워크숍**: 고용브랜드와 관련된 내용을 다루는 내부 이벤트나 워크숍을 개최해 직원들에게 기업의 가치와 문화를 보다 깊이 있게 이해할 수 있는 기회를 제공한다.
- **내부 미디어 활용**: 회사 내부에서 발행되는 뉴스레터, 사내 매거진, 회사 소셜미디어 등을 활용해 직원들에게 고용브랜드와 관련된 소식을 지속적으로 제공한다.
- **참여형 콘텐츠 생성**: 내부 직원들과 함께하는 동영상·블로그 포스트·사진 등을 만들어 내부 커뮤니케이션 채널을 통해 공유한다. 이를 통해 직원들에게 기업의 가치와 문화를 보여주고, 직원들이 고용브랜드 홍보에 참여할 수 있도록 한다.
- **직원 홍보대사 프로그램**: 직원들 중에서 고용브랜드를 대표하는 홍보대사를 선정하고 교육한다. 그리고 이들이 소셜미디어 등을 통해 고용브랜드를 홍보하고 다른 직원들과 소통하도록 지원한다.
- **인플루언서 협업**: 회사 내에서 영향력 있는 인플루언서를 찾아 협업함으로써 내부 구성원들에게 고용브랜드를 알리고 홍보한다.

(2) 대외 홍보

- **채용 사이트**: 기업의 고용브랜드를 반영한 채용 웹사이트를 구축해 인재들에게 기업의 가치와 문화를 전달한다.
- **소셜미디어 활용**: 소셜미디어 채널을 활용해 고용브랜드를 홍보하고, 인재들과 상호작용하기 위해 콘텐츠를 다양하게 공유하며 고용브랜드와 관련된 이야기를 지속적으로 전달한다.
- **이벤트 참여 및 후원**: 산업 행사, 채용 박람회, 커뮤니티 이벤트 등에 참여해 기업의 고용브랜드를 알리는 기회를 만든다. 또한, 사회적 책임 프로젝트나 지역사회 후원을 통해 기업의 긍정적 이미지를 확립한다.
- **매체 활용**: 기업의 고용브랜드와 관련된 기사·인터뷰·기업 프로필 등을 산업 매체나 온라인 플랫폼을 통해 공개한다. 이를 통해 기업의 가치와 차별화된 점을 강조함으로써 인재들에게 기업의 매력을 전달한다.
- **대학·학교 협력**: 대학 취업 박람회, 캡스톤 프로젝트 후원, 기업 설명회 등 대학·학교와 협력해 기업의 고용브랜드를 알리고 인재를 유치한다.
- **온라인 리뷰 및 평판 관리**: 기업 리뷰 사이트나 소셜미디어 플랫폼에서 긍정적인 리뷰와 평판을 활용해 기업의 고용브랜드를 강조한다.
- **콘텐츠 마케팅**: 블로그, 소셜미디어, 온라인 매체 등을 활용해 기업의 고용브랜드와 관련된 콘텐츠를 제작하고 지속적으로 대외에 공유한다.
- **동영상 콘텐츠 활용**: 동영상 콘텐츠를 활용해 기업의 고용브랜드를 시각적으로 전달함으로써 인재들에게 매력적인 기업문화와 가치를 보여준다.
- **기타**: 일하기 좋은 기업, 고용 우수기업, 가족친화기업 등 외부 기관을 전략적으로 활용한다.

채용단계별 고용브랜딩 활용

고용브랜딩을 채용과정에서 활용하기 위해서는 구축한 고용브랜드를 지원자들에게 효과적으로 전달하는 것이 중요하다. 아울러 직무역량 중심의 공정한 채용, 지원자들이 공감할 수 있는 채용이 되도록 채용계획의 수립부터 모집공고, 선발 등 채용의 마지막 단계에 이르기까지 세심한 관리가 필요하다.

[표 5.5-1] **채용단계별 고용브랜딩 활용 예시**

채용단계	고용브랜딩 활용 예시
채용공고	채용공고에 고용브랜딩 요소(EVP 요소)를 포함해 구성 예 조직문화, 핵심가치, 일하는 방식 등
서류전형	공지한 기간 내 전형결과를 발표하고 불합격 사유에 대해 간단하게라도 피드백 제시
면접전형	• 면접전형 시 고용브랜딩을 확인할 수 있는 면접 분위기 조성 • 지원자에게 질문 기회를 부여해 구직자의 입장에서 기업 선택 시 파악해야 하는 정보를 충분히 제공 • 구직자가 납득할 수 있도록 면접결과에 대한 구체적인 피드백 제시
처우협상	• 직급 및 연봉 산정 시 구직자에게 납득할 만한 기준 제시 • 합의가 원활하지 않을 경우, 고용브랜드 요소를 강조해 협상 진행

출처: 고용노동부 · 한국산업인력공단 · 국가직무능력표준원, 「2023 공정채용 컨설팅 가이드북」, 2023, p.33

　　채용단계별로 고용브랜딩 활용을 위해 검토해야 할 내용을 구체적으로 살펴보면, 먼저 채용계획단계에서는 목표인재를 명확히 설정해 목표인재들이 기업을 긍정적으로 인지하고 관심을 가질 수 있도록 인재 발굴 및 효과적 커뮤니케이션 방안 등을 마련해야 한다.

채용공고단계에서는 회사의 비전, 문화, 혜택, 성장 기회 등 직원가치제안(EVP)을 공고문에 담아 목표인재들이 지원 동기를 갖도록 유도해야 한다.

이후 선발단계에서는 공정성이 확보되도록 지원자를 평가할 역량 및 기준을 구체적으로 마련하고, 타당성 높은 선발도구를 활용하며, 면접관 훈련 등을 진행해야 한다. 그리고 채용 전 과정을 진행하면서 지원자들이 회사의 채용방식에 만족하고 공감할 수 있도록 지원자 경험을 관리해야 한다. 이를 위해 지원자 문의에 대한 신속하고 정확한 답변 제공, 불합격자에 대한 사유 피드백 제공, 만족도 조사 등의 세심한 관리와 노력이 필요하다.

이와 같이 채용단계별로 효과적인 고용브랜딩 활용을 위해 채용담당자는 채용 전 과정에서 점검해야 할 체크리스트를 사전에 마련해둘 필요가 있다.

[표 5.5-2] **고용브랜딩 활용 체크리스트 예시**

구분	체크리스트
모집	목표 인재·직무를 명확히 하고 있는가
	직원가치제안을 공고문에 명확히 포함하고 있는가
	목표 인재·직무의 발굴을 위해 적극적인 노력을 하고 있는가
	SNS 활용 등 목표 인재·직무에 접근하기 위한 커뮤니케이션을 효과적으로 하는가
선발	채용직무에 대한 역량을 도출하였는가
	전형단계별 명확한 선발기준을 가지고 있는가
	타당도 높은 선발도구를 활용하는가
	훈련된 면접관 Pool을 확보하고 있는가
지원자 경험관리	지원자에 대해 진솔하고 신속하게 답변하는가
	불합격자에 대한 피드백을 실시하는가
	지원자의 채용경험을 피드백하는가

이제부터는
공정채용이다

Chapter 01 입사지원서의 구성요소와 평가

Chapter 02 자기소개서 항목의 개발과 평가

Chapter 03 직무수행능력 평가문항의 개발

Chapter 04 면접전형의 이해와 평가과제 개발

Chapter 05 면접관 교육(평가자 교육)

제 6 부

평가도구의
개발

채용과정상 평가도구는 크게 서류전형의 입사지원서와 자기소개서, 필기전형의
직무수행능력 평가, 면접전형의 평가 과제 등으로 나눌 수 있다. 특히 공정채용에서의
서류전형은 입사지원서와 자기소개서에서 불합리한 차별을 유발할 수 있는 항목을
요구하지 않고, 직무와 관련된 사항만을 수집·평가한다.

입사지원서의 구성요소와 평가

입사지원서의 구성과 개발

입사지원서(Job Application Letter)란 채용담당자 입장에서 지원자에 대해 1차적인 정보를 얻는 평가도구라고 할 수 있다. 입사지원서는 지원자를 포괄적으로 이해하기 위한 기초자료로, 면접을 위한 서류전형에 있어서 가장 중요한 서류이다. 구체적으로 입사지원서의 구성능력을 통해 사고력을, 성장환경을 통해 조직사회에서의 적응력을, 지원동기·학습경험·자격 및 면허·경험 및 경력 등을 통해 장래성을 파악할 수 있다.

신입사원의 입사지원서는 지원하는 분야, 직무, 경력사항, 자격면허, 지원분야와 연관된 활동 등으로 구성된다. 경력사원의 입사지원서는 신입사원 입사지원서에 이전 회사의 업무, 처우조건, 퇴직 이유, 경력을 이용할 수 있는 분야 등을 기재하는 항목을 덧붙여 좀 더 상세히 구성할 수 있다.[1]

능력중심채용이 시행되기 이전의 일반적인 입사지원서 구성항목은 지원자 인적사항, 지원분야, 학력사항, 주요 활동사항, 경력사항, 병역사항, 신체, 자격·면허, 가족사항 등이었다. 그러나 능력중심채용이 도입된 후에는 지원자에 대한 선입견이나 차별적 요소가 담겨있는 항목들이 배제됐다. 대신에 직무능력을 평가하기 위해 서류전형단계에서 직무와 관련한 교육사항, 자격사항, 경험 및 경력사항 등을 볼 수 있는 입사지원서와 자기소개서, 포트폴리오 등을 활용하고 있다.

---

1 입사지원서는 좋은 인재 선발을 위해 신입사원용과 경력사원용으로 나눠 작성하는 것이 좋다. 이는 지원자의 경력 유무에 따라 작성항목이 달라지기 때문이다.

[표 6.1-1] **서류전형에서의 평가도구 및 내용**

평가도구	내용
입사지원서	• 지원자에게 직무수행과 관련된 사항을 기재하도록 요청하는 지원서 • 최소한의 인적사항, 직무 관련 교육사항, 자격사항, 경험 및 경력사항 등을 작성
자기소개서	• 기업의 핵심가치, 인재상, 조직가치 등과 관련된 지원자의 가치 적합도 기술 • 직무수행에 필요한 능력과 관련된 지원자의 경험이나 사례를 기술
경험기술서	• 입사지원서에 작성했던 (보수를 받지 않은) 경험사항을 보다 상세히 기술 • 지원직무와 관련해 경험한 내용을 기술
경력기술서	• 입사지원서에 작성했던 (보수를 받은) 경력사항을 보다 상세히 기술 • 지원직무와 관련한 업무수행 경력을 기술
포트폴리오	지원직무와 관련해 지원자가 보유한 직무역량을 확인할 수 있는 대표적 산출물 예 SNS 활동, 홈페이지 운영, 디자인 시안, 공모전 작품, 음원, 논문 등

입사지원서에는 주로 인적사항·교육사항·자격사항·직무 관련 사항이 포함되고, 자기소개서는 인재상·직업기초능력·조직의 핵심가치로 구성돼 있다. 그리고 경험·경력기술서는 직무와 관련된 업무수행 경력과 경험을 살펴볼 수 있어 많은 기관들이 입사지원서에 이를 적용하고 있다.

기업은 필요에 따라 다양한 능력중심채용 입사지원서를 활용할 수 있다. 이와 관련해 다음 장에 능력중심채용 입사지원서 예시를 제시해 뒀는데, 기업들은 이를 그대로 활용하거나 필요에 따라 직무 관련 항목을 추가해 입사지원서를 구성할 수 있을 것이다.

[그림 6.1] 능력중심채용 입사지원서 예시

1. 인적사항

지원구분	신입( ) 경력( )	지원직무		접수번호	
성명	(한글)		(한자)	(영문)	
현주소					
연락처	(본인휴대폰)		전자우편		
	(비상연락처)				
추가항목(예시)		□장애대상 □보훈대상 □지역인재			

2. 교육사항
*지원직무 관련 과목 및 교육과정을 이수한 경우 그 내용을 기입해 주십시오.

교육구분	교육과정(과목)명	교육시간
□학교교육 □직업훈련 □기타		

직무 관련 주요 교육내용

3. 자격사항
*직무기술서 내 관련 자격사항을 확인하고, 해당되는 자격증을 기입해 주십시오.

자격증명	발급기관	취득일자	자격증명	발급기관	취득일자

4. 경험 · 경력사항
*직무기술서 내 과업내용을 읽고, 이와 관련된 경험 · 경력이 있을 경우 기입해 주십시오.

구분	소속조직	역할	활동기간	활동내용
□경험 □경력				

위 사항은 사실과 다름이 없음을 확인합니다.

년   월   일

지원자: _____(인)

출처: 고용노동부·한국산업인력공단·국가직무능력표준원, 『2023 공정채용 컨설팅 가이드북』, 2023, p.46

입사지원서의 구성 항목에는 각각의 목적과 이유가 있다. 이들 항목은 직무 관련 정보들(직무명세서, 업무분장표)을 기반으로 채용직무의 필수요건 및 선발요건(지식·기술·태도)을 반영해 설계한다. 또한 관련 부서의 수요에 따라 항목과 평가기준을 수정해 확정하고, SME(Subject Matter Expert·주제/직무 전문가)를 통해 그 타당성을 검증한다.

[표 6.1-2] **입사지원서 개발 프로세스**

단계	프로세스	내용
1단계	입사지원서 항목 도출 및 초안 개발	• 채용직무의 내용, 고용형태(정규·계약), 경력구분(신입·경력) 등의 사항을 검토 • 반드시 수집해야 할 최소한의 인적사항 구성 • 직무 관련 정보들(직무명세서, 업무분장표 등)을 기반으로 채용직무의 필수요건 및 선발요건 설계 • 직무 특성에 따라 포트폴리오 첨부 양식 개발
2단계	입사지원서 항목 타당성 검증	• 입사지원서 초안의 적절성 검토를 위해 채용직무 관련 SME 의견 수렴 • 관련 부서의 요구에 따라 항목과 평가기준을 수정·확정
3단계	입사지원서 평가기준 설계	• 입사지원서 항목과 직무수행 간 관련성 분석 • 편견 및 차별유발 요소 검토 및 제외 • 주요 항목별 가중치 도출 • SME를 통한 타당성 검증
4단계	입사지원서 최종본 개발	입사지원서 최종본 확정

출처: 고용노동부·한국산업인력공단·국가직무능력표준원, 『2023 공정채용 컨설팅 가이드북』, 2023, p.45

능력중심채용에서의 입사지원서

능력중심채용은 직무설명자료를 기반으로 유기적으로 연결돼 있다. 이는 채용기업의 측면에서 조직 적응이나 직무수행과 관련해 맞춤형 인재를 선발하기 위한 목적으로, 직무설명자료는 직무수행능력 평가를 위해 수행준거를 바탕으로 지식·기술·태도·직업기초능력 등을 구체화·세분화한 것이기 때문이다.

능력중심채용에서의 서류전형은 채용절차 진행을 위한 최소 인적사항(성명, e-Mail, 휴대전화 등 연락처)만을 수집하고 평가는 따로 실시하지 않는다. 따라서 최소 요건을 충족한 모든 지원자 전원을 다음 전형 대상자로 선정하는 무서류전형과는 다르다. 즉, 능력중심채용의 서류전형은 입사지원서와 자기소개서에 불합리한 차별을 유발할 수 있는 항목(출신지·가족관계·사진·성별·연령·학력·출신학교 등)을 요구하지 않고 직무 관련 사항만을 평가한다. 여기서는 실제 평가에 있어 구체적인 평가기준을 수립하고 평가자들에 대한 교육을 실시함으로써 공정한 평가가 이뤄지는 것이 중요하다.

[표 6.1-3] 서류전형 평가 프로세스

평가 프로세스	내용
지원자격 확인	• 채용공고에 제시한 지원자의 자격요건 충족 여부 확인 • 지원자가 입력한 내용의 중복이나 기입 오류, 불성실 기재 등을 검토
정량적 평가	입사지원서의 항목별 평가기준(교육사항 · 자격사항 · 경험 및 경력사항)의 배점, 가중치, 가점 등을 설계해 정량적 방법으로 평가
정성적 평가	자기소개서, 경험 및 경력기술서 등을 정성적 방법으로 평가
가점 부여 및 지원자 순위 도출	• 채용 관련 법규 · 지침에서 규정하는 우대사항에 대해 확인하고, 해당하는 경우 가점 부여 • 가점을 반영해 지원자에게 순위 부여
평가결과 검토	서류전형에 제출한 서류의 사실 여부를 확인한 후, 이상이 없으면 결과를 확정함
전형결과 발표	결과 확정 후 전형결과를 홈페이지, 메일 및 문자 등으로 지원자에게 안내

직무기술서와 연계해 능력중심채용 입사지원서의 각 항목들을 살펴보도록 하자. 먼저, 직무기술서상의 지식을 묻는 교육사항의 경우 채용직무와 관련된 지식·기술 등을 지원자들에게 작성하도록 한다.

[표 6.1-4] 능력중심채용 입사지원서의 교육사항 작성양식 예시

교육사항		
*지원직무 관련 과목 및 교육과정을 이수한 경우 그 내용을 기입해 주십시오.		
구분	교육과정(과목)명	교육시간
☐ 학교교육 ☐ 직업훈련 ☐ 기타		

직무기술서의 기술에 해당하는 자격사항의 경우 직무수행에 필수적인 자격을 기재하게 하는 것으로, 이는 사전에 정해 놓은 자격 여부를 확인해 공통/기술, 전문으로 분류한 뒤 점수를 부여하는 방식이 일반적이다.

[표 6.1-5] 능력중심채용 입사지원서의 자격사항 작성양식 예시

자격사항					
*지원직무 관련 국가기술 · 전문자격, 국가공인민간자격을 기입해 주십시오.					
자격증명	발급기관	취득일자	자격증명	발급기관	취득일자

직무기술서의 기술·태도를 평가할 수 있는 경험 및 경력사항은 지원자의 구체적인 세부 직무 내용을 확인하기 위해 대다수의 기관들이 활용하고 있다. 최근 경험·경력사항은 직무관련성에 따라서 나눠지며, 서류 및 면접에서 평가하기 위해 지원자들에게 상세하게 작성하도록 요구하고 있다.[2]

직무기술서상의 태도, 직업기초능력, 인재상 등을 평가할 수 있는 자기소개서 문항은 직무기술서를 기반으로 기관의 필요 역량에 부합하는 지원자의 역량을 검증하기 위한 도구이다. 자기소개서 문항은 직무수행능력과 직업기초능력 모두를 평가할 수 있으며, 직무기술서상의 직무수행 내용을 기반으로 개발하는 것이 바람직하다.

서류전형 평가의 진행

서류전형의 평가척도 및 기준을 예로 들면, 교육사항과 자격증은 정량적으로 평가할 수 있다. 즉, 교육사항의 경우 기재 여부와 개수를, 자격증의 경우 우대사항을 적용해 직무 관련 자격증 취득 여부와 개수를 가점사항으로 반영할 수 있다. 그리고 경험 및 경력기술서와 자기소개서 항목에 대해서는 정성적 평가를 시행할 수 있다.

서류전형의 평가는 일반적으로 이러한 정량적 평가와 정성적 평가를 합산하는 방식으로 진행한다. 먼저 정량적 평가는 사전에 정해진 방법과 규칙에 따라 계산, 기관별로 기본 가중치(직무 특성상 평가항목 모두가 동일한 중요도를 가지고 있다고 판단된 경우)와 변별 가중치(직무 특성상 일부 평가항목이 상대적으로 중요하다고 판단된 경우)로 구분해 가중치를 부여하고 있다. 그리고 자기소개서, 경험 및 경력기술서, 포트폴리오 등 정량적 평가가 곤란한 서술적 정보에 대해서는 회사에서 정해 놓은 기준과 척도에 따라 작성 여부를 평가하는 정성적 평가를 실시한다.

다음의 서류전형 예시 중 사례 1은 경력사항이 반영되지 않은 신입 일반직에 적용될 수 있다. 이는 어느 하나의 항목이 평가결과에 절대적 영향을 미치지 않게 하되, 각각의 점수 합계로 지원자들 간 결과 역전이 가능하도록 배점을 부여한 것이다. 즉, 학교교육은 부족하나 직업교육·자격증·자기소개서 점수가 우수한 경우 높은 점수를 받을 수 있도록 배점한 것으로, 이 경우 학교교육 점수만 높다고 해서 서류전형을 통과할 수는 없다.

---

2 경험은 일정한 임금 없이 직무와 관련된 활동을 했던 내용으로, 지원자의 학습경험 혹은 과거 학교나 다른 조직생활에서의 역할·활동내용 등을 작성하게 한다. 경력은 조직에 소속돼 일정한 임금을 받으면서 일했던 내용으로, 구체적으로 ▷직무영역 ▷활동·경험·수행내용 ▷본인의 역할 및 구체적 행동 ▷주요 성과 등을 작성하게 하면 된다.

[표 6.1-6] 신입 일반직(경력 미포함) 서류전형 사례 1

학교교육	직업교육	자격증	자기소개서	기타 우대
40%	20%	20%	20%	10%

다음의 사례 2는 경력사항이 반영되지 않은 신입 기술직의 경우로, 학교교육의 비중을 줄이고 직업교육과 자격증의 배점을 늘렸다. 이는 기술직임을 감안한 것으로 이해할 수 있으며, 채용대상 직무의 특성을 반영해 배점을 조절할 수 있다는 사례를 보여준 것이다.

[표 6.1-7] 신입 일반직(경력 미포함) 서류전형 사례 2

학교교육	직업교육(16시간 이상)	자격증(협의)	자기소개서	기타 우대
20%	30%	30%	20%	10%

다음의 개인별 서류전형 평가표 예시는 앞에서 설명한 배점기준을 가지고 실제 서류전형 평가표를 작성해본 것이다. 평가기준은 서류전형에서 실질적으로 평가할 항목을 적은 것이고, 평가내용은 지원자가 입사지원서에 기재한 내용을 어떻게 평가할 것인지에 대해 작성한 것이다. 채용담당자로서 다음의 평가표를 활용해 자사에 맞는 평가표를 작성·활용해보길 바란다.

[표 6.1-8] 개인별 서류전형 평가표 예시

평가기준	평가내용	점수
학교교육 (최대 30점)	직무 관련 교육과목 인정 여부 합산: 인정 과목당 3점 • 과목명 검토+내용 검토 • 교육과목 인정 여부 참고	
직업교육 (최대 20점)	직무 관련 직업교육과목 인정 여부 합산: 인정 과목당 2점 • 과목명 검토+내용 검토 • 담당 업무와 직무기술서의 세분류, 능력단위와 매칭 • 16시간 이상, 증빙 가능 교육에 한해 인정	
자격증 (최대 20점)	분야별 자격기준 배점	
경력사항 (최대 30점)	직무 관련 경력사항 인정 여부 합산 • 담당 업무 키워드 검토 • 3개월 이상 인정 5점(최대 1.5년) • 담당 업무와 직무기술서의 세분류, 능력단위와 매칭 • 인정된 경력의 합산으로 배점 　예 경영기획 업무 1.5년 = 30점 또는 경영기획 업무 2년 = 30점	
합계(100점)		점

자기소개서 항목의 개발과 평가

능력중심채용에서 입사지원서의 자기소개서는 지원동기(조직·직무) 및 조직적합성, 직업기초능력 등 신입직원의 직무역량을 평가하기 위한 질문 문항으로 구성된다. 특히 최근 들어 자기소개서는 평가기준에 따른 평가와 더불어 면접에서 지원자를 파악하기 위한 질문 문항의 개발에도 사용되고 있다.

[그림 6.2] **자기소개서 문항 및 평가기준 개발·활용**

자기소개서 문항 개발	자기소개서 평가기준 개발	자기소개서 평가 · 활용

평가요소 선정
• 지원동기(조직, 직무)
• 조직적합성(핵심 가치, 인재상)
• 직무적합성(직무역량)
	평가지표 개발
	평가의 타당성을 향상시키기 위해 각 질문별로 평가지표를 개발함
	예 팀워크 :
	  • 자신의 역할에 충실할 뿐만 아니라, 그 이상의 역할을 수행함
	  • 조직 구성원들의 적극적인 참여와 협조를 독려함
		자기소개서 평가
		평가자 간 일치도를 향상시키기 위해 아래와 같은 방안을 수립
		• 철저한 평가자 훈련 · OT 실시
		• 평가자 간 중복 평정
		• 불일치하는 평정결과에 대한 세밀한 조정

문항 개발
• 다양한 질문방식
  − 질문나열식
  − 대표질문식
• 평가요소와 관련된 질문
• 대부분의 지원들이 응답할 수 있는 질문
• 평가 가능한 질문
	평점기준 개발
	평가의 일관성을 향상시키기 위해 척도별 평점기준을 개발함
	예 4점(뛰어난 수준): 평가지표를 모두 충족하지만 그 수준이 다소 부족함
	예 타사 지원서를 복사해 지원 회사명이 잘못 기술된 경우 최저점
		자기소개서 활용(면접)
		• 역량면접단계에서 지원자가 작성한 FACT를 중심으로 추가질문을 할 수 있음
		• 최종면접(임원면접 등)단계에서 지원자의 지원동기 및 조직적합성에 대해 추가질문을 할 수 있음

출처: 고용노동부 · 산업인력공단, 『NCS 기반의 능력중심채용 가이드북』, 2015.

일반적으로 자기소개서 질문방식에는 단일 질문방식(Single Question Method)과 다중 질문방식(Multiple Question Method)이 있다. 이때 질문은 어떤 방식을 선택하든 지원자가 기업의 선발기준에 적합한지를 판단할 수 있도록 보다 구체적인 정보를 수집할 수 있게 개발된다.

먼저 단일 질문방식은 평가하고자 하는 역량이 잘 발휘됐던 과거의 경험을 묻는 하나의 주 질문(Main Question) 형태로 제시한다. 이 방식은 지원서 양식을 설계하고 답변을 관리하기가 편리하다는 장점이 있는 반면 지원자들의 자의적 해석으로 인해 질문의 의도와 다른 답변이 나올 수 있다는 단점이 있다.

다중 질문방식은 평가하고자 하는 역량이 잘 발휘됐던 과거의 경험을 묻는 주 질문과 탐색 질문(Probing Question)의 형태로 제시한다. 주 질문은 평가하고자 하는 역량 여부에 대해 물으며, 탐색질문은 경험행동면접에서 사용하는 STAR 기법과 같다. 즉, ▷어떠한 상황이었는가(Situation) ▷해야 할 일들은 어떤 것이었는가(Task) ▷그래서 지원자가 실제 수행한 행동은 무엇이었는가(Action) ▷결과는 어떠했는가(Result)를 기술하도록 한다. 다중 질문방식은 원하는 정보를 구체적으로 수집할 수 있고 채점하기 편리하지만, 지원서 설계와 답변 관리가 복잡하다는 단점이 있다.

자기소개서 항목의 경우 신입사원 선발기준으로 선정된 역량 이외에 지원동기 및 조직 적합성에 대한 질문을 추가해 문항을 개발할 수 있다. 문항을 개발한 이후에는 평가를 위해 자기소개서 평가자 교육 가이드를 제작하고, 외부전문가나 내부직원들을 평가자로 활용할 수 있다. 이때 평가자 교육 가이드의 내용은 자기소개서 평가의 기본방향, 평가항목에 대한 수준별 배점기준, 낮은 점수의 착안 포인트로 이뤄진다. 역량의 평가기준으로는 스토리의 적절성, 행동품질, 작성 형식, 평가역량별 수준의 기준 등을 제시할 수 있다.

자기소개서 문항 개발 및 평가체계 마련

지금부터는 실제 자기소개서 문항을 어떻게 개발하는지에 대해 사례를 들어 설명하고자 한다. 먼저 자기소개서 문항을 개발하는 목적은 지원자를 평가하기 위한 것임을 분명히 해야 한다. 이러한 평가를 하기 위해서는 사전에 평가체계를 갖춰야 한다. 이때 평가체계란 평가요소를 선정하고 평가요소의 정의, 주요 행동 및 행동관찰 내용, 평가기준 등을 개발하는 것을 말한다. 여기서 평가요소란 자기소개서를 통한 평가요소가 무엇인지를 말하는 것으로, 앞서 잠깐 언급했던 조직적합성을 예로 들면 인재상이나 핵심가치 등이 있을 수 있다. 이 밖에 직무적합성, 조직이나 직무 차원에서의 지원동기, 직무기술서상의 직업기초능력 등도 이에 해당한다.

평가요소가 선정된 이후에는 문항을 개발해야 하는데, 이때 주의해야 할 점은 문항이 평가요소와 관련돼야 한다는 것이다. 또한 지원자들이 문항에 응답할 수 있어야 하는 것은 물론 평가자들이 이를 평가할 수 있어야 한다.

자기소개서의 문항구조는 면접의 질문구조와 동일하다는 것도 중요하다. 물론 자기소개서의 문항구조가 면접의 질문구조와 100% 똑같지 않을 수도 있지만, 지원자를 평가하는 방법으로 경험면접과 상황면접의 질문방식을 사용할 수 있다. 즉, 평가요소와 관련해 "~와 관련된 지원자의 최근 경험이나 사례를 기술하시오." 또는 "~한 상황에서 지원자가 취해야 할 행동(또는 취하지 말아야 할 행동)은 무엇이며, 그 이유를 기술하시오." 등의 질문방식을 활용하는 것이다.

예를 들어, 고객 지향이라는 평가요소를 선정했다면 먼저 고객 지향의 정의를 만들어야 한다. 고객 지향을 '고객에게 최상의 가치를 제공하기 위해 노력하며, 내·외부 고객의 기대사항 및 요구에 부합하는 태도와 실행력을 보이면서 공정하게 업무처리를 하는 것'으로 정의했다고 하자. 그 다음에는 고객 최우선, 고객 요구 파악, 고객에게 최상의 가치 제공 등 고객 지향과 관련된 주요 행동을 선정하고 평가할 수 있는 행동관찰 내용을 개발한다. 예를 들어, 고객 최우선의 행동관찰 내용으로 '고객을 존중하고, 고객의 입장에서 생각하며, 고객을 모든 행동의 최우선으로 생각하는 것'을 들 수 있다. 고객 요구 파악의 경우 '고객의 요구사항을 적극적으로 경청하고, 고객의 요구와 기대를 정확하게 파악하는 것'을, 고객에게 최상의 가치 제공의 경우 '고객에게 최상의 가치를 제공하기 위해 적극적으로 노력하는 것' 등을 꼽을 수 있다. 여기에 각각의 행동관찰 내용에 대한 구체적인 평가(행동) 포인트를 개발하는 것이 바람직한데, 그 예로 '고객의 입장에서 생각하려는 노력의 정도', '고객의 요구사항에 대한 적극적 경청행동', '고객의 요구와 기대를 정확하게 파악하려는 행동 증거', '추가적인 고객 요구와 기대를 파악하려는 행동', '지원자가 제공한 서비스에 대한 고객 만족도', '사례에서 지원자 행동의 적극성과 능동성 정도' 등이 있다.

이후에는 이상의 내용을 실제 평가자가 평가에 활용할 수 있도록 만들어야 한다. 다음 표는 평가요소와 관련된 지원자의 행동수준을 다섯 가지로 분류해 놓은 것이다.

[표 6.2-1] **자기소개서 평가 Frame**

Level 1	Level 2	Level 3	Level 4	Level 5
역량이 없다는 증거가 매우 강함	역량이 없다는 증거가 강함	역량이 있다는 증거가 일부 존재함	역량이 있다는 증거가 강함	역량이 있다는 증거가 매우 강함

그리고 실제 평가를 하는 과정에서 평가자가 활용할 수 있는 평가기준이나 확인사항(Check Point), 자기소개서 평가의 기본 방향이나 낮은 점수의 착안 Point 등을 평가자에게 제시함으로써 평가의 신뢰성과 타당성을 높일 수 있다.

[표 6.2-2] 자기소개서 평가기준 및 확인사항 예시

평가기준	확인사항
Story 적절성	• 작성한 스토리가 제시한 주제에 적절한 사례였는가 • 실천의 난이도가 높은 사례였는가
Story 행동 품질	• 실제 본인의 역할 및 행동이 맞는가(사실성·진정성) • 실제 본인의 역할 및 행동이 성과에 결정적이었는가(기여도) • 실제 본인의 역할 및 행동의 강도가 높은 수준이었는가(몰입도)
Story 작성 형식	• 행동의 서술이 구체적인가 • 구성이나 작성 흐름이 양호한가 • 용어나 형식이 적절한가

[표 6.2-3] 자기소개서 평가의 기본 방향 및 낮은 점수의 착안 Point

자기소개서 평가의 기본 방향	낮은 점수의 착안 Point
• 제시하는 역량과 질문에 부합하는 사례를 서술한 것인가 • 서술하는 상황이나 행동의 강도가 높은 수준인가 • 본인의 행동을 구체적으로 진실되게 적었는가 • 실제 성과에 연계된 행동 특성인가 • 서술하는 형식이나 흐름이 우수한가 등	• 단순 단어 반복, 노래 가사 등은 기본적으로 0점 처리 • 원론적 내용이나 평범한 행동의 서술 • 행동의 구체적 서술보다 일반적 표현으로 일관하는 내용 • 제시 방향과 무관한 엉뚱한 상황이나 사례 • 제시하는 역량의 행동이 아닌 것의 강조 • 동일 내용의 반복 • 구체적이지 못한 진술 • 문맥에 맞지 않는 내용 • 다른 회사의 자기소개서를 복사한 흔적 • 막연한 의역과 성실함만을 강조 등

이상의 내용을 종합적으로 정리해 보면, 자기소개서의 항목을 다음 다섯 가지로 선정했을 경우 총 100점 만점 기준(각 평가요소별 20점 배점)으로 자기소개서 평가표를 구성할 수 있다. 그리고 다시 각각의 평가요소별로 지원자의 수준을 구분, 수준별 점수를 정해 평가할 수 있다.

[표 6.2-4] 자기소개서 평가요소별 평가표 구성 예시

합계	조직적합도	직무적합도	의사소통능력	문제해결능력	정보능력
100점	20점	20점	20점	20점	20점

[표 6.2-5] 평가요소별 평가(행동)수준별 배점 예시

0점	8점 이하	9~11점	12~14점	15~17점	18~20점
자격미달	Level 1	Level 2	Level 3	Level 4	Level 5

* 평가항목별 20점, 총 5개 평가항목의 합계로 개인별 자기소개서 평가점수 결정

이상의 내용을 실제 자기소개서 평가에 활용할 수 있도록 종합적으로 정리해 보면 다음 표와 같다.

[표 6.2-6] 자기소개서 활용 평가표 예시

평가기준	점수
역량이 있다는 증거가 매우 강함	18~20점
역량이 있다는 증거가 강함	15~18점
역량이 있다는 증거가 일부 존재함	12~14점
역량이 없다는 증거가 강함	9~11점
역량이 없다는 증거가 매우 강함(예 타사 지원서 복사, 질문과 전혀 무관한 내용 기술, 300바이트 미만 작성)	~8점
문항 간 내용 복사, 자기소개서 문항 중 1개 문항이라도 내용이 없거나 특정 기호만 표기, 자기소개서 질문 복사, 노래 가사 기재, 키워드만 작성 등 평가가 불가능한 경우	자격미달

* 평가기준에 따라 1~20점 부여 또는 불합격 처리

세부 평가기준

- 각 문항별로 평가해 점수 부여
- 자격미달을 1차로 걸렀으나, 평가 대상자 중 발견되면 불합격 처리
- 1점 대상자는 '타사 지원서', '무관한 내용', '300바이트 미만'으로 사유 기재
- 자기소개서, 직업기초능력 항목의 작성 충실도 및 내용 적합성을 기준으로 판단
- 총 5문항으로 문항별 각 20점씩 배점, 총 100점 만점

직무수행능력 평가문항의 개발

필기전형의 설계와 평가

필기전형이란 채용직무에 필요한 직무능력을 지필 형태로 평가하는 과정으로, 다만 능력중심채용 혹은 블라인드 채용에서 반드시 이를 포함해야 하는 것은 아니다. 이는 모든 지원자를 편견 없이 공정하게 평가할 수 있는 블라인드 채용방법 중 하나로, 각 기업이 채용형태·설계·일정·비용 등을 고려해 실시한다. 신규로 필기시험 문항을 개발하거나 기존 문항을 활용하는 경우에는 채용직무 수행에 필요한 직무능력을 제대로 측정할 수 있는지 검토·보완할 필요가 있다. 필기전형이 확정되면 채용 공고문에 필기시험 개요, 평가과목 등을 공지해 지원자들이 사전에 준비할 수 있도록 해야 한다.

기업과 공공기관의 신입직원 선발을 위한 필기시험에는 대표적으로 인성검사, 직무적성검사, 직업기초능력검사, 직무수행능력평가(전공·외국어·논술 등) 등이 있다. 일반적으로 ▷민간기업은 인성검사, 직무적성검사, 직무수행능력평가를 주로 실시하며 ▷공공기관은 인성검사, 직업기초능력검사, 직무수행능력평가를 주로 실시하고 있다.

필기전형에는 직무능력을 평가할 수 있는 다양한 도구들이 존재하는데, 채용담당자는 평가할 직무능력에 맞는 평가도구를 선택함으로써 필기전형 적용 직무능력평가의 공정성을 확보하는 데 중점을 둬야 한다. 이를 위해서는 사전에 평가과목과 평가요소 등을 공개하는 것이 중요하고, 다양한 평가과목 중 중복적인 성격의 필기전형은 최대한 지양하는 것이 바람직하다.

만약 검사 위탁기관을 선택할 경우에는 다음 사항에 유의해야 한다.

- **검사의 타당성:** 적용하려는 검사가 평가하려는 직무능력을 정확히 측정하는가
- **시행기관의 전문성:** 해당 기관은 검사 시행과 평가에 전문성이 있는가
- **시행기관의 경험:** 해당 기관은 채용 장면에서 충분한 Reference를 갖고 있는가

한편, NCS 필기전형은 기존의 필기전형(인·적성검사 및 전공지식평가)과는 달리 NCS에 기반해 평가 문항이 개발되며, 실제 업무에 필요한 능력을 측정할 수 있도록 구성돼야 한다. 이러한 NCS 필기전형의 특징 및 장점은 다음과 같다. 첫째, 직무에 필요한 능력을 평가하며, 평가능력은 직무수행능력과 직업기초능력으로 구성된다는 점이다. 둘째, 개연성 측면에서 직무상황이나 조건을 제시한다. 셋째, 행동증거를 요구한다. 이는 '아는 것' 이상의 주어진 상황에서의 조치를 요구함을 의미한다. 마지막으로 타당도가 높다. 즉, 평가결과와 실제 직무 간의 연계성이 높다고 할 수 있다.

이와 달리 기존 필기전형의 경우 직군·직무에 따른 평가요소 구분이 없고 단지 인지능력(잠재력)중심 평가, 속도(Speed)중심 검사, 탈맥락적 문제상황 및 자료(소설·수필 등) 등으로 구성돼 있다. 이는 다양한 맥락(Context)의 실제 직무환경 및 상황을 고려해 개발돼야 한다는 점에서 보완이 필요하다.

다음의 그림은 필기전형의 평가영역 설계부터 시행 전까지의 과정을 단계별로 설명한 것이다. 현실적으로 대부분의 필기시험 문항 개발은 보안문제로 인해 조직 내부에서의 자체 개발은 거의 이뤄지지 않고 있다. 이는 주로 앞에서 언급했던 검사 위탁기관이 수행하므로, 채용담당자는 다음 그림에 제시된 전체적인 진행과정과 각 단계별 내용을 통해 담당자로서 확인할 사항들을 주의 깊게 보면 될 것이다.

[그림 6.3-1] **필기전형 프로세스**

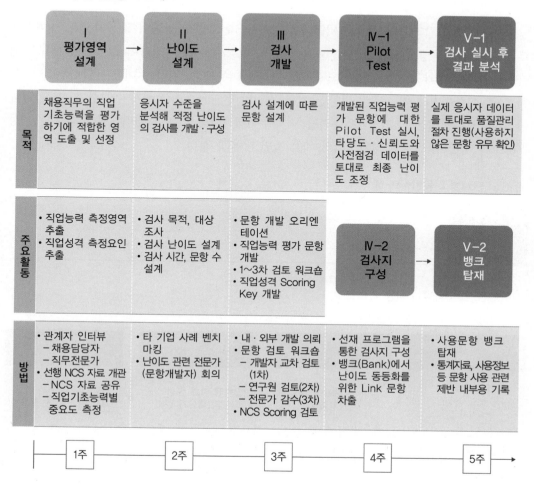

	I 평가영역 설계	II 난이도 설계	III 검사 개발	IV-1 Pilot Test	V-1 검사 실시 후 결과 분석
목적	채용직무의 직업 기초능력을 평가 하기에 적합한 영 역 도출 및 선정	응시자 수준을 분석해 적정 난이도 의 검사를 개발·구성	검사 설계에 따른 문항 설계	개발된 직업능력 평 가 문항에 대한 Pilot Test 실시, 타당도·신뢰도와 사전점검 데이터를 토대로 최종 난이 도 조정	실제 응시자 데이 터를 토대로 품질관 리 절차 진행(사용하지 않은 문항 유무 확인)
주요 활동	• 직업능력 측정영역 추출 • 직업성격 측정요인 추출	• 검사 목적, 대상 조사 • 검사 난이도 설계 • 검사 시간, 문항 수 설계	• 문항 개발 오리엔 테이션 • 직업능력 평가 문항 개발 • 1~3차 검토 워크숍 • 직업성격 Scoring Key 개발	IV-2 검사지 구성	V-2 뱅크 탑재
방법	• 관계자 인터뷰 – 채용담당자 – 직무전문가 • 선행 NCS 자료 개관 – NCS 자료 공유 – 직업기초측정별 중요도 측정	• 타 기업 사례 벤치 마킹 • 난이도 관련 전문가 (문항개발자) 회의	• 내·외부 개발 의뢰 • 문항 검토 워크숍 – 개발자 교차 검토 (1차) – 연구원 검토(2차) – 전문가 감수(3차) • NCS Scoring 검토	• 선재 프로그램을 통한 검사지 구성 • 뱅크(Bank)에서 난이도 동등화를 위한 Link 문항 차출	• 사용문항 뱅크 탑재 • 통계자료, 사용정보 등 문항 사용 관련 제반 내부용 기록

| 1주 | 2주 | 3주 | 4주 | 5주 |

필기전형의 결과 평가에 대해서는 필기전형 결과를 점수화하는 점수 산출방식과 어떻게 결과를 활용할 것인가와 관련된 결과 적용방식에 대해 설명하겠다. 먼저 점수 산출방식으로는 절대점수 산출방식과 규준점수 산출방식이 있다.

절대점수 산출방식은 필기시험의 결과를 정답과 오답의 개수로 단순 산출하는 것을 말한다. 예를 들어 전체 50문항 중 30개가 맞고 20개가 틀린 답인 경우, 100점 만점으로 산출하면 60점이 되는 방식이다.

규준점수 산출방식은 지원자 간 평가결과 수준 비교가 용이하도록 규준점수(Normative Score)를 부여하는 방식이다. 이러한 방식은 앞서 지원자가 받은 60점이 전체 지원자 가운데 어느 정도의 수준인지를 알아보는 데 용이하다. 예를 들어 필기시험 문제의 난도가 높아 지원자들의 전체적인 점수가 낮을 경우, 60점을 받았더라도 상위 10% 안에 위치할 수 있으며, 반면 난도가 매우 낮아 평균이 높을 경우 하위 10%에 위치할 수 있는 것이다.

필기전형의 결과 적용방식은 기업의 상황에 따라 다양한 방법이 활용되지만, 일반적으로는 단계별 허들방식을 사용한다. 예를 들어 인성검사의 경우 정답이 없어 인성검사 자체만으로는 지원자의 능력을 절대적으로 평가하기 어려우므로, 검사에 대한 응답신뢰도[3]가 일정 수준 이하이거나 기준등급 미만인 지원자를 탈락(Screen-Out)시켜야 한다. 이후 정답이 있는 직무적성검사, 직업기초능력평가, 직무지식검사의 순위로 필기전형 합격자를 선정(Select-In)한다. 단계별 허들방식의 예를 들면 다음과 같다.

[표 6.3] **단계별 허들방식의 예**

1단계	인성검사에서 부적합 판정을 받은 인원을 선별
2단계	직무적성검사, 직업기초능력평가, 직무지식검사의 순위로 필기전형 합격자를 선정

[그림 6.3-2] **검사결과 활용 가이드**

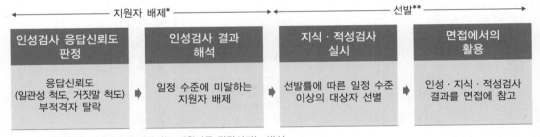

*배제(Screen-Out): 기준에 미달되는 지원자를 탈락시키는 방식
**선발(Select-In): 더 역량 있는 지원자를 선발하는 방식

필기전형을 통한 직무수행능력평가

신입직원 선발과정에서 필기전형은 지원자들의 기본적인 자질을 확인하고 채용의 공정성을 유지하는 데 중요한 역할을 한다. 또한, NCS 기반의 능력중심채용에서는 지원직무와 관련된 지식·기술·태도를 포함한 직무수행능력과 직무수행의 기본이 되는 직업기초능력을 평가하게 되며, 이때 인성검사를 필기시험에 포함해 운영의 효율성을 높일 수도 있다.

3　응답신뢰도란 지원자가 검사지 문항에 대해 성실하게 응답했는지를 측정하는 것으로, 여기에는 일관성 척도와 거짓말 척도가 있다. 먼저 일관성 척도는 동일한 문항에 동일하게 응답했는가에 대한 것이다. 거짓말 척도는 '사회적 바람직성'에 대한 것으로, 누구나 그렇게 응답한다면 거짓말을 한 것으로 생각되는 문항에 응답한 것을 말한다. 예를 들면, "나는 태어나서 지금까지 거짓말을 한 적이 한 번도 없다.", "나는 태어나서 지금까지 친구와의 약속을 한 번도 어긴 적이 없다." 등이다.

직무수행능력평가는 기존 언어, 자료해석, 수리 인지능력 평가에서 나아가 직무상황에 대한 실질적인 문제해결능력을 평가하는 것이 바람직하다. 실제 직무 환경에는 다양한 맥락이 존재하고, 아는 지식의 양보다는 맥락적(Context) 상황을 어떻게 해석해 적용하는가에 따라 성과가 결정되기 때문이다. 이는 직무에 필요한 능력(의사소통·수리·자원관리 등)을 영역으로 구조화하고 직무상황이나 조건을 제시, '아는가'에 그치지 않고 주어진 상황에서의 '조치(말·행동 등)'를 요구함으로써 평가결과와 실제 직무 간의 연계성을 높이는 데 목적이 있다.

직무수행능력 평가와 대부분의 직원선발과정에서 보편적으로 사용되고 있는 적성검사의 차이점을 구별해보자. 첫째, 학문적 소양이 아닌 직무수행에 요구되는 능력을 평가한다는 점에서 다르다. 둘째, 직무와 유사한 형태의 과제를 제시하고 문제의 답을 찾는 것이 아닌, 직무를 해결하는 능력을 요구한다. 셋째, 지식을 아는가에서 한 단계 나아가 아는 지식을 이용해서 성과나 결과를 만들어낼 수 있는가를 평가한다. 넷째, 자신이 보유한 지식을 상황과 맥락에 따라 선별적으로 사용할 수 있는가를 평가한다. 마지막으로 기존 인·적성검사에서는 다뤄지지 않았으나, 직무수행에 매우 필요한 자원관리·조직이해 등의 능력을 포함한다는 점에서 차이가 있다.

문항개발의 원칙은 탈맥락적이고 추상적인 지식평가를 지양하고, 무엇을 아는지보다는 직무를 수행할 수 있는지를 평가하는 데 초점을 맞춰야 한다는 것이다. 또 부분적으로는 개별 직업기초능력을 각각 구성하고, 여러 능력들을 묶어서 평가(Cross-sectional Approach)할 수 있어야 한다.

문항의 개발방법으로는 ▷옳고 그름 등 판단의 객관적 기준이 존재해 의사소통·수리 등의 인지능력평가에 적합한 정답형 ▷조직규범이나 가치에 따라 평가기준이 가변적일 수 있어 인성·조직 적응 등의 능력평가에 적합한 상황판단형이 있다. 형태에 따라서는 ▷4지·5지 선다 등의 선택형 ▷OX형 ▷서술형 답변 ▷자기 보고식 척도[4] 등이 있다.

이때 반드시 어떠한 형태로 개발해야 한다는 능력별 전형의 유형화는 없다. 다만 NCS 직업기초능력에 대한 필기문항을 개발할 경우 직무수행능력을 가장 잘 예측할 수 있고, 기관의 특성에 가장 잘 부합하는 유형을 선택하는 것이 중요하다.

---

4   자신의 생각이나 신념 등을 반영해 주어진 척도 중 한 가지를 선택하는 리커드 척도(Likert Scale) 또는 다양한 행동 대안 중 자신의 생각이나 신념과 가장 유사한 것을 선택하는 입사티브(Ipsative) 방식 등

면접전형의 이해와 평가과제 개발

면접기법의 종류

면접(Interview)은 '서로 대면하여 만난다'는 의미로, 직원을 채용하는 여러 전형단계 중 가장 마지막 단계이다. 이전의 서류전형이나 필기전형의 많은 평가도구들이 지원자들을 배제시키거나 탈락(Screen-Out)시키는 것이라면, 면접은 지원자를 최종 선발(Select-In)하는 평가도구라고 할 수 있다.

(1) 구술면접

직원의 채용과정에서 가장 일반적인 면접방식은 면접관과 지원자가 서로 얼굴을 맞대고 진행하는 구술면접이다. 구술면접은 면접대상이 몇 명인가에 따라서 개별면접과 집단면접으로 나눌 수 있고, 면접이 얼마나 깊이 있게 이뤄졌는가에 따라서 심층면접과 일반면접으로 나눌 수도 있다. 또 질문 제시방식에 따라 구조화면접과 비구조화면접, 그리고 그 중간의 반구조화면접으로 나눌 수 있다.

[그림 6.4-1] **구조화에 따른 구술면접의 구분**

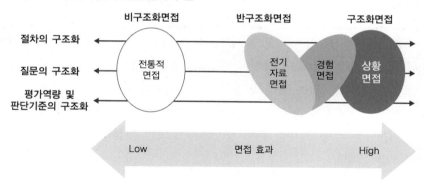

여기서 구조화면접은 미리 준비한 질문 리스트의 순서대로 차례차례 질문해 나가는 것을 말하는데, 일반적으로 비구조화면접에 비해 평가 타당도 및 공정성 면에서 우수하다. 비구조화면접은 면접관이 질문 내용들을 머리에 간직한 채 대화형식으로 질문해 나가는 방식이다. 즉, 한 가지 질문을 던짐으로써 대화를 시작하고 지원자의 답변에 따라 그와 관련된 질문을 추가해 나간다. 또한 필요에 따라 면접관의 의견을 제시하기도 하는 등 가능한 한 보통 대화에 가깝게 진행한다. 이러한 비구조화면접은 가장 이상적인 방식이기는 하지만, 전문 면접관이 아니면 실시하기 어렵고 분석 시간이 많이 걸리므로 실제로는 반구조화면접을 실시하는 경우가 많다. 반구조화면접에서는 미리 준비한 질문 리스트를 사용하되, 답변 내용에 따라 필요한 질문을 추가하고 질문 순서를 바꾸기도 한다.

[표 6.4-1] **구조화면접과 비구조화면접**

특징	구조화면접	비구조화면접
정의	사전에 평가하고자 하는 직무능력(역량)을 정하고 지원자들에게 동일한 질문, 절차, 평가기준을 적용해 평가하는 면접방식	면접관이 지원자와 자유롭게 대화하면서 평가하는 방식으로, 질문이 미리 정해져 있지 않으며, 면접관의 직관이나 경험에 기반해 평가하는 면접방식
평가방식	정해진 질문과 평가기준을 통해 평가	자유롭게 질문하고 평가
대표적 유형	경험면접, 상황면접, 발표면접, 토론면접 등	전통적 면접
장단점	• 장점: 일관성, 객관성, 예측 가능성이 높음 • 단점: 유연성 부족, 지원자의 부담감	• 장점: 유연성이 높음, 지원자에 대한 깊은 이해 • 단점: 일관성 부족, 신뢰도와 타당도 문제

인재를 가장 잘 선발할 수 있는 기준은 일반적 지적능력(IQ 등)과 구조화된 면접이라고 한다. 그러나 이러한 면접은 면접관의 직관과 경험보다는 데이터에 의존하므로 기존의 면접과는 약간 거리가 멀다고 할 수 있다. 사회심리학자인 리처드 니스벳(Richard E. Nisbett)은 일부 면접관들이 자신이 면접으로 다른 자료들보다 더 정확하게 유능한 인재를 뽑을 수 있다고 믿는 것이 '면접의 환상(Interview Illusion)'이며, 이는 심리적 오류의 일부라고 지적했다. 따라서 조직의 발전과 성장을 위한다면 면접관의 직관에 의존하는 면접보다는 각종 조사를 통해 정리한 구조화된 면접을 제한적으로 사용하는 것이 더 효과적일 것이다.

위에서 설명한 구분 외에도 경험면접과 상황면접으로 나누어볼 수 있다. 경험면접은 '과거행동면접(BEI·Behavioral Event Interview)'이라고도 하며, 인간의 행동이 반복적이며 재현 가능하기 때문에 과거의 행동을 통해 미래의 행동을 예측할 수 있다는 것을 전제로 한다. 이에 지원자의 과거 경험이나 사례를 물어 행동을 관찰하고 평가하는 면접기법이다.

상황면접(SI·Situational Judgment Interview)은 가상의 직무상황을 지원자에게 제시하고, 그 상황에서 어떻게 행동할 것인지를 질문함으로써 행동의 의도를 관찰해 평가하는 면접을 말한다. 면접관은 지원자가 향후 업무수행 시 직면할 수 있는 특정 상황에서 어떻게 행동할 것인지에 대해 질문함으로써 지원자의 행동의도를 파악할 수 있으며, 지원자의 직무행동을 예측·평가할 수 있다. 예를 들어, "상사의 독단적인 리더십 스타일로 인해 갈등을 겪게 된다면 어떻게 대처할 것인지 말씀해 주십시오."라고 묻는 방식이다.

(2) 시뮬레이션 면접

시뮬레이션(Simulation) 면접은 지원자에게 직무와 유사한 상황, 예를 들면 ▷기획서를 발표한다든가 ▷어떤 안건을 가지고 회의를 한다든가 ▷거래처 직원과 협상을 한다든가 ▷또는 이런 여러 상황들을 혼합한다든가 등을 지원자에게 제시하고 해당 상황에서 지원자가 어떻게 행동하는가를 관찰해 평가한다. 대표적인 시뮬레이션 면접으로는 발표면접, 그룹토의, 역할연기, 서류함기법 등이 있다.

이러한 구술면접과 시뮬레이션 면접 등의 면접기법은 각 면접방식의 특성과 비용 및 운영 측면을 고려해 선택하면 된다.

[표 6.4-2] 구술면접과 시뮬레이션 면접 비교

구분	구술면접	시뮬레이션 면접
정의	지원자와 면접관 간의 대화 형태로 이루어지는 면접방식으로, 일반적인 질문과 답변을 통해 지원자의 경험 · 역량 · 가치관 · 동기 등을 평가	지원자에게 특정 업무 상황이나 과제를 부여하고, 이를 해결하는 과정에서의 행동을 관찰해 평가
평가방식	해당 역량이 드러날 수 있는 적절한 시작(Main) 질문과 심층(Probing) 질문을 통해 평가	평가하고자 하는 역량을 판단할 수 있는 행동들을 정확히 관찰 · 기록해 평가
대표적 유형	경험면접, 상황면접 등	발표면접, 토론면접, 역할연기, 서류함기법 등
장점	• 지원자의 의사소통능력, 대화를 통한 문제해결능력, 생각하는 방식 등을 직접적으로 평가 가능 • 지원자의 인성, 태도, 성격 등을 파악하는 데 유용	• 지원자의 실제 업무수행능력, 문제해결능력, 상황대처능력 등을 직접적으로 확인 가능 • 특정 직무나 역할에 필요한 실질적인 기술이나 능력을 평가하는 데 효과적

면접전형의 평가기준 및 결과 산정

이상에서 설명한 면접들은 면접관이 지원자에게 질의하거나 지원자의 발표와 토론 등에서의 행동을 관찰해 조직 및 직무적합성을 평가하는 방식이다. 여기서는 심층적인 질의응답 또는 지원자 간 상호작용을 통해 직무수행에 필요한 인성, 직무수행 차원의 역량을 검증한다.

면접전형의 평가요소(기준) 도출 시 유의사항은 첫째, 면접 시 평가해야 하는 요소들은 직무와 관련돼야 하며, 서류전형 · 필기전형 등 면접 외 전형에서 평가한 요소들을 고려해 결정해야 한다. 둘째, 서류전형 또는 필기전형에서의 평가항목일지라도 중요한 평가요소라고 판단되면 면접전형에서 반복 측정이 필요하다. 셋째, 면접의 특성상 제한시간에 지원자들을 평가해야 하므로 지나치게 많은 평가요소들을 평가하기보다는 소수의 평가요소들을 심층적으로 평가하는 것이 바람직하다. 넷째, 면접 시간 대비 평가요소들이 많은 경우에는 상대적 중요도가 높은 요소를 선정해 진행하는 것이 효과적이다.

면접전형의 결과를 산정하는 방식으로는 합산방식과 과락방식이 있다. 먼저 합산방식은 지원자들의 평가점수를 평가요소별·평가기법별로 가중 또는 단순 합산해 상위 점수를 받은 순서에 따라 합격자를 결정하는 것이다. 예를 들면, 경험면접의 점수와 발표면접의 점수를 합산하거나 1차 실무진면접 점수와 2차 임원면접 점수를 합산하는 방식이다. 이는 다수의 지원자들 중 소수의 합격자를 선발해야 할 때 주로 활용한다.

과락방식은 지원자들의 평가점수 중 일부가 평가요소별 또는 평가기법별 최소기준을 충족하지 못하는 경우 불합격시키는 방식이다. 예를 들면 평가요소가 5개인 경우, 그중 2개에서 기준점수 미만이면 과락시키는 방식이다. 과락방식은 지원자가 최종 합격인원 대비 많지 않은 경우에 주로 활용한다.

면접도구의 개발과 운영

(1) 경험면접

지금부터는 앞에서 제시했던 다양한 면접도구를 구체적으로 어떻게 개발하고 운영하는지에 대해 설명하겠다. 먼저 경험면접(과거행동면접)은 사람들이 일관되게 행동하며, 이러한 특성(성격)은 쉽게 변하지 않고 반복되는 재현성을 가짐을 전제로 한다. 즉, 과거의 행동은 미래의 행동을 타당하게 예측할 수 있다는 전제를 가지고 있다.

[그림 6.4-2] **경험면접의 평가준거**

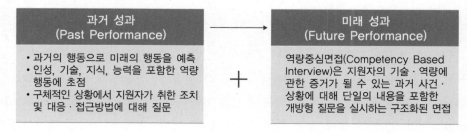

경험면접은 평가요소와 관련지어 지원자가 과거에 수행했던 내용들을 중심으로 질문한다. 일반적인 경험면접 질문의 예를 들면 "지원자의 (평가요소와 관련된) 최근의 경험이나 사례를 말씀해 주시기 바랍니다."라는 형식을 가진다.

경험면접의 질문 및 판단기준 개발은 먼저 평가하고자 하는 역량 및 행동지표를 개발하는 것에서 시작된다. 이후 평가요소와 관련된 과거의 경험이나 사례를 중심으로 질문과 추가질문을 개발하며, 이를 평가할 수 있는 평가지표를 개발한다. 세부적인 내용은 다음 그림을 참고하길 바란다.

[그림 6.4-3] 경험면접 질문 및 평가기준 개발과정

역량 및 행동지표 만들기	역량 및 행동지표를 확인해 질문을 통해 평가하고자 하는 행동지표 설정
면접질문 만들기	"…했던 때를 회상해 보고 말씀해…", "…상황에 대해 말씀해…", "…했던 사례를 들어 말씀해…"라는 형식으로 작성 • 학교공부 외에 개인적으로 무언가를 성취한 경험이 있으면 말씀해 주십시오. • 어떤 목표를 세우고 이를 달성하기 위해 노력했던 경험이 있으면 이야기해 주십시오.
추가질문 만들기	평가하고자 한 행동지표들을 확인할 수 있는 추가질문 개발(필요 시 STAR-FACT 기법 활용) • 어떤 목표였습니까? • 그 목표를 달성하기 위해 어떤 노력을 했습니까? • 어려움을 어떻게 극복했습니까?
평가지표 만들기	평가하고자 한 행동지표가 해당 질문을 통해 드러날 수 있는지를 확인해 평가지표를 확정

면접질문을 개발하는 경우 평가영역과 관련된 능력단위요소의 수행준거(Performance Criteria)를 먼저 정리하고, 이 중에서 입사 후 실제 업무에서 활용할 수행준거를 선택해 질문을 개발하는 데 활용할 수 있다. 자세한 내용은 다음의 표를 참고하길 바란다.

[표 6.4-3] **수행준거를 활용한 면접문항 Pool 선정 예시**

평가영역		평가문항(수행준거)	
예산 관리	소요예산 파악하기	예산의 목적에 따라 사업별 소요예산을 파악할 수 있다.	
	예산조정 · 편성하기	부서의 예산관리 목표치에 따라 부서별·항목별 금액을 협의·조정할 수 있다.	
	예산계획 대비 실적 분석하기	예산계획에 따라 책정된 예산 금액을 올바르게 사용했는지를 확인할 수 있다.	실제 면접에 활용할 평가문항 정리하기
경영실적 분석	점검계획 수립하기	경영계획에 따른 사업 핵심활동에 대한 성과측정 기준을 수립할 수 있다.	
	경영실적 측정하기	다양한 수집원을 통해 경영실적 측정을 위한 기초자료를 수집할 수 있다.	
	경영실적 분석하기	실적 비교에 의해 차이가 발생한 지표에 대해서는 발생 원인을 규명할 수 있다.	
	경영실적 피드백하기	계획 대비 실적 차이가 발생한 지표에 대해 개선방향을 도출할 수 있다.	

선정된 수행준거로 실제 사용할 면접질문은 다음의 표와 같이 개발하면 된다.

[표 6.4-4] **수행준거를 활용한 면접질문 개발**

평가영역	평가문항	면접질문
예산 관리	예산의 목표에 따라 사업별 소요예산을 파악할 수 있다.	최근에 어떠한 목표 달성을 위해 필요한 예산을 파악해 본 적이 있습니까? 어떠한 경우였습니까?
	부서의 예산관리 목표치에 따라 부서별·항목별 금액을 협의·조정할 수 있다.	최근 어떠한 목표를 달성하기 위해 필요한 예산을 협의·조정했던 적이 있습니까? 어떠한 상황이었습니까?
	예산계획에 따라 책정된 예산금액을 올바르게 사용했는지를 확인할 수 있다.	최근 예산이 원래의 계획대로 사용되었는지 확인했던 적이 있습니까? 그렇게 확인하신 이유는 무엇입니까?

경영실적 분석	경영계획에 따른 사업 핵심활동에 대한 성과측정 기준을 수립할 수 있다.		최근 사업활동에 대한 성과 측정 기준을 수립하신 적이 있습니까? 어떠한 기준을 활용하셨습니까?
	다양한 수집원을 통해 경영실적 측정을 위한 기초자료를 수집할 수 있다.		경영실적 측정을 위한 자료를 수집하신 경험이 있습니까? 어떠한 자료를 수집하셨고 그 이유는 무엇입니까?
	실적 비교에 의해 차이가 발생한 지표에 대해서는 발생 원인을 규명할 수 있다.		최근 어떤 일을 수행하면서 목표와 차이가 생겼을 때 원인을 파악해 보신 적이 있습니까? 어떠한 상황이었습니까?
	계획 대비 실적 차이가 발생한 지표에 대해 개선방향을 도출할 수 있다.		최근 어떤 일을 수행하면서 목표와 차이가 생겼을 때 이를 달성하기 위한 개선의 노력을 해보신 적이 있습니까? 어떻게 개선하셨습니까?

* 단, 경력직인 경우는 "~을 해 본 경험이나 사례가 있습니까?"와 같은 형태의 질문이 가능하지만, 직무경험이 없는 신입사원 채용 시에는 능력단위요소별 수행준거를 구현할 수 있는 지식·기술·태도를 면접의 평가요소로만 활용할 수 있음

경험면접에서 면접관의 질문에 대한 지원자의 답변 내용이 평가하기에 미흡할 경우, 추가적인 질문을 통해 지원자의 답변 내용을 구체화할 수 있다. 대표적인 방법으로 STAR 기법을 활용한 심층(Probing)질문을 통해 지원자에게 답변과 관련한 그 당시의 상황(Situation), 해야 할 과제나 업무(Task), 실제 지원자가 한 행동(Action), 행동의 결과(Result)를 순서대로 묻는 형식이다. STAR 기법은 지원자 답변의 세부내용에 대한 질문을 추가함으로써 평가역량과 관련한 지원자의 행동을 보다 더 정확하게 평가할 수 있다.

[그림 6.4-4] **STAR 기법을 활용한 심층질문 예시**

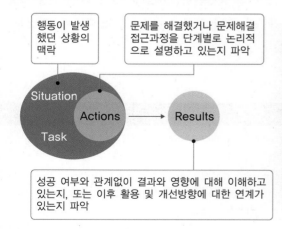

S [Situation]	당신이 처해 있던 상황에 대해 말씀해 보십시오.
T [Task]	당신이 수행한 과제·과업은 무엇이었습니까?
A [Actions]	어떻게 행동(대응)했습니까?
R [Results]	그 행동의 결과는 어땠습니까?

또한 STAR 기법 이외에 경험면접에서 지원자에 대한 추가질문을 할 수 있는데, 그에 대한 예시는 다음의 표와 같다.

[표 6.4-5] **경험면접 평가에서 추가질문에 대한 예시**

구분	평가문항	면접질문
자원관리 능력	업무수행에 시간·자본·시설·인적자원이 얼마나 필요한지를 확인하고, 이용 가능한 자원을 최대한 수집하여 실제 업무에 어떻게 활용할 것인지를 계획하고 할당할 수 있다.	• 지원자가 달성하고자 하는 목표와 관련, 시간·자본·시설·인적자원을 계획하여 달성한 경험이 있습니까? • 자원을 배분하고 관리하는 데 중요하게 고려한 것은 어떤 것이 있습니까? • 어떻게 자원을 배분하고 관리하셨습니까? • 결과는 어떠했습니까?
정보능력	• 업무와 관련된 정보를 수집·분석·조직·관리·활용하는 데 있어 컴퓨터를 사용할 수 있다. • 업무와 관련된 정보를 수집·분석하여 의미 있는 정보를 찾아내고, 이 정보를 업무수행에 적절하게 조직하며, 조직된 정보를 관리하여 업무수행에 활용할 수 있다.	• 학업이나 프로젝트를 수행하면서 필요한 정보를 어떠한 방식으로 수집하셨나요? • 수집한 정보는 어떠한 방식으로 활용하셨나요? • 가장 효과적으로 필요한 정보를 얻고 활용한 사례를 말씀해 주시기 바랍니다.

경험면접에서는 STAR 기법과 함께 지원자에 대해 자극(Prompting)질문을 하는 FACT 기법도 활용된다. FACT란 ▷무엇을 느꼈는가(Feelings) ▷무엇을 했는가(Actions) ▷어떤 상황이었는가(Contexts) ▷무엇을 생각했는가(Thoughts)에 대한 내용이다. 지원자 답변이 모호하고 애매해 진위 여부가 불확실한 경우 FACT에 대한 추가질문으로 지원자 답변의 구체성을 파악할 수 있다.

[표 6.4-6] **FACT의 내용과 원칙**

FACT의 내용	FACT의 원칙
• Feelings(무엇을 느꼈습니까?) • Actions(무엇을 하셨습니까?) • Contexts(어떤 상황이었습니까?) • Thoughts(무엇을 생각하셨습니까?)	• '왜?'라는 질문은 금물 - '무엇', '어떤'이라는 질문 사용 - '왜?'라고 질문할 경우 사람들은 자신의 실제 행동과 상관없이 옳다고 생각하는 것을 말하려고 함 • 과거시제로 질문 - 실제 했던 행동에 대한 답을 얻어야 함(felt, did, said, thought)

(2) 상황면접

상황면접이란 사람들의 행동은 상황에 대한 인식과 행동의도를 통해 잘 예측된다는 전제하에 지원자에게 상황을 제시하고 지원자의 판단, 판단의 이유, 행동의도 등을 질문하는 방식이다. 경험면접의 경우 경력사원에 적용하기가 좀 더 용이한 반면, 상황면접은 직무역량과 관련한 경험이 없는 신입사원 채용에 유용하게 활용할 수 있는 면접기법이라고 할 수 있다.

[그림 6.4-5] **상황면접 기법**

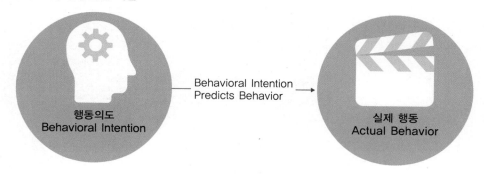

[표 6.4-7] **상황면접의 질문과 스킬**

주 질문	상황인식	• 현재의 상황을 어떻게 이해하셨습니까? • 현재 상황에 어떤 문제가 있다고 생각합니까? • 현재의 상황에 어떤 이해관계자들이 관련되어 있다고 생각합니까? • 이러한 상황이 왜 발생했다고 생각합니까?
	상황판단	• 현재 상황에서 가장 심각한 문제가 무엇이라고 생각합니까? • 가장 우선적으로 무엇을 하겠습니까? • 가장 중요하게 고려한 요소가 무엇입니까? • 어떤 결과가 나타날 것이라고 생각합니까? • 어떤 영향을 미칠 것이라고 생각합니까?
	행동의도	• 어떻게 말하시겠습니까? • 어떻게 해결하시겠습니까? • 어떻게 대처하시겠습니까? • 어떻게 결정하시겠습니까?

⬇

추가질문	상황인식, 상황판단, 행동의도의 이유·근거·목적을 파악하는 데 초점을 두고 질문 • 그렇게 판단한 이유는? • 그러한 문제가 있다고 생각한 이유는? • 그러한 측면들을 고려한 이유는? • 그렇게 하려는 이유는?

(3) 시뮬레이션 면접

시뮬레이션 면접은 지원자가 장차 수행해야 할 실제 직무상황 및 조건을 반영한 가상의 문제상황을 제시한다. 그리고 문제해결 과정에서 노출되는 행동이나 반응·응답 등을 관찰·기록해 문제해결 결과와 함께 종합적으로 지원자를 평가하도록 설계된 평가도구이다. 구술면접이 면접관의 질문에 대한 지원자의 답변 내용을 가지고 행동을 관찰해 평가하는 면접기법인 데 반해 시뮬레이션 면접은 지원자의 행동을 직접 관찰해 평가하는 기법이다.

[그림 6.4-6] **시뮬레이션 면접의 구조**

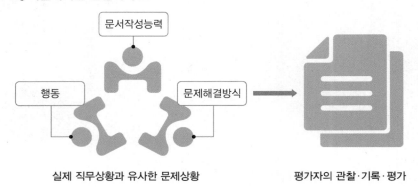

시뮬레이션 면접은 면접방식에 따라 개인작업, 대인작업, 집단작업으로 구분할 수 있다. 이 가운데 개인작업은 정보의 처리 및 분석, 최선의 문제 해결방안 작성, 의사결정, 분석 및 발표 등 일반사무 처리능력을 평가한다. 개인작업의 예로는 개인 서류함기법(In-Basket), 발표면접(Presentation) 등을 들 수 있다.

대인작업은 상사, 부하, 고객, 그 밖의 관계자와의 의사소통, 문제해결, 동기부여, 절충 등 대인 스킬을 평가하는 것으로 경험면접, 상황면접, 역할연기(Role-Play) 등이 이에 해당한다. 이때 개인작업과 대인작업 모두 개인이 수행하는 개인과제라는 특성을 가진다.

집단작업은 회의, 위원회, 협상 등 집단 속에서 문제나 과제를 처리하고 적절한 의사소통 스킬을 발휘해 시의적절한 의사결정, 문제해결, 공동의 목표 달성을 이뤘는지 평가하는 것이다. 그룹토의(Group Discussion), 집단 서류함기법(Group In-Basket), 팀 캐비닛(Team Cabinet) 등이 이에 속한다. 이는 여러 명이 동시에 과제를 수행한다는 특징이 있다.

[그림 6.4-7] 시뮬레이션 면접의 구분

개인작업
정보의 처리 및 분석, 최선의 문제 해결방안 작성, 의사결정, 분석·발표 등 일반 Deskwork의 처리

대인작업
상사, 부하, 고객, 그 밖의 관계자와 의사소통, 문제해결, 동기부여, 조정, 절충 등 대인 스킬 발휘

집단작업
회의, 위원회, 협상 등 집단 속에서 문제나 과제를 처리하고 적절한 의사소통 스킬을 발휘해 시의 적절한 의사결정, 문제해결, 공동목표 달성

- 개인 In-Basket
- Presentation
- Fact Finding

개인과제

- Interview
- Role Play

- Group Discussion
- 집단 In-Basket
- Team Cabinet

집단과제

• 시뮬레이션 면접의 개인과제

다양한 시뮬레이션 면접 중 대표적인 개인과제로는 개인 서류함기법, 역할연기, 발표면접 등이 있다. 그 주요 내용과 특징은 다음과 같다.

먼저 개인 서류함기법은 다양한 서류(메모·Mail·문서 등)에 제시된 문제들을 지원자들이 하나씩 해결하는 방식으로, 지원자들은 짧은 시간 내에 여러 가지 문제들을 해결해야 한다. 소요시간은 60~90분 정도로, 지원자의 업무관리능력과 조직관리능력 등의 평가 및 혼자서 하는 업무의 수행역량평가에 적합하다.

역할연기는 일반적으로 1:1 또는 1:2 방식으로 진행되며, 면접관과 지원자는 각자가 사전에 부여받은 역할을 수행해야 한다. 이때 면접관은 평가하고자 하는 역량이 잘 드러날 수 있도록 사전에 계획된 방식으로 지원자를 자극하고 역량 발휘를 유도해야 한다. 소요시간은 30~60분 정도로, 지원자의 관계능력 및 대인능력 등의 평가(부하육성·코칭·멘토링·협상력·조정능력 등)와 상대방이 있는 업무의 수행역량평가에 적합하다.

발표면접은 지원자가 면접관에게 구두로 보고하는 형식으로, 제시된 자료를 분석해 문제 발생원인을 찾고 해결방안을 제시하는 데 초점을 둔다. 소요시간은 30~60분 정도로, 의사소통능력·표현력·창의성·논리적 사고 등의 평가와 문제해결 및 기획력이 요구되는 업무의 수행역량평가에 적합하다.

- 시뮬레이션 면접의 집단과제

여러 시뮬레이션 면접들 중 대표적인 집단과제로는 집단 서류함기법, 팀 캐비닛, 그룹토의 등이 있다. 그 주요 내용과 특징은 다음과 같다.

집단 서류함기법은 집단(그룹)별로 특정 과제를 부여하고 그 상황 속에서 팀원들 간의 의사소통 및 공동작업, 상호작용을 통해 문제를 해결하게 하는 과제이다. 지원자들은 짧은 시간 동안 많은 분량의 정보를 이해하고 다양한 과제를 수행해야 하며, 면접관들은 지원자들의 상호작용을 관찰해 역량을 평가해야 한다. 소요시간은 90~120분 정도이다. 이는 공동작업에서의 상호작용과 문제해결, 성과지향, 의사소통, 전략적 사고, 문제인식 및 해결, 협조성, 조정·통합, 리더십, 업무조직화능력 등을 평가한다.

팀 캐비닛은 집단(그룹)별로 특정 과제를 부여하고 그 상황 속에서 팀원들 간의 의사소통 및 공동작업, 상호작용을 통해 문제를 해결하도록 하는 과제이다. 지원자들은 (정보량은 적지만) 다양한 의견제시가 가능한 과제에 대해 상호합의를 이뤄야 하는데, 이때 과제수행의 결과와 함께 수행과정에 대한 지원자 간 상호평가가 이뤄진다. 소요시간은 60~90분 정도이며, 동료들 간의 평가를 반영하므로 공동작업에서의 상호작용을 평가하는 데 적합하다. 구체적으로 문제해결, 적극적 경청, 표현력, 판단력, 분석력, 리더십 등이다.

그룹토의는 여러 명의 지원자들이 각자 또는 전체의 Mission을 달성하기 위해 회의하는 방식으로 진행된다. 역할 있는 집단토론과 역할 없는 집단토론으로 구분할 수 있으며, 면접관들은 그룹토의의 진행자 또는 관찰자로 참여하면서 지원자의 역량을 평가한다. 소요시간은 30~60분 정도이며 표현력, 적극적 경청, 논리적·합리적 판단력 등을 평가한다. 그룹토의는 다른 사람들과의 상호작용이 요구되는 업무수행역량을 평가하는 데 적합하다.

[그림 6.4-8] 그룹토의(GD)에서 역할에 의한 분류 예시

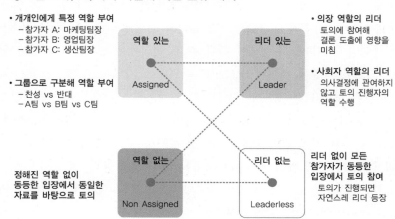

면접기법별 개발방법

지금까지는 면접에 대한 이해 차원에서 신입사원 채용 시 사용하는 다양한 면접기법들을 소개했다. 그리고 지금부터는 이러한 면접기법을 어떻게 개발하는가에 초점을 두고 설명하고자 한다.

(1) 경험면접

경험면접은 일반적으로 지원자의 역량에 관한 증거가 될 수 있는 과거의 사건이나 상황에 대해 단일의 내용을 포함한 개방형 질문을 실시하는 구조화된 면접으로 개발한다. 경험면접의 핵심은 개인의 과거 역량발휘 경험을 통해 미래 역량발휘를 예측하는 것이다. 이는 한 개인의 성격과 특성이 행동을 결정하며, 사람은 쉽게 바뀌지 않는다는 철학적 명제에 근거한다. 즉, 과거의 행동은 미래의 행동을 타당하게 예측할 수 있다는 것을 전제로 한다. 따라서 면접의 질문은 과거에 수행했던 내용들을 중심으로 접근하게 된다. 경험면접의 주 질문(Main Question)을 개발하는 과정은 먼저 역량 및 행동지표를 확인한 후 질문을 통해 평가하고자 하는 행동지표를 설정하고, 그 행동지표와 밀접하게 관련된 역량 발현의 대표적인 행동 예시를 만드는 것이다. 그 다음 과거의 경험이나 사례와 관련된 면접질문을 만들고, STAR 기법을 활용해 평가하려는 행동지표를 확인할 수 있는 추가질문을 만든다. 마지막으로 평가하려는 행동지표가 해당 질문을 통해 드러날 수 있는지를 확인해 평가지표를 확정하게 된다.

경험면접의 주 질문 개발 시 고려요소는 질문 자체는 명확하고 간결하되, 오해의 소지가 있어서는 안 된다는 것이다. 즉 질문의 의도가 분명해야 하며, 면접관 간에도 오해의 소지가 없도록 해야 한다. 그리고 하나의 질문은 하나의 역량에 초점을 두는 것을 원칙으로 한다. 또한, 특별한 목적이 없다면 주 질문만으로도 질문의 전체 의도가 파악될 수 있도록 한다. 이때 주 질문과 탐침질문은 개방형으로 작성하고, 하나의 주 질문에는 2~3개의 핵심적인 추가질문을 포함한다. 추가질문은 STAR-FACT 기법을 참고하되, 지원자의 경험이 판단기준에 해당되는지를 파악할 수 있는 질문이어야 한다.

타당한 질문을 개발하기 위해서는 각각의 판단기준에서 뛰어난 사람과 그렇지 않은 사람을 잘 구분해줄 수 있는 질문(과거경험)을 찾아내야 한다. 필요하다면 지원자가 현재 가지고 있는 가치, 신념, 태도를 물어볼 수도 있다. 단, 너무 화려하고 진실성이 없게 느껴질 때에는 관련된 경험을 함께 묻도록 한다. 단편적인 사실만을 묻거나, 너무 단기적인 상황만을 묻는 질문은 피해야 한다.

질문 개발 시에는 지원자의 입장에서 직접 질문에 대한 답변을 해보고 다음의 요소를 검토한다.

- 지원자들의 정상적 경험수준에서 답변이 가능한가?
- 지원자들의 다양한 답변이 가능한가?
- 판단기준이 적합한가?

평가지표는 평가하고자 하는 역량의 행동지표를 면접질문(과제)을 통해 드러날 수 있는 구체적 행동들로 전환한 것을 의미한다. 개발원칙은 ① 역량모델의 행동지표를 구체화할 것 ② 구체적 행동지표를 평가지표로 전환할 것 등이다. 이때 평가지표는 해당 면접질문에서 평가하고자 하는 행동들이어야 하며, 지원자 수준에서 구체적 행동으로 드러날 수 있어야 한다. 또한 긍정적 행동지표와 부정적 행동지표를 별도로 개발하는 것이 바람직하며, 역량 보유 수준에 의한 차이가 크게 나타나야 한다.

이상 구조화된 경험면접 개발의 원칙을 정리하면 우선 주 질문의 일반성을 들 수 있다. 주 질문은 지원자들이 들었을 때 어렵지 않다고 느끼면서 다양한 답변이 나올 수 있도록 일반적이고 포괄적이어야 한다. 두 번째는 주 질문과 탐침질문의 명확성이다. 주 질문과 탐침질문은 면접관과 지원자 모두 쉽게 이해할 수 있도록 질문의 초점(Focus)이 명확해야 한다. 세 번째는 탐침질문의 충분성이다. 질문을 통해 판단하고자 한 행동특성을 충분히 평가할 수 있도록 탐침질문을 충분히 준비해야 한다. 네 번째는 탐침전개의 자연스러움이다. 탐침질문의 전개를 자연스럽게 해 전체 면접의 진행과정이 매끄럽고 효과적으로 진행될 수 있도록 해야 한다. 마지막으로 판단기준의 구체성으로, 판단기준을 명확히 해 면접관들이 쉽게 평가할 수 있도록 해야 한다.

(2) 시뮬레이션 면접

- **그룹토의(GD)**

  시뮬레이션 면접의 대표적 집단과제인 그룹토의의 개발방법을 살펴보면, 주제 선정 → 과제 설계 → 과제 개발 → 판단기준 개발의 절차를 거친다. 일반적으로 주제선정에 있어서는 조직이나 기업의 특성을 파악해 해당 역량의 발휘가 요구되는 상황을 설정한다. 이후 해당 역량이 잘 드러날 수 있도록 과제를 구성 및 설계(Plot, Storyboard 개발)하고 일반적인 자료수집을 통해 과제 자료구성 및 타당성을 검토한 후 최종적으로 각 과제에 맞는 역량별 판단기준을 개발한다.

그룹토의 과제개발 시 첫 번째로 고려할 요소는 토론의 주제로 너무 잘 알려졌거나 사회적으로 민감한 주제는 바람직하지 않다는 점이다. 이는 다른 지원자들이 준비해 올 가능성이 클 뿐더러, 윤리적·정치적 이슈 등은 자칫 사회적 논란의 소지가 있어서이다. 둘째, 토론의 과제가 단순히 '누가 더 좋은 아이디어를 산출하는가'로만 구성돼서는 안 된다. 토론 과제는 반드시 갈등요소를 포함하고 있어야 한다. 셋째, 주어진 자료가 상황을 이해하고 문제를 해결하는 데 충분해야 한다. 자료는 개인의 기초적인 지식의 발휘를 요구할 수는 있지만 불필요한 추측을 하도록 해서는 안 된다. 반대로 자료 제공을 하지 않거나 자료가 매우 부족할 경우에는 지식에 의해 토론의 주도권이 영향을 받게 된다.

[그림 6.4-9] **그룹토의 과제의 운영구조 예시(6인 평가 시)**

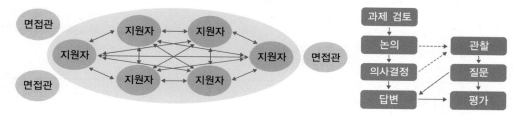

• 발표면접(PT)

발표면접 과제도 그룹토의와 마찬가지로 주제 선정 → 과제 설계 → 과제 개발 → 판단기준 개발의 절차를 거친다. 각 단계별 구체적인 내용은 앞서 설명한 것과 같다.

이때 발표면접 과제는 해당 직무의 특성 외에도 다음과 같은 요소들을 고려해 개발돼야 한다.

첫째, 사원 또는 대리급(3년차 이내)이 수행할 수 있는 과제로 선정해야 한다. 신입직원 선발은 보통 입사 5년 이후까지 예측하는 데 목적이 있다. 그런데 과장 이상에서 수행하는 과제는 난도가 높거나 요구되는 역할이 다를 수 있다.

둘째, 지나치게 실무적인 과제는 피해야 한다. 경력직 선발과 구분해 현업 관련 경험 없이 이해하기 어렵거나 해결하기 어려운 과제는 피해야 한다.

셋째, 역량 발휘에 초점을 둬야 한다. 과제는 단순히 주어진 과제를 잘 해결하는지를 보려는 것이 아니라 역량을 평가하기 위한 것이며, 단순한 지식의 과다 유무를 평가하는 것이 아나라 지식을 활용한 역량 발휘를 평가하기 위한 것이어야 한다.

넷째, 역량의 평가가 가능해야 한다. 과제 난이도는 지원자들 수준에서 해결할 수 있는 한도 내에서 다소 어려운 것이 좋은데, 너무 어렵거나 쉬운 과제는 지원자들을 변별해낼 수 없기 때문이다. 또한, 발현 가능성 측면에서도 주어진 시간 동안에 해당 역량이 지원자들에서 발현되고 관찰될 수 있어야 한다.

마지막으로 제공자료의 충분성으로, 주어진 자료가 상황을 이해하고 문제를 해결하기에 충분해야 한다. 개인의 기초적인 지식의 발휘를 요구할 수는 있으나, 불필요한 추측을 하도록 해서는 안 되기 때문이다.

[표 6.4-8] 발표면접에서 운영과제에 의한 분류 예시

찬반형	분석형	아이디어 산출형	문제해결형
특정 이슈에 대해 지원자들이 찬성 또는 반대의 입장을 선택한 후, 평가자를 상대로 자신의 입장이 타당함을 주장하거나, 다른 지원자들과 토론해 찬반을 결정하는 과제	지원자가 주어진 상황을 고려해 몇 가지 가능한 대안들 중 특정의 대안을 선택한 후, 자신의 선택이 타당함을 평가자를 상대로 주장하거나, 다른 지원자들과 토론해 하나의 대안을 결정하는 과제	주어진 상황과 환경 속에서 해당 주제에 대한 다양한 아이디어를 산출해 자신의 아이디어를 주장하거나, 다른 지원자들과 토론해 하나의 아이디어를 결정하는 과제	주어진 상황과 정보들을 분석함으로써 적합한 해결 대안 및 구체적 실행방안을 산출해 타당성을 주장하거나, 다른 지원자들과 토론해 최종 해결안을 개발하는 과제

↓

전문성, 논리적 사고, 분석력, 전략적 사고, 판단력 등 평가에 적합

↓

전문성, 창의력, 기획력, 문제해결력 등 평가에 적합

[표 6.4-9] 발표면접에서 준비방식·발표방식에 따른 분류 예시

준비방식에 따른 분류	단기 준비형 (Self-Contained Preparation)	지시와 준비, 발표, 관찰 및 평가가 짧은 기간 내 동일한 장소에서 이뤄지는 방식 ➡ 평상시 지식, 순발력, 이해력 등을 평가하는 데 적합
	장기 준비형 (Advanced-Preparation)	피평가자가 평가일로부터 며칠 또는 몇 주 전에 과제수행과 관련된 지시 또는 자료를 받고 준비하는 방식 ➡ 보다 심도 깊은 전문성 및 문제해결력을 평가하는 데 적합
발표방식에 따른 분류	발표자료 활용	PPT(빔프로젝터), OHP, 포스트잇, 화이트보드 등을 활용해 발표하는 방식 ➡ 프레젠테이션 스킬을 평가할 수 있지만, 시간 소요가 많음
	발표자료 미활용	발표 시 아무런 준비자료 없이 본인이 작성한 발표노트를 활용해 발표하는 방식 ➡ 평가하고자 하는 역량에 중점을 둘 수 있지만, 시간 소요가 적음

[그림 6.4-10] 발표면접 과제의 운영구조

• 역할연기(Role-Play Interview)

역할연기는 지원자에게 특정 업무상황을 제시한 뒤, 지원자가 상황에 대처하는 행동과 태도를 관찰·평가하는 면접과제이다. 여기서는 항상 일정한 상황이 제시되고, 면접관이 지원자들을 의도적으로 압박하기도 한다. 만약 화난 고객에 대응하는 상황이 제시되면, 면접관이 화난 고객 역할을 하면서 피면접자의 반응행동을 관찰한다. 이러한 면접방식을 '시뮬레이션 면접' 또는 '상황면접'이라고도 부른다.

다시 말하면 역할연기에서는 지원자에게 가상의 갈등상황을 제시하고, 그 상황에 대처해 문제를 해결하는 과정에서 관찰된 행동들로 역량을 평가한다. 여기에서 지원자는 낮은 성과, 잦은 결근, 타인과의 갈등 등과 같은 문제를 논의하기 위해 부하직원과 면담을 하는 감독자의 역할을 수행할 수도 있고, 공동의 프로젝트를 수행하기 위해 동료와 이슈를 논의하고 문제를 해결하며 관계자를 면담하는 프로젝트 리더 역할을 수행할 수도 있다. 또한, 새로운 아이디어나 정보의 제공, 의사결정의 정당화 등의 목적을 위해 상사의 역할을 수행하는가 하면, 곤란한 고객을 응대하는 고객서비스 부서원의 역할을 수행하기도 한다. 이렇듯 역할연기의 제시상황은 매우 다양하며 그 난도도 다 다르다. 역할연기면접에는 1:1 상황만 있는 것은 아니고, 1:2 상황도 가능하다. 예를 들어 팀장으로서 부하직원들 간의 갈등을 중재하고 화해시켜야 할 경우도 있으며, 임원으로서 두 개의 부서 및 부처 간의 이해관계가 복잡하게 얽힌 문제를 조정·통합해야 하는 경우도 있다. 이런 경우를 '1:2 역할연기'라고 한다.

역할연기는 주로 업무적 혹은 대인적 차원의 갈등해결, 상대방에 대한 자문 및 조언, 의견 제시가 이뤄지는 상황에 적합하다. 따라서 관리자·감독자나 고객과 빈번한 접촉이 있는 영업 직무 등의 신입사원 선발에 적합하다. 또한 역할연기에서는 주로 갈등의 원인이 되는 문제를 해결하고 제시된 해결방안을 상대방에게 설득해야 하므로 갈등해결, 문제해결, 조정, 통합, 설득력과 같은 역량평가가 가능하다. 갈등을 해결하기 위해서는 상대방에 대한 이해도 필수적인 요소이므로 대인이해 및 고객지향과 같은 역량도 평가할 수 있다.

한편, 역할연기에서는 변별력을 높이기 위해 면접관이 흔히 압박면접의 질문을 구사한다. 즉, 면접관이 피면접자에게 의식적·인위적으로 충격을 줘 긴장상태에서의 반응과 행동을 관찰하거나, 일부러 스트레스를 유도해 피면접자로 하여금 긴장되고 불안한 상황에서 면접을 치르게 한다. 이때 중요한 점은 역할연기의 수행자나 면접관이 피면접자 누구에게나 동일한 수준의 역할연기와 질문을 수행해야 한다는 것이다. 그러기 위해서 역할연기자는 특별한 훈련을 받아야 한다. 이는 어떤 지원자에게는 낮은 강도의 불만을 표출하고, 또 다른 지원자에게는 높은 강도의 불만을 표출한다면 면접평가의 형평성에 문제가 생길 수도 있기 때문이다. 역할연기자는 경우에 따라 전문 배우를 활용하는데, 특히 고위급·고위직에 선발될 지원자들을 평가할 때 그렇다. 그 외의 경우에는 비용이나 효율성 측면에서 대부분 면접관이 역할연기를 하게 된다. 이때는 면접관이 역할연기를 하면서 지원자의 행동을 관찰·기록하는 평가자의 역할까지 2중의 역할을 수행해야 하므로 고도의 전문성이 필요하며, 이에 특별한 훈련을 받게 된다.

더군다나 면접관이 일부러 피면접자의 말꼬리를 잡거나 비난하기도 하고, 고의로 약점이나 핸디캡 등을 들춰내는 압박면접을 하게 되면, 면접관의 역할연기와 질문에 더욱 일관성이 요구된다. 따라서 역할연기면접은 임기응변의 연기가 아니라, 고도로 구조화된 면접방식(Structural Interview)이어야 한다. 실제 면접에 임하는 면접관들이 명심해야 할 것은 면접 가이드의 지침을 명심보감처럼 절대적으로 고수해야 한다는 것이다. 이때 면접 가이드에는 표준적인 질문만이 아니라, 돌발상황이나 지원자의 반응에 따른 압박 또는 예외적 대처요령도 모두 제시되는 것이 원칙이다. 또한, 면접 가이드에 나와 있는 역할과 질문 내용을 모든 지원자에게 공통으로 적용해 오류를 최소화해야 한다. 그리고 의사소통이나 임기응변이 뛰어나 면접관을 능수능란하게 다루는 예외적인 피면접자에게 현혹되지 않는 요령도 필요하다. 즉, 역할연기에서는 충실한 면접 가이드의 개발과 면접관 훈련이 상대적으로 중요하다.

면접관 교육(평가자 교육)

채용절차법의 이해

능력중심채용이 확대되면서 면접관 또는 평가자에 대한 교육의 수요도 증가하고 있다. 여기에 채용절차법의 적용 대상이 상시 30명 이상 근무 사업장으로 규정돼 앞으로 능력중심채용에 대한 면접관 교육의 수요는 기존 공공부문에서 민간부문으로 확대될 가능성이 클 것으로 보인다.

채용절차법의 주요 내용을 살펴보면 구인자가 구직자에게 직무수행과 관련 없는 용모, 키, 체중, 출신지역, 혼인 여부, 재산, 직계 존비속과 형제자매의 학력·직업·재산에 관한 개인정보 요구를 금지한다. 만약 수집이 금지된 개인정보를 요구할 경우 최대 500만 원의 과태료를 부과하도록 했다. 다만 법에 적시된 사항 이외에 다른 개인정보(이력·경력·학력·자격·기술·학교 내의 활동사항·현재 거주지·본인 확인을 위한 증명사진 등)는 요구할 수 있는데, 이는 채용 여부를 결정하는 데 기초적인 정보로 보기 때문이다. 부채는 원칙적으로 수집금지 대상이지만, 금융 관련 업무에 종사할 직원을 채용할 때처럼 직무수행에 반드시 필요한 경우에는 신용정보조회 등을 통해 예외적으로 허용된다.

능력중심채용과 관련된 면접관 교육에서 채용절차법을 가장 먼저 언급하는 이유는 무엇일까? 그 이유는 처벌이 점차 강화될 것이고 결과적으로 채용절차법을 따르지 않는다면 채용담당자와 회사가 곤란한 상황에 처할 수 있기 때문이다. 실제로 이미 2018년 4월부터 한국산업인력공단 NCS 센터에서는 '블라인드 면접 신고센터(www.ncs.go.kr)'를 운영하고 있다. 만일 면접관이 지원자에게 출신지·가족관계·출신학교 등에 대한 질문을 하거나 블라인드 면접을 위반할 경우 이곳에 신고할 수 있다. 신고가 접수되면 해당 기관은 조사를 받고 위반사항이 있다면 적절한 조치를 취해야만 한다.

이처럼 블라인드 면접 시행 이전에는 면접관 교육이 '평가자로서의 교육'이었다면, 지금은 블라인드 면접 진행과정에서의 면접관 유의사항과 같은 내용이 추가됐다. 예컨대 채용절차법과 블라인드 면접에서 개인 신상 질문과 단서 질문은 허용되지 않는다. 여기서 단서를 붙인다는 것은 "여자로서 ~할 수 있겠습니까?", "키가 작아 보이는데(또는 체중이 많이 나가 보이는데) 직장생활에 지장이 없을까요?", "나이가 많아 보이는데 직장 동료들과 잘 지내실 수 있나요?" 등을 예로 들 수 있다. 참고로 블라인드 면접관 교육과 관련해 채용절차법과 상관은 없지만, 최근 성희롱과 관련된 민원이 가끔 언론에 오르내리고 있다. 따라서 평가와 직접적인 관련이 없지만, 조직의 이미지 관리 차원에서 면접관 교육 시 성희롱 예방교육도 함께 실시하는 것이 좋을 듯하다.

면접관 교육의 목적

면접관 교육의 목적은 우수한 면접관 육성을 통해 면접의 신뢰도와 타당도를 높이는 것이다. 이를 통한 기대효과는 첫째, 면접관 개인의 차원에서는 면접에 대한 자신감을 확보해 면접관에 대한 거부감을 제거하고, 우수인재 선발로 회사에 대한 기여감을 고취시킬 수 있다. 둘째, 조직 차원에서는 조직 내 핵심역량에 대한 이해 확산의 결과물로서 적합한 인재를 선발할 수 있으며, 조직 내 전문 면접관 Pool 확보로 면접 및 평가역량을 강화할 수도 있다. 셋째, 지원자 차원에서는 선발의 공정성 인식을 통한 선발의사결정의 수용성을 제고함으로써 조직에 대한 인식이 좋아지고 우수인재 지원을 확대할 수 있다.

이를 위해서는 조직 차원에서 면접체계 전반에 대한 매뉴얼을 제작해 면접관 교육, 면접 실시 가이드, 면접 운영 가이드로 활용할 수 있다. 면접 매뉴얼은 면접체계, 면접관 자세 및 스킬, 면접 평가역량 및 행동지표, 면접진행 프로세스, 면접질문 및 판단기준, 면접 평가표 등으로 구성된다.

우선 면접체계는 개선된 면접방식 및 구조화된 면접에 대한 이해를 제공한다. 면접관 자세 및 면접 스킬은 면접관이 가져야 할 자세 및 언어적·비언어적 의사소통 스킬, 질문 스킬 및 평가 스킬, 면접관의 오류 및 극복방안, 면접관 평가성향 진단지 및 채점표(자기진단을 통해 면접 오류 극복 유도) 등을 제공한다. 또한 면접 평가역량 및 행동지표는 면접 평가역량, 역량 정의, 하위요소, 하위요소 정의, 행동지표 등을 제공한다. 그리고 면접진행 프로세스는 면접 프로세스 및 질문 프로세스, 면접단계별 면접관의 역할과 멘트를 제공한다. 마지막으로 면접질문 및 판단기준에서는 평가역량별 질문 세트(Main Question + Probing Question)와 평가요소 및 평가척도를, 면접 평가표는 평가표의 구성과 작성방법에 대한 것을 제공한다.

앞서 언급했듯 면접관 교육의 목적은 평가에 대한 신뢰성과 타당성을 높이는 것이다. 요즘에는 인공지능(AI)을 이용해 시스템(또는 프로그램)이 지원자를 평가하는 경우가 증가하고 있지만, 근본적으로 면접은 사람이 평가하는 것이다. 그런데 사람은 저마다의 성향과 특성이 있기 때문에 같은 사람을 평가하더라도 면접관에 따라 평가결과가 달라질 수 있다.[5] 면접관 교육을 실시하면 면접관의 성향진단 결과를 분석해 면접관으로서의 적합성을 파악할 수 있을 뿐 아니라, 개인별 피드백을 통해 면접관들의 평가역량을 향상시키고 평가오류를 감소시킬 수 있다.

면접관이 갖는 평가성향의 대표적인 예로는 자기중심적 평가성향, 일부 단서에 근거한 평가성향, 첫인상에 근거한 평가성향, 관대화 평가성향, 비일관적 평가성향 등이 있다. 자기중심적 평가성향은 자기 자신의 기준에 근거해 지원자를 평가하려는 성향이며, 일부 단서에 근거한 평가성향은 일부 특징적 장단점만으로 전체를 평가하려는 성향을 말한다. 첫인상에 근거한 평가성향은 지원자의 첫인상에 근거해 전체를 평가하려는 성향이며, 관대화 평가성향은 지원자들에게 일반적으로 좋은 점수를 주려는 경향이다. 마지막으로 비일관적 성향은 개인의 정신상태나 상황에 따라 판단기준이나 평가결과가 달라지는 것을 말한다.

다음의 표는 면접관의 평가성향과 평가오류 극복방안을 정리한 것이니, 참고하기 바란다.

[표 6.5-1] **면접관 평가성향: 오류의 종류와 극복방안**

유형	특징	대응방법
최근효과	면접 종료에 가까운 시점의 정보에 대한 인상이 과대하게 영향을 미침	• 역량의 근거들을 있는 그대로 최대한 메모한다. • 관찰이나 질문이 다 끝난 뒤, 기록된 근거에 의해서만 평가한다.
초기효과	면접 초반의 정보가 그 이후의 정보에 비해 지나치게 영향을 미침	
선택적 지각	자신의 성격 이론이나 인간관, 조직관 등에 따라 정보를 선택적으로 인식·수용하는 경향(자신이 관심 있는 것에 초점을 두는 경향)	평가해야 할 역량이 무엇인지 평가 관련 자료를 통해 명확하게 확인하고, 역량을 하나씩 평가한다.
후광효과	면접자가 지원자의 어느 한 가지 장점이나 단점을 기준으로 다른 것까지 함께 평가해 버리는 경향	• 관찰을 기록해 평가한다. • 전반적 인상을 규정짓지 않는다. • 해당 질문의 목표가 되는 역량의 정의와 행동지표, 평가 포인트만을 중심으로 생각하고 판단한다.
유사성 효과	자신과 유사한 사고나 행동을 나타내는 반응 내용이나 근거에 대해 긍정적·공감적인 자세로 해석·판단하는 경향	

---

5 심리학자들에 따르면 면접관들의 판단은 평소에 가진 편견과 그날의 컨디션에 영향을 받기 쉽고, 후광효과나 대조효과에 의해서도 왜곡되기 쉽다. 또한, 애초에 면접관은 유능해 보이는 사람보다는 자기와 비슷한 사람을 뽑으려는 경향이 있으므로 면접을 통해 유능한 사람이 뽑히기보다는 면접관과 취향이 맞는 사람이 뽑힐 확률이 높다.

중심화 경향	• 지원자 간 평가결과의 차이를 극소화하려는 경향 • 면접자의 리스크를 최소화하려는 소극적 동기 • 면접자로서의 자신감 부족	• 각 점수에 해당하는 역량수준을 중심으로 생각한다. • 자신의 평가능력, 기술에 대해 의심을 피하고 자신감을 갖는다.
비교경향	특정 지원자에 대한 두드러지게 높거나 낮은 평가결과가 다른 지원자의 평가에 작용해 객관적 기준에서 벗어나게 되고, 과도한 영향을 미침	선발을 위한 평가이므로 개인 간의 의미 있는 차이는 반드시 반영돼야 한다는 점, 그리고 지원자 개개인의 개성과 특징이 응답 근거상에 반영돼 있다는 점을 상기한다.
관대화 경향	• 사실 근거에 관계없이 지원자 모두에게 극단적으로 긍정적인 관점을 적용해 평가함 • 프로세스나 기준보다는 인식의 틀이 문제임	개인의 관대화 경향성과 정도를 인식하고, 이러한 경향에 항상 유의한다(점수 조정을 통한 문제해결).

면접관의 평가성향에 따른 오류 외에 관찰의 차이, 판단의 차이로 인한 오류도 발생할 수 있다. 관찰의 차이란 면접관이 무엇을 관찰해야 할지 모를 경우, 즉 인재상이나 평가기준이 명확하지 않을 경우에 발생한다. 이러한 오류를 줄이기 위해서는 사전에 평가기준 및 요소 행동지표 등을 준비해 면접관들에게 교육을 시키는 것이 중요하다.

[표 6.5-2] 면접관의 오류 원인

오류의 원천	오류의 원인
관찰의 차이 (무엇을 관찰했는가?)	• 무엇을 관찰해야 할지 모를 경우(인재상이 명확하지 않을 때) • 인재상에 대한 이해가 다를 경우(인재상에 대한 이해가 부족할 때)
판단의 차이 (어떤 기준으로 판단했는가?)	• 준거가 명확하지 않을 경우(준거가 없을 때) • 준거가 다른 경우(눈높이가 다를 때) • 준거에 대한 해석이 다를 경우(준거에 대한 이해가 부족할 때)
성향의 차이 (어떤 개인 특성을 가지고 있는가?)	• 환경적 오류 • 대인적 오류 • 선택적 지각

면접운영 프로세스와 면접관 교육

면접의 운영과 관련해 좋은 면접이란 평가의 객관성, 정확성, 타당도가 높은 것을 말한다. 이때 면접의 객관성이란 지원자에 대한 공정한 평가를 의미하며, 객관성을 높이는 방법으로는 복수의 면접관을 활용하는 것 등이 있다. 또한 면접관 간 편견을 배제하기 위한 조정 작업이 필요하며, 면접관 간의 독립성을 보장해야 한다. 나아가 직무수행과 관련성이 없는 불필요한 개인정보를 배제해 평가해야 하며, 평가결과에 대한 객관적인 근거를 확보해야 한다.

다음으로 평가결과가 정확하려면 면접관이 지원자의 구체적 행동수준을 파악하기 위한 질 문을 할 수 있어야 하며, 이를 평가할 수 있는 스킬이 있어야 한다. 그리고 사전에 정확한 평가를 위한 평가요소 및 평가방법 등 평가도구를 준비해야 한다. 마지막으로 우수한 지원 자의 선발 정도를 의미하는 면접의 타당도를 높이기 위해서는 면접과정의 자료화·문서화를 통해 면접관의 자세나 스킬, 면접의 평가과제, 면접과정 등을 지속적으로 검토함으로써 면 접결과의 신뢰도와 타당도를 높이는 작업을 해야 한다.

[표 6.5-3] **면접단계의 가치판단 요인**

구분	확보 전략	
면접의 객관성	• 복수의 면접관 활용 • 면접관 간 판단의 독립성 • 객관적 증거 수집	• 편견 배제를 위한 조정 • 불필요한 개인정보 배제
판단의 정확성	• 응시자의 구체적 응답 요구 • 표준화된 판단기준 제시·활용	• 면접관 면접 스킬 확보
면접 타당도	• 면접과정 자료화·문서화	• 면접결과의 신뢰도·타당도 검증

면접을 준비하는 과정에서는 평가와 관련해 지원자의 직무관련성 위주로 평가해야 한다. 이 를 위해 인재상을 포함한 직무관련성을 높일 수 있는 평가기준·질문 및 과제개발이 필요하 며, 질문내용의 표준화·판단기준의 표준화·평가의 표준화 및 면접진행의 표준화와 같은 작 업을 해야 한다.

[표 6.5-4] **면접단계 개발**

면접의 직무관련성	• 평가항목에 기관(기업) 인재상 반영	• 질문·판단기준의 직무관련성
면접의 표준화	• 질문 내용의 표준화 • 일관된 면접 진행 프로세스	• 판단 기준의 표준화 • 채점의 표준화

면접을 실질적으로 실행하기 위해서는 다음의 표에 있는 면접운영 프로세스의 내용을 구체 적으로 숙지하는 것이 좋다. 진행과정에서의 실수를 줄이기 위해 사전에 각 단계별 체크 리 스트 및 일정표를 작성해 진행사항을 확인하는 것도 좋은 방법이다.

[표 6.5-5] **면접운영 프로세스**

구분	내용
운영 인원 확보	• 지원자와 면접 과제 수에 따라 면접 진행에 필요한 인원 결정 • 내부 가용 인원 확인, 외부 인원 활용 시 대행업체와 논의
면접관 교육 진행	면접 시작 전 면접관 및 예비 면접관을 대상으로 면접관 교육 실시
면접 전 사전 점검사항	• 면접 진행에 필요한 자료 프린트 및 제본(면접질문지, 평가표, 입사지원서 사본, 조별 인원 배치 명단) • 면접장소 안내 표지 • 명찰 준비(지원자, 면접관, 진행요원, 그 외 관계자) • 다과 및 음료 준비(선택)
(면접 당일) 면접 시작 전	• 면접장소 안내 표지 부착 • 면접장 배치 및 면접장별 면접 실시 안내자료 부착 • 지원자 출결 인원 확인 • 면접관 출결 확인 및 연락 • 대기실 및 면접관 좌석 및 배치 확인 • 보안서약서 작성 안내(선택)
면접 중	• 면접 진행에 대한 오리엔테이션 실시 • 지원자 대상 면접 준비실 및 면접 대기실, 면접장 안내 • 면접관에게 면접장 안내 • 면접기법 배포 및 회수, 면접 준비실 내 감독
면접 후	• 면접장소 안내 표지 및 면접장별 부착자료 제거 • 면접 진행 관련 일체자료 수거, 매수 확인 및 평가표 회수(보안) • 지원자 대상 면접비 수령 안내

면접의 운영과 관련해 제일 중요한 것은 면접관을 구성하는 것이다. 이전에는 내부 직원이나 임원을 면접관으로 선정했으나, 평가의 전문성을 향상시키기 위해 또는 능력중심채용에서의 공정성을 확보하기 위해 외부 면접관을 활용하는 사례가 증가하고 있다. 면접관의 구성을 100% 외부 면접관으로 하는 곳도 있는데, 외부 면접관의 경우 그 회사의 조직문화나 직무수행에 대한 이해가 부족하므로 내·외부 면접관의 비율을 적절히 배분하는 것이 필요하다.

그리고 내부 면접관의 경우에는 사전에 면접관 교육을 실시하는 것이 바람직하다. 면접의 평가는 평가기준·평가도구·평가자로 구성돼 있으며, 이 세 가지 모두 신뢰도와 타당도 높게 운영돼야 한다. 이 중에서 제일 중요한 것은 평가자인데, 내부 면접관은 외부의 전문 면접관과 다르게 평가에 대한 이해가 부족할 수 있다. 따라서 평가에 대한 기본적인 개념과 평가도구에 대한 이해도를 높이는 것이 필요하며, 이러한 역할을 하는 것이 면접관 교육이다.

평가 외에도 면접관의 이미지는 조직의 이미지를 대표하므로 면접관의 적절치 못한 태도는 곧 조직의 이미지를 나쁘게 만들 수 있다. 반대로 면접관의 좋은 태도는 지원자가 탈락하더라도 기업에 대한 좋은 이미지를 유지할 수 있을 것이다. 따라서 조직을 대표하는 면접 서비스 제공자로서의 교육도 필요하다. 그리고 최근 블라인드 채용에 따른 면접 시 유의사항의 전달과 함께, 성희롱 질문 방지 등을 위해서는 면접 시행 이전에 면접관 교육을 반드시 실시하는 것이 필요하다.

다음에 제시된 표는 교육 시간 4시간을 기준으로 학습내용을 정리한 것이다. 물론 실질적으로 4시간의 면접관 교육으로 면접관의 평가 스킬을 향상시키는 것은 쉽지 않다. 또한, 면접이라는 것이 1년에 한 번 내지 두 번 정도 시행되는 것이 일반적이므로 학습의 효과도 높지 않다. 따라서 면접 전 진행 및 유의사항 위주로 교육을 진행하려면 1~2시간 이내로 교육과정을 편성해 운영하면 된다. 실제 많은 회사나 공공기관들도 면접 진행 및 유의사항 위주로 교육을 실시하고 있다. 전문적인 면접관 양성을 위해서는 다음 면접관 교육의 내용과 시간을 늘리거나, 기업의 정규 직원 교육 프로그램이나 승진자 대상 프로그램에 면접관 교육을 포함하는 것도 한 가지 방법이 될 수 있다.

[표 6.5-6] **면접관 교육 모듈 예시(4시간 기준)**

모듈	학습 내용	교육 시간
선발 및 면접에 대한 이해	• 채용 트렌드의 변화와 이해 • 과학적 선발방식에 대한 이해 • 전형단계별 평가도구의 이해	30분
면접기법에 대한 이해	• 평가기준의 수립 및 면접의 설계 • 구조화된 면접의 정의 • 구조화된 면접의 특징 • 구조화된 면접의 평가방식	50분
면접 질문 및 평가 스킬	• 구술면접에서의 질문과 평가 • 시뮬레이션 면접에서의 관찰과 평가 • 지원자의 평가 수용성 향상방안	60분
면접 진행 스킬	• 고용브랜드와 면접관 • 블라인드 면접 진행 시 유의사항 • 면접 프로세스별 진행 요령 및 유의사항 • 면접관 오류 성향 및 극복방안	60분
면접 동영상 실습	동영상 활용 면접평가 실습	40분

**이제부터는
공정채용이다**

Chapter 01   구조화면접의 이해

Chapter 02   면접 평가요소의 구조화

Chapter 03   면접 평가방법의 구조화

Chapter 04   면접관 유의사항

제 7 부

구조화면접의
평가와 운영

○
○
●

구조화면접이란 면접관 개인의 주관적 판단이나 독립된 개별 면접 상황이 아닌,
동일한 기준과 절차에 따라 진행되는 면접방식을 말한다. 이는 모든 지원자가 동일한
조건에서 공정하게 평가받을 수 있도록 면접질문지와 면접 진행절차, 평가요소,
평가기준 등이 사전에 구성·계획된다는 특징을 갖는다.

구조화면접의 이해

구조화면접이란

구조화면접은 'Structured Interview'로 표현되는 영문 용어를 국문으로 번역한 것이다. 우리가 이 장에서 살펴볼 구조화면접의 영역은 '채용' 또는 '선발'에 한정돼 있다. 그러나 구조화면접은 이러한 영역에 활용되기 이전에 본래 임상심리학 연구 또는 관련 진단, 조직 내 문화 진단 등 의학·사회과학 분야에서 일반적으로 적용됐던 용어다. 따라서 이러한 분야에서 활용되던 방식이 우리의 관심영역인 채용 또는 선발영역에 차용된 것이라고 볼 수 있다.

구조화면접의 정의를 이해하기 위해 먼저 '구조화'라는 단어의 의미에 대해서 살펴보고자 한다. 『사회학사전』에서는 구조화를 '기존의 구조와 개인 행위의 작용의 결과로서 시공간을 초월하는 사회관계의 구조화'로 정의하고 있다.[1] 다소 개념적으로 정의돼 있어 실제적 관점에서 이해하기 위해서는 해석이 필요해 보이는데, 결국 이 정의로부터 알 수 있는 것은 구조화가 개인 또는 특정 요소와 보다 넓은 범위에 해당하는 구조 간의 상호관계를 통해 나타나는 결과라는 점이다. 이를 다시 해석하면 개별적 요소로 존재하는 것은 구조화의 대상이 아니며, 개별적 요소를 기존 구조 또는 특정 원리에 의해 구성해 놓은 것이 구조화의 개념이라 할 수 있다. 이러한 해석을 바탕으로 구조화의 주요요소들을 정리하면 '개별요소의 집합체', '개별요소를 종합·분류하기 위한 원칙', '특정 원칙을 기반으로 하는 집합체 내의 개별요소의 기능 상태' 등을 들 수 있다.

---

[1] 고영복, 『사회학사전』, 사회문화연구소, 2000.

이를 바탕으로 구조화면접은 '동일한 장소, 동일한 절차, 동일한 기준에 의해 진행되는 면접'으로 정의할 수 있다.[2] 이 정의는 앞서 해석한 구조화의 의미를 통해 이해할 수 있는데, 먼저 면접에서의 개별요소는 개개인의 면접관 또는 개별 면접상황을 의미한다. 구조화는 개별요소가 독립된 형태로 기능하지 않고 특정한 원칙에 의해 집합체로서 기능한다. 따라서 면접에서의 개별 요소인 면접관 또는 개별 면접상황도 독립된 채로 존재하지 않고 특정한 기준과 원칙에 따라 작동돼야 한다. 바로 이 내용이 '동일한' 장소, '동일한' 절차, '동일한' 기준이라는 요건적 특성으로 구조화면접에 반영돼 있는 것이다. 즉, 구조화면접은 '면접관 개개인의 주관적 판단이나 개별 면접상황의 독립된 운영이 아닌, 동일 기준과 절차에 따라 수행되는 면접방식'이라고 정의할 수 있다.

한편, 구조화면접의 정의에는 수행방식 관점의 용어들이 포함돼 있는데, 수행방식 관점에서 구조화면접은 다음과 같은 특징을 갖는다. 첫째, 다수의 면접관이 동일하게 적용해야 하는 면접질문지가 사전에 구성된다. 둘째, 면접질문지는 특정 직무에 대한 내용전문가 또는 역량전문가에 의해 직무 또는 역량 관련성이 있도록 제작된다. 셋째, 모든 지원자가 동일한 조건에서 평가받을 수 있도록 시간계획을 포함한 진행절차가 사전에 계획된다. 넷째, 평가요소와 평가기준이 사전에 설계된다. 다섯째, 사전에 제작·계획·설계된 면접질문지, 면접절차, 평가요소 및 평가기준을 다수의 면접관이 동일하게 이해할 수 있도록 면접관 교육이 미리 진행된다.

구조화면접은 '동일한 기준과 절차에 의해 수행'되는 정도에 따라 반구조화면접 또는 비구조화면접으로 구분할 수 있다. 반구조화면접은 구조화면접의 요건을 갖추고 있으나 면접관의 주관성이 일정 부분 허용되는 방식이다. 반면 비구조화면접은 일정한 원칙이 없이 순수하게 면접관의 주관성에 의해 진행되는 방식으로, 구조화의 요건에서 벗어나 있다. 구조화면접, 반구조화면접, 비구조화면접은 사전 면접질문지 제작 및 적용 여부를 기준으로 구분할 수 있는데 그 내용은 다음의 표와 같다.

[표 7.1] 사전 면접질문지 제작 및 적용을 기준으로 한 구조화면접 방식 구분

항목 \ 구조화면접 구분	구조화면접	반구조화면접	비구조화면접
제작된 면접질문지 활용	○	○	×
계획된 질문 순서 준수	○	×	×
계획된 질문 분량 준수	○	×	×
추가질문에 대한 면접관 재량	×	○	○

2   오인수·서용원, 「구조화된 역량 기반 채용면접 체계: 이론적 고찰과 개발 사례」, 「인적자원개발연구」 제4권 제1호, pp. 49-75, 2002.

표의 내용을 기준으로 구조화면접의 요건을 철저히 준수해야겠지만, 구조화면접을 충실하게 이행하는 것은 현실적으로 쉽지 않다. 그러나 요즘은 국내 대기업 및 일부 공공기관을 중심으로 구조화면접이 적극적으로 도입되고 있는데, 특히 공공기관을 중심으로 '능력중심 채용 제도'[3]가 도입되면서 구조화면접이 확산되는 추세다.

이처럼 구조화면접이 확산되면서 사전에 면접질문지를 제작하고 이를 활용하기 위한 면접관 교육을 시행하는 등의 적극적인 노력이 이어지고 있다. 하지만 실제로는 강제적인 사전 면접질문지 활용은 드물고, 사전에 제작된 면접질문지를 기준으로 면접을 진행하되 면접관의 일부 재량이 허용되는 방식이 일반적이다. 따라서 완벽한 형태의 구조화면접보다는 반구조화면접 방식이 주로 시행되고 있다고 볼 수 있다.

구조화면접의 신뢰도와 타당도

면접이 측정 및 평가 방법론을 기반으로 이뤄지는 절차라고 볼 때, 여기서 핵심적으로 검증되는 신뢰도 및 타당도는 면접 장면에서도 필수적으로 검증돼야 한다. 신뢰도의 경우 측정하고자 하는 것을 얼마나 일관성 있게 측정하는가에 관한 개념이다. 이는 주로 측정시간, 측정방식, 측정하는 사람이 달라져도 동일한 것을 측정한다면 그 결과는 동일하거나 유사해야 한다는 원칙에 의해 검증된다. 반면, 타당도는 측정하고자 하는 것을 얼마나 충실하게 측정하는가에 관한 개념이다. 이는 측정도구가 측정하고자 하는 요소의 내용을 충실하게 반영해야 하며, 측정결과가 예측하고자 하는 변인을 정확하게 예측해야 한다는 원칙에 의해 검증된다.

면접 장면에서 신뢰도는 면접관 간의 평가 일치도를 확인해 검증한다. 동일한 지원자를 동일한 평가요소로 평가할 때 서로 다른 면접관이 유사한 결과를 기록했는지를 검토하는 것이다. 이를 위해 구조화면접은 사전에 제작된 면접질문지를 활용하고 미리 설계된 평가요소를 적용한다. 또한, 면접관 교육을 통해 면접관이 면접질문의 내용과 의도, 평가요소의 개념을 이해하는 데 있어 서로 다른 해석이 발생하지 않도록 통제한다. 타당도는 면접질문이 평가하고자 하는 요소의 개념을 충실하게 반영했는지를 검토하는 방식으로 검증할 수 있으며, 이를 '내용타당도'라고 한다. 한편, 어떤 지원자가 우리 기업 또는 기관에서 우수한 성과를 창출할 수 있는지를 가려내는 것이 면접의 궁극적인 목적이라고 할 때, 지원자의 미래 성과에 대한 예측 정도를 검증할 수도 있는데, 이를 '준거타당도'라고 한다.

---

3 2015년부터 본격적으로 도입된 NCS(National Competency Standards, 국가직무능력표준) 기반의 채용모델이다. 관행적인 스펙(Spec)이 아닌, 실제 일을 할 수 있는 능력인 '직무능력'을 보유한 인재를 선발함으로써 채용기관·기업은 채용 타당성을 확보하고, 취업을 준비하는 이들은 채용의 공정성을 보장받기 위한 방식이다.

면접에서의 타당도는 내용타당도도 중요하지만, 궁극적인 목적을 고려한다면 준거타당도의 검증이 핵심이라 할 수 있다. 이와 관련해 Robertson과 Smith는 선발도구에 관한 연구를 수행했고, 주요 선발도구의 준거타당도를 분석했는데, 그 분석결과는 다음과 같다.[4]

[그림 7.1] 선발도구의 준거타당도

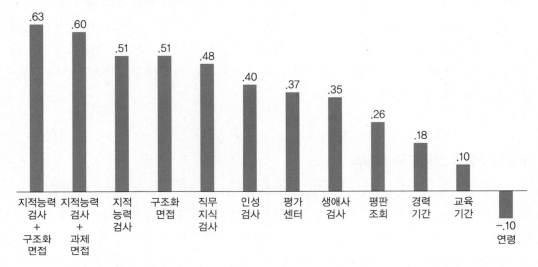

그래프에서 알 수 있듯, 구조화면접은 다른 선발도구의 준거타당도와 비교할 때 우수한 결과를 보이고 있다. 그리고 Robertson과 Smith의 연구결과에 포함되지는 않았지만, 비구조화면접의 준거타당도는 구조화면접의 준거타당도와 비교해 저조한 결과를 보이고 있다.[5]

---

4 I.T.Robertson & M.Smith, 「Personnel selection」, 『Journal of Occupational and Organizational Psychology』 74, pp. 441–472, 2001.

5 Chao(1992) 등의 연구결과를 보면, 비구조화면접의 준거타당도를 .19로 추정하고 있다. 서로 다른 연구결과를 통합해 해석하는 데에는 한계가 있으나, 구조화면접의 준거타당도와 차이가 있다고 판단할 수 있다.
Chao, G.T., Walz, P.M. & Gardner, P.D., 「Formal and informal mentorships: A comparison on mentoring functions and contrast with non-mentored counter parts」, 『Personnel Psychology』 45, pp. 619–636, 1992.

구조화면접의 확장

　이상에서 살펴본 내용은 구조화면접의 영문 용어인 Structured Interview 중 'Interview'에 중점을 두고 면접관의 질문방식에 초점을 맞춰 설명한 것이다. 그러나 'Structured'에 초점을 맞춰 구조화면접의 의미를 살펴보면, 구조화면접이 단지 면접관의 질문방식에만 한정된 개념이 아니라는 점을 알 수 있다.

앞서 구조화를 '개별요소가 독립된 형태로 기능하지 않고 특정한 원칙에 의해 집합체로서 기능하는 것'이라고 해석했다. 그리고 이를 근거로 구조화면접은 '면접관 개개인의 주관적 판단이나 개별 면접상황의 독립된 운영이 아닌, 동일 기준과 절차에 의해 수행되는 면접방식'이라고 정의했다. 구조화면접을 이와 같이 정의한다면 단지 면접관의 질문 행위만을 구조화면접으로 해석할 수는 없다.

실제 능력중심 채용모델에서 밝히고 있는 면접방식은 Interview 형식의 경험 및 상황면접 외에도 과제 기반의 발표면접과 토론면접을 포함하고 있다. 그렇다면 Interview 형식에서 벗어나 있는 과제 기반 면접형식 또한 구조화면접의 범위에 포함시킬 수 있는가?

구조화면접 정의의 핵심 내용이 '동일 기준과 절차에 의해 수행되는 면접방식'이라면, 과제 기반 면접 또한 이와 같은 정의를 충족할 수 있다. 사전에 전문가에 의해 직무관련성 또는 평가요소 관련된 과제를 개발하고 동일한 시간계획 및 진행 원칙을 적용한다는 조건에 있어서도 마찬가지다.

구조화면접은 'Structured Interview'에서 'Interview'에 초점을 맞춰 면접관의 질문방식에만 주목해 설명되는 경향이 있다. 그러나 면접의 다양한 방식 가운데 '구조화' 요건을 충족하고 있다면, 구조화면접에 포함해 이해하는 것이 바람직할 것이다.

면접 평가요소의 구조화

측정 및 평가를 위한 방법론 개발에 있어 핵심 질문 가운데 하나는 '무엇을 평가할 것인가?'에 관한 것이다. 측정 및 평가가 신뢰성 있고 타당한 방식으로 이뤄지기 위해서는 평가 대상에 대한 명확한 개념화가 필요한데, 이것이 곧 평가요소의 구조화이다. 마찬가지로 구조화면접을 구현하기 위해서는 면접관이 평가하고자 하는 요소를 사전에 계획하고 다수의 면접관이 일관된 형태로 평가요소를 이해하는 것이 중요하다. 그리고 이를 위해 반드시 선행돼야 하는 것이 평가요소 구조화인 것이다. 만약 평가요소가 구조화되지 않으면 무엇을 평가해야 할지가 결정되지 않아 해당 면접은 마치 방향키를 잃고 망망대해에 떠 있는 배처럼 목적지 없이 표류하게 될 것이다.

평가요소는 구조화 형태에 따라서 세부요소가 달라질 수 있는데 일반적으로 평가요소명, 평가요소 정의, 평가준거 등으로 구성된다. 여기서 평가요소명은 평가하고자 하는 요소의 명칭을 의미하며, 평가요소 정의는 해당 요소가 무엇을 의미하는지를 드러낸다. 그리고 평가준거는 해당 평가요소에 대한 지원자의 도달 수준을 평가하기 위해 참고할 수 있는 기준에 해당한다. 이 평가요소의 예시는 다음과 같다.

[표 7.2-1] 평가요소 예시

평가요소명	평가요소 정의	평가준거	
		등급	준거
성실성	주어진 과업에 대해 책임감을 가지고 정해진 기한을 준수하며, 결과물의 수준을 높이기 위해 노력하는 능력	A	어떠한 상황에서도 기한을 준수하고 결과물의 질적 수준을 높이기 위한 과정에 집중함
		B	기본적인 수준 정도의 과업에 대한 책임감만을 보임
		C	기한 준수와 결과물의 질 관리에 대한 의지가 보이지 않아 안정적인 업무수행에 문제가 예상됨
팀워크	구성원들과 원만한 관계를 형성하며, 과업수행을 위한 협력적 분위기를 유도해 나가는 능력	A	주변 사람들에게 먼저 다가서는 모습을 보이며, 과업수행을 위한 협력적 분위기를 주도함
		B	먼저 나서서 분위기를 주도하지는 않지만, 원만한 분위기 형성을 저해하는 모습은 아님
		C	업무 분위기를 해칠 것으로 예상됨
창의성	기존의 방식을 답습하지 않고 혁신적인 방안을 창안해내며, 새로운 아이디어를 유연하게 수용하는 능력	A	기존 방식이 아닌 보다 개선된 방안을 끊임없이 모색함
		B	기존 방식을 우선하지만 부분적인 개선안을 제안함
		C	기존 방식만을 고수하며 새로운 아이디어를 수용하는 데 부정적인 입장을 보임
윤리성	정해진 규정이나 원칙을 반드시 준수하고, 부정행위를 방지하기 위해 노력하는 능력	A	어떤 상황에서도 규정이나 원칙을 준수하고자 하며, 잘못된 행위에 대해 적극적인 개선 태도를 보임
		B	정해진 규정이나 원칙은 준수하지만, 그 이상의 적극적인 개선 의지는 보이지 않음
		C	정해진 규정이나 원칙을 무시하거나, 본인에게 편안한 방식대로 업무를 처리하고자 함

평가요소는 면접을 시행하는 기업 또는 기관에서 요구하는 인재상, 해당 조직의 대내외 환경, 조직문화 등을 전반적으로 종합해 결정된다. 그렇기 때문에 조직에 따라서 평가요소가 달라지며, 동일한 명칭의 평가요소라고 하더라도 조직마다 정의하는 방식이 다를 수 있다. 평가요소를 구조화하는 절차는 조직 특성을 고려해 계획되는데, 일반적인 평가요소 구조화 절차는 다음과 같다.

[그림 7.2-1] 평가요소 구조화 절차

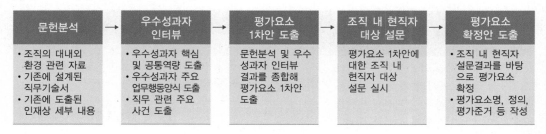

문헌분석	우수성과자 인터뷰	평가요소 1차안 도출	조직 내 현직자 대상 설문	평가요소 확정안 도출
• 조직의 대내외 환경 관련 자료 • 기존에 설계된 직무기술서 • 기존에 도출된 인재상 세부 내용	• 우수성과자 핵심 및 공통역량 도출 • 우수성과자 주요 업무행동양식 도출 • 직무 관련 주요 사건 도출	문헌분석 및 우수 성과자 인터뷰 결과를 종합해 평가요소 1차안 도출	평가요소 1차안에 대한 조직 내 현직자 대상 설문 실시	• 조직 내 현직자 설문결과를 바탕 으로 평가요소 확정 • 평가요소명, 정의, 평가준거 등 작성

문헌분석

평가요소 구조화에 있어 최우선으로 수행되는 절차는 문헌분석이다. 여기서는 조직의 대내외 환경에 대한 자료를 우선 분석해 조직이 처한 환경이슈를 분석한다. 그리고 분석된 환경이슈를 고려해 해당 환경 속에서 조직에 유입돼야 할 신규 직원의 역량을 탐색한다. 예를 들어 A기업이 그동안 별다른 영업활동이 없어도 안정적인 매출을 기록할 수 있었는데, 시장의 소비력 감소로 인해 적극적인 영업활동이 필요한 환경으로 시장구조가 변했다고 가정하자. 그러면 A기업은 대(對)고객 영업역량을 보유한 신규 직원을 적극적으로 유입할 필요가 있다. 기존 시장환경이었다면 A기업은 영업역량을 중요한 평가요소로 고려하지 않았겠지만, 변화된 환경에서는 영업역량이 핵심요소로 검토돼야 할 것이다.

또한, 기존에 설계된 직무기술서가 있다면 이 자료를 토대로 직무별 요구역량을 체계화할 수도 있다. 기존 직무기술서에는 당시의 직무별 핵심역량에 대한 인식이 반영돼 있으므로 기존 관점을 기초로 개선된 시각을 추가할 수 있다. 더불어 직무기술서에는 개별 직무에서 수행되는 세부 업무가 정리돼 있으므로, 업무수행에 기초한 필요역량을 도출하는 데에도 도움이 된다.

마지막으로 문헌분석 과정에서 검토해야 할 자료는 전사적인 인재상이다. 채용은 조직 차원의 전략에서 독립된 채로 진행되지 않는다. 따라서 채용 장면은 선행적으로 수립된 조직의 전사적인 경영전략 내에서 통일성 있게 진행돼야 한다. 인재상 역시 전사적인 관점에서 수립된 조직 내 구성원이 갖춰야 할 업무수행 자세이므로 채용 장면에 반드시 반영돼야 한다.

우수성과자 인터뷰

문헌분석을 마무리한 후에는 실제 조직 내 우수성과자의 모습을 면밀하게 검토해야 한다. 문헌분석은 조직의 세부 모습을 보여주는 데에는 한계가 있어 조직의 실제 현장에서 요구되는 역량을 간과하게 되기 때문이다. 따라서 조직 내에서 일을 잘하는 사람들은 어떤 공통적인 특징을 가지고 있는지 인터뷰를 통해 살펴보는 작업이 필요하다.

인터뷰 형식은 조직의 특성에 따라 달라질 수 있으나, 일반적으로는 ▷우수성과자의 핵심·공통역량 도출 ▷주요 업무행동양식 도출 ▷직무 관련 주요 사건 도출 등으로 구분한다.

우선, 우수성과자 인터뷰를 통해 우수성과자가 되기 위해 요구되는 핵심·공통역량을 도출한다. 구체적으로 인터뷰 대상자에게 고성과자의 공통된 특징을 질문해 특징 목록을 도출한다. 이후 다수의 인터뷰 대상자에게서 도출한 특징 목록을 유사한 내용끼리 군집화하고, 이를 역량명으로 전환하는 과정을 거쳐서 우수성과자의 역량 목록을 도출한다. 또한, 우수성과자가 개별 업무수행 시 나타내는 행동양식을 사례 기반으로 질문해 도출하고 역량명 형식으로 전환한다. 직무 관련 주요 사건의 경우도 이와 같은 과정으로 진행한다.

여기서 우수성과자에게 개별 업무 또는 직무 관련 주요 사건을 질문하는 이유는 우수성과자의 공통된 특징을 직접적으로 질문하면 인터뷰 대상자가 주관적인 해석을 통해 답변할 수 있기 때문이다. 인터뷰 대상자가 본인의 관점에서 해석해 답변하는 것이 문제가 된다는 점에 동의하지 못할 수 있는데, 특정 장면에서 보이는 행동이나 지식을 사례 중심으로 듣는 것과 해석을 통한 답변으로 듣는 것은 생각 이상의 차이가 있다. 즉 해당 장면을 정확하게 해석해 적절한 역량명으로 제시하면 다행이겠으나, 그렇지 않은 경우가 많다는 것이다. 따라서 단순히 공통된 특징을 직접적으로 질문해 듣는 것으로 그치지 않고, 이에 관련된 구체적인 사례를 추가로 들음으로써 관련된 역량을 전문가 입장에서 정확하게 규정해야 한다.

[표 7.2-2] 우수성과자 인터뷰 질문 예시

우수성과자 공통역량	조직 내 우수성과자에게 나타나는 공통역량에 대하여 답변해 주시기 바랍니다. • 우선 '지식'에 관한 것입니다. 해당 직무의 업무를 수행하는 데 있어 우수성과자가 공통적으로 갖추고 있는 지식에는 어떤 것이 있습니까? • 다음은 '기술'에 관한 것입니다. 해당 직무의 업무를 수행하는 데 있어 우수성과자가 공통적으로 갖추고 있는 기술에는 어떤 것이 있습니까? • 다음은 '태도'에 관한 것입니다. 해당 직무의 업무를 수행하는 데 있어 우수성과자가 공통적으로 갖추고 있는 태도에는 어떤 것이 있습니까?
우수성과자 업무 행동양식	우수성과자가 특정 업무를 수행하는 과정에서 보이는 업무행동의 특징을 사례를 중심으로 말씀해 주시기 바랍니다. • 구체적으로 어떤 업무였습니까? • 말씀하신 행동이 우수성과자에게만 나타난다고 생각하신 이유는 무엇입니까?
직무 관련 주요 사건	직무 장면에서 문제에 직면한 상황 가운데 기억에 남는 것이 있으면 말씀해 주시기 바랍니다. • 구체적으로 어떤 문제에 직면하였습니까? • 이 장면에서 우수성과자는 어떻게 대처하였습니까?

평가요소 1차안 도출

　　문헌분석을 통해 확인된 역량 목록과 우수성과자 인터뷰를 통해 검토한 역량 목록을 상호 비교해 평가요소 1차안을 도출한다. 문헌분석 결과와 우수성과자 인터뷰 결과에서 공통적으로 확인된 역량요소를 우선 도출하고, 어느 한쪽에서만 확인된 역량요소는 맥락적인 관점에서 추가하도록 한다. 예를 들어, 문헌분석 결과를 통해 도출됐으나 우수성과자 인터뷰에서는 확인되지 않은 항목이 있다면, 해당 항목이 문헌분석 결과 어떤 맥락에서 핵심역량으로 확인됐는지 검토하는 것이다. 우수성과자 인터뷰에서는 확인되지 않았더라도 현재 경영 변화 환경에서 필요한 역량이라고 판단된다면 평가요소 1차안에 포함해야 한다.

조직 내 현직자 대상 설문

　　평가요소 1차안에 포함된 역량 목록을 조직 내 현직자에게 제시하고 핵심역량으로 적절한 것을 선택하도록 설문을 실시한다. 설문지는 가능한 한 이해하기 쉽게 작성하되, 역량명과 역량 정의를 구체적으로 작성하고 설문을 위한 판단기준 또한 명확하게 제시해야 한다.

평가요소 확정안 도출

　　현직자 대상 설문조사 결과를 검토해 최종 역량목록을 확인하고 이를 통해 평가요소 확정안을 도출한다. 확정된 평가요소는 면접전형에 활용되므로 역량의 명칭, 정의, 평가준거 등이 명확하게 기재돼야 한다.

[그림 7.2-2] 평가요소 도출 예시

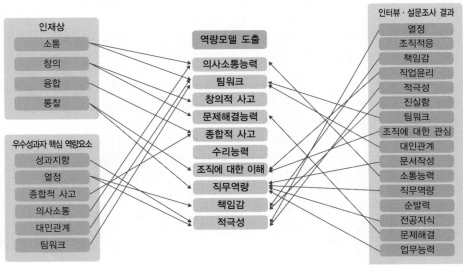

면접 평가방법의 구조화

　　면접을 포함한 모든 채용전형은 측정 및 평가 방법론에 대한 세심한 설계와 개발을 수반해야 한다. 측정 및 평가 장면에서는 타당도와 신뢰도를 확보하는 것이 중요하며, 이를 위해서는 '무엇을 평가할 것인가?'와 '어떻게 평가할 것인가?'라는 질문을 제기해야 한다. 앞서 살펴본 평가요소 구조화가 '무엇을 평가할 것인가?'에 대한 것이었다면, 평가방법 구조화는 '어떻게 평가할 것인가?'에 대한 답을 찾아나가는 과정이다.

평가요소가 역량 측면에서 구조화됐고 각각의 정의, 평가준거 등도 역량 측면에서 설계됐으므로 이를 근거로 어떻게 평가했을 때 해당 역량이 타당성 있고 신뢰성 있게 평가될 수 있을지 고민해야 한다. 예를 들어, '의사소통능력'이라는 평가요소를 면접에서 평가하고자 한다면 어떤 방법의 면접형식을 설계해야 하는가? 이는 단지 '의사소통능력'이라는 역량명만을 대상으로 설계될 수는 없다. 반복해서 언급하고 있는 것처럼 '의사소통능력'의 정의와 구체적인 평가준거가 마련돼야 하고 이를 근거로 면접방식을 고민해야 한다.

'의사소통능력'을 '작성된 문서의 핵심을 이해하는 능력'이라고 정의하는 것과 '생각하는 내용을 상대방에게 말로써 조리 있게 전달하는 능력'이라고 정의하는 것은 전혀 다른 평가방식을 도출한다. 전자의 경우에는 문서자료를 제공하고 그 자료의 내용을 언급하도록 하는 면접방식을 설계해야 할 것이며, 후자의 경우에는 특정 사안이나 주제에 대한 본인의 생각을 언급하도록 질문하는 면접방식을 설계해야 할 것이다. 따라서 평가요소의 정의와 평가준거를 정확하게 이해한 뒤에 이에 적합한 면접방식을 고민해 설계해야 한다.

채용 예산 규모가 상대적으로 큰 대기업의 경우 면접전형이 다양하지만, 공정채용에서는 핵심 면접방법을 경험면접, 상황면접, 발표면접, 토론면접의 네 가지로 구분해 제시하고 있다. 물론 지원자의 역량을 평가하기 위해 보다 심층적이고 다차원적인 면접이 필요하다는 관점에서 보자면 좀 더 심화된 면접기법들이 활용되는 것에 동의할 수 있다. 그러나 면접의 본질인 '질문과 관찰을 통한 평가근거 수집'이라는 관점에서 본다면 이 네 가지 면접방법을 통해서도 면접의 본질에 도달하는 데 무리가 없다. 다음의 공정채용 핵심 면접유형은 고용노동부가 발간한 『2022년 능력중심채용 가이드북』을 기초로 작성됐다.

경험면접

경험면접은 면접형식 차원에서 구술면접 형식으로 진행된다. 여기서 구술면접 형식이란 면접관이 지원자에게 질문을 제기하고 지원자가 답변하는 형식을 가리킨다. 그러나 경험면접은 면접의 형식에 근거한 명칭이 아니며, 구술면접 형식에서 면접관이 지원자에게 제기하는 질문의 내용에 근거한 명칭이다.

명칭을 통해서 알 수 있듯, 경험면접은 질문의 내용이 지원자의 실제 경험에 기초하고 있다. 면접의 궁극적인 목적이 지원자의 입사 후 미래 성과를 예측하는 데 있다고 한다면, 결국 면접관이 고민해야 하는 것은 미래 성과를 타당하게 예측하기 위한 정보가 될 것이다. 그런데 사람들은 보통 잘 변하지 않으며, 과거의 행동·습관·가치관 등이 여러 해가 지나도 그대로 유지되는 경향이 있다. 지원자의 경우에도 학창시절에 과제를 하던 방식, 학습 습관, 동료들과의 교우관계 성향 등이 크게 변하지 않을 가능성이 높다. 따라서 지원자의 실제 경험을 과거를 기반으로 질문하고 그 경험의 수준을 평가한다면 이를 통해 입사 후 미래 성과 정도를 예측할 수 있다는 것이다.

이는 모든 구조화면접이 마찬가지이며, 경험면접 또한 구조화면접에 포함되므로 지원자의 실제 과거 경험을 조사하기 위한 질문 목록은 반드시 사전에 개발돼야 한다. 질문 목록이 없는 상태에서 면접관이 본인의 주관적 판단에 의존해 질문을 제기하면 다수의 면접관이 서로 다른 내용과 관점으로 질문을 제기할 수 있기 때문이다.

지원자의 실제 경험을 구체적으로 이끌어 내고 지원자 간의 경험 수준을 변별력 있게 평가하기 위한 경험면접 질문은 크게 시작질문(Opening Questions)과 후속질문(Follow-up Questions)으로 구분된다. 이때 시작질문과 후속질문 모두 지원자의 과거 경험에 주목하는 관점으로 구성돼야 하며, 평가하고자 하는 요소의 조작적 정의를 반영해야 한다. 다음의 표는 평가요소의 조작적 정의를 고려해 구성된 경험면접의 시작질문 예시를 보여준다.

[표 7.3-1] 평가요소 정의와 경험면접 질문 목록

역량명	적극성
역량 정의	주어진 과제나 현안에 대해 관심을 보이며, 해결방안을 모색하고 창안해 내는 과정에 활력 있게 참여하는 역량
핵심 요소	과제에 대한 관심, 내재적 참여 동기, 활력 있는 동참
경험 기반 질문 목록 (Opening Qs)	• 스스로 어떤 과제에 관심을 가졌던 경험에 대해 말씀해 주시겠습니까? • 다른 사람들은 쉽게 무시했던 현안에 대하여 해결의지를 보였던 경험에 대해 말씀해 주시겠습니까? • 적극적으로 어떤 활동에 참여하고자 했던 경험에 대하여 말씀해 주시겠습니까? • 동료들보다 더 조직 또는 활동에 대한 참여 빈도나 강도가 높았던 경험에 대해 말씀해 주시겠습니까? • 남들은 모두 말리는 상황에서 본인이 참여의지를 강하게 드러냈던 경험에 대해 말씀해 주시겠습니까?

경험면접을 진행할 때, 시작질문은 말 그대로 '시작'에 불과한 질문이다. 보다 핵심적인 평가 근거 또는 결정적인 경험 장면 등은 오히려 후속질문을 통해 확인되는 경우가 많다. 따라서 시작질문에 대한 지원자의 경험 내용을 집중해서 듣고 해당 내용에 대한 적절한 후속질문을 제기하는 것이 중요하다. 경험면접 질문 개발 시, 후속질문 구성을 위한 대표적인 원칙으로는 'STAR 기법'이 있다.

[그림 7.3-1] STAR 기법 개요

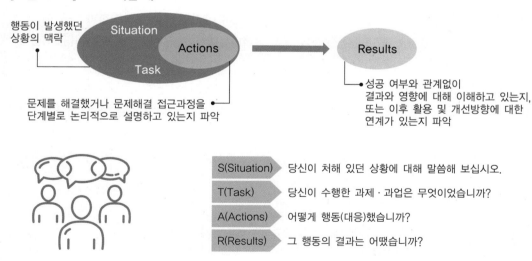

행동이 발생했던 상황의 맥락

Situation / Actions / Task → Results

문제를 해결했거나 문제해결 접근과정을 단계별로 논리적으로 설명하고 있는지 파악

성공 여부와 관계없이 결과와 영향에 대해 이해하고 있는지, 또는 이후 활용 및 개선방향에 대한 연계가 있는지 파악

S(Situation)	당신이 처해 있던 상황에 대해 말씀해 보십시오.
T(Task)	당신이 수행한 과제·과업은 무엇이었습니까?
A(Actions)	어떻게 행동(대응)했습니까?
R(Results)	그 행동의 결과는 어땠습니까?

STAR 기법은 지원자의 과거 경험 중 특징적인 장면이 있는 경우 이를 세부적인 사항까지 조사하기 위한 목적으로 제기되는 질문형식이다. 이는 크게 ▷Situation(상황) ▷Task(임무·

역할) ▷Action(활동·노력) ▷Result(결과·교훈)의 네 가지 장면에서 지원자의 과거 경험에 접근하도록 유도한다.

이를 면접에 적용하면 면접관은 네 가지 장면을 근거로 지원자의 과거 경험 내용에 대해 질문한다. 예를 들면 '그 경험은 어떤 계기로 하게 됐는지', '그 경험을 할 때의 구체적인 시간·장소 등을 포함한 상황은 어떠했는지(이상 상황)', '경험 장면에서 지원자는 어떤 조직(팀)에 속해 있었는지', '지원자는 어떤 위치에 있었는지', '지원자에게 부여된 임무는 무엇이었는지(이상 임무·역할)' 등이다. 다음으로 활동이나 노력에 관한 후속질문을 제기할 수 있다. 이는 경험면접에서 가장 핵심적인 내용이 도출되는 질문에 해당한다. '경험 장면에서 지원자는 어떤 문제에 직면했는지', '그 문제를 어떻게 해결했는지', '문제해결을 위한 본인만의 차별화된 노력은 무엇이었는지', '그 경험을 통해 어떤 성과를 얻었는지', '그 경험에서 깨달은 점은 무엇이었는지(이상 결과·교훈)' 등이다.

상황면접

상황면접 또한 경험면접과 마찬가지로 면접의 형식 측면에서는 구술면접에 해당한다. 따라서 면접관의 질문에 대해 지원자가 답변하는 방식으로 진행되는데, 이때 질문의 내용이 특정 상황에 초점을 맞추고 있다는 것이 경험면접과의 차이점이다.

'당신이 ○○직무의 담당자로서 예상하지 못한 문제에 직면했다면 어떻게 대응하겠습니까?' 등이 상황면접 질문의 대표적인 형태이다. 일반적으로 상황면접에서 질문으로 제기하는 특정 상황은 지원분야의 직무상황으로 제시된다. 따라서 상황면접은 경험면접과 구분해 일반적 역량(General Competencies)보다는 직무 특화된 역량(Specific Competencies)을 평가하는 데 적합하다.

상황을 제시하는 방식은 면접관이 말로써 전달하는 방식과 간단한 카드를 제작해 전달하는 방식으로 나뉜다. 짧게 요약해 전달할 수 있는 상황이라면 면접관이 말로 전달할 수도 있겠지만, 상황이 다소 복잡하면 간단한 카드로 제작해 지원자에게 확인하는 시간을 부여한 후 진행하는 것이 효과적이다. 다음은 각각 구두형식과 카드형식의 상황 제시 예시이다.

구두형식 상황 제시 예시

본인은 ○○공공기관의 채용담당자이며 하반기 신규직원 채용업무를 담당하고 있습니다. 그런데 A부서장과 B부서장이 본인 부서의 채용인원 확대를 동시에 요구해 왔습니다. 하지만 채용인원이 제한돼 두 부서장의 요구 중 한쪽의 요구만을 들어줄 수 있는 상황입니다. 본인은 어떤 기준을 근거로 요구 수용 부서를 결정하겠습니까? 그리고 요구를 수용하지 못한 부서장에게 어떻게 설명하겠습니까?

[표 7.3-2] 카드형식 상황 제시 예시

구분	세부 내용
제시 상황	○○공공기관은 다양한 산학협력사업을 추진하고 있습니다. 산학협력사업은 기업과 대학을 포함한 교육기관이 교육 및 연구활동에서의 제휴를 맺어 추진되는 사업을 의미합니다. 산학협력사업에는 비용 집행 투명성을 높이고 관련된 부정을 방지하기 위한 다양한 정책이 적용되는데, 이러한 측면에서 연구비 관리는 매우 중요한 항목 가운데 하나라 할 수 있습니다. 본인은 ○○공공기관의 산학협력단 소속으로서 연구비 관리 지침을 새롭게 정비하고 해당 내용을 연구비 집행 대상자에게 전달해야 합니다. 이때 연구비 관리 지침은 가장 기본적인 근거 법률을 토대로 마련돼야 합니다.
지원자 해결 과제	제시 상황에서 본인의 전공지식, 기술, 경험 등을 활용해 연구비 관련 담당자로서 산학협력사업 추진 시 연구비 관리 지침의 핵심은 무엇인지 해당 내용을 정리해 말씀해 주시기 바랍니다.

제시된 상황에 대해 지원자의 답변이 종료되면, 면접관은 추가질문을 함으로써 평가 근거를 수집한다. 다만 추가질문은 지원자의 경력이나 학력사항 등 개인 신상에 관한 내용이어서는 안 되며, 지원자의 답변 내용에 집중된 형태로 제기돼야 한다. 다음은 상황면접의 추가 질문 예시이다.

앞선 카드형식 상황에 대한 추가질문 예시

> • ○○공공기관과 같은 교육 및 연구기관에서 산학협력사업이 추진되는 이유는 무엇입니까?
> • 연구비 집행과정에서 가장 빈번하게 일어날 수 있는 부정 사례는 무엇입니까?
> • 연구비 부정 집행 시 처벌할 수 있는 법률은 무엇입니까?

발표면접

앞서 경험면접과 상황면접은 공통적으로 구술면접의 형식을 보였지만, 질문의 내용에 따라 경험 또는 상황으로 명칭이 구분됐다. 반면에 발표면접은 면접의 형식을 명칭에 반영한 경우로, 지원자가 특정 주제에 대해 발표하는 형식의 면접이다.

발표면접은 사전에 발표 과제가 개발돼야 한다. 지원자는 면접실에 들어가기 전에 지정된 시간 동안 과제를 분석해 발표문을 작성한다. 그리고 과제 분석 및 발표문 작성 시간이 종료되면 작성한 발표문을 들고 면접실에 입실한다. 입실 후 면접관에게 발표문을 중심으로 발표한 뒤 면접관의 추가질문에 대해 답변하면 면접이 종료된다.

[표 7.3-3] **발표면접 진행 예시**

1단계. 자료 검토	
• 본 과제에서 지원자는 가상의 업무상황과 해결해야 하는 과제가 주어집니다. • 지원자는 과제에 제시된 자료들을 검토해 대안을 제시해 주시기 바랍니다. • 제시된 자료는 실제 정보를 기초로 하되, 일부 각색이 됐을 수 있습니다. 제시된 자료에 기초해 발표 준비를 하시기 바랍니다. • 총 준비시간 20분 내에 발표 준비를 완료해 주시기 바랍니다. • 주어진 참고자료 외에 본인의 지식, 경험 등을 활용할 수 있습니다.	20분
2단계. 발표 및 질의응답	
• 면접관의 안내에 따라, 작성한 답안을 기초로 5분 동안 발표해 주시기 바랍니다. • 발표가 끝난 후에 10분 동안 질의응답이 진행됩니다. • 주어진 발표 주제와 전혀 상이한 내용을 발표하는 경우 면접관이 개입해 조정할 수 있습니다.	15분

발표면접도 상황면접과 마찬가지로 지원자에게 제공되는 과제가 직무 특화된 내용으로 구성된다. 따라서 발표면접도 일반 역량을 평가하기보다는 상황면접처럼 직무 특화 역량을 평가하는 데 더 적합한 면접방식이다.

이처럼 직무 특화된 내용으로 구성된 발표면접의 과제를 개발하기 위해서는 해당 직무의 업무상황을 잘 알고 있는 전문가로부터 정보를 수집해야 한다. 이러한 전문가를 내용전문가(SME·Subject Matter Expert)라고 하는데, 과제개발전문가와 내용전문가의 역할에는 차이가 있다. 과제개발전문가는 평가하고자 하는 평가요소를 타당성·신뢰성 있는 방식으로 평가하기 위한 방법론을 잘 알고 있으며, 과제 유형이나 형식에 대한 전문성을 가지고 있다. 반면, 내용전문가는 평가 또는 면접 과제에 대한 전문성은 없지만 직무상황에 대한 다양한 사례들을 알고 있다. 따라서 직무 특화된 내용으로 발표면접 과제를 개발하기 위해서는 과제개발전문가와 내용전문가가 적절히 협업하는 과정이 필요하다.

이때 과제개발전문가가 내용전문가를 대상으로 직무 관련 사례들을 도출하는 절차를 'SME 워크숍'이라고 한다. SME 워크숍에 참여한 내용전문가는 과제개발전문가의 진행에 따라 직무와 관련된 여러 사례들을 상세하게 얘기하게 된다. 과제개발전문가는 내용전문가가 언급한 직무 관련 사례들 가운데 평가 대상이 되는 지원자들의 경력 및 경험 수준, 자격 정도 등을 고려해 적절한 사례를 기반으로 면접 과제를 개발한다. 다음은 발표면접 과제 예시이다.

[그림 7.3-2] 발표면접 과제 예시

Presentation 주제

'ESG 경영의 비전과 추진 전략'에 대한 [자료]를 활용하여 발표를 준비해 주십시오.
ESG 경영은 전 세계적인 조직 경영 지침이 되었습니다. 환경, 사회, 지배구조 등의 세 가지 요소를 경영 시 고려해야 함을 강조하는 ESG는 전통적인 사업 성과 측면의 정량적 지표에서 벗어나야 함을 원칙으로 합니다. 국내 정부·기관·기업 또한 ESG 경영을 중요한 요소로서 고려하고 있는데, ESG 경영이 강조하는 비전과 추진 전략을 구체적으로 제안해 주십시오.

ESG 개념	[자료1]

ESG는 환경(Environmental), 사회(Social), 지배구조(Governance)의 영문 첫 글자를 조합한 단어로, 기업 경영에서 지속 가능성을 달성하기 위한 3가지 핵심요소이자, 기업의 지속적인 성장 및 생존과 직결되는 핵심가치이다.

Environmental	Social	Governance
• 기후변화 및 탄소 배출 • 환경오염 및 환경규제 • 생태계 및 생물 다양성	• 데이터 보호 및 프라이버시 • 인권, 성별 평등 및 다양성 • 지역사회 관계	• 이사회 및 감사위원회 구성 • 뇌물 및 반부패 • 기업윤리

ESG 전략목표 예시	[자료2]

E	"청정 미래 환경 조성" ➡ 환경 경영/온실가스 관리/신재생에너지/에너지 및 자원관리	KPI*: 탄소 배출 매해 4.0% 감축
S	"안전 및 포용 사회 구현" ➡ 지속 가능 일자리 제공/휴먼 캐피탈/상생 및 지역발전/안전	KPI*: 일자리 창출 누적 3.5만 명 달성
G	"지속 가능 경영 선도" ➡ 지배구조 전문성/투명/지속 가능 경영인프라/이해관계자 소통	KPI*: 국민소통지수 92점 획득

* KPI: 주요 성과 지표

토론면접

토론면접 또한 면접 진행형식을 명칭에 반영한 경우이다. 여기서는 5명 내외의 지원자를 1개 조로 편성, 지원자들의 토론 장면을 면접관이 관찰해 평가하게 된다. 토론면접은 발표면접과 마찬가지로 사전에 토론면접 과제가 개발된다. 토론면접 과제 또한 직무 특화된 내용으로 개발되므로 과제개발전문가와 내용전문가의 적절한 협업이 필요하다.

[표 7.3-4] **토론면접 진행 예시**

1단계. 자료 검토 및 토론 준비	
• 과제 지시문을 읽고 해결 과제에 대해 숙지합니다. 메모란을 통해 본인의 의견이나 생각 등을 정리하여 작성합니다. 토론 시에는 작성한 메모에 정리된 내용을 참고할 수 있습니다. • 지원자들은 주어진 자료를 검토하는 동안 개별적으로 주어진 과제에 대한 자신의 생각을 정리하고 회의에 참석하도록 합니다. 자료를 검토하면서 다른 지원자들과의 대화나 논의는 불가합니다.	20분
2단계. 토론 진행	
• 자신이 속한 조의 차례가 되면 면접실로 입실합니다. • 정해진 자리에 착석하여 면접관에게 면접 프로세스에 대해 안내받은 후 토론을 진행하게 됩니다. • 토론이 시작되면 주어진 과제에서 본인이 생각한 문제와 그 원인에 대해 약 1분 30초간 모두 발언을 한 뒤 논의를 시작합니다. • 토론에서는 자신의 아이디어가 선정될 수 있도록 노력하는 것뿐만 아니라, 합리적이고 효과적인 최종 결론 도출을 위해 다른 지원자들과 적극적으로 협조하고 의견을 조정하는 것 또한 중요합니다. • 토론 진행과 관련해 별도의 사회자가 존재하지 않습니다. 구성원들 간의 협의를 통하여 사회자를 선출한 후 회의를 진행할 수도 있고, 사회자 없이 회의를 진행해도 상관없습니다.	50분 (5인 기준)
3단계. 토론 종료 및 퇴실	
면접관의 안내에 따라 토론을 종료하고 퇴실합니다.	1분

[그림 7.3-3] **토론면접 과제 예시**

유의사항
• 지원자들은 아래에 제시된 자료를 검토한 뒤, 조 구성원들과의 논의를 통해 '긱 이코노미 환경에 따른 정부 정책 변화 양상'을 분석해야 합니다. • 지원자들은 자신의 아이디어가 반영될 수 있도록 노력하는 것뿐만 아니라, 합리적이고 효과적인 최종 결론 도출을 위해 다른 지원자들과 적극적으로 협조하고 의견을 조정해 주시기 바랍니다. • 평가를 위해 일부 자료는 각색되었습니다.

토론 주제
• 이용자의 요구에 따라 온라인상에서 즉각 제공되는 주문형 서비스인 '온디맨드(On-Demand)' 경제가 급속하게 확산됨 • 온디맨드 경제 활성화와 함께 이로 인한 노동 수요가 증가하며 '긱 이코노미(Gig Economy)'가 새로운 노동시장으로 부상함. 긱 이코노미는 기존 기업 및 신규 기업의 인력 활용에서 주된 변화 흐름으로 자리 잡고 있음 • 긱 이코노미에 따른 기업의 경영전략 변화를 분석해야 함

긱 이코노미의 정의 [자료1]
• 긱 이코노미는 기업들이 필요에 따라 단기 계약직이나 임시직으로 인력을 충원하고 그 대가를 지불하는 형태의 경제를 의미 • 긱(Gig)이란 단어는 '일시적인 일'이라는 의미를 내포하며, 1920년대 미국 재즈클럽 주변에서 단기 계약으로 연주자를 섭외해 공연한 데서 유래

- 과거에는 각종 프리랜서와 1인 자영업자 등을 포괄하는 의미로 사용됐지만, 온디맨드 경제가 확산되면서 최근에는 온라인 플랫폼 업체와 단기 계약 형태로 서비스를 제공하는 공급자를 의미하는 것으로 변화(맥킨지는 긱을 디지털장터에서 거래되는 기간제 근로로 정의)

구분	내용
1	모바일 앱이나 인터넷 접속이 가능한 IT 기기를 활용한 P2P 거래
2	플랫폼의 신뢰도 제고를 위해 공급자와 수요자를 상호 평가할 수 있는 시스템 보유
3	서비스 공급자가 자신이 일하고 싶은 시간과 기간을 선택할 수 있는 시간적 유연성
4	서비스 공급자가 소유한 도구와 자산을 이용해 서비스를 제공

전 세계 긱 이코노미 시장 규모 [자료2]

코로나19 확산 이후 긱 이코노미가 화려하게 비상하고 있다. 구인난에 고민하는 기업, 특히 중견·중소기업에 '긱 워커'들이 구세주 역할을 톡톡히 하고 있다. 인력은 필요하지만 정규직 채용이 부담스러운 기업들에 긱 워커들이 각광받고 있는 것이다. 이들 긱 워커가 경직된 국내 노동시장에 활력을 불어넣을지 주목된다.
긱 이코노미 시장 규모는 매년 크게 성장하고 있다. 글로벌 시장조사기관 '슈타티스타(Statista)'에 따르면 코로나 19 확산 이전인 2019년 약 284조 원이었던 긱 이코노미 시장 규모는 매년 성장할 것으로 전망된다. 스타티스타는 올해 약 398조 원이었던 시장이 2023년까지 약 23% 성장해 521조 원에 달할 것으로 예상했다.

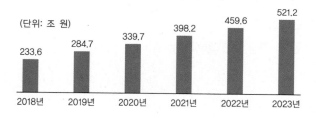

토론면접에 참여한 면접관은 지원자의 토론과정에 개입할 수 없고 철저하게 관찰을 통해 평가해야 한다. 따라서 지원자의 발언이나 태도에 집중해 면밀하게 평가 근거를 수집해야 한다. 여기서는 발언 빈도, 발언 내용의 설득력, 동료 지원자에 대한 배려, 상대방 발언에 대한 경청, 토론과정에 대한 적절한 진행 등이 관찰 대상이 된다. 면접관은 이러한 내용들을 관찰한 후 핵심적인 평가 근거는 꼼꼼하게 기록해 평가의 근거 자료로 활용해야 한다.

면접관 유의사항

공정채용제도는 '권고' 사항으로 추진되는 제도가 아니라 관련 법률인 「채용절차의 공정화에 관한 법률(약칭: 채용절차법, 2020. 5. 시행)」을 근거로 시행되는 제도이다. 해당 법은 채용절차가 공정채용 기준에서 어긋나는 경우 해당 기관과 기관장에게 징계를 내릴 수 있도록 한 조항이 포함돼 있다. 즉, 공정채용제도는 '권고'가 아닌 '강제적' 이행 의무를 담고 있다.

「**채용절차법**」 제4조의 3

제4조의 3(출신지역 등 개인정보 요구 금지)
구인자는 구직자에 대하여 그 직무의 수행에 필요하지 아니한 다음 각 호의 정보를 기초심사자료에 기재하도록 요구하거나 입증자료로 수집하여서는 아니 된다.
1. 구직자 본인의 용모·키·체중 등의 신체적 조건
2. 구직자 본인의 출신지역·혼인 여부·재산
3. 구직자 본인의 직계 존비속 및 형제자매의 학력·직업·재산

이는 채용절차법 가운데 지원자(구직자)에게 요구해서는 안 되는 정보에 관한 조항으로, 따라서 면접관은 해당 조항에서 규정하고 있는 개인정보를 질문해서는 안 된다. 지원자의 신체 또는 외모에 관한 사항, 지원자의 출신지역·혼인 여부 등 개인 신상에 관한 사항, 지원자의 가족관계 및 가족의 직업 등에 관한 사항 등이 이에 해당한다.

공정채용제도가 시행되면서 중요하게 다뤄지는 가치는 '공정성'이다. 이는 채용과정에서 공정한 잣대로 지원자의 직무능력을 평가하고 이를 근거로 채용 의사결정을 내려야 한다는

의미이다. 공정함의 가치는 다양한 방법론으로 충족될 수 있는데, 공정채용제도하의 면접전형에서는 지원자의 직무능력과 관련되지 않은 '편견 유발요인'에 대해 철저한 배제를 요구한다. 따라서 면접관은 면접실 내에서 이러한 내용들이 직접적·간접적으로 질문되거나 유도되지 않도록 주의해야 한다. 다음은 면접전형에서 지원자에 대한 편견을 유발할 수 있는 질문 예시이다.

지원자 편견 유발 질문 예시

> **[성별 차별]** 이번에 선발하고자 하는 직무는 거친 공사 현장에서 직접 근로자들을 만나서 인터뷰하고 요구사항들을 청취하는 업무를 포함하고 있어요. 그런데 지원자는 외모가 연약해 보이고, 더욱이 여성 지원자인데 이런 업무를 수행할 수 있겠습니까?
>
> **[연령 차별]** 지원자의 나이가 다른 지원자들과 비교해 다소 많아 보이는데 본인보다 어린 동료들과 잘 어울릴 수 있겠습니까?
>
> **[외모 차별]** 지원자의 인상이 많이 어두운 편이네요. 만약 우리 회사에 입사하게 되면 사무실 안에서도 그런 표정으로 일을 하시겠습니까?

면접관은 타당성이 입증된 면접방식에 기초해 조직에서 필요로 하는 인재를 선발하고, 지원자가 가진 직무능력을 공정하게 평가하는 데 집중해야 한다. 면접관 개인의 전문성 부족, 부적절한 외압 또는 청탁 등에 의해 면접전형의 타당성과 공정성이 훼손된다면 해당 면접을 시행하는 조직에도 손해일 뿐만 아니라 사회적인 손실 또한 크다고 할 수 있다. 특히 요즘은 공정에 대한 중요성이 사회적으로 더욱 강조되는 시대이다. 따라서 지원자의 직무능력과는 관련이 없는 요인을 근거로 합격 여부를 결정하거나, 개인적인 친분이나 잘못된 권력행사 등으로 역량이 더 우수한 지원자가 탈락하는 사례가 발생한다면 공정성에 대한 믿음은 회복이 어려울 것이다.

이번 장에서는 구조화면접의 특징과 요건을 충족하기 위한 방법론, 구조화면접 환경에서 면접 진행 시 유의사항 등을 정리해 보았다. 면접전형의 제도 및 세부구성 등을 설계하고 개발하는 채용담당자 또는 관련 전문가, 개발된 면접전형에 참여해 직접 평가하는 면접관 등은 조직이 원하는 인재를 타당하고 공정한 방식으로 선발하기 위해 이와 같은 구조화면접의 특징과 요건을 잘 이해하고 원칙에 준해 면접을 시행해야 할 것이다.

이제부터는
공정채용이다

Chapter 01   NCS 직업기초능력과 선발 매트릭스

Chapter 02   의사소통능력

Chapter 03   수리능력

Chapter 04   문제해결능력

Chapter 05   자기개발능력

Chapter 06   자원관리능력

Chapter 07   대인관계능력

Chapter 08   정보능력

Chapter 09   기술능력

Chapter 10   조직이해능력

Chapter 11   직업윤리

Chapter 12   직무수행능력 평가를 위한 제언

제 8 부

직업기초능력의
평가

NCS 직업기초능력은 10가지 영역과 34개 하위요소로 구성돼 있으며, 채용·선발의
전 과정에서 핵심적인 평가도구로 활용된다. 실제로 채용·선발과정에서는
직업기초능력에 대해 지원자가 갖고 있는 지식뿐 아니라 지원직무의 특정 상황에서
그 지식을 어떻게 활용하는지(기술), 어떻게 행동하는지(태도)에 대해서도 평가한다.

NCS 직업기초능력과 선발 매트릭스

MCS 직업기초능력의 전형별 평가

　　직업기초능력을 실제 평가에 활용하기 위해서는 두 가지 사항을 알아둬야 하는데, 첫째는 NCS 직업기초능력이 10가지 영역과 34개 하위요소로 구성돼 있다는 점이다. 그리고 두 번째는 직업기초능력이 ▷서류전형의 입사지원서 및 자기소개서 ▷필기전형의 직업기초능력 필기시험, 논술시험뿐만 아니라 ▷면접전형의 구술면접, 시뮬레이션 면접 등 다양한 면접과제들에 대한 평가요소로도 활용된다는 점이다.

NCS 직업기초능력은 채용·선발의 전 과정에서 핵심적인 평가도구로 설계됐음에도 불구하고, 공공기관의 채용·선발에 있어 채용담당자들은 대부분 이를 인·적성검사를 대체하는 평가도구로만 인식하고 있다. 그러다 보니 현재 NCS 직업기초능력은 공공기관의 전체 채용·선발 과정에서 필기시험으로만 제한돼 활용되는 경우가 많다.

　　실제로 능력중심채용의 선발과정에서 사용되는 직업기초능력을 구체적으로 살펴보자. 먼저 서류전형단계의 입사지원서 중 자격증 항목에서는 기초외국어능력과 관련해 TOEIC·TOEFL·TEPS(이상 영어), JPT·JLPT(이상 일본어), HSK(중국어)와 같은 외국어시험의 성적표로 평가할 수 있다. 컴퓨터활용능력·정보처리능력과 관련해서는 컴퓨터활용능력 1·2급, 정보처리자격증, ITQ, 정보처리기사, 사무자동화산업기사, MOS 등의 자격증으로 평가할 수 있다.

자기소개서 항목에서는 시간관리능력, 예산관리능력, 물적자원관리능력, 인적자원관리능력, 팀워크능력, 리더십능력, 갈등관리능력, 고객서비스능력과 관련해 지원자의 과거경험·사례를 묻거나 직무상황을 제시하고 행동의 의도를 파악해 평가할 수 있다. 이는 면접전형의 구술면접 평가항목과도 유사하다. 이 밖에 경험 및 경력기술서에서는 자기개발능력의 하위요소인 자기관리능력과 경력개발능력을 평가할 수 있다.

일반적 수준에서의 직업기초능력 필기전형 평가는 문제해결능력(출제율 94%), 의사소통능력(88%), 수리능력(84%), 조직이해능력(58%), 자원관리능력(54%), 대인관계능력(48%), 직업윤리(48%), 정보능력(46%), 기술능력(32%), 자기개발능력(32%)을 4지 선다 또는 5지 선다 형식으로 출제해 평가할 수 있다.

그리고 인성적인 측면의 평가는 인성검사를 통해 국제감각능력, 자아인식능력, 자기관리능력, 팀워크능력, 리더십능력, 갈등관리능력, 고객서비스능력, 근로윤리, 공동체윤리 등을 평가할 수 있다. 또한, 전공 필기시험을 통해서는 지원직무와 관련된 기술이해능력, 기술선택능력, 기술적용능력을 평가할 수 있다. 이 밖에 논술 및 보고서 작성 등의 시험을 통해 문서작성능력, 시간관리능력, 예산관리능력, 물적자원관리능력, 인적자원관리능력, 사고력, 문제처리능력, 도표작성능력 등을 평가할 수 있다.

마지막으로 면접전형에서는 보다 다양한 면접도구를 활용해 지원자의 직업기초능력을 평가할 수 있다. 구체적으로 살펴보면 시뮬레이션 면접 위주의 1차 면접에서는 그룹토의를 통해 경청능력, 팀워크능력, 언어구사력 등을 평가하고 발표면접에서는 문서작성능력, 언어구사력, 사고력, 도표작성능력 등을 평가한다. 서류함기법에서는 문서작성능력, 언어구사력, 시간관리능력, 예산관리능력, 물적자원관리능력, 인적자원관리능력 등을 평가할 수 있다. 2차 면접 중 실무진(직무)면접에서는 구술면접을 통해 지원자의 경청능력, 언어구사력, 컴퓨터활용능력, 정보처리능력, 체제이해능력, 경영이해능력, 업무이해능력, 기술이해능력, 기술선택능력, 기술적용능력 등 서류전형과 필기전형에서 평가했던 요소들을 실제 지원직무의 직무수행능력과 관련해 평가할 수 있다. 여기에 회사에 따라 다르지만 2차 면접에서 외국어면접을 실시하는 경우도 있는데, 이 경우 언어구사력과 기초외국어능력을 평가하게 된다.

최종 면접단계인 임원면접에서는 지원자의 전반적 조직적응능력과 관련된 체제이해능력, 경영이해능력, 자기관리능력, 리더십능력, 근로윤리 및 공동체윤리 등을 평가할 수 있다.

이상에서 설명한 NCS 직업기초능력에 대한 채용단계별 평가도구 및 평가요소는 다음 자료를 참고하기 바란다.

[그림 8.1-1] **능력중심채용의 단계별 평가도구 및 평가요소 예시**

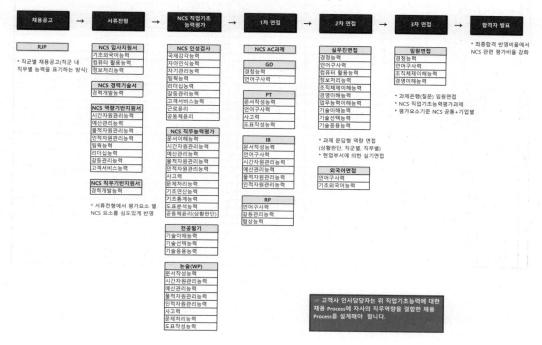

선발 매트릭스의 이해

앞에서 언급한 직업기초능력의 전형별 평가방법에 대해서는 먼저 평가요소와 평가도구의 매칭(Matching)과 관련해 선발 매트릭스(Matrix)에 대한 이해가 있어야 한다. 선발 매트릭스는 다음의 표에 나와 있는 것과 같이 NCS 직업기초능력과 관련한 10개 영역의 34개 하위요소가 선발이나 채용과정에서 어떤 평가도구로 평가될 수 있는지를 표시한 것이다.

[그림 8.1-2] NCS 직업기초능력의 선발 매트릭스

직업기초능력은 10가지 개발영역과 34개의 하위능력이 있으며, 이를 선발 Matrix에 적용시키면 아래 표와 같습니다.

구분	개발영역	하위단위	서류전형:지원서	경력	역량	직무	인성검사	적성검사	전공필기	논술 WP	AC GD	PT	IB	RP	실무진면접	외국어면접	임원면접	비고
N C S 10대 직업기초능력	의사소통능력	문서이해능력						o										언어이해
		문서작성능력							o		o	o						
		경청능력								o					o		o	Communication Skill
		언어구사력								o	o	o	o	o	o	o	o	Communication Skill
		기초외국어능력	o													o		자격증(TOEIC, TOFLE etc.), Interview
	자원관리능력	시간자원관리능력			o			o		o			o					상황판단
		예산관리능력			o			o		o			o					상황판단
		물적자원관리능력			o			o		o			o					상황판단
		인적자원관리능력			o			o		o			o					상황판단
	문제해결능력	사고력						o		o		o						상황판단
		문제처리능력						o		o			o					상황판단
	정보능력	컴퓨터 활용능력	o												o			자격증(정보처리기사 등) Interview
		정보처리능력	o												o			자격증(정보처리기사 등) Interview
	조직이해능력	국제감각능력					o											Openness
		조직체제이해능력													o	o		
		경영이해능력													o	o		
		업무능력이해능력													o			
	수리능력	기초연산능력						o										응용계산
		기초통계능력						o										응용계산
		도표분석능력						o										자료해석
		도표작성능력								o		o						자료해석
	자기개발능력	자아인식능력					o											
		자기관리능력					o											인성검사(Bright+Dark Side)
		경력개발능력		o		o												
	대인관계능력	팀워크능력			o		o			o								
		리더십능력			o		o											
		갈등관리능력			o		o						o					
		협상능력											o					
		고객서비스능력			o		o											
	기술능력	기술이해능력							o						o			
		기술선택능력							o						o			
		기술적용능력							o						o			
	직업윤리	근로윤리					o											정직성 or Integrety
		공동체윤리					o	o										상황판단

물론 앞에 표시한 내용들은 모든 선발과정에 100% 적용된다기보다는 하나의 예시로 이해하는 것이 바람직하다. 그럼에도 불구하고 선발요소와 선발도구가 서로 어떻게 매칭되는가에 대한 개념을 이해하는 것이 중요하기에 이에 대해 다뤄보고자 한다.

채용공고와 선발도구의 개발

만일 자신이 채용담당자라면 어떻게 신입사원을 선발하겠는가? 어떠한 신입사원을 뽑아야 하며, 수많은 지원자 중에서 어떻게 원하는 인재를 선발할 수 있겠는가? 이 과정에서는 지원직무에 적합한 지원자들을 모집할 수 있는 채용공고의 작성과 채용공고에 따른 신뢰성·타당성 있는 선발도구의 개발, 효율성 있는 선발도구의 전형단계별 배치 등을 고려해야 할 것이다. 구체적으로 설명하면, 먼저 지원직무와 관련해 허수 지원자를 최대한 배제하기 위해서는 (허수 지원자의 수가 많아질수록 채용비용이 증가하기 때문에) 가급적 채용공고문의 내용이 지원직무의 내용을 충실하게 설명하도록 해야 한다.

능력중심채용에서는 채용 이전에 지원자들에게 직무설명자료를 공개하게 돼 있다. 직무설명자료에서는 지원직무와 관련된 NCS의 직무체계를 대분류 – 중분류 – 소분류 – 세분류로 구분하고 있는데, 여기서는 세분류를 직무로 생각하면 된다.

직무체계에 대한 소개 이후에는 모집기관의 소개와 주요 직무수행 내용, 능력단위 그리고 직무수행을 위한 지식(K) · 기술(S) · 태도(A) 및 직업기초능력을 수행준거(Performance Criteria)를 기준으로 작성하게 돼 있다. 여기서 수행준거란 한마디로 '직무 관련 ~을(를) 할 수 있는가?'를 말하며, 구체적으로 '~을(를) 잘할 수 있는지'에 대한 지식 · 기술 · 태도를 나열한 것이다.

직무설명자료가 중요한 이유는 채용이나 선발과정에서 평가의 기준이 되기 때문이다. 능력중심채용의 입사지원서는 지원직무와 관련해 지원자의 ▷직무 관련 교육사항 ▷자격사항 ▷경험 및 경력사항을 기재하게 돼 있는데, 이를 묻는 항목이 직무설명자료의 능력단위이다. 즉 입사지원서에서는 능력단위와 관련한 지원자의 학교 및 기타 교육사항, 자격사항, 경험 및 경력사항을 평가한다. 이 중 경험 및 경력사항에 대해서는 경력 및 경험기술서를 통해 구체적으로 작성하도록 돼 있다.

직업기초능력의 경우 자기소개서에 반영해 평가한다. 이는 일반적으로 조직적합성(지원동기)과 직무적합성을 물음과 동시에 직업기초능력 10개 영역의 34개 하위요소를 기관의 인재상 및 직무(핵심)역량과 매칭, 3~4개의 문항으로 구성해 평가한다.

필기전형에서는 전공 필기시험의 경우 지식과 기술에 대해 평가하며, 직업기초능력 평가의 경우 5~6개의 직업기초능력에 대해 4지 선다 또는 5지 선다 형식의 50문제 내외로 시험을 보는 것이 일반적이다. 마지막으로 면접전형에서는 직무설명자료의 태도를 중심으로 평가하는데, 이때에는 직무수행뿐 아니라 직업기초능력과 관련된 태도를 경험면접(또는 과거행동면접), 상황면접(SI)과 그룹토의(GD), 발표면접(PT), 서류함기법(IB), 역할연기(RP) 등의 과제면접 등을 통해 평가한다.

평가요소와 평가도구의 선정

지금까지 능력중심채용과 관련한 전형단계별 평가도구에 대해 간단하게 언급했다. 그러면 평가요소와 평가도구는 어떤 방식으로 선정되는지 알아보자. 이를 위해서는 먼저 평가요소에 대한 이해가 필요하다. 평가요소는 어떻게 선정하는 것인가? 직무설명자료에 있는 내용들이 평가기준이 된다고 설명했는데, 평가기준 이외에 갖는 또 다른 의미는 무엇인가? 평가기준은 능력중심채용의 관점에서 '직무'내용이라고 할 수 있다. 여기서 직무란 '지원자가 입사 후 실질적으로 해야 할 일들'을 의미한다. 이는 단순히 해야 할 일을 의미하는 것이 아니라, '일을 잘할 수 있는 요소들'인 것이다.

이때 일을 잘할 수 있는 요소를 선정하는 작업을 '선발모델링'이라고 한다. 선발모델링은 선발이나 채용의 과정에서 어떠한 사람을 뽑아야 하는지에 대해 사전에 정리를 해놓는 것이다. 능력중심채용의 경우 직무설명자료가 그러한 역할을 하며, 일반적인 채용의 경우 '역량(Competency)'이 그렇다. 그래서 선발모델링을 '역량모델링(Competency Modeling)'이라고도 한다.

다시 말해 역량모델링이란 기업이나 조직 내 특정 직무에서 성과를 올린 사람들이 갖는 특성을 추출하고, 이 중 직무수행에서 일관되게 높은 성과를 올리기 위해 강하게 요구되는 특징들을 모아 놓은 것이다. 역량모델링은 이러한 모델들을 만들어 가는 과정으로, 조직의 목적 달성에 필요한 지식·기술·태도를 정의한다. 즉, 능력중심채용에서 직무설명자료는 NCS를 기반으로 선발모델링을 한 것이며, 국가가 기업이나 조직을 대표해 이를 표준화한 것으로 이해할 수 있다.

채용담당자로서 NCS를 기반으로 채용이나 선발에 필요한 직무설명자료가 완성됐다면, 그 다음으로는 선발 매트릭스를 개발해야 한다. 이는 평가요소와 선발도구를 매칭하는 작업을 말하는데, 앞의 표에서 봤듯이 10개 직업기초능력 영역의 34개 하위요소를 각각 평가 가능한 선발도구와 연결하는 작업이다. 의사소통능력을 예로 들어 설명하면, 의사소통능력의 하위요소인 문서작성능력의 경우 논술(보고서 작성 포함), 그룹토의, 발표면접, 서류함기법, 역할연기로 평가할 수 있다. 그리고 언어구사력의 경우 그룹토의, 발표면접, 서류함기법, 역할연기 외에도 실무진면접, 외국어면접, 임원면접에서도 평가가 가능하다.

선발 매트릭스를 개발할 때 고려해야 할 점은 평가 측면에서 접근해야 한다는 것이다. 이는 '실제 평가가 가능한 것인가'의 문제로, 평가의 신뢰성과 타당성이 있는가를 검토해야 하며, 실제 관찰 및 측정할 수 있어야 한다. 예를 들어 문서작성능력을 평가하는데 보고서를 읽고 해석하라고 한다면 타당성이 결여된 평가라고 할 수 있다. 여기에 평가환경(평가자, 평가시간 등)에 따라 동일한 지원자에 대한 평가결과가 변한다면 신뢰성이 없는 평가라고 할 수 있다. 또한, 효율성과 선발의 타당성 측면에서 면접이 가장 높은 타당도를 보이고는 있지만, 실제 채용이나 선발의 상황에서 (지원자가 많은 경우) 모든 지원자를 면접을 통해 선발한다면 시간이나 비용 면에서 비효율적이므로 이를 고려한 선발률 관리가 필요하다.

선발 매트릭스 개발이 완료되면 채용담당자는 실제 채용이나 선발에 적용할 선발도구를 프로세스 관점에서 설계해야 한다. 이 경우 채용·선발 프로세스 설계의 원칙은 다양하지만, 핵심은 선발의 타당성과 신뢰성을 극대화하는 것이다. 채용·선발 프로세스 설계 시 주요 원칙 몇 가지를 설명하면 다음과 같다.[1]

---

1 이에 대해서는 〈제3부 채용·선발과정의 설계 – Chapter2. 과학적 선발시스템의 구축방안〉 참조

첫째, 단계적 프로세스 적용으로, 선발과정은 100m 허들을 넘듯이 한 단계씩 진행돼야 한다. 둘째, 증분적 타당도로, 각 선발방식은 낮은 타당도 방식에서 높은 타당도 방식으로 진행돼야 한다. 이때 증분적 타당도의 경우 채용이나 선발의 타당성·신뢰성보다는 효율성 측면과 관련이 있다. 한편, 전형단계별로 다른 평가기준을 측정해야 타당도가 증가한다는 주장도 있지만, 하나의 평가기준을 다양한 평가방법과 단계에서 측정하는 것도 타당도를 증가시키는 방법일 수 있다. 셋째, 적절한 선발률 산정으로, 전형단계별 통과율은 선발단계별 위치·비용·시간·응시자 비율 등을 고려해야 한다는 것이다. 이 역시 채용이나 선발의 효율성 측면이 높다고 하겠다. 이 밖에 채용이나 선발과정에서의 기법들은 상호 구분되는 영역을 평가해야 한다는 '선발영역의 독립성 원칙', 선발의사결정은 지원자에 대한 긍정적 요소의 평가(Positive Approach)와 부정적 요소의 평가(Negative Approach)가 함께 적용돼야 한다는 '이원적 요소 평가의 원칙', 선발단계별 의사결정이 다른 단계의 의사결정과 독립적이어야 한다는 '독립적 의사결정 원칙' 등이 있다.

채용담당자는 이렇게 개발된 채용·선발 프로세스를 통해 앞에서 설명한 선발 매트릭스와 실제 적용할 채용단계별 평가내용, 평가표 등을 도출해야 한다.

이상으로 NCS 직업기초능력하의 채용과 선발에 필요한 평가요소 및 선발 매트릭스의 개념을 살펴봤다. 다음 장부터는 직업기초능력의 10가지 영역과 34가지 하위요소들이 채용과 선발의 관점에서 평가요소로서 어떻게 활용되고 평가되는지를 구체적으로 살펴보고자 한다.

의사소통능력

　　의사소통능력은 NCS 직업기초능력 10개 영역 중 하나로, 상대방과 대화를 나누거나 문서를 통해 의견을 교환할 때 상대방이 뜻한 바를 정확하게 파악하고 자신의 의사를 효과적으로 전달할 수 있는 능력을 말한다. 이는 글로벌 시대에 필요한 외국어 문서이해능력 및 의사표현능력도 포함한다.

의사소통능력의 하위요소에는 문서이해능력, 문서작성능력, 경청능력, 의사표현능력, 기초외국어능력이 있다. 실질적으로 의사소통능력은 능력중심채용을 실시하는 공공기관이나 공기업 외에도 다른 사람들과 함께 조직생활을 해야 하는 상황이라면 반드시 필요한 능력이다.

[표 8.2-1] **의사소통능력의 하위요소**

하위요소	내용	세부요소
문서이해능력	업무에 필요한 문서를 확인하고 읽어 내용을 이해하고 요점을 파악하는 능력	• 문서정보의 이해 및 수집 • 문서정보 평가
문서작성능력	업무와 관련해 뜻한 바를 글을 통해 문서로 작성하는 능력	• 문서의 정보 확인 및 조직 • 목적과 상황에 맞는 문서 작성
경청능력	업무를 수행할 때 다른 사람의 말을 주의 깊게 들으며 그 내용을 이해하는 능력	음성정보와 매체정보 듣기 및 내용 이해
의사표현능력	업무를 수행할 때 상황에 맞는 말과 비언어적 행동을 자신이 뜻한 바대로 효과적으로 전달하는 능력	• 목적과 상황에 맞는 정보조직 및 전달 • 대화에 대한 피드백과 평가

기초외국어능력	업무를 수행할 때 외국어로 의사소통을 할 수 있는 능력	일상생활에서의 회화 활용

의사소통능력의 평가

　　선발이나 채용과정에서 의사소통능력은 어떻게 평가할 것인가? 의사소통능력은 실제 여러 가지 방법으로 평가가 가능하다. 먼저 기초외국어능력의 경우 입사지원서상의 외국어 자격증으로 평가할 수 있다. 지원자가 작성한 자기소개서로는 의사표현능력과 문서작성능력을 평가할 수 있으며, 필기시험에서는 각종 문서를 제시하고 이를 제대로 이해하는지에 대한 문서이해능력을 평가할 수 있다. 또한 논술시험이나 보고서 작성을 통해서도 자기소개서와 마찬가지로 의사표현능력과 문서작성능력을 평가할 수 있다.

의사표현능력의 경우 필기시험 이전 단계까지는 글쓰기 위주의 의사표현능력을 주로 평가했다면, 면접에서는 말하기 위주의 의사표현능력을 평가한다. 여기에 면접 과제에 따라 경청능력, 문서이해 및 작성능력, 기초외국어능력을 평가할 수도 있다. 예를 들어 그룹토의(GD)의 경우 다른 사람들의 이야기를 잘 듣는지를 의미하는 경청이 중요한 평가요소이다. 발표면접(Presentation)이나 서류함기법(In-Basket)에서는 주어진 과제를 제대로 이해하고 작성했는지에 대한 문서이해능력과 문서작성능력, 그리고 본인이 작성한 내용을 면접관(평가자)에게 효과적으로 설득하는 의사표현능력을 평가할 수 있다. 역할연기(Role-Play)에서도 마찬가지로 주어진 과제상황과 자신의 역할을 제대로 이해하고 있는지에 대한 문서이해능력과 상대방 역할연기자에게 자신의 입장을 효과적으로 설득할 수 있는지에 대한 의사표현능력을 평가하게 된다.

이렇듯 의사소통능력 하나만으로도 입사지원서의 서류전형에서부터 필기전형, 면접전형까지 모든 채용 및 선발과정에서 다양하게 평가할 수 있음을 알 수 있다. 이하에서는 의사소통능력의 하위요소에 따른 실제 평가방법을 구체적으로 살펴보고자 한다.

(1) 문서이해능력

　　우선 문서이해능력의 경우 직무수행과 관련된 여러 종류의 문서 – 공문서, 기획서, 기안서, 품의서, 보고서, 보도자료, 설명서, 비즈니스 레터(e-Mail), 비즈니스 메모 등의 내용들 – 각각에 따른 용도가 무엇이고 이들 문서의 형식과 구성요소를 사전에 잘 알고 있는지를 평가한다. 이를 위해 실제 직무상황에서 필요한 문서의 종류별로 사용 목적을 구분할 수 있는지, 그 문서에 들어갈 내용은 어떤 것들이 있는지, 형식은 어떻게 갖춰야 하는지 등을 필기시험 형식으로 평가할 수 있다. 예를 들어 공문서가 무엇을 하기 위해 작성하는 문서이고 어느 기관에 제출하며 누가 작성하는지, 처리과정은 어떻게 해야 하는지, 보고서의 종류 및 내용 중 잘못되거나 누락된 것에 대해 이해하고 있는지에 대한 문제 등을 개발할 수 있을 것이다.

면접전형에서는 과제를 통해 지원자의 문서이해능력을 평가할 수 있다. 면접 과제의 경우 능력중심채용 이전에는 일반적인 사회 이슈를 가지고 과제를 개발했다. 그러나 최근에는 실제 직무상황에서 일어날 수 있는 토의 과제, 발표 과제, 역할연기 과제 등을 개발하는 사례가 늘어나고 있다. 예를 들어 '우리 회사의 창립 20주년 행사에서 어떠한 이벤트를 할 것인가', '어떠한 직원이 이벤트 책임자로서 적합한가', '예산은 어느 정도가 적당한가', '계획 및 일정은 어떻게 만들 것인가'에 대해 토론이나 발표를 시킬 수 있다. 이때에는 지원자가 이러한 행사의 취지 및 진행과 관련된 맥락을 명확하게 이해하고 있는지를 평가할 수 있는 과제를 개발하는 것이 중요하다.

(2) 문서작성능력

문서작성능력의 경우 문서이해능력보다 좀 더 다양한 방법으로 평가할 수 있다. 예를 들면 입사지원서상에 자기소개서를 작성하게 한다든지, 필기전형에서 논술 답안이나 보고서를 작성하게 한다든지, 면접전형에서 과제면접 수행 중 발표자료를 작성하도록 하는 식이다.

자기소개서의 경우 지원자에 대한 다양한 질문을 만들면 되는데, 능력중심채용 이전에는 지원동기, 성장배경, 성격의 장단점, 입사 후 포부 등 지원자의 전반적인 사항에 대해 작성하도록 했다. 하지만 최근에는 조직적합성과 직무적합성, 직무수행에 필요한 실질적 능력을 평가하는 사례가 늘어나고 있다. 이 경우 평가요소와 관련된 지원자의 행동이나 태도의 수준을 평가하기보다는 문장의 구성력, 단어의 사용, 맞춤법 등을 평가하게 된다.

참고로 의사소통능력에 대해서도 자기소개서 질문 문항을 개발할 수 있다. 이는 다른 사람들과의 실질적인 소통능력이 어떠한가를 평가한다는 측면에서 "과제 혹은 업무를 수행하면서 타인과의 의사소통에서 어려움을 겪었을 때 자신이 가장 중요하게 생각했던 것은 무엇이며, 이를 바탕으로 어떻게 문제를 해결했는지 구체적으로 기술하시오." 또는 "과제나 업무수행 중 타인을 설득하기 위해 자신만이 가지고 있는 효과적인 방법이 무엇이며, 이를 실천한 사례나 경험을 기술하시오."라고 물어볼 수 있을 것이다.

필기전형에서는 논술시험이나 보고서 작성 등을 통해 지원자의 문서작성능력을 심도 있게 평가할 수 있다. 예를 들어, 지원자에게 자료를 제시하고 과제를 작성하게 하는 것이 일반적이며, 능력중심채용에서는 일반적인 사회적 이슈나 상식보다는 지원직무와 관련된 자료나 과제를 제시하고 있다.

보고서 작성의 경우에는 실제 업무수행을 가정해 보고서를 작성하게 한다든지 또는 어떤 자료를 주고 요약보고서를 작성하라고 하는 식으로 이뤄질 수 있다. 또한 보도자료나 홍보자료, 사업진행과 관련된 사업보고서를 작성하게 할 수도 있다. 작성방법에서도 평가의 목적에 따라 만연체로 작성하라고 할 수 있고 개조식²으로 작성하라고 할 수 있다. 일반적으로 논술시험의 경우 만연체로 작성하라는 경우가 대부분이며, 개조식의 경우 보고서 작성 시 많이 사용되고 있다.

문서작성능력 평가 시 평가항목 및 내용은 다음의 표와 같다. 평가의 성격에 따라 항목의 내용과 평가비중을 정해 활용하면 된다.

[표 8.2-2] 문서작성능력의 평가항목 및 내용 예시

평가방법	평가요소	평가내용
논술시험 또는 보고서 작성	이해 · 분석력	• 주어진 주제에 대한 정확한 이해, 분석능력 • 제시문에 대한 정확한 이해, 분석(독해)능력 • 논술문이 논제에 충실한 정도 • 제시문을 적절히 활용한 정도
	논증력	근거설정능력 • 주장에 대한 적절하고 분명한 논거 제시 여부 • 주장과 논거의 논리적 타당성 • 논제에 대한 분명한 견해 표현 • 표현 견해가 제시문의 논의에 의거해 적절한 뒷받침 구성조직능력 • 전체 논의 전개에 정합성 및 일관성 유지 • 전체 논의 전개에 있어 논리적 비약 여부 • 글의 전체적인 흐름이 체계적·조직적으로 전개
	표현력	표현의 적절성 • 문장표현의 매끄럽고 자연스러움, 적절한 비유 등 • 단락 구성 및 어휘 사용 • 맞춤법, 답안지 작성법

---

2 글을 쓸 때 앞에 번호를 붙여 가며 짧게 끊어서 중요한 요점이나 단어를 나열하는 방식

(3) 경청능력

문서이해능력과 문서작성능력이 문서와 관련된 의사소통능력이라면 경청능력은 듣는 능력을 말한다. 즉, 업무를 수행할 때 다른 사람의 말을 주의 깊게 듣고 그 내용을 이해하는 능력을 의미한다.

그렇다면 채용이나 선발과정에서는 경청능력을 어떻게 평가하는가? 이는 일반적으로 면접전형의 그룹토의 과정에서 평가한다. 예컨대 토의를 하면서 ▷다른 지원자의 말을 얼마나 잘 듣는가 ▷자기 의견을 너무 주장하지는 않는가 ▷다른 지원자의 의견을 무시하지는 않는가를 평가하는 식이다.

실제 면접에서 경청능력의 행동지표는 다른 사람의 말을 주의 깊게 듣고 적절하게 반응하는가, 목적과 상황에 맞는 말과 비언어적 행동을 통해 아이디어와 정보를 찾고 이를 효과적으로 전달하는가이다. 행동지표는 지원자에 대한 실질적인 평가요소로, 평가표에 반영할 경우 다음 표의 내용을 활용할 수 있을 것이다.

[표 8.2-3] **경청능력의 행동지표**

평가방법	평가요소	행동지표
그룹토의	경청능력	• 다른 사람의 말을 주의 깊게 듣고 적절하게 반응하는가 • 목적과 상황에 맞는 말과 비언어적 행동을 통해 아이디어와 정보를 찾고, 이를 효과적으로 전달하는가

(4) 의사표현능력

경청능력이 듣는 능력이라면, 의사표현능력은 말하는 능력이다. 여기에는 자신이 이야기하고자 하는 것들에 대해 얼마나 효과적으로 상대방을 설득할 수 있는가, 자기 생각을 얼마나 논리정연하고 일관성 있게 적절한 단어와 표현을 사용해 전달하는가에 대한 능력 외에도 비언어적 행동(시선·제스처·목소리 톤·강약) 및 면접에 임하는 지원자의 자세 등이 포함된다. 즉, 의사표현능력은 직무를 수행하는 데 있어 단순히 말하는 능력만을 평가하는 것이 아니라, 사람들과 함께 일하면서 사람들에게 보이는 전반적인 태도나 행동을 평가하는 것이다. 이에 대한 실제 면접 장면에서의 평가, 특히 개별면접 장면에서의 평가사례는 다음 행동지표들을 보면 이해할 수 있을 것이다.

개별면접은 가장 일반적인 형태의 면접으로 실무진면접이나 임원면접 등이 있는데, 의사표현능력은 실무진면접단계에서 평가요소로 활용하는 것이 바람직하다. 다음 두 가지 사례를 구분해 보여주는 이유는 개별면접에서 의사표현능력을 평가할 때 기본적인 평가내용은 비슷하지만, 평가를 실시하는 기관별로 일부 평가요소들이 다를 수 있기 때문이다.

[표 8.2-4] **의사표현능력의 개별면접 행동지표 사례**

사례1.

평가방법	평가요소	행동지표
개별면접	의사표현능력1	• 자신의 생각을 논리정연하고 일관성 있게 전달하는가 • 비언어적 행동(시선·제스처·목소리 톤·강약)을 적절히 사용하는가 • 자신의 의도에 맞는 적절한 단어와 표현을 사용하는가

사례2.

평가방법	평가요소	행동지표
개별면접	의사표현능력2	• 면접에 임하는 자세 • 경청 및 질문의도의 파악 정도 • 답변의 논리성 • 올바른 언어를 통한 명확하고 정확한 표현, 용어구사의 적절성 • 효과적인 의사전달(음성, Eye-Contact 및 손동작 사용 여부)

한편, 면접의 형태에 따라서도 의사표현능력의 행동지표가 다를 수 있다. 실제로 그룹토의에서의 평가요소와 발표면접에서의 평가요소가 다른데, 그 이유는 면접과제별로 의사표현의 형태가 다르기 때문이다. 그룹토의의 경우 면접 시 여러 지원자와 함께 회의를 하는 장면에서의 의사표현 행동이나 태도를 평가하고, 발표면접의 경우 주어진 과제를 어떻게 해결하고 대안을 제시하는가에 대한 행동을 평가한다. 즉, 그룹토의의 경우 다른 사람들과의 의사소통과 관련된 의사표현 태도와 행동을, 발표면접의 경우 직무수행과 관련된 의사소통에서의 의사표현 태도와 행동을 평가하는 것이다. 이에 대해서는 실제 그룹토의와 발표면접 장면에서 사용되는 행동지표의 사례를 살펴보면 이해할 수 있을 것이다.

[표 8.2-5] **의사표현능력의 그룹토의 행동지표 사례**

사례1.

평가방법	평가요소	행동지표
그룹토의	의사표현능력1	• 경청 및 상대편 발표 내용의 파악 정도 • 답변의 논리성, 구체성 • 올바른 언어를 통한 명확하고 정확한 표현, 용어구사의 적절성 • 효과적인 의사전달(음성, Eye-Contact 및 손동작의 적절한 사용 여부)

사례2.

평가방법	평가요소	행동지표
그룹토의	의사표현능력2	• 토론에 적극적으로 참여한다. • 경청하는 자세를 가지고 있으며, 상대편 발표 내용을 제대로 파악한다. • 답변이 논리적·구체적이며 간결하다. • 올바른 언어를 통해 명확하고 정확하게 표현한다. • 용어구사가 적절하고, 효과적으로 의사를 전달한다(음성, Eye-Contact 및 손동작의 적절한 사용 여부).

의사표현능력은 다른 평가요소와 비슷한 방식으로 평가하며, 일반적으로 평가요소와 관련해 제시한 행동지표와 지원자의 태도 및 행동이 얼마만큼 일치하는가에 대해 평가하게 된다. 5점 척도를 예로 들어 설명하면, 1점이 낮은 점수이고 5점으로 갈수록 높은 점수라고 가정해 보자. ▷1점의 경우 지원자가 제시된 평가지표와 반대되는 부정적 행동을 보일 때 ▷2점의 경우 제시된 행동지표가 전혀 관찰되지 않을 때 ▷3점의 경우 일부 유사한 행동을 보일 때 ▷4점의 경우 거의 유사한 행동이 관찰됐을 때 ▷5점의 경우 제시된 행동지표와 동일한 행동을 보일 때라는 기준을 사전에 설정해 평가하는 것이다.

참고로 그룹토의에서는 위에서 설명한 의사소통능력 중 경청능력, 의사표현능력 외에도 협조성이라는 중요한 평가요소가 있다. '협조성'이란 공동의 목표를 달성하기 위해 유용한 정보를 동료들과 공유하고 자발적으로 협력하는 역량을 의미한다. 협조성이 중요한 평가요소인 이유는 두 가지로 설명할 수 있다. 우선, 채용이나 선발과정에서 우수한 인재를 선발한다는 것은 조직의 목표를 달성하기 위해 다른 사람들과 협력할 수 있는 사람을 뽑는다는 것이기 때문이다. 또한, 그런 사람을 채용하기 위해 면접과정에서 회의와 같은 직무상황의 과제를 제시하고 과제를 수행하는 과정에서 협조성과 유사한 행동 및 태도를 관찰하기 때문이다.

이 협조성에 대한 주요한 행동과 태도를 긍정적·부정적 측면으로 구분해 살펴보도록 하자. 먼저 긍정적 측면의 행동과 태도로는 문제상황에 대한 공동의 목표를 강조한다, 자신의 실수나 오만에 대해 인정하고 수정하려 한다, 상대방의 옳은 주장에 대해 인정하고 칭찬한다, 구성원들의 토의 참여(예 의견 제시)를 유도한다, 상대방이 기여할 수 있도록 돕는다, 앞 사람의 이야기를 발전시킨다 등이 있다.

부정적 측면의 행동과 태도로는 자신의 의견에 대한 지적에 민감하게 반응한다, 대결적인 구도를 만들어 간다, 상대방의 의견을 무조건 반대한다, 상대방의 이야기가 끝나면 자기 이야기를 하는 데 급급하다, 합의점 도출보다 자신의 의견이 채택되는 데 급급하다, 상대방의 문제점을 지적하는 데 치중한다 등이 있다.

[표 8.2-6] **협조성의 그룹토의 행동지표**

평가방법	평가요소	행동지표
그룹토의	협조성	**긍정적 측면의 행동과 태도** • 문제상황에 대한 공동의 목표를 강조한다. • 자신의 실수나 오만에 대해 인정하고 수정하려 한다. • 상대방의 옳은 주장에 대해 인정하고 칭찬한다. • 구성원들의 토의 참여(의견 제시 등)를 유도한다. • 상대방이 기여할 수 있도록 돕는다. • 앞사람의 이야기를 발전시킨다. **부정적 측면의 행동과 태도** • 자신의 의견에 대한 지적에 민감하게 반응한다. • 대결적인 구도를 만들어 간다. • 상대방의 의견을 무조건 반대한다. • 상대방의 이야기가 끝나면 자기 이야기를 하는 데 급급하다. • 합의점 도출보다 자신의 의견이 채택되는 데 급급하다. • 상대방의 문제점을 지적하는 데 치중한다.

그룹토의에서는 이상의 경청능력, 의사표현능력, 협조성이 대표적인 평가요소라고 말할 수 있다. 이 외에 그룹토의에서 의사소통능력과 관련한 지원자의 긍정적·부정적 행동을 소개하고자 한다. 긍정적 행동이란 그룹토의에서 바람직한 태도와 행동을 하는 것을 의미하며, 바람직한 태도와 행동을 많이 보일수록 높은 점수를 받을 수 있다. 반대로 부정적 행동은 바람직하지 못한 태도와 행동으로, 이는 평가에서 감점(−) 요인으로 작용하게 된다.

[표 8.2-7] **그룹토의에서의 긍정적 · 부정적 행동**

평가방법	긍정적 행동	부정적 행동
그룹토의	• 적극적 발언(발언의 양이 많음) • 타인을 이해시키고 설득하려는 노력 • 타인의 공감적 반응을 이끌어 내는 발언 • 핵심 위주의 발언 • 근거 있는 이의 제기 • 다른 사람을 배려하려는 표현과 행동 • 발언 기회의 양보 • 다른 사람의 발언에 대한 공감적 표현·행동 • 다른 사람의 아이디어를 발전시키는 행동	• 발언의 빈도 • 주장의 강도 부족(소심하거나 자신 없는 발언) • 쉽게 자기주장을 철회하거나 포기하는 행동 • 공감을 얻지 못하는 발언 • 핵심 없이 긴 발언이나 중언부언하는 발언 • 이야기의 맺음 없이 왔다갔다하는 발언 • 근거 없는 비판 • 근거 없는 수용

• 토론의 진전에 기여하는 행동(정리, 시간관리, 조정 등) • 타인의 기여와 참여를 촉진하는 행동	• 다듬어지지 않은 거칠고 공격적인 표현과 행동 • 다른 사람의 발언을 중단시키는 행동 • 다른 사람의 발언을 무시하는 행동(곧바로 자기 의견 제시) • 다른 사람의 발언을 기억하지 못함 • 다른 사람의 발언을 반복하는 무임승차 • 맥락을 벗어나거나 옆길로 새는 발언 • 진행을 무시하는 발언

의사소통능력 중 그룹토의에서의 주요 의사표현능력은 '듣는 능력'으로, 다른 사람들과 상호작용을 하는 데 평가의 초점을 둔다. 반면 발표면접에서는 개인의 의사표현능력에 초점을 두고 있다. 발표면접에서의 주요 행동지표는 언어구사력, 커뮤니케이션 스킬(Communication Skill), 비언어적 행동 등이다. 한마디로 요약하면 '말하는 능력', 즉 설득력인 것이다. 따라서 설득을 효과적으로 하는 태도와 행동이 발표면접에서의 주요 평가지표가 된다.

발표면접이라고 하면 대부분의 지원자들은 발표 내용에 중심을 두게 된다. 즉, 발표하고자 하는 내용에 너무 신경을 쓴 나머지 실제 본인의 발표 장면에서는 주요한 평가기준인 행동이나 태도를 소홀히 하는 경우가 많다. 물론 발표면접이 의사표현능력만을 평가하는 것이 아니기 때문에 발표면접의 전체 평가요소를 보고 판단해야 하지만, 의사표현능력과 관련된 다음 표의 행동지표들을 주로 평가한다고 이해하는 것이 바람직하다.

[표 8.2-8] **의사표현능력의 발표면접 행동지표 사례**

사례1.

평가방법	평가요소	행동지표
발표면접	의사표현능력1	• 언어구사력: 목적과 상황에 맞게 정보를 조직화하여 자신의 입장이나 의견을 정확하고 이해하기 쉽게 표현하며, 논리적이고 설득력 있게 전달한다. • 커뮤니케이션 스킬: 적절한 목소리, 톤, 어조, 어휘를 사용한다. • 비언어적 행동: 청자와 적절한 Eye-Contact을 유지하고 효과적인 제스처를 사용한다.

사례2.

평가방법	평가요소	행동지표
발표면접	의사표현능력2	• 전달방식: 자신이 제시한 방안에 대해 적극적으로 의견을 피력하고 논리적으로 상대방을 설득한다. • 커뮤니케이션 스킬: 적절한 목소리, 톤, 어조, 어휘를 사용한다. • 비언어적 행동: 청자와 적절한 Eye-Contact을 유지하고 효과적인 제스처를 사용한다.

사례3.

평가방법	평가요소	행동지표
발표면접	의사표현능력3	• 복잡한 정보를 조직화해 아이디어를 명확하고 간결하게 제시한다. • 자신의 아이디어를 논리적으로 전개해 나간다. • 상대방의 반응이나 생각의 흐름을 적절히 파악하고 자신의 의사를 분명하게 파악한다. • 자신의 아이디어를 효과적으로 전달하기 위한 전략을 적절히 사용한다.

사례4.

평가방법	평가요소	행동지표
발표면접	의사표현능력4	• 자신의 아이디어를 논리정연하고 일관성 있게 전달한다. • 전달하고자 하는 내용에 맞는 적절한 비언어적 행동(시선, 제스처, 목소리 톤·강약)을 사용한다. • 상대방의 반응이나 생각의 흐름을 적절히 파악하고 자신의 아이디어를 효과적으로 전달하기 위한 적절한 단어와 표현을 사용한다.

참고로 발표면접에는 의사표현능력 이외에 분석력이라는 중요한 평가요소가 있다. '분석력'이란 자료를 구성요소나 부분으로 분할해 부분 또는 부분 간의 관계를 확인하고 부분들의 구성 원리를 찾아내는 능력을 의미한다. 어려운 설명이라 이해하기 힘들 수 있지만 면접에서 분석력과 관련된 행동지표는 복잡한 과제를 체계적으로 처리할 수 있는 작은 단위로 세분화한다, 다양한 방법과 기법을 활용해 복잡한 문제와 과정을 체계적으로 분해한다, 제시된 자료들을 정량적·정성적 측면에서 파악해 정확한 결론을 도출해낸다, 제시된 상황·정보들을 체계적으로 비교해 유사점·차이점·시사점 등을 파악한다 등이다.

[표 8.2-9] **분석력의 발표면접 행동지표**

평가방법	평가요소	행동지표
발표면접	분석력	• 복잡한 과제를 체계적인 방법으로 처리할 수 있는 작은 단위로 세분화한다. • 다양한 방법과 기법을 활용해 복잡한 문제와 과정을 체계적으로 분해한다. • 제시된 자료들을 정량적·정성적 측면에서 파악해 정확한 결론을 도출해낸다. • 제시된 상황·정보들을 체계적으로 비교해 유사점, 차이점, 시사점 등을 파악한다.

발표면접에서는 의사표현능력과 분석력 외에도 논리력, 사고력 등 다른 평가요소를 함께 평가하지만, 앞선 두 가지가 가장 중요한 평가요소라고 할 수 있다.

다음으로는 발표면접에서 의사소통능력과 관련해 지원자의 긍정적·부정적 행동을 소개하고자 한다. 긍정적 행동이란 발표면접에서의 바람직한 태도와 행동을 의미하는 것이며, 바람직한 태도와 행동을 많이 보일수록 높은 점수를 받을 수 있다. 반대로 부정적 행동은 바람직하지 못한 태도와 행동으로, 평가에서 감점(−) 요인으로 작용하게 된다. 면접에 앞서, 면접관들에게 이러한 긍정적·부정적 행동을 사전에 알려준다면 좀 더 효과적으로 평가할 수 있다.

[표 8.2-10] **발표면접에서의 긍정적·부정적 행동**

평가방법	긍정적 행동	부정적 행동
발표면접	• 주장이 논리적이며 일관적이고 매끄럽다. • 주장의 이유, 근거가 분명하다. • 강조점이 있고, 주장이 명쾌하다. • 자신이 작성한 Material에 의존하지 않는다. • 주장에 임팩트(설득력)가 있다. • 면접관들을 몰입하게 만든다. • 면접관들과 눈을 맞추며 말한다. • 시선처리가 매끄럽고 여유가 있다. • 발표의 속도, 고저, 강약이 적절하다. • 적절한 제스처를 사용한다. • 주어진 발표 시간을 크게(1분 내) 벗어나지 않는다. • 끝까지 에너지를 유지한다.	• 논리가 없거나 부족하다. • 주장의 근거, 이유 없이 나열식이다. • 핵심과 강조점이 없어 무엇을 주장하는지가 불분명하다. • 책을 읽듯이 자신이 작성한 Material에 의존한다. • 지루하게 느껴진다. • 내용이 이해되지 않는다. • 시선처리가 부자연스럽다. • 시종일관 긴장돼 있다. • 너무 빠르거나 천천히 말한다. • 고저, 강약 없이 일정하다. • 움직임이 없고 제스처를 전혀 사용하지 않는다. • 너무 빨리 끝나거나 늦게 끝난다(2~3분 이상). • 목소리 톤이 낮고 힘이 없다. • 뒤로 갈수록 에너지가 감소한다.

의사소통능력의 하위능력별 평가내용

　마지막으로 의사소통능력 하위능력별 평가내용으로서 지식(K), 기술(S), 상황(C)을 소개하고자 한다. 다음 표는 NCS 홈페이지(www.ncs.go.kr)의 'NCS 소개'에서 '직업기초능력' 중 '의사소통능력'의 『교수자용 가이드북(직업기초능력 가이드북: 교수자용)』을 참고한 것이다. 해당 가이드북에서는 'Ⅰ-3. 내용체계 및 시간'에서 '의사소통능력 하위능력별 교육내용으로서의 지식, 기술, 상황'을 통해 의사소통능력의 하위요소에 대한 교육내용으로 지식, 기술, 상황을 나열하고 있다.

이는 채용담당자 입장에서 의사소통능력의 평가와 관련해 유용하게 활용할 수 있으므로, 다음 표에서는 기존 자료의 '교육내용'을 '평가내용'으로 수정해 실제 평가과제를 만드는 데 사용할 수 있도록 했다. 예컨대 지식과 기술은 필기시험 평가내용의 기준으로, 상황은 상황면접 또는 자기소개서 질문 문항을 개발하거나 시뮬레이션 면접 과제를 개발하는 과정에서 직무상황을 설정하는 근거자료로 유용하게 활용할 수 있다.

[표 8.2-11] 의사소통능력 하위능력별 평가내용으로서의 지식·기술·상황

하위능력		평가내용
문서이해능력	K(지식)	• 문서이해의 개념 및 중요성 • 문서의 종류 및 양식 이해 • 문서이해의 구체적인 절차와 원리 • 문서를 통한 정보 획득 및 종합 방법의 유형
	S(기술)	• 문서의 종류에 따른 문서 읽기 • 문서에서 핵심내용 파악 • 주어진 정보의 관련성과 의도 파악 • 문서 읽기를 통한 정보의 수집, 요약, 종합
	C(상황)	• 상사의 지시문이나 메모를 읽는 경우 • 업무 처리를 위한 기술 매뉴얼을 확인하는 경우 • 고객의 예산서와 주문서를 확인하는 경우 • 업무 보고서를 통해 정보를 획득하는 경우 • 메일이나 공문을 처리해야 하는 경우
문서작성능력	K(지식)	• 체계적인 문서작성의 개념 및 중요성 • 목적과 상황에 맞는 문서작성의 유형 • 문서의 종류와 양식 이해 • 문서작성의 구체적인 절차와 원리 • 논리적인 문장 전개 방법의 유형 • 효과적인 내용 구성 방법의 유형

	S(기술)	• 문서의 종류에 따른 적절한 문서작성 • 문서작성에 적합한 문체와 어휘 사용 • 논리적인 체계를 사용한 문서작성 • 문서작성에서 강조점 표현 방법 • 논리적인 문장 전개 • 목적에 적합한 적당한 분량 설정 • 시각적 표현과 연출 • 작성한 문서의 수정
	C(상황)	• 업무 중 프로젝트나 연구과제의 결과를 문서로 제시하는 경우 • 소비자와 고객의 요구를 문서화하는 경우 • 동료와 정보·의견을 공유하는 경우 • 산출물을 디자인하고 제시하는 경우 • 상사의 지시와 전화 메시지를 기록하는 경우 • 상대방에게 메일이나 공문을 발송하는 경우
경청능력	K(지식)	• 경청능력의 중요성과 개념 • 대화과정에서 효과적인 경청 방법의 이해 • 상대방의 말을 듣는 바람직한 자세의 이해 • 지시사항에 대한 적절한 반응 방법의 이해 • 지시사항을 재확인하는 방법의 이해
	S(기술)	• 상대방의 말을 주의 깊게 듣고 반응 • 상대방의 의도 파악 • 대화과정에서 숨은 의미 파악 • 대화과정에서 상대방 격려 • 대화과정에서 상대방과 친밀감 및 신뢰감 조성 • 대화과정에서 적절한 시선 처리 • 비언어적인 신호 파악 • 상대방의 입장 이해 • 상사의 지시사항을 듣고 확인
	C(상황)	• 업무수행과정에서 상사의 지시를 받는 경우 • 제품판매, 서비스 문의 등으로 고객을 대하는 경우 • 조직 구성원과 회의하는 경우 • 업무결과에 대한 상대방의 의견을 듣는 경우 • 업무수행과정에서 상대방과 의견을 조율해야 하는 경우

의사표현능력	K(지식)	• 정확한 의사전달의 중요성 • 의사표현의 기본 원리 • 효과적인 의사표현 방법의 유형 • 설득력 있는 화법의 특징 및 요소 • 상황과 대상에 따른 화법의 이해 • 비언어적 의사표현 방법 이해
	S(기술)	• 주제, 상황, 목적에 적합한 의사표현 • 자신 있고 단정적인 의사표현 • 간단명료한 의사표현 • 중요한 부분을 반복해 제시 • 목소리의 크기, 억양, 속도의 변화 • 상황에 대한 적절한 질문 • 대화를 구조화하는 기술 • 적합한 이미지와 어휘, 표현 사용 • 상황에 적합한 비언어적 의사표현
	C(상황)	• 업무 중 상사의 지시를 확인하는 경우 • 소비자와 고객에게 제품을 소개하고 판매하는 경우 • 동료와 정보 및 의견을 공유하는 경우 • 업무결과를 발표하는 경우 • 업무수행과정에서 상대방에게 질문하는 경우 • 회의에서 상대방을 설득하는 경우
기초 외국어능력	K(지식)	• 기초적인 외국어 회화에 대한 지식 • 비언어적 의사표현 방법의 유형 • 외국문화에 대한 이해
	S(기술)	• 기초적인 외국어로 된 자료 읽기 방법 • 외국인을 대하는 방법 습득 • 기초적인 외국어 회화 기술 • 사전 활용 방법 습득
	C(상황)	• 업무상황에서 외국어로 된 메일을 확인하는 경우 • 외국어로 된 관련 자료를 읽는 경우 • 외국산 제품의 사용방법을 확인해야 하는 경우 • 외국인으로부터 걸려온 전화를 받는 경우 • 외국인 고객을 상대하는 경우

수리능력

　　수리능력은 NCS 직업기초능력 10개 영역 중 하나로, 사칙연산·통계·확률의 의미를 정확하게 이해하고 이를 업무에 적용하는 능력이다. 즉, 업무 시 필요한 기초적인 사칙연산과 통계방법을 이해하고, 도표의 의미를 파악하거나 도표를 이용해 결과를 효과적으로 제시할 수 있는 능력을 말한다. 수리능력은 기초연산능력, 기초통계능력, 도표분석능력, 도표작성능력으로 구분할 수 있다.

　　각각의 능력을 좀 더 자세히 설명하면, 기초연산능력은 '직장생활에서 필요한 기초적인 사칙연산과 계산 방법을 이해하고 활용하는 능력'을 의미한다. 직장생활에서는 다단계의 복잡한 사칙연산을 수행하고, 연산결과의 오류를 수정하는 것이 요구된다는 측면에서 필수적으로 요구되는 능력이라 할 수 있다. 구체적으로 업무상 계산을 수행하고 결과를 정리하는 경우, 업무비용을 측정하는 경우, 고객과 소비자의 정보를 조사하고 결과를 종합하는 경우, 조직의 예산을 작성하는 경우, 업무수행 경비를 제시해야 하는 경우, 다른 상품과 가격 비교를 해야 하는 경우 등에서 필요한 능력이다.

기초통계능력이란 '직장생활에서 평균, 합계, 빈도와 같은 기초적인 통계기법을 활용해 자료의 특성과 경향성을 파악하는 능력'을 의미한다. 직장생활에서는 다단계의 복잡한 통계기법을 활용해 결과의 오류를 수정하는 것이 요구된다는 측면에서 필수적으로 요구되는 능력이라 할 수 있다. 구체적으로 고객과 소비자의 정보를 조사해 자료의 경향성을 제시하는 경우,

연간 상품 판매실적을 제시해야 하는 경우, 업무비용을 다른 조직과 비교해야 하는 경우, 업무결과를 제시해야 하는 경우, 상품 판매를 위한 지역조사를 실시해야 하는 경우 등에서 필요한 능력이다.

도표분석능력이란 '직장생활에서 도표(그림·표·그래프 등)의 의미를 파악하고, 필요한 정보를 해석하는 능력'을 의미한다. 직장생활에서는 다양한 도표를 분석해 내용을 종합하는 것이 요구된다는 측면에서 필수적인 능력이라 할 수 있다. 구체적으로 업무수행과정에서 도표로 주어진 자료를 해석하는 경우, 도표로 제시된 업무비용을 측정하는 경우, 조직의 생산가동률 변화표를 분석하는 경우, 계절에 따른 고객의 요구도가 그래프로 제시된 경우, 경쟁업체와의 시장점유율이 그림으로 제시된 경우 등에서 필요한 능력이다.

도표작성능력이란 '직장생활에서 도표를 이용해 결과를 효과적으로 제시하는 능력'을 의미한다. 직장생활에서는 다양한 도표를 활용해 내용을 강조해 제시하는 것이 매우 중요하다는 측면에서 필수적으로 요구되는 능력이라 할 수 있다. 구체적으로 도표를 사용해 업무결과를 제시하는 경우, 업무의 목적에 맞게 계산결과를 묘사하는 경우, 업무 중 계산을 수행하고 결과를 정리하는 경우, 업무에 드는 비용을 시각화해야 하는 경우, 고객과 소비자의 정보를 조사하고 결과를 설명하는 경우 등에서 필요한 능력이다.

[표 8.3-1] **수리능력의 하위요소**

하위요소	내용	세부요소
기초연산능력	업무를 수행함에 있어 기초적인 사칙연산과 계산방법을 이해하고 활용하는 능력	• 연산방법 선택 • 연산 수행 • 연산결과와 방법에 대한 평가
기초통계능력	업무를 수행함에 있어 필요한 백분율, 평균, 확률과 같은 기초적인 통계기법을 활용해 자료의 특성과 경향성을 파악하는 능력	• 통계기법 선택 • 연산 수행 • 통계결과와 기법에 대한 평가
도표분석능력	업무를 수행함에 있어 도표의 의미를 파악하고 필요한 정보를 해석하는 능력	• 도표에서 제시된 정보 인식 • 정보 해석 • 해석한 정보의 적용
도표작성능력	업무를 수행함에 있어 필요한 도표를 효과적으로 제시하는 능력	• 도표 제시방법 선택 • 도표를 이용한 정보 제시

수리능력의 평가

　수리능력은 모든 직업인에게 공통으로 요구되는 직업기초능력으로, 직장에서 업무를 수행하는 직업인에게 있어 기본적이며 중요한 능력이다. 업무를 수행하다 보면 적절한 자료와 방법을 결정해 연산을 수행하거나, 기초적인 통계기법을 사용하고 그 결과를 이해하거나, 도표의 형식·내용을 이해하고 이를 작성해야 하는 일들이 빈번히 발생하기 때문이다. 즉, 직장인은 연산이나 통계와 직접적으로 관련된 업무를 수행하지 않더라도 기본적인 연산이나 통계·도표의 분석 및 작성을 수행해야만 하기 때문에 직원을 선발하는 경우 수리능력을 고려해야 한다.

다시 정리하면 수리능력은 '직장생활에서 요구되는 사칙연산과 기초적인 통계방법을 이해하고, 도표의 의미를 파악하거나 도표를 이용해서 결과를 효과적으로 제시하는 능력'이다. 이를 평가하기 위해서는 세부적으로 사칙연산의 방법, 기본적인 통계지식, 도표의 분석 및 작성 능력 등의 내용이 포함돼야 한다.

(1) 필기시험

　다른 NCS 직업기초능력이 채용이나 선발과정에서 자기소개서, 필기시험, 면접 등을 통해 다양하게 평가되는 것과는 달리, 수리능력은 평가방법이 다양하지 않다. 이는 일반적으로 필기시험 방식으로 평가하며, 수리능력이 필요한 직무상황을 제시해 상황에 따른 지식과 기술을 평가한다.

　예를 들어 기초연산능력은 업무상 계산을 수행하고 결과를 정리해야 하는 상황, 업무비용을 측정해야 하는 상황, 고객과 소비자의 정보를 조사하고 결과를 종합해야 하는 상황, 조직의 예산안을 작성해야 하는 상황, 업무수행 경비를 제시해야 하는 상황, 다른 상품과 가격 비교를 하는 상황 등을 제시하고 이러한 상황에 필요한 지식이나 기술을 평가한다.

　이때 지식적인 내용으로는 수의 개념·단위·체제, 업무에 필요한 연산기법의 유형, 다양한 계산방법의 이해, 계산결과 제시방법의 이해, 결과제시단위 사용방법의 이해 등이 있다. 기술적인 내용으로는 수치화된 자료의 해석, 업무에 필요한 사칙연산 수행, 연산결과에 적합한 단위 사용, 계산결과를 다른 형태로 제시, 계산수행방법에 대한 평가, 계산결과의 오류 확인, 계산결과와 업무의 관련성 파악 등이 있다.

　기초통계능력은 고객과 소비자의 정보를 조사해 자료의 경향성을 제시해야 하는 상황, 연간 상품 판매실적을 제시해야 하는 상황, 업무비용을 다른 조직과 비교해야 하는 상황, 업무결과를 제시해야 하는 상황, 상품 판매를 위한 지역조사를 실시해야 하는 상황 등을 제시할 수 있다.

이때 지식적인 내용으로 경향성의 개념, 기초적인 통계방법의 이해, 그래프의 이해, 기초적인 통계량과 분포의 이해, 통계자료 해석방법의 종류를 평가할 수 있다. 기술적인 측면에서는 빈도·평균·범위에 대한 계산을 통한 자료 제시, 계산결과에 대한 효과적인 표현, 데이터를 측정하는 방법 선택, 계산수행방법에 대한 평가, 계산결과의 오류 확인, 계산결과와 업무의 관련성 파악 능력을 평가할 수 있을 것이다.

도표분석능력은 업무수행과정에서 도표로 주어진 자료를 해석해야 하는 상황, 도표로 제시된 업무비용을 측정해야 하는 상황, 조직의 생산가동률 변화표를 분석해야 하는 상황, 계절에 따른 고객 요구도를 그래프로 제시된 상황, 경쟁업체와의 시장점유율이 그림으로 제시된 상황 등을 제시할 수 있다. 지식적인 측면에서 도표의 종류, 도표분석방법의 이해, 도표제목 해석 원리, 시각화자료 이해, 도표로부터의 정보획득방법 이해, 도표 종류별 장단점 이해 등을 평가할 수 있다. 또한 기술적인 내용으로는 도표의 구성요소 파악, 표(Table)·다이어그램(Diagram)·차트(Chart)·그래프 분석, 제시된 도표의 비교·분석, 도표로부터 관련 정보 획득, 도표의 핵심내용 파악, 도표의 정보와 업무의 관련성 파악 능력 등을 평가할 수 있을 것이다.

도표작성능력은 도표를 사용해 업무결과를 제시하는 상황, 업무의 목적에 맞게 계산결과를 묘사한 상황, 업무 중 계산을 수행하고 결과를 정리하는 상황, 업무에 드는 비용을 시각화해야 하는 상황, 고객과 소비자의 정보를 조사하고 결과를 설명해야 하는 상황 등을 제시할 수 있다. 또한 지식적인 내용으로 도표작성 목적, 도표작성 절차의 이해, 도표의 종류, 도표를 활용한 표현방법의 이해, 도표를 이용한 핵심내용 강조방법의 유형, 시각화 표현방법 이해 등을 평가할 수 있다. 기술적인 내용으로 도표로 전달할 내용 결정, 도표의 종류에 따른 효과적인 표현, 도표 내용에 적절한 제목 진술, 도표로 제시할 결과 주요 내용 요약, 정확한 단위 사용, 내용을 효과적으로 전달할 크기·형태 파악, 다양한 이미지의 효과적인 활용 능력 등을 평가할 수 있다.

수리능력의 다른 필기시험 평가방식으로 서술형 및 논술형 평가가 있는데, 이는 주어진 주제에 대해 자유롭게 기술하게 함으로써 지원자를 평가하는 방법이다. 이 중에서 서술형 평가는 그 해답이 예를 들어 3~4행 정도로 좀 더 간단한 대답이 나올 수 있는 것을 가리킨다. 논술형 평가는 답안지 양식에 맞춰 각자의 생각을 논리적으로 비교적 길게 답해야 하는 형식을 말한다. 이 방식은 객관식 필기시험보다 지원자들의 수가 상대적으로 적고, 응용력·종합력·표현력 등 고도의 수리능력을 측정하는 데 적합한 평가방법이다. 다만, 여기에서는 채점의 객관성을 확보하는 것이 중요하다.

(2) 면접

이 외에 수리능력은 다른 능력을 평가할 때에도 간접적인 능력으로 함께 평가가 가능하다. 예를 들어 발표면접(Presentation), 서류함기법(In-Basket) 등의 시뮬레이션 면접 중 과제를 분석·발표하는 과정에서 기초연산능력, 기초통계능력, 도표분석능력, 도표작성능력 등을 활용해 과제를 수행하는 경우가 많기 때문이다.

이 경우 지원자의 수리능력에 대한 직접적인 평가보다는 문제해결능력의 사고력과 문제처리능력, 의사소통능력의 문서이해능력·문서작성능력·언어구사력 등을 평가하는 과정에서 지원자가 다양한 수학적 사고와 도구를 활용하고 있는지를 평가한다. 즉, 사칙연산 및 계산방법, 제시된 자료에서 평균·합계·빈도와 같은 기초적인 통계기법을 활용해 자료의 특성과 경향성을 파악하고, 도표를 이용해 자신의 의견을 효과적으로 제시하는가를 관찰·평가하는 것이다.

수리능력의 하위능력별 평가내용

마지막으로 수리능력 하위능력별 평가내용으로서 지식(K), 기술(S), 상황(C)을 소개하고자 한다. 다음 표는 NCS 홈페이지(www.ncs.go.kr)의 'NCS 소개'에서 '직업기초능력' 중 '수리능력'의 『교수자용 가이드북(직업기초능력 가이드북: 교수자용)』을 참고한 것이다. 해당 가이드북에서는 'I-3. 내용체계 및 시간'에서 '수리능력 하위능력별 교육내용으로서의 지식, 기술, 상황'을 통해 수리능력의 하위요소에 대한 교육내용으로 지식, 기술, 상황을 나열하고 있다.

이는 채용담당자 입장에서 수리능력의 평가와 관련해 유용하게 활용할 수 있으므로, 다음 표에서는 기존 자료의 '교육내용'을 '평가내용'으로 수정해 실제 평가과제를 만드는 데 사용할 수 있도록 했다. 예컨대 지식과 기술은 필기시험 평가내용의 기준으로, 상황은 상황면접 또는 자기소개서 질문 문항을 개발하거나 시뮬레이션 면접 과제를 개발하는 과정에서 직무상황을 설정하는 근거자료로 유용하게 활용할 수 있다.

[표 8.3-2] 수리능력 하위능력별 평가내용으로서의 지식·기술·상황

하위능력		평가내용
기초연산능력	K(지식)	• 수의 개념·단위·체제 • 업무에 필요한 연산기법의 유형 • 다양한 계산방법의 이해 • 계산결과 제시방법의 이해 • 결과제시단위 사용방법의 이해
	S(기술)	• 수치화된 자료의 해석 • 업무에 필요한 사칙연산 수행 • 연산결과에 적합한 단위 사용 • 계산결과를 다른 형태로 제시 • 계산수행방법에 대한 평가 • 계산결과의 오류 확인 • 계산결과와 업무의 관련성 파악
	C(상황)	• 업무상 계산을 수행하고 결과를 정리하는 경우 • 업무비용을 측정하는 경우 • 고객과 소비자의 정보를 조사하고 결과를 종합하는 경우 • 조직의 예산안을 작성하는 경우 • 업무수행 경비를 제시해야 하는 경우 • 다른 상품과 가격 비교를 하는 경우
기초통계능력	K(지식)	• 경향성의 개념 • 기초적인 통계방법의 이해 • 그래프의 이해 • 기초적인 통계량과 분포의 이해 • 통계자료 해석방법의 종류
	S(기술)	• 빈도·평균·범위에 대한 계산을 통한 자료 제시 • 계산결과에 대한 효과적인 표현 • 데이터를 측정하는 방법 선택 • 계산수행방법에 대한 평가 • 계산결과의 오류 확인 • 계산결과와 업무의 관련성 파악
	C(상황)	• 고객과 소비자의 정보를 조사해 자료의 경향성을 제시하는 경우 • 연간 상품 판매실적을 제시하는 경우 • 업무비용을 다른 조직과 비교해야 하는 경우 • 업무결과를 제시하는 경우 • 상품 판매를 위한 지역조사를 실시하는 경우

	K(지식)	• 도표의 종류 • 도표분석방법의 이해 • 도표제목 해석 원리 • 시각화자료 이해 • 도표로부터의 정보획득방법 이해 • 도표 종류별 장단점 이해
도표분석능력	S(기술)	• 도표의 구성요소 파악 • 표·다이어그램·차트·그래프 분석 • 제시된 도표의 비교·분석 • 도표로부터 관련 정보 획득 • 도표의 핵심내용 파악 • 도표의 정보와 업무의 관련성 파악
	C(상황)	• 업무수행과정에서 도표로 주어진 자료를 해석하는 경우 • 도표로 제시된 업무비용을 측정하는 경우 • 조직의 생산가동률 변화표를 분석하는 경우 • 계절에 따른 고객 요구도가 그래프로 제시된 경우 • 경쟁업체와의 시장점유율이 그림으로 제시된 경우
	K(지식)	• 도표작성 목적 • 도표작성 절차의 이해 • 도표의 종류 • 도표를 활용한 표현방법의 이해 • 도표를 이용한 핵심내용 강조방법의 유형 • 시각화 표현방법 이해
도표작성능력	S(기술)	• 도표로 전달할 내용 결정 • 도표의 종류에 따른 효과적인 표현 • 도표 내용에 적절한 제목 진술 • 도표로 제시할 결과 주요 내용 요약 • 정확한 단위 사용 • 내용을 효과적으로 전달할 크기·형태 파악 • 다양한 이미지의 효과적인 활용
	C(상황)	• 도표를 사용해 업무결과를 제시하는 경우 • 업무의 목적에 맞게 계산결과를 묘사하는 경우 • 업무 중 계산을 수행하고 결과를 정리하는 경우 • 업무에 드는 비용을 시각화해야 하는 경우 • 고객과 소비자의 정보를 조사하고 결과를 설명하는 경우

문제해결능력

　　NCS 직업기초능력으로서 문제해결능력이란 업무수행 중 문제상황이 발생했을 경우 창조적이고 논리적인 사고를 통해 이를 올바르게 인식하고 적절하게 해결하는 능력을 말한다. 여기서 '문제해결'은 목표와 현상을 분석하고, 이 분석결과를 토대로 과제를 도출해 최적의 해결책을 찾아 실행·평가해 가는 활동을 의미한다.

오늘날 기업 환경이 격변하는 시대적 상황 속에서 직업인들은 해결해야 할 많은 문제를 안고 있다. 특히 급변하는 현재의 직업생활 환경에서 과거의 성공체험은 크게 도움이 되지 않으며, 새로운 문제를 신속히 발견하고 정확한 해결책을 창출할 수 있는 문제해결능력의 향상을 요구하고 있다. 무엇보다 오늘날 복잡화된 문제들은 한 가지 형태로 나타나지 않는데, 직업인으로서 이와 같은 다양한 형태의 문제에 대처하기 위해서는 문제해결능력이 필수적이다.

직장생활에서 각 개인은 끊임없이 문제해결능력을 요구하는 상황을 마주하고 이를 해결하기를 원하지만, 해결방법이나 해답을 얻는 데 필요한 일련의 행동을 알지 못하는 문제 상태에 봉착하기도 한다. 이때에는 문제를 인식하는 것은 물론 이를 방치하지 않고 도전해 해결할 수 있는 능력을 보유하고 있어야 하는데, '문제해결능력'이 바로 그것이다.

문제해결능력을 가진 지원자를 선발하기 위해서는 다음과 같은 사항에 주안점을 두고 평가하는 것이 필요하다. 문제해결능력은 문제해결을 위해 사실과 의견을 구분하고 유용하고 타당한 의견을 제시하는 사고력과, 문제발생 시 사실과 대안을 확인하고 원인을 분석하며 다양한 대안을 제시해 처리하는 문제처리능력으로 나눌 수 있다.

[표 8.4-1] 문제해결능력의 하위요소

하위요소	내용	세부요소
사고력	업무와 관련된 문제를 인식하고 해결함에 있어 창의적·논리적·비판적으로 생각하는 능력	• 창의적 사고 • 논리적 사고 • 비판적 사고
문제처리능력	업무와 관련된 문제의 특성을 파악하고, 대안을 제시·적용하고 그 결과를 평가하여 피드백하는 능력	• 문제 인식 • 대안 선택 • 대안 적용 • 대안 평가

문제해결능력의 평가

문제해결능력은 채용·선발과정에서 가장 많이 사용되는 평가요소이다. 예를 들면 입사지원서의 자기소개서 평가, 필기시험에서의 직업기초능력 평가, 논술시험, 기획서 및 보고서 작성 등으로 문제해결능력을 평가할 수 있다. 이 외에도 경험면접(또는 과거행동면접)·상황면접 등의 구술면접, 그룹토의·발표면접·서류함기법 등의 시뮬레이션 면접 등 전형 단계별 다양한 평가도구들의 평가요소도 활용되고 있다.

(1) 사고력

사고력을 자기소개서로 평가한다면 지원자의 창의적 사고를 물을 수 있다. 이때 창의적 사고란 기본적으로 이전에 없었던 것을 새롭게 만들어 내거나 불편했던 것들을 개선해 가는 능력으로, 이를 기반으로 자기소개서 항목을 만들어 본다면 다음과 같다.

[표 8.4-2] 사고력에 대한 자기소개서 문항 예시

하위요소	세부요소	자기소개서 문항 예시
사고력	창의적 사고	최근 학업이나 업무를 수행하면서, 창의적인 아이디어로 더 좋은 성과를 달성했던 경험을 기술하시오. • 그 아이디어가 왜 창의적이었습니까? 일반적인 경우와 다른 점은 무엇입니까? • 얼마나 좋은 성과를 달성한 것입니까? 주변 사람들의 반응은 어떠했습니까?

지금까지 살아오면서 일상생활 속에서 어떤 문제점을 찾아 개선한 경험을 기술하시오.
- 그렇게 개선해서 무엇이 얼마나 좋아졌습니까? 그 혜택을 보는 사람들은 누구입니까?
- 다른 사람들은 그런 생각을 전혀 못한 것입니까? 왜 그렇다고 생각합니까?

학교나 회사생활을 하면서 기존과는 다른 획기적(창의적)인 방식을 시도하여 좋은 성과를 거두었던 경험이 있다면 기술하시오.
- 기존 방식과 새로운 방식의 차이점은 무엇입니까? 각각의 장단점은 무엇입니까?
- 평소 그런 경험을 자주 하는 편입니까?

평소에 생활하면서 불편했던 점을 개선했던 경험이나 사례 중 가장 기억에 남는 것이 있다면 기술하시오.
- 그러한 개선점을 생각하게 된 계기는 무엇입니까?
- 주변 사람들의 반응은 어떠했습니까? 반대하는 사람들은 어떻게 설득하셨습니까?

논리적 사고와 비판적 사고는 자기소개서를 통해 평가하기 어렵기 때문에 필기시험이나 면접으로 평가한다. 사고력을 필기시험으로 평가한다면 우선 지원자가 사고력의 하위요소, 즉 창의적·논리적·비판적 사고와 관련된 능력을 갖고 있는가를 평가한다. 이를테면 다른 직업기초능력의 하위요소 평가와 마찬가지로 사고력이 필요한 상황을 제시하고, 이를 잘 수행하기 위한 지식이나 기술을 갖고 있는가를 평가하는 식이다.

사고력이 필요한 상황을 예로 들면 업무를 수행함에 있어서 창의적으로 생각해야 하는 경우, 업무의 전후관계를 논리적으로 생각해야 하는 경우, 업무내용이나 상사의 지시를 무조건 수용하지 않고 비판적으로 생각해야 하는 경우, 업무와 관련해서 자신의 의사를 합리적으로 결정해야 하는 경우, 업무와 관련된 새로운 프로세스를 개발해야 하는 경우, 업무와 관련해서 문제가 발생했을 때 합리적으로 해결해야 하는 경우 등이 있다.

주어진 상황에 따라 평가하는 사고력 관련 지식으로는 창의적 사고의 개념, 창의적 사고의 구성요소, 창의적 사고의 개발원리, 창의적 사고 개발방법의 종류, 논리적 사고의 개념, 논리적 사고의 구성요소, 논리적 사고의 개발원리, 논리적 사고 개발방법의 종류, 비판적 사고의 개념, 비판적 사고의 구성요소, 비판적 사고의 개발원리, 비판적 사고 개발방법의 종류 등이 있다.

사고력과 관련된 기술적인 평가내용으로는 주변 환경에 대해서 유심히 관찰하고 기록, 특정 문제상황에서 가능한 많은 양의 아이디어를 산출, 고정적인 사고방식이나 시각 자체를 변화시켜 다양한 해결책 발견, 발상의 전환을 통해서 다양한 관점을 적용, 다듬어지지 않은 아이디어를 보다 치밀한 것으로 발전시킴, 핵심적인 아이디어를 식별, 사고의 오류가 무엇인지를 확인해 제시, 아이디어 간의 관계 유형을 파악해 제시, 아이디어를 비교·대조해서 순서화해 제시, 사실과 의견을 구분해 제시, 신뢰할 수 있는 정보자료를 획득, 문제를 다양한 관점에서 검토해 정리, 주장이나 진술에 포함된 편견을 발견해 제시할 수 있는 능력 등이 있는가이다.

앞에서 제시한 사고력 관련 기술의 평가는 필기시험뿐만 아니라 면접에서도 적용 가능하다. 예를 들면, 특정 문제상황에서 가능한 많은 양의 아이디어를 도출하는 능력은 그룹토의(GD)에서 지원자의 여러 가지 아이디어를 도출하는 과정을 통해 평가할 수 있다.

[표 8.4-3] **사고력의 그룹토의 행동지표**

평가방법	평가요소	행동지표
발표면접	사고력	• 주어진 이슈의 내용을 명확하게 파악하고 있다. • 창의적·논리적·비판적 사고를 통해 가능한 대안을 도출한다. • 문제에 대한 명확한 판단기준으로 대안을 평가하고 선택할 수 있다.

또한 고정적인 사고방식이나 시각 자체를 변화시켜 다양한 해결책을 발견하거나, 발상의 전환을 통해서 다양한 관점을 적용하고 다듬어지지 않은 아이디어를 보다 치밀한 것으로 발전시키는 능력은 발표면접(PT)을 통해서 평가할 수 있다. 아울러 사고의 오류가 무엇인지를 확인해 제시하거나, 아이디어 간의 관계 유형을 파악해 제시하거나, 문제를 다양한 관점에서 검토해 정리하는 능력 역시 발표면접을 통해 평가할 수 있을 것이다.

(2) 문제처리능력

사고력이 문제를 해결할 수 있는 기본적인 역량이라면, 실제 문제를 처리할 수 있는 능력은 말 그대로 문제처리능력이다. 문제처리능력은 업무와 관련된 문제의 특성을 파악하고, 대안을 제시·적용하며 그 결과를 평가해 피드백(Feed-back)하는 능력을 의미한다. 이에 대한 세부요소로는 문제 인식, 대안 선택, 대안 적용, 대안 평가 등이 있다.

일반적으로 채용이나 선발의 전형단계 중 입사지원서의 자기소개서에서는 문제처리능력의 세부요소에 대한 평가보다는 문제처리능력 자체에 대해 평가하는 경우가 많다.

[표 8.4-4] 문제처리능력에 대한 자기소개서 문항 예시

하위요소	자기소개서 문항 예시
문제처리능력	자신의 전문적인 지식 및 기술을 활용하여 주어진 과제나 업무의 문제상황을 효과적으로 해결했던 경험에 대해 구체적으로 기술해 주십시오
	예상하지 못한 문제에 부딪쳐 과제나 업무가 계획대로 진행되지 못했을 때, 이를 해결하기 위해 포기하지 않고 노력했던 경험이 있다면 구체적으로 기술해 주십시오.
	직장생활을 하면서 문제처리능력이 중요한 이유와 자신이 문제처리능력이 있다는 근거를 사례나 경험을 통해 기술해 주십시오.
	평상시 생활하면서 불편했던 점을 개선했던 경험이나 사례 중 가장 기억에 남는 것은 무엇이고, 그렇게 생각하는 이유와 다른 사람들은 왜 그러한 생각을 못했는지에 대해서 기술해 주십시오.

문제처리능력은 직장생활을 하는 데 가장 중요한 능력이라 할 수 있으며, 위에 소개한 자기소개서 평가 이외에도 필기시험이나 면접전형에서 다양하게 평가할 수 있다. 이하에서는 문제처리능력과 관련해 필기시험이나 면접에서의 다양한 평가방법을 설명하겠다.

먼저 필기시험의 경우, 객관식 지필시험 이외에도 기획서·보고서 작성 및 논술시험 등을 통해 평가할 수 있다. 객관식 지필시험의 경우 직무상황에서 일어날 수 있는 다양한 문제들을 제시해 지원자가 이를 해결할 수 있는 지식이나 기술·태도적인 측면을 갖췄는지 평가할 수 있다. 이때 사용되는 직무상황은 업무수행 중 발생하는 문제를 적절히 해결해야 하는 경우, 변화하는 주변 환경과 현장상황을 파악해서 업무의 핵심에 도달해야 하는 경우, 주어진 업무를 처리하는 서류를 다루는 경우, 문제해결을 위한 사례를 분석·개발·적용해야 하는 경우, 공정 개선 및 인원의 효율적인 운영이 필요한 경우 등이 있다. 이러한 문제상황을 해결하기 위한 지식적 요소들은 지원자가 문제의 개념을 파악해 문제처리를 위한 바람직한 상태와 현 상태의 괴리를 이해하고 있는가, 발생형·탐색형·설정형 문제 등 문제의 유형을 구분할 수 있는가 등을 평가한다. 또한 문제의식의 장해요인, 문제해결을 위한 요소, 문제해결의 기본적 사고, 문제해결의 장애요소, 문제해결의 절차, 문제해결절차 기법의 이론에 대한 지원자의 이해 정도를 평가할 수 있다.

기술적 능력의 평가내용으로는 해결해야 할 문제를 체계적으로 상세히 기술, 문제해결에 필요한 자료를 수집·정리, 실행 가능한 대안들을 나열, 적절한 기법을 사용해 문제의 전후 맥락을 파악하고 제시, 잠재적 장애요소를 파악하고 대응방안을 수립, 효율적이고 효과적인 해결안을 제시, 문제점 간의 상관관계와 중요도를 도출, 문제해결에 필요한 능력들을 실증적으로 제시, 대안에 따라 영향을 받게 될 사람·부서의 이해관계를 제시,

합리적 방법으로 최적 대안을 평가·선정해 실행, 문제를 해결할 창의적 아이디어와 혁신적 조치를 제안할 수 있는 능력을 갖추고 있는가 등이 있다.

앞에 열거한 평가내용에 대해 많은 지원자를 동시에 평가하는 경우 객관식 지필시험을 통해 평가하는 것이 효율적이다. 그러나 적은 지원자를 대상으로 좀 더 심층적인 평가를 시도한다면 기획서나 보고서 작성 또는 논술시험의 형태로 평가하는 것이 바람직하다. 이는 발생형·탐색형·설정형 문제 등 문제의 유형을 먼저 설정하고 지원자들에게 그에 따른 다양한 자료를 제시해 문제처리와 관련된 다양한 기술적인 능력들을 평가한다. 경우에 따라서는 지원자가 작성한 답안지를 면접자료로 활용할 수도 있다.

[그림 8.4] **기획서 및 보고서 작성 + 면접의 구조**

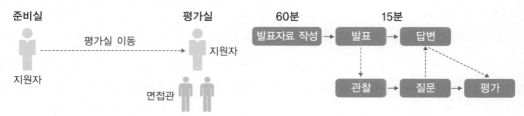

문제처리능력은 면접전형에서도 다양한 도구로 지원자를 평가할 수 있다. 먼저 개별면접 차원 경험행동면접(BEI)에서는 지원자의 문제처리능력과 관련된 경험이나 행동 사례를 물어볼 수 있으며, 상황면접에서는 직무에서의 문제상황들을 지원자에게 제시하고 어떻게 행동할 것인지를 물을 수 있다. 이때 경험행동면접에서는 지원자의 과거 경험이나 사례를 통해 행동 수준을 평가하며, 상황면접에서는 지원자의 행동 의도를 파악해 문제해결능력과 관련한 행동 수준을 평가한다.

과제면접에는 대표적으로 발표면접과 서류함기법이 있는데, 서류함기법은 발표면접 과제가 모여 있는, 즉 여러 개의 발표면접을 동시에 수행하는 과제라고 할 수 있다. 다시 말하면 발표면접은 동시에 수행해야 할 과제 수가 1개이고, 서류함기법은 3~4개 정도라고 생각하면 된다. 발표면접은 지원자 1인이 수행하는 과제이지만, 서류함기법은 1인이 수행하는 경우 외에도 3~4인이 함께 수행하는 집단 서류함기법(Group In-Basket)이 있다. 면접도구에 따른 과제 수가 다르기는 하지만, 제시하는 과제의 형태는 객관식 지필시험이나 보고서 및 논술시험과 유사하다. 평가는 지원자에게 직무상황과 처리해야 할 과제를 제시하고, 과제수행을 위한 준비시간(발표면접의 경우 15~30분, 서류함기법의 경우 50~90분)을 준 뒤, 지원자가 수행한 과제에 대해 10분 내외의 시간 동안 발표 및 질의응답 시간을 갖는 식으로 진행된다.

발표면접과 서류함기법에서 평가하는 문제처리능력에 대한 행동지표는 다음 표와 같다. 문제처리능력은 세밀한 일 처리 및 업무의 완결성과 연관지어 평가하기도 하는데, 다음 평가표도 이와 같은 맥락에서 이해할 수 있다.

[표 8.4-5] 문제처리능력의 서류함기법 및 발표면접 행동지표 사례

사례1.

평가방법	평가요소	행동지표
• 발표면접 • 서류함기법	문제처리능력	• 업무가 바른 방향으로 정확하고 철저하게 진행되고 있는지 주의 깊게 관찰한다. • 해결과제 및 업무처리 프로세스 등을 사전에 철저하게 계획해 일정이 지연되지 않도록 한다. • 일을 처리하는 과정에서 오류가 발생하지 않도록 다양한 노력을 기울인다. • 각종 정보나 데이터의 정확성을 이중으로 확인한다.

사례2.

평가방법	평가요소	행동지표
• 발표면접 • 서류함기법	문제처리능력	• 상황인식: 제시 상황에 대한 명확한 인식을 바탕으로 문제해결 실마리를 찾는다. • 맥락적 사고: 상황과 제시 대안 간 연계성을 확보하고 일정한 맥락으로 논지를 전개한다. • 실행의지: 당면한 문제를 주도적·적극적·책임감 있는 태도로 해결하고자 노력한다.

발표면접과 서류함기법에서 문제처리능력은 대부분 사고력과 함께 문제해결능력으로 평가한다. 이는 문제를 인식하고 대안을 선택·적용·평가할 때, 창의적·논리적·비판적 사고가 중요하기 때문이다.

[표 8.4-6] 문제해결능력의 발표면접 행동지표 사례

사례1.

평가방법	평가요소	행동지표
발표면접	문제해결능력	• 문제원인을 정확하게 파악하고 있는가 • 문제해결의 적극적 의지가 있는가 • 발생한 문제를 해결할 수 있는 창의적·논리적·비판적 사고(문제의식)력을 가지고 있는가

사례2.

평가방법	평가요소	행동지표
발표면접	문제해결능력	• 자료를 구체적으로 분석하고 이해한다. • 현 상황에 발생할 수 있는 문제점을 예측해 해결 대안을 제시한다. • 제시 대안과 함께 이에 대한 타당한 근거를 제시한다.

문제해결능력의 하위능력별 평가내용

마지막으로 문제해결능력 하위능력별 평가내용으로서 지식(K), 기술(S), 상황(C)을 소개하고자 한다. 다음 표의 자료는 NCS 홈페이지(www.ncs.go.kr)의 'NCS 소개'에서 '직업기초능력' 중 '문제해결능력'의 『교수자용 가이드북(직업기초능력 가이드북: 교수자용)』을 참고한 것이다. 해당 가이드북에서는 'I-3. 내용체계 및 시간'에서 '문제해결능력 하위능력별 교육내용으로서의 지식, 기술, 상황'을 통해 문제해결능력의 하위요소에 대한 교육내용으로 지식, 기술, 상황을 나열하고 있다.

이는 채용담당자 입장에서 문제해결능력의 평가와 관련해 유용하게 활용할 수 있으므로, 다음 표에서는 기존 자료의 '교육내용'을 '평가내용'으로 수정해 실제 평가과제를 만드는 데 사용할 수 있도록 했다. 예컨대 지식과 기술은 필기시험 평가내용의 기준으로, 상황은 상황면접 또는 자기소개서 질문 문항을 개발하거나 시뮬레이션 면접 과제를 개발하는 과정에서 직무상황을 설정하는 근거자료로 유용하게 활용할 수 있다.

[표 8.4-7] 문제해결능력 하위능력별 평가내용으로서의 지식·기술·상황

하위능력		평가내용
사고력	K(지식)	• 창의적 사고의 개념 • 창의적 사고의 구성요소 • 창의적 사고의 개발원리 • 창의적 사고 개발방법의 종류 • 논리적 사고의 개념 • 논리적 사고의 구성요소 • 논리적 사고의 개발원리 • 논리적 사고 개발방법의 종류 • 비판적 사고의 개념 • 비판적 사고의 구성요소 • 비판적 사고의 개발원리 • 비판적 사고 개발방법의 종류

	S(기술)	• 주변 환경에 대해 유심히 관찰하고 기록 • 특정 문제상황에서 가능한 많은 양의 아이디어 산출 • 고정적인 사고방식이나 시각 자체를 변화시켜 다양한 해결책 발견 • 발상의 전환을 통해 다양한 관점을 적용 • 다듬어지지 않은 아이디어를 보다 치밀한 것으로 발전 • 핵심적인 아이디어 식별 • 사고의 오류가 무엇인지를 확인해 제시 • 아이디어 간의 관계 유형을 파악해 제시 • 아이디어를 비교·대조해서 순서화해 제시 • 사실과 의견을 구분해 제시 • 신뢰할 수 있는 정보자료 획득 • 문제를 다양한 관점에서 검토해 정리 • 주장이나 진술에 포함된 편견을 발견해 제시
	C(상황)	• 업무를 수행함에 있어서 창의적으로 생각해야 하는 경우 • 업무의 전후관계를 논리적으로 생각해야 하는 경우 • 업무내용이나 상사의 지시를 무조건 수용하지 않고 비판적으로 생각해야 하는 경우 • 업무와 관련해 자신의 의사를 합리적으로 결정해야 하는 경우 • 업무와 관련된 새로운 프로세스를 개발해야 하는 경우 • 업무와 관련해 문제가 발생했을 때 합리적으로 해결해야 하는 경우
문제처리 능력	K(지식)	• 문제의 개념: 바람직한 상태와 현 상태의 괴리 • 문제의 유형: 발생형 문제, 탐색형 문제, 설정형 문제 • 문제의식의 장해요인 • 문제해결을 위한 요소 • 문제해결의 기본적 사고 • 문제해결의 장애요소 • 문제해결의 절차 • 문제해결절차 기법의 이론
	S(기술)	• 해결해야 할 문제를 체계적으로 상세히 기술 • 문제해결에 필요한 자료의 수집·정리 • 실행 가능한 대안들을 나열 • 적절한 기법을 사용해 문제의 전후 맥락을 파악하고 제시 • 잠재적 장애요소를 파악하고 대응방안 수립 • 효율적이고 효과적인 해결안 제시 • 문제점 간의 상관관계와 중요도 도출 • 문제해결에 필요한 능력들을 실증적으로 제시 • 대안에 따라 영향을 받게 될 사람·부서의 이해관계 제시 • 합리적 방법으로 최적 대안을 평가·선정해 실행 • 문제를 해결할 창의적 아이디어와 혁신적 조치 제안
	C(상황)	• 업무수행 중 발생하는 문제를 적절히 해결해야 하는 경우 • 변화하는 주변 환경과 현장 상황을 파악해 업무의 핵심에 도달해야 하는 경우 • 주어진 업무를 처리하는 서류를 다루는 경우 • 문제해결을 위한 사례를 분석·개발·적용해야 하는 경우 • 공정 개선 및 인원의 효율적인 운영이 필요한 경우

자기개발능력

자기개발능력은 NCS 직업기초능력 10개 영역 중 하나로, 업무를 추진하면서 자신의 능력을 스스로 관리하고 개발하는 능력이다. NCS 직업기초능력으로서 자기개발능력이란 자신의 능력·적성·특성 등의 이해를 기초로 업무와 관련된 자기발전 목표를 스스로 수립하고 성취해 나가는 능력을 말한다. 즉, 자기개발의 과정 및 방법과 자신의 객관적 위치를 파악해 업무와 삶에서 자기개발을 실행해 내는 능력이자, 비전을 정립하기 위한 능력이다. 자기개발능력은 자아인식능력, 자기관리능력, 경력개발능력으로 구분할 수 있다.

[표 8.5-1] **자기개발능력의 하위요소**

하위요소	내용	세부요소
자아인식능력	자기개발의 첫 단계로, 자신의 흥미·적성·특성 등을 이해하고, 이를 바탕으로 자신에게 필요한 것을 파악하는 능력	• 자기이해 • 능력 표현 및 발휘방법 인식
자기관리능력	자신에 대한 이해를 바탕으로 업무에 필요한 자질을 지닐 수 있도록 스스로를 관리하는 능력	• 개인의 목표 정립(동기화) • 자기통제 • 자기관리 규칙의 주도적인 실천
경력개발능력	동기를 갖고 학습하며, 경력 목표와 전략을 세우고 실행해 자신의 경력을 개발하는 능력	• 삶과 직업세계에 대한 이해 • 경력개발계획 수립 및 실행

자기개발능력의 평가

직원의 선발과정에서 지원자의 자기개발능력에 대한 평가는 채용의 전 단계에 걸쳐 가능하다. 서류전형단계에서는 입사지원서·자기소개서·경험 및 경력사항 등을 통해서, 필기시험단계에서는 4지 또는 5지 선다 형식의 직업기초능력 평가와 다양한 인성검사를 통해서, 면접단계에서는 경험면접이나 상황면접을 통해서 자기개발능력을 평가할 수 있다.

(1) 서류전형

첫 번째 서류전형단계에서 자기개발능력을 평가하는 방법에 대해 설명하기에 앞서 블라인드 채용 입사지원서의 구조를 알아둘 필요가 있다. 능력중심채용 입사지원서는 개인에 대한 인적사항, 교육사항, 자격사항과 경험 및 경력사항, 자기소개서로 구성된다.

여기서 인적사항을 제외하고 나머지 구성항목을 살펴보면, 지원자 본인이 받아 왔던 학교교육과 직업교육을 통해서는 실제 입사지원을 하기 위해 지원자가 직무지식을 어떻게 쌓아 왔는지에 대한 과정을 평가할 수 있다. 또 자격증을 통해서는 지원 직무분야에 대한 지원자의 전문성을 평가할 수 있다.

경험 및 경력사항은 먼저 경험의 경우 지원자가 지원 직무를 잘 수행하기 위해 노력했는지를 학창시절의 다양한 활동을 통해 평가할 수 있다. 경력사항은 입사지원 이전의 직장 경력을 통해 입사 후 지원 직무를 어느 정도의 수준으로 수행할 수 있는지 평가할 수 있다.

자기소개서는 지원자의 자기개발과 관련한 사례나 경험을 기술하게 함으로써 자기관리나 경력개발에 대한 지원자의 역량을 평가할 수 있다. 역량 기반 선발 이전에는 지원자의 자기개발과 관련한 경험이나 사례를 묻기보다는 '자신의 장단점'이나 '입사 후 포부' 등을 통해 지원자를 막연히 평가했다. 그러나 역량 기반 선발에서는 지원자의 자기관리나 경력개발에 대한 구체적인 정의와 행동지표 등을 개발해 지원자를 평가할 수 있다. 예를 들어 자기관리의 경우 '자신의 행동 및 업무수행을 통제하고 관리하며 합리적으로 조정하는 능력'으로, 경력개발은 '자신의 진로에 대해 단계적 목표를 설정하고 목표 성취에 필요한 역량을 개발하는 능력'으로 정의할 수 있다. 이들에 대한 구체적인 행동지표는 다음과 같다.

[표 8.5-2] 자기개발능력의 자기소개서 행동지표 사례

사례1.

평가방법	평가요소	행동지표
자기소개서	자기관리	• 자신의 비전과 목표를 정립했는가 • 자신의 역할과 능력을 검토해 역할에 상응하는 활동 목표를 설정했는가 • 중요도와 시급성을 기준으로 우선순위를 설정했는가 • 일의 우선순위에 따라 실행계획을 수립했는가 • 실행과 관련해 시간, 자금, 능력, 대인관계 등 다양한 요소를 고려했는가 • 실행결과를 분석·피드백해 다음 수행에 반영했는가

사례2.

평가방법	평가요소	행동지표
자기소개서	경력개발	• 주도적으로 자기 삶의 목표를 설정하고 실행하는가 • 자기 자신을 동기부여시킬 수 있는가 • 자신과 조직의 역량에 대해 진단할 수 있는가 • 경력 목표를 수집할 때 다양한 정보를 활용하는가 • 장기와 단기로 나눠 단계별 목표를 설정했는가 • 조직 내에서 자신의 미래 비전을 제시했는가

채용담당자는 앞에서 제시하고 있는 행동지표를 기반으로 지원자의 자기관리·경력개발에 대한 경험이나 사례를 기술하게 한 뒤, 행동의 구체성이나 명확성 수준 등을 고려해 이를 평가할 수 있다.

[표 8.5-3] 자기관리능력에 대한 자기소개서 문항 예시

하위요소	자기소개서 문항 예시
자기관리능력	자신의 비전과 목표를 수립하고 이를 실천했던 경험이나 사례를 기술하시오.
	최근 자기개발을 위해 노력했던 경험이나 사례가 있다면 어떤 것이며, 자기개발 목표를 달성하기 위해 가장 우선적으로 고려했던 것이 무엇이고 이를 어떻게 하였는지 구체적으로 기술하시오.
	최근 과제나 업무를 수행하면서 결과가 좋지 않았던 경험이나 사례를 통해 얻게 된 교훈이 어떤 것인지 기술하시오.

[표 8.5-4] 경력개발능력에 대한 자기소개서 문항 예시

하위요소	자기소개서 문항 예시
경력개발능력	자신의 인생을 통해 궁극적으로 이루고자 하는 목표는 어떤 것이며, 이를 실현하기 위해 노력해 온 경험이나 사례를 기술하시오.
	자신의 장점과 단점은 무엇이며, 장점을 강화하고 단점을 보완하고자 노력했던 경험이나 사례를 기술하시오.
	자신의 직무분야에 대한 전문성을 향상시키려는 목표는 무엇이며, 이를 달성하기 위해 어떠한 노력을 했는지 기술하시오.

(2) 필기시험

자기개발능력에 대한 직업기초능력 필기시험의 경우 이론적인 내용에 대해 묻거나 실무상황을 제시하고 이에 대한 적응능력을 평가하는 것으로 구분할 수 있다. 보통의 경우 필기시험은 4지 선다형 또는 5지 선다형 객관식 형태로 출제한다.

먼저 이론에 대해서는 기본적으로 자기개발 및 경력개발의 특징과 과정, 각 단계에서 취해야 할 올바른 행동을 선택하는 문제를 출제할 수 있다. 구체적으로 실무에서 발생할 수 있는 상황 혹은 사례를 제시하고 이에 대해 적절한 분석을 할 수 있는지, 자기개발 및 경력개발에 대한 이론적 이해가 충분히 이뤄졌을 때 이를 실무상황에도 잘 적용하고 올바른 선택을 할 수 있는지, 제시된 상황에 대한 자연스러운 대응 혹은 태도는 어떤 것인지를 묻는 형태로 출제할 수 있다.

자기개발능력 중 자아인식, 즉 직업생활과 관련한 지원자의 가치·신념·흥미·적성·성격 등에 대한 평가는 인성검사를 활용할 수 있다. 이때 인성검사는 성과와 관련한 긍정적 성격을 측정하는 검사와 조직적응과 관련한 부정적 성격을 측정하는 검사로 구분할 수 있다. 다만 이전에는 긍정적 성격의 인성검사를 주로 사용해 왔으나, 최근에는 부정적 성격을 측정하는 인성검사를 활용하는 사례가 증가하고 있다.

(3) 면접

면접전형에서 자기개발능력의 평가는 주로 경험면접과 상황면접을 통해 이뤄진다. 경력직의 경우 사전에 업무수행계획을 작성하게 한 뒤 발표면접을 통해 평가하기도 하지만, 행동관찰을 통해 평가하는 시뮬레이션 면접은 자기개발능력을 평가하기에 적절하지 않기 때문이다.

경험면접을 통한 자기개발능력의 평가는 자기소개서 평가방식과 동일하다. 그러나 자기소개서는 지원자에게 글로 작성하게 해 평가하는 것이고, 면접은 질문에 대한 답변의 평가라는 점에서 다르다. 경험면접에서 자기개발능력의 평가는 지원자의 자기관리·경력개발과 관련된 최근의 경험이나 사례를 질문함으로써 입사 후 지원자의 자기개발능력을 예측한다. 경험면접에서 활용할 수 있는 질문의 예를 들면 보다 나은 자신을 위해 노력했던 경험이나 사례, 자신의 인생에서 이루고자 하는 목표와 그것을 이루기 위해 노력해 왔던 경험이나 사례 등이 있을 수 있다.

상황면접을 통한 자기개발능력의 평가는 필기시험의 사례 제시형과 같은 내용으로 진행된다. 즉, ▷지원자에게 실무에서 발생할 수 있는 상황 혹은 사례를 제시하고 이에 대해 적절한 분석을 할 수 있는지 ▷자기개발 및 경력개발에 대한 이론적 이해가 충분히 이뤄졌을 때 이를 실무상황에도 잘 적용하고 올바른 선택을 할 수 있는지 ▷제시된 상황에 대한 자연스러운 대응 혹은 태도는 어떤 것인지를 관찰·평가할 수 있다.

이때 경험면접과 상황면접의 평가방법은 자기소개서 평가와 같이 평가요소에 대한 정의와 행동지표를 사전에 개발해 진행하면 된다.

자기개발능력의 하위능력별 평가내용

마지막으로 자기개발능력 하위능력별 평가내용으로서 지식(K), 기술(S), 상황(C)을 소개하고자 한다. 다음 표의 자료는 NCS 홈페이지(www.ncs.go.kr)의 'NCS 소개'에서 '직업기초능력' 중 '자기개발능력'의 『교수자용 가이드북(직업기초능력 가이드북: 교수자용)』을 참고한 것이다. 해당 가이드북에서는 'I-3. 내용체계 및 시간'에서 '자기개발능력 하위능력별 교육내용으로서의 지식, 기술, 상황'을 통해 자기개발능력의 하위요소에 대한 교육내용으로 지식, 기술, 상황을 나열하고 있다.

이는 채용담당자 입장에서 자기개발능력의 평가와 관련해 유용하게 활용할 수 있으므로, 다음 표에서는 기존 자료의 '교육내용'을 '평가내용'으로 수정해 실제 평가과제를 만드는 데 사용할 수 있도록 했다. 예컨대 지식과 기술은 필기시험 평가내용의 기준으로, 상황은 상황면접 또는 자기소개서 질문 문항을 개발하거나 시뮬레이션 면접 과제를 개발하는 과정에서 직무상황을 설정하는 근거자료로 유용하게 활용할 수 있다.

[표 8.5-5] 자기개발능력 하위능력별 평가내용으로서의 지식·기술·상황

하위능력		평가내용
자아인식능력	K(지식)	• 자신의 요구에 대한 이해 • 자신의 능력, 적성, 흥미 파악 원리 • 자신의 능력, 적성, 흥미 이해 • 자존감(self-esteem)의 개념 • 자존감 형성 원리 • 자아인식을 통한 성장경로 이해
	S(기술)	• 자신의 요구사항 제시 • 자신의 능력 파악 • 자신의 적성 및 흥미 파악 • 자신의 장단점 파악 • 자신에게 더욱 필요한 분야 확인 • 긍정적인 태도 유지 • 자신에게 가치 부여 • 자신의 신체리듬 파악
	C(상황)	• 조직에서 자신의 요구사항을 표현해야 하는 경우 • 조직에서 자신의 능력과 장점을 알려야 할 필요가 있는 경우 • 업무에 새로운 책임이 부여된 경우 • 조직에서 맡은 역할을 완수해야 하는 경우 • 업무수행 과정에서 중장기 목표를 세워야 하는 경우 • 다른 직업을 찾는 경우
자기관리능력	K(지식)	• 자기관리계획 수립방법에 대한 지식 • 자기관리의 개념 • 자기관리의 중요성 이해 • 자기관리의 원리와 절차 • 자신을 관리하는 방법의 종류
	S(기술)	• 자신의 과제 목표 및 기한을 리스트하기 • 과제의 우선순위를 리스트하기 • 자신의 중장기 목표를 설정하는 기술 • 자신이 할 수 있는 목표를 세우는 기술 • 자신의 목표를 달성하기 위해 필요한 자원 확인 • 자신의 목표 달성에 방해가 되는 요소 확인 • 자신을 통제하는 방법 적용 • 외부 상황을 통제하는 방법 적용 • 계획을 주도적으로 실천할 수 있는 기술 • 목표 달성의 측정기준을 설정하는 기술

	C(상황)	• 업무를 주어진 시간까지 완수해야 하는 경우 • 여러 가지 업무를 동시에 수행해야 하는 경우 • 업무에 새로운 책임이 부여됐을 경우 • 조직에서 맡은 역할을 완수해야 하는 경우 • 조직에서 역할을 수행하기 위해 목표를 세워야 하는 경우
경력개발능력	K(지식)	• 주도적인 삶의 개념 • 주도적인 사람이 되는 방법에 대한 이해 • 인생과 진로의 개념 • 직무의 개념 • 경력의 개념 • 경력개발의 개념 • 경력개발의 중요성 이해 • 경력개발계획 수립방법에 대한 이해 • 경력개발 프로세스에 대한 이해
	S(기술)	• 업무수행 과정에서 주도적으로 자기 삶의 목표 설정 • 업무수행 과정에서 주도적으로 삶의 목표 실행 • 업무수행 과정에서 자신을 동기부여시킬 수 있는 기술 • 조직 내에서 자신의 미래 비전 제시 • 경력 목표를 수립할 때 다양한 정보를 활용하는 기술 • 직무정보를 탐색하는 기술 • 자신의 역량을 진단할 수 있는 기술 • 업무수행 과정에서 필요한 역량을 개발하는 데 필요한 프로그램을 활용하는 기술
	C(상황)	• 삶의 중장기 목표를 세워야 하는 경우 • 진급을 위한 준비를 해야 하는 경우 • 직업사회에서 요구하는 역량이 급속도로 변하는 경우 • 다른 직업을 계획하고 있는 경우 • 갑작스런 진로의 변화가 닥쳤을 경우

자원관리능력

　　NCS 직업기초능력으로서 자원관리능력은 업무를 수행하기 위한 시간, 예산, 물적자원, 인적자원 등의 자원 중 무엇이 얼마나 필요한지를 확인하는 능력이다. 또한 이용 가능한 자원을 최대한 수집해 실제 업무에 어떻게 활용할 것인지에 대한 계획을 수립하며, 계획에 따라 확보한 자원을 업무수행에 할당하는 능력을 의미한다. 여기에서는 최소의 투자로 최대의 이익을 창출할 수 있는 대안을 찾는 것이 중요하다. 또한, 다양한 경우의 수를 파악해 가장 합리적인 방안을 이끌어 낼 수 있는 유연한 사고도 필요하다. 자원관리능력은 시간관리능력, 예산관리능력, 물적자원관리능력, 인적자원관리능력으로 구분할 수 있다.

　　먼저, 시간관리능력이란 시간자원이 얼마나 필요한지를 확인하고, 이용 가능한 시간자원을 최대한 수집해 실제 업무에 어떻게 활용할 것인지를 계획하고 할당하는 능력을 의미한다. 예를 들면 시간이라는 자원을 최대한 활용하기 위해 제일 자주 반복되는 일에 가장 많은 시간을 분배하고, 최단시간에 최선의 목표를 달성하는 것을 말한다.

예산관리능력은 이용 가능한 예산을 확인하고 어떻게 사용할 것인지 계획해 그 계획대로 사용하는 능력을 의미한다. 예산관리는 예산범위 내에서 실행 가능한 과업과 활동을 정하고 이 중 핵심적인 것들의 우선순위를 정한 뒤, 그에 따라 예산을 배정하는 식으로 이뤄진다.

물적자원관리능력은 직장생활에서 필요한 물적자원을 확인하고 활용하는 능력을 의미한다. 이는 매우 중요한데, 물적자원을 얼마나 확보하고 활용할 수 있느냐가 조직의 경쟁력을 좌우하기 때문이다. 예컨대 필요한 상황에 물적자원이 공급되지 않는다면 조직의 입장에서 큰 손실을 입을 수 있다.

인적자원관리능력은 직장생활에 필요한 품성·특성·지식을 파악하고 관리하며, 활용하는 능력을 의미한다. 인적자원(人的資源·Human Resource)의 개념은 주로 자산(Asset)과 투자(Investment) 관점에서 이해될 수 있다. 먼저 인적자원을 자산으로 보는 관점은 구성원들을 자산으로 여겨 이들을 조직체가 가진 부(富)의 중요 부분으로 강조한다. 이는 조직체의 자산 가치를 높이기 위해 우수한 인력을 확보하고, 이를 아끼고 활용하며, 항상 높은 가치를 유지하도록 노력하는 것을 의미한다. 반면, 인적자원을 투자로 보는 관점은 구성원의 잠재능력 개발에 투자함으로써 자산으로서 그들의 가치를 높이는 동시에 조직의 부도 증가시키는 것을 의미한다.

따라서 인적자원관리능력은 개인적 차원뿐만 아니라 조직적 차원에서 중요한 의미를 가진다고 볼 수 있다. 과거에는 인적자원에 대한 인식 부족으로 조직의 물적자원과 재무적자원보다 인적자원에 대한 투자 금액이 상대적으로 적었다. 그러나 현재는 경제·사회문화 수준의 향상과 급격한 환경변화로 인적자원이 조직의 성과에 기여하는 정도가 커짐에 따라 이에 대한 투자도 증가하고 있다. 이러한 맥락에서 인적자원은 조직이 환경에 적응하고 지속적인 성장을 하는 데에 결정적 역할을 하는 가장 중요한 전략적 자원이 되고 있다.

[표 8.6-1] **자원관리능력의 하위요소**

하위요소	내용	세부요소
시간관리능력	업무수행에 필요한 시간자원을 파악하고, 이용 가능한 시간자원을 최대한 수집해 실제 업무에 어떻게 활용할 것인지를 계획하며, 이에 따라 시간을 효율적으로 활용해 관리하는 능력	• 시간자원 확인 • 시간자원 할당
예산관리능력	업무수행에 필요한 예산을 파악하고, 이용 가능한 예산을 최대한 확보해 실제 업무에 어떻게 활용할 것인지를 계획하며, 이에 따라 예산을 효율적으로 집행해 관리하는 능력	• 예산 확인 • 예산 할당
물적자원 관리능력	업무수행에 필요한 물적자원인 재료·시설자원 등을 파악하고, 이용 가능한 물적자원을 최대한 확보해 실제 업무에 어떻게 활용할 것인지를 계획하며, 이에 따라 물적자원을 효율적으로 활용해 관리하는 능력	• 물적자원 확인 • 물적자원 할당
인적자원 관리능력	업무수행에 필요한 인적자원인 근로자의 기술·능력·업무 등을 파악하고, 이용 가능한 인적자원을 최대한 확보해 실제 업무에 어떻게 활용할 것인지를 계획하며, 이에 따라 인적자원을 효율적으로 배치해 관리하는 능력	• 인적자원 확인 • 인적자원 할당

자원관리능력의 평가

(1) 서류전형

자원관리능력 역시 다른 직업기초능력과 마찬가지로 채용의 여러 단계에서 다양하게 평가할 수 있다. 서류전형단계의 자기소개서 평가 또는 필기전형에서 직업기초능력 중 하나의 영역으로 평가할 수 있으며, 면접전형에서는 경험 및 상황면접 또는 서류함기법(In-Basket) 등을 통해서도 평가가 가능하다.

좀 더 자세히 살펴보면, 서류전형에서의 자기소개서 평가는 자원관리능력의 하위요소 각각에 대해 지원자의 경험이나 사례를 기술하게 할 수 있다. 예를 들어 시간관리능력에 대해서 "지원자가 시간관리를 효율적으로 해 성과를 냈던 경험이나 사례를 기술하시오.", 예산관리능력에 대해서는 "지원자가 어떠한 일을 수행하면서 비용을 효율적으로 계획하고 사용했던 경험이나 사례를 기술하시오."라는 문항을 개발할 수 있다. 물적자원관리능력의 경우 "지원자가 과제(업무)를 수행하면서 필요한 자원들이 부족했을 경우 이를 어떻게 처리했었는지 기술하시오.", 인적자원관리능력의 경우 "지원자가 팀 과제(업무)를 하면서 조직의 구성이나 운영을 원활히 해 효과적인 결과를 만들어 냈던 경험이나 사례를 기술하시오."라는 문항을 개발할 수 있다.

[표 8.6-2] **시간관리능력에 대한 자기소개서 문항 예시**

하위요소	자기소개서 문항 예시
시간관리능력	지원자가 최근에 시간관리를 효율적으로 하여 성과를 냈던 경험이나 사례를 기술하시오.
	지원자 자신이 가지고 있는 시간관리의 원칙은 어떤 것이 있으며, 이를 실행했던 구체적인 사례나 경험이 있으면 기술하시오.
	시간관리를 잘하기 위해서는 어떠한 태도나 자세가 필요한지를 설명하고, 이를 실천했던 자신의 구체적인 경험이나 사례를 기술하시오.

[표 8.6-3] 예산관리능력에 대한 자기소개서 문항 예시

하위요소	자기소개서 문항 예시
예산관리능력	지원자가 어떠한 일을 수행하면서 비용을 효율적으로 계획하고 사용했던 경험이나 사례를 기술하시오.
	지원자가 어떠한 일을 하거나 계획을 세우면서 필요한 비용을 어떻게 조달하고 사용했었는지 기술하시오.
	지원자가 돈 관리를 잘하기 위해서 필요한 자세나 태도는 어떤 것인지를 설명하고, 이를 실천했던 구체적인 경험이나 사례가 있으면 기술하시오.

[표 8.6-4] 물적자원관리능력에 대한 자기소개서 문항 예시

하위요소	자기소개서 문항 예시
물적자원 관리능력	지원자가 과제(업무)를 수행하면서 필요한 자원들이 부족했을 경우 이를 어떻게 처리했었는지 기술하시오.
	지원자가 어떤 일(업무나 과제)을 수행하면서 필요한 재료와 시설 등을 효과적으로 사용하여 성과를 냈던 사례나 경험을 구체적으로 기술하시오.

[표 8.6-5] 인적자원관리능력에 대한 자기소개서 문항 예시

하위요소	자기소개서 문항 예시
인적자원 관리능력	지원자가 과제(업무)를 수행하면서 조직의 구성원을 구성하거나 운영했던 경험이나 사례를 기술하시오.
	효율적인 인적자원의 구성이란 어떤 것이라고 생각하며, 효율적인 인적자원 구성을 통해 성과를 내었던 경험이나 사례를 구체적으로 기술하시오.
	팀을 이루어 과제(업무)나 업무를 수행하고, 그 성과를 팀원에게 효과적으로 전달하였던 경험이나 사례에 대해 구체적으로 기술하시오.

자원관리능력은 다른 직업기초능력과 마찬가지로 네 가지 하위요소에 대한 정의 및 행동지표를 개발함으로써 지원자의 자기소개서 내용에 대해 평가할 수 있다. 다음은 자원관리능력 각 하위요소에 대한 행동지표를 정리해 놓은 것이다.

[표 8.6-6] 자원관리능력의 자기소개서 행동지표 사례

사례1.

평가방법	평가요소	행동지표
자기소개서	시간관리 능력	• 제한된 시간 안에 주어진 과업을 수행하려는 의지가 있는가 • 과업의 순서와 중요성을 결정해 실행하는가 • 업무수행을 위한 단계별 계획을 세우고 실행하는가 • 시간적 측면에서 부족하거나 초과하는 것이 무엇인지 파악하고 있는가 • 계획한 일정에 따라 효율적인 자원 동원계획을 수립하는가 • 필요한 경우 계획을 조정해 다시 수립하는가 • 여러 업무를 진행할 때 업무 간 활동시간을 할당하는가

사례2.

평가방법	평가요소	행동지표
자기소개서	예산관리 능력	• 목표를 달성하기 위한 예산계획을 수립하는가 • 세부적인 활동에 대한 비용을 예상해 제시하는가 • 세부 예산 내에서 우선순위를 정해 지출하는가 • 부족한 예산을 확보하고자 하는 의지와 전략을 갖고 있는가 • 제한된 예산 내에서 주어진 과업을 실행하는가 • 성과를 개선하기 위해 예산을 효과적으로 할당하는가

사례3.

평가방법	평가요소	행동지표
자기소개서	물적자원 관리능력	• 과업수행을 위한 필요자원을 계획할 수 있는가 • 과업수행에 따른 시설자원을 확보할 수 있는가 • 재료와 시설의 비용과 자원을 확인해 정리하는가 • 과업의 순서와 중요성을 결정해 관리하는가 • 재료와 시설이 효과적으로 사용될 수 있도록 지속적으로 관리하는가 • 제한된 재료와 시설자원을 활용해서 주어진 과업을 수행하는가 • 성과를 개선하기 위해서 재료 및 시설을 효과적으로 사용하는가

사례4.

평가방법	평가요소	행동지표
자기소개서	인적자원 관리능력	• 작업계획에 따라 인적자원 확보·배분계획을 수립하는가 • 구성원의 특성을 고려해 인원을 배치하는가 • 인적자원이 효율성을 발휘할 수 있도록 지속적인 관리를 하는가 • 업무수행성과에 대해 구성원들에게 피드백을 제공하는가 • 제한된 인적자원을 활용해서 주어진 과업을 수행하는가 • 성과를 개선하기 위해 효과적으로 인적자원을 운영하는가

(2) 필기시험

필기전형단계에서 자원관리능력은 직업기초능력 중 하나의 영역으로, 객관식 필기시험이나 논술 또는 보고서 작성 등으로 평가할 수 있다. 먼저 객관식 필기시험은 자원관리능력에 대한 이론적 지식과 제시된 자료를 활용하는 능력을 평가할 수 있다. 예컨대 효과적인 자원관리를 위해 기본적으로 숙지하고 있어야 하는 이론적인 내용(올바른 자원관리능력이란 어떤 것인지)과 자원관리능력의 하위요소에 대한 이해도를 묻는 문제를 출제할 수 있다. 자료를 제시하는 경우에는 ▷지원자가 업무를 수행할 때 주어진 자료를 빠르고 정확하게 분석해 합리적인 판단을 할 수 있는지 ▷제시된 자료에 근거해 여러 조건에 맞는 비용을 계산할 수 있는지 ▷제시된 자료에서 특정 정보를 추출해 계산하고 이를 토대로 적절한 선택을 할 수 있는지 등을 평가할 수 있다.

논술 또는 보고서 작성의 경우 업무상황에서 일어날 수 있는 여러 경우나 자료를 동시에 제시한다. 이를 통해 ▷업무를 추진하면서 어떤 자원이 얼마나 필요한지 파악할 수 있는지 ▷제시 상황에서 필요한 자원을 어떻게 확보할 것인지 ▷업무나 활동의 우선순위를 고려해 자원을 업무에 어떻게 할당하는지 ▷업무추진단계에서 계획에 맞게 업무를 수행하는지를 평가할 수 있다.

(3) 면접

면접에서 지원자를 가장 직접적으로 평가할 수 있는 자원관리능력의 하위요소는 아마도 '시간관리능력'일 것이다. 지원자가 주어진 시간 안에 면접 과제를 완수하는지를 관찰·평가함으로써 시간관리능력을 직접 평가할 수 있기 때문이다. 그러나 실질적으로 다른 주요 평가요소들이 많을 경우, 시간관리는 간접적 평가요소로 우선순위에서 밀리는 경우가 많다.

면접전형단계에서 자원관리능력은 경험면접, 상황면접, 서류함기법, 발표면접, 그룹토의 및 활동 등 다양한 기법을 통한 평가가 가능하다. 먼저 경험면접은 자원관리능력의 하위요소 각각에 대해 지원자의 경험이나 사례를 질문하고 답변을 평가한다. 앞에 설명한 자기소개서 질문을 다시 면접 질문으로 바꿔 보자. 시간관리능력에 대해서는 "지원자가 시간관리를 효율적으로 해 성과를 냈던 경험이나 사례를 말씀해 주십시오."라고 물을 수 있으며, 예산관리능력에 대해서는 "지원자가 어떤 일을 수행하면서 비용을 효율적으로 계획하고 사용했던 경험이나 사례를 말씀해 주십시오."라고 물을 수 있다. 물적자원관리능력의 경우 "지원자가 과제(업무)를 수행하면서 필요한 것들이 부족했을 때 이를 어떻게 처리했었는지 말씀해 주십시오.", 인적자원관리능력의 경우 "지원자가 팀 과제(업무)를 수행하면서 조직을 효과적으로 구성하고 운영했던 경험이나 사례를 말씀해 주십시오."라고 질문할 수 있다.

이에 대한 평가 역시 자기소개서 평가와 마찬가지로 자원관리능력의 네 가지 하위요소에 대한 정의 및 행동지표를 사전에 개발하는 식으로 이뤄진다. 그리고 각 평가요소와 관련된 질문에 대한 지원자의 답변에서 관찰되는 행동들을 평가하면 되는 것이다.

상황면접의 경우 자원관리에 관련된 여러 직무상황을 제시해 지원자가 어떻게 행동할 것인지를 물어보고, 지원자의 행동의도를 파악해 실제 어떻게 행동할 것인가를 예측·평가한다. 여기에서는 "~한 상황에서 지원자는 어떻게 행동하시겠습니까?"라는 구조로 질문을 구성한다. 예를 들면 "내일 회사에서 워크숍을 갑니다. 지원자는 담당 직원으로서 워크숍 준비와 관련해 퇴근 전까지 5가지 업무를 처리해야 합니다. 5가지 업무는 워크숍 운영 계획, 예산 검토, 워크숍 장소 및 시설 예약, 필요도구 점검, 각 프로그램별 담당자 선정 및 연락 등입니다. 이런 상황에서 지원자는 각각의 업무를 어떻게 처리하시겠습니까?"라고 질문하는 것이다. 그리고 이에 대한 답변을 들어 지원자 행동의 의도 및 실제 행동을 예측해 평가하면 된다. 이때 상황면접의 평가도 경험면접과 마찬가지로 사전에 평가요소에 대한 정의 및 행동지표를 개발해 평가자에게 제공하는 것이 바람직하다.

서류함기법은 상황면접 질문에서 언급했던 각각의 상황과 관련된 자료를 제시하고 5가지 업무에 대한 우선순위 설정 및 문제해결방식을 평가한다. 즉 워크숍의 개요, 워크숍 장소 예약사항 및 부대시설에 대한 정보, 워크숍 프로그램의 세부 내용 및 프로그램을 운영할 직원의 프로필 등 실제 자료를 제시한다. 이후 각각의 자료에 대한 분석 결과와 실행계획 등을 작성하게 하고, 작성한 내용에 대해 면접관들이 지원자에게 질문하는 것이다. 과제의 수는 면접시간과 지원자 수 등을 고려해 조정할 수 있으며, 이때 서류함기법의 여러 자료 중 하나의 자료를 제시해 그 해결방안을 묻고 평가한다면 발표면접이라고 할 수 있다.

그런데 서류함기법과 발표면접에서의 자원관리능력은 일반적으로 문제해결능력과 함께 평가되는 경우가 많다. 즉, 문제해결과정에서 지원자가 주어진 자원을 어떻게 효율적으로 수집·활용·관리했는가에 대한 행동과 태도를 관찰·평가하는 것이다. 예컨대 과제 수행에 필요한 자원들을 효과적으로 활용·관리하는지, 세부적인 활동계획에 근거해 자원을 수집·운영하는지 등이다. 구체적인 행동지표는 다음 표를 참고하길 바란다.

[표 8.6-7] 자원관리능력의 서류함기법과 발표면접에서 행동지표

평가방법	평가요소	행동지표
• 서류함기법 • 발표면접	자원관리 능력	• 과제수행에 필요한 자원들을 효과적으로 활용·관리하는가 • 세부적인 활동계획에 근거해 자원을 수집·운영하는가 • 과제수행 시 자원들의 특성을 충분히 이해하고 이를 활용하는가 • 제한된 자원들을 활용해 주어진 과제를 완수하려고 하는가 • 성과를 개선하기 위해 필요한 자원들을 적극적으로 사용하는가

그룹토의 및 활동은 여러 명의 지원자들이 하나의 그룹을 이뤄 과제를 수행하는 과정에서 각자에 대한 역할 배분과 역할에 따른 행동을 관찰·평가하는 방식이다. 과제의 수가 많아 여러 명이 과제를 나눠 하는 경우 그룹 서류함기법(Group In-Basket)의 형식을 가질 수 있으며, 하나의 과제를 여러 명이 수행하는 경우는 그룹토의 방식이라고 말할 수 있다. 그룹활동(Group Activity)은 도미노게임, 롤러코스터 제작, 축구·배구·족구 등과 같은 스포츠게임, 오락게임 등 집단게임을 통해 과제수행 과정에서의 지원자들 각각에 대한 역할 배분과 역할에 따른 행동을 관찰·평가한다.

자원관리능력의 하위능력별 평가내용

마지막으로 자원관리능력 하위능력별 평가내용으로서 지식(K), 기술(S), 상황(C)을 소개하고자 한다. 다음 표의 자료는 NCS 홈페이지(www.ncs.go.kr)의 'NCS 소개'에서 '직업기초능력' 중 '자원관리능력'의 『교수자용 가이드북(직업기초능력 가이드북: 교수자용)』을 참고한 것이다. 해당 가이드북에서는 'I-3. 내용체계 및 시간'에서 '자원관리능력 하위능력별 교육내용으로서의 지식, 기술, 상황'을 통해 자원관리능력의 하위요소에 대한 교육내용으로 지식, 기술, 상황을 나열하고 있다.

이는 채용담당자 입장에서 자원관리능력의 평가와 관련해 유용하게 활용할 수 있으므로, 다음 표에서는 기존 자료의 '교육내용'을 '평가내용'으로 수정해 실제 평가과제를 만드는 데 사용할 수 있도록 했다. 예컨대 지식과 기술은 필기시험 평가내용의 기준으로, 상황은 상황면접 또는 자기소개서 질문 문항을 개발하거나 시뮬레이션 면접 과제를 개발하는 과정에서 직무상황을 설정하는 근거자료로 유용하게 활용할 수 있다.

[표 8.6-8] 자원관리능력 하위능력별 평가내용으로서의 지식·기술·상황

하위능력		평가내용
시간관리 능력	K(지식)	• 시간자원의 의미 • 시간자원의 중요성 • 시간관리의 의미 • 시간관리의 중요성 • 시간낭비 요인 • 시간관리 기법: 목표 달성, 계획, 조직화 • 시간관리 개선 아이디어 기법 이론 • 시간관리 실천계획
	S(기술)	• 제한된 시간 내에 주어진 과업 수행 • 성과를 개선하기 위해 효과적으로 시간 할당 • 과업의 순서와 중요성을 결정해 제시 • 시간자원 가운데 부족하거나 과잉되는 자원이 무엇인지를 목록화해 제시 • 업무 수행을 위한 구체적인 스케줄 작성 • 계획된 시간표에 준해서 효율적인 자원 동원계획 수립 • 업무추진단계별 예상 소요시간 할당 • 데드라인에 맞추는 데 필요한 과업의 절차를 결정하고, 요구되는 결과물 창출 • 조직의 효과성을 위해 작업단위 내의 과업 스케줄을 조정하고 데드라인 설정 • 필요한 경우 스케줄을 조절해 다시 작성 • 여러 업무를 진행할 때 업무 간 활동시간 할당
	C(상황)	• 업무 수행에 필요한 시간자원을 효율적으로 활용·관리해야 하는 경우 • 업무 수행에 있어서 거래처를 관리해야 하는 경우 • 공정 진행상의 생산성 향상을 위해 제품 생산시간을 조정해야 하는 경우 • 업무 수행에 있어서 진행과정의 타임테이블을 작성해야 하는 경우 • 업무 추진단계별 예상 소요시간 목록을 작성해야 하는 경우
예산관리 능력	K(지식)	• 예산의 의미 • 예산의 중요성 • 예산관리의 개념 • 예산관리의 중요성 • 예산낭비 요인 • 예산관리 기법의 종류 • 예산관리 개선 아이디어 기법 이론 • 예산관리 실천계획

	S(기술)	• 구체적인 자본 동원 및 투자 계획서 작성 • 예산과 관련한 지출 계산 • 세부적인 활동에 대한 비용을 예상해 제시 • 세부 예산 내에서 비용 평가에 근거해 우선순위를 조정해 제시 • 한 가지의 과업 프로젝트를 위한 손익계산서 작성 • 손익계산서에 근거해서 필요한 예산을 조절하고 평가해 작성 • 예산 가운데 부족하거나 과잉되는 예산이 무엇인지를 목록화해 제시 • 부족한 예산을 확보하는 방법 활용 • 거래량 결정, 고객으로부터의 요금징수를 포함한 현금 관련 업무를 기록하고 수행 • 확보된 예산을 업무에 적절히 할당 • 제한된 예산 내에서 주어진 과업을 실행 • 성과를 개선하기 위해 효과적으로 예산 할당 • 과업의 순서와 중요성을 결정해 제시
	C(상황)	• 업무 수행에 필요한 자본예산을 효율적으로 활용·관리해야 하는 경우 • 업무 수행에 있어서 거래처를 관리해야 하는 경우 • 공정 진행상의 생산성 향상을 위해 제품 생산에 드는 예산을 조정해야 하는 경우 • 업무 수행에 필요한 구체적인 투자 계획서를 작성하는 경우
물적자원 관리능력	K(지식)	• 물적(재료 및 시설)자원관리의 개념 • 물적(재료 및 시설)자원의 중요성 • 물적(재료 및 시설)자원의 의미 • 물적(재료 및 시설)자원관리의 중요성 • 물적(재료 및 시설)자원 낭비 요인 • 물적(재료 및 시설)자원관리 기법의 종류 • 물적(재료 및 시설)자원관리 개선 아이디어 • 물적(재료 및 시설)자원관리 실천계획
	S(기술)	• 작업계획에 따라 세부적인 재료를 획득, 저장, 전달 • 복잡한 작업에 필요한 재료와 시설의 형식과 양을 결정 • 재료와 시설자원 배분계획 수립 • 작업계획에 따라 시설자원 확보 • 재료와 시설의 비용과 자원을 확인해 정리 • 재료의 배분방법과 저장계획 수립 • 과업의 순서와 중요성을 결정해 제시 • 재료와 시설이 효과적으로 사용될 수 있도록 모니터링 • 새로운 장비와 재료의 세부사항을 검토해 제시 • 제한된 재료와 시설자원을 활용해 주어진 과업 수행 • 성과를 개선하기 위해서 효과적으로 재료 및 시설 사용

	C(상황)	• 업무 수행에 필요한 물적자원을 효율적으로 활용·관리해야 하는 경우 • 공정 진행상의 생산성 향상을 위해 제품 생산에 드는 물적자원을 조정해야 하는 경우 • 물적자원을 활용하기 위해서 업무 지시서를 작성해야 하는 경우 • 업무 수행에 필요한 물적자원을 확보해야 하는 경우
인적자원 관리능력	K(지식)	• 인적자원관리의 개념 • 인적자원의 중요성 • 인적자원의 의미 • 인적자원관리의 중요성 • 인적자원낭비 요인 • 인적자원관리 기법의 종류 • 인적자원관리 개선 아이디어 • 인적자원관리 실천계획
	S(기술)	• 단일 업무를 수행할 수 있는 근로자 풀로부터 개인을 업무에 배정 • 기술, 업무, 작업 부하의 자기 평가에 근거해서 인원 배치 • 업무수행 성과에 관련해서 피드백 제공 • 개인의 능력과 기술에 근거해서 인원을 배치하거나 재배치 • 개인의 수행을 관찰해서 과업을 수행할 수 있는 개인의 능력 결정 • 부족한 부분을 확인하고 훈련과 개발 프로그램 추천 • 프로젝트를 관리하는 개인의 수행에 대해 피드백 제공 • 지원자들의 잠재능력에 근거해서 직업요구에 부합하는 고용 결정 • 인적자원 배분계획 수립 • 작업계획에 따라 인적자원 확보 • 과업의 순서와 중요성 결정 • 인적자원의 효율성이 발휘되도록 모니터링 • 제한된 인적자원을 활용해서 주어진 과업 수행 • 성과를 개선하기 위해서 효과적으로 인적자원 활용
	C(상황)	• 업무 수행에 필요한 인적자원을 효율적으로 활용·관리해야 하는 경우 • 업무 수행에 있어서 거래처의 직원을 관리해야 하는 경우 • 공정 진행상의 생산성 향상을 위해 제품 생산에 드는 인적자원을 조정해야 하는 경우 • 업무 계획서에 따라서 인력을 배치해야 하는 경우 • 업무와 관련된 부서나 업체와 공동으로 업무를 진행해야 하는 경우

대인관계능력

　　대인관계능력은 NCS 직업기초능력 10개 영역 중 하나로, 직장생활에서 조직 구성원들과 원만한 관계를 유지하고 상호 간 도움을 주며, 구성원 간의 갈등을 원만히 해결하고 고객의 요구를 충족시켜 줄 수 있는 능력이다. 이는 인간관계에서의 신뢰성을 바탕으로 상대방을 이해하고, 조직 내에서 자신의 역할을 충실히 수행할 수 있는지를 핵심으로 한다. 크게 팀워크능력, 리더십능력, 갈등관리능력, 협상능력, 고객서비스능력으로 구분할 수 있다.

　　먼저 팀워크능력은 직장생활에서 구성원들과 함께 목표를 공유하고 협조적인 관계를 유지하며, 자신이 맡은 업무를 책임감 있게 수행하는 능력을 말한다. 세부요소로는 적극적인 태도, 업무 공유, 책임감 등이 있다.

리더십능력은 직장생활에서 조직 구성원들의 업무성과 향상에 도움을 주고 동기화시키며, 수행 가능한 조직의 목표 및 비전을 제시할 수 있는 능력을 뜻한다. 세부요소로는 동기화시키기, 논리적 의견 표현, 신뢰감 구축 등이 있다.

갈등관리능력은 직장생활에서 조직 구성원 사이에 갈등이 생겼을 때 이를 원만히 조절하는 능력을 말한다. 세부요소로는 타인에 대한 이해 및 배려, 피드백 주고받기가 있다.

협상능력은 직장생활에서 협상 가능한 목표를 세우고 상황에 맞는 협상전략을 제시해 상대방과 협상하는 능력이다. 세부요소로는 다양한 의견 수렴, 실질적 목표 구축, 타협하기 등이 있다.

마지막으로 고객서비스능력은 직장생활에서 고객서비스에 대한 이해를 바탕으로 실제 현장에서 고객의 요구에 적절히 대처하고, 고객만족을 실현해낼 수 있는 능력이다. 세부요소로는 고객의 불만 이해, 매너 있고 신뢰감 있는 대화, 적절한 해결책 제시 등이 있다. 다음 표는 이상의 설명을 정리한 것이다.

[표 8.7-1] 대인관계능력의 하위요소

하위요소	내용	세부요소
팀워크능력	직장생활에서 구성원들과 함께 목표를 공유하고 협조적인 관계를 유지하며, 자신이 맡은 업무를 책임감 있게 수행하는 능력	• 적극적인 태도 • 업무 공유 • 책임감
리더십능력	직장생활에서 조직 구성원들의 업무성과 향상에 도움을 주고 동기화시키며, 수행 가능한 조직의 목표 및 비전을 제시할 수 있는 능력	• 동기화시키기 • 논리적 의견 표현 • 신뢰감 구축
갈등관리능력	직장생활에서 조직 구성원 사이에 갈등이 생겼을 때 이를 원만히 조절하는 능력	• 타인 이해 • 타인에 대한 배려 • 피드백 주고받기
협상능력	직장생활에서 협상 가능한 목표를 세우고 상황에 맞는 협상전략을 제시해 상대방과 협상하는 능력	• 다양한 의견 수렴 • 실질적 목표 구축 • 타협하기
고객서비스능력	직장생활에서 고객서비스에 대한 이해를 바탕으로 실제 현장에서 고객의 요구에 적절히 대처하고, 고객만족을 실현해낼 수 있는 능력이다.	• 고객의 불만 이해 • 매너 있고 신뢰감 있는 대화 • 적절한 해결책 제시

대인관계능력이 뛰어난 사람은 타인의 마음, 감정, 느낌을 잘 이해함으로써 다른 사람과 효과적이고 조화롭게 일할 수 있다. 또한 타인의 마음이 현재 어떤 상태인지 추론할 수 있고, 인간이 가진 상이한 감정의 다양한 특성을 잘 이해하고 그에 맞는 올바른 대처양식을 개발할 수 있다. 여기에 사람들 각각의 차이점을 이해할 수 있으며, 그에 근거한 언어적 요소와 비언어적 요소(표정·몸짓 등)를 잘 활용해 유창하고 세련된 의사소통을 할 수 있다. 아울러 남다른 의사소통 기술로 집단활동에 잘 참여하며, 조직과 집단 내에서 협동을 항상 유지한다. 특정 목표를 달성하기 위해 집단을 형성하고, 집단 내에서 리더와 같은 중요한 역할을 맡기도 하며, 심지어 갈등이 일어났을 때는 조정과 협상의 기술을 통해 사태를 잘 마무리할 수 있도록 이끈다.

대인관계능력의 평가

채용과정에서 지원자들의 대인관계능력은 다른 직업기초능력과 마찬가지로 서류전형, 필기전형, 면접전형에서 다양하게 평가할 수 있다. 먼저 서류전형단계에서는 이를 자기소개서의 항목으로 개발해 평가할 수 있으며, 필기시험에서는 직업기초능력 중 하나의 영역으로 4지 또는 5지 선다 형식의 객관식 시험으로 평가하거나 인성검사를 통해 대인관계 성향을 측정할 수 있다. 면접전형에서는 경험 및 상황면접, 발표면접, 그룹토의, 역할연기 등으로 그 평가가 가능하다.

(1) 서류전형

각 전형단계별 평가방법을 좀 더 자세히 살펴보면, 먼저 서류전형의 자기소개서는 지원자의 대인관계능력에 대해 기술하게 한다. 이는 주로 대인관계능력과 관련된 지원자의 경험이나 사례를 묻는 경험면접의 질문과 유사하다. 구체적으로는 "(대인관계능력의 하위요소인) 팀워크능력, 리더십능력, 갈등관리능력, 협상능력, 고객서비스능력에 대한 지원자의 경험이나 사례를 기술하시오."라는 형식으로 자기소개서 문항을 개발할 수 있다. 하위요소 각각의 예를 들면, 팀워크능력에 대해서는 "협동 및 협업을 통해 문제를 해결한 사례에 대해 기술하시오.", 리더십능력에 대해서는 "조직의 리더로서 구성원들의 협력을 적극적으로 이끌어 냈던 경험이나 사례를 기술하시오."라는 문항을 낼 수 있다. 갈등관리능력은 "소속 집단의 공동과업을 달성하는 과정에서 발생한 어려움 및 갈등을 극복하기 위해 노력했던 사례나 경험을 기술하시오.", 협상능력은 "자신이 활동했던 조직이나 단체에서 다른 사람들과 갈등상황이 생겼을 때 그 문제를 효과적으로 해결했던 경험이나 사례를 구체적으로 기술하시오.", 고객서비스능력은 "고객의 니즈를 파악해 이에 대한 해결책을 제시했던 경험이나 사례를 제시하시오." 등의 문항으로 평가가 가능하다.

[표 8.7-2] **팀워크능력에 대한 자기소개서 문항 예시**

하위요소	자기소개서 문항 예시
팀워크능력	다른 사람들과의 팀 활동을 통하여 문제를 해결한 사례에 대해 기술하시오.
	팀의 목표를 달성하기 위해 다른 구성원들을 적극적으로 참여시켰던 경험이나 사례를 구체적으로 기술하시오.
	팀을 운영하면서 팀원 간의 의사소통이 좀 더 원활해질 수 있도록 노력했던 경험이나 사례에 대해 기술하시오.

[표 8.7-3] **리더십능력에 대한 자기소개서 문항 예시**

하위요소	자기소개서 문항 예시
리더십능력	조직의 리더로서 구성원들의 협력을 적극적으로 이끌어 냈던 경험이나 사례를 기술하시오.
	리더로서 구성원들의 장점과 약점을 파악하여 이를 적절하게 활용했던 경험이나 사례에 대해 기술하시오.
	리더로서 구성원들에게 적절한 동기를 부여하고 이를 보상했던 경험이나 사례에 대해 기술하시오.

[표 8.7-4] **갈등관리능력에 대한 자기소개서 문항 예시**

하위요소	자기소개서 문항 예시
갈등관리능력	소속 집단의 공동과업을 달성하는 과정에서 발생한 어려움 및 갈등을 극복하기 위해 노력했던 사례나 경험을 기술하시오.
	갈등의 해결을 위해 당사자들과 함께 능동적으로 문제를 해결했던 경험이나 사례를 구체적으로 기술하시오.
	갈등을 관리하는 데 있어 가장 중요한 자세나 태도는 무엇이라고 생각하며, 이를 실천한 경험이나 사례에 대해 구체적으로 기술하시오.

[표 8.7-5] **협상능력에 대한 자기소개서 문항 예시**

하위요소	자기소개서 문항 예시
협상능력	자신이 활동했던 조직이나 단체에서 다른 사람들과 갈등상황이 생겼을 때 그 문제를 효과적으로 해결했던 경험이나 사례를 구체적으로 기술하시오.
	협상상황에서 당사자들 간의 신뢰를 형성하기 위해서는 어떻게 행동해야 하는지를 설명하고, 이를 실행했던 경험이나 사례를 구체적으로 기술하시오.
	협상상황에서 자신의 목적을 달성하기 위해 어떠한 전략을 사용했으며, 이러한 전략을 어떻게 실행했는지 구체적으로 기술하시오.

[표 8.7-6] **고객서비스능력에 대한 자기소개서 문항 예시**

하위요소	자기소개서 문항 예시
고객서비스 능력	고객의 니즈를 파악하여 이에 대한 해결책을 제시했던 경험이나 사례를 구체적으로 제시하시오.
	고객의 니즈를 잘 파악하기 위한 자세나 태도에는 어떤 것들이 있으며, 지원자 입장에서 이를 실천했던 경험이나 사례를 구체적으로 기술하시오.
	고객의 불만을 처리하고 그 결과를 조직 내에 공유하여 업무 개선에 활용했던 경험이나 사례를 구체적으로 기술하시오.

지원자의 자기소개서에 대한 평가는 다른 직업기초능력과 마찬가지로 대인관계능력의 다섯 가지 하위요소에 대한 정의 및 행동지표를 개발함으로써 이뤄질 수 있다. 다음은 대인관계능력 각 하위요소에 대한 행동지표를 정리해 놓은 것이다.

[표 8.7-7] **대인관계능력의 자기소개서 행동지표 사례**

사례1.

평가방법	평가요소	행동지표
자기소개서	팀워크능력	• 팀의 사명과 목표가 명확한가 • 팀을 창조적으로 운영하고 결과에 초점을 맞추는가 • 팀원의 역할과 책임을 명확하게 하는가 • 팀원의 참여를 적극적으로 이끌어 내기 위해 노력하는가 • 의견의 불일치에 대해 건설적인 의견을 제시하는가 • 개방적으로 의사소통하고, 객관적인 결정을 내리는가 • 팀 자체의 운영방식을 점검하고 팀의 효과성에 대해 평가할 수 있는가

사례2.

평가방법	평가요소	행동지표
자기소개서	리더십능력	• 비전을 제시하고 비전이 실현될 수 있는 환경을 조성하는가 • 책임감을 갖고 문제를 적극적으로 해결하려고 하는가 • 구성원들의 강점과 약점을 파악하고 이를 적절히 활용하는가 • 조직원에게 적절한 동기를 부여하며, 보상하려고 하는가 • 단계별 수행내역을 점검하고 구성원들에게 피드백을 제공하는가 • 미래를 향해 새로운 상황을 창조하는 역할을 수행하는가

사례3.

평가방법	평가요소	행동지표
자기소개서	갈등관리 능력	• 갈등의 원인과 본질을 정확하게 파악하고 있는가 • 갈등의 영향을 받는 당사자 및 협상 대상자에 대해 정확하게 인식하고 있는가 • 갈등의 당사자들과 함께 능동적으로 문제를 해결하려는 의지가 있는가 • 갈등해결을 위해 적극적으로 정보를 수집하고 다른 사람의 의견을 경청하는가 • 자신의 입장을 명확하게 정리하고 상대방에게 설득력 있게 자신의 의견을 제시하는가 • 상대방의 의견을 적극적으로 경청하고 수용하려는 의지가 있는가

사례4.

평가방법	평가요소	행동지표
자기소개서	협상능력	• 협상 당사자들과 신뢰를 형성하기 위한 노력을 하는가 • 갈등문제의 진행상황과 현재의 상황을 점검하는가 • 협상을 통해 이루고자 하는 목표가 명확한가 • 상대방과 자신의 이해관계를 명확히 파악하고 협상안을 제시하는가 • 각 협상안에 대해 대안을 마련하고 협상에 임하는가 • 합의를 위한 전략 및 실행계획을 수립하는가

사례5.

평가방법	평가요소	행동지표
자기소개서	고객서비스 능력	• 다양한 고객의 요구를 파악할 수 있는가 • 고객의 요구를 해결하기 위한 다양한 요소를 고려하는가 • 대응법을 마련해 고객에게 양질의 서비스를 제공하는가 • 요구에 대한 처리는 기간을 정해 신속하게 진행되는가 • 고객에게 처리결과에 대한 만족도를 확인하는가 • 처리결과를 조직 내에 공유해 업무 개선에 활용하는가

(2) 필기시험

필기전형을 통한 대인관계능력의 평가는 직업기초능력 중 하나의 영역으로 평가하는 방법과 인성검사를 통해 측정하는 방법이 있다. 먼저 직업기초능력 시험에서 대인관계능력은 직장 내 팀워크 및 리더십능력에 대한 평가, 고객서비스 및 고객대응능력에 대한 평가, 갈등상황에서의 관리·협상능력을 평가하는 문제로 구분할 수 있다.

첫째, 직장 내 팀워크 및 리더십능력에 대한 평가는 대인관계의 가장 기본이 되는 팀워크에 대한 충분한 이해가 있는지, 팀워크와 관련된 올바른 리더십의 유형 및 자세를 알고 있는지, 리더십능력이 업무상황에서 대인관계에 미치는 영향과 요인을 이해하고 있는지를 묻는 문제를 출제할 수 있다.

둘째, 고객서비스 및 고객대응능력에 대한 평가는 직장 내에서 빈번하게 발생하는 고객서비스 관리 및 대응방안과 고객불만처리 프로세스 각 단계에 해당하는 적절한 행동에 대한 이해도를 평가할 수 있다. 나아가 특정 상황이나 자료를 제시하고 이 상황에서 가장 적절한 고객대응방법은 어떤 것인지와 같은 상황제시형 문제도 출제할 수 있다.

셋째, 갈등상황에서의 관리·협상능력에 대한 평가는 갈등과 협상에 대한 이론적인 지식, 갈등의 유형, 협상의 진행단계에 대한 내용을 묻는 문제를 출제할 수 있다. 또한 직장 내에서 발생할 수 있는 상황이나 조건을 제시하고, 잘못된 상황을 해결하기 위해 어떻게 대응해야 하는지에 대해서도 출제할 수 있다.

인성검사에서는 일반적으로 팀워크, 타인 수용 및 이해, 배려 및 관계형성 등과 관련된 지원자의 성격적인 측면을 측정할 수 있다. 먼저 팀워크와 관련해서는 동료나 구성원들을 통합해 이끌고 관리할 수 있는가, 매사에 말과 행동의 모범을 보여 본보기가 되는가, 공동의 목표달성을 위해 협력하고 희생하는 태도가 있는가 등을 평가할 수 있다.

타인 수용 및 이해에서는 다른 사람들의 다양한 의견이나 가치관을 인정·존중하는가, 위계를 존중하고 타인의 충고에 개방적인 태도를 갖고 있는가, 상대방의 생각이나 감정을 이해하고 배려하는가 등을 알아본다. 배려 및 관계형성에서는 자기를 내세우기보다 타인을 먼저 존중하는가, 때와 장소·대상에 따라 적절한 예의를 지킬 수 있는가, 타인과 쉽게 어울리고 친밀감을 형성할 수 있는가 등을 알아볼 수 있다.

이와 같은 인성검사는 성과를 내는 긍정적 측면의 요소를 평가하기 위한 것이다. 반면 부정적 측면의 조직적응요소로는 공격성, 충동성, 관심욕구, 나태, 의존성, 자기 비하, 집착, 타인 경시, 고립(외면), 냉담, 비도덕, 비협조 등이 있다. 또한 이상 성향의 요소로는 감정의 기복, 반사회성, 불안, 우울, 긍정인상 등이 있다. NCS 직업기초능력상의 대인관계능력과 그 내용이 완전하게 일치하지는 않지만, 이러한 성격적 측면들은 대인관계능력과 관련된 행동을 형성하는 기반이 된다. 따라서 대인관계능력을 평가할 때에는 위 인성검사 내용을 참고하면서 필기시험과 병행해 지원자를 평가하는 것이 바람직하다.

(3) 면접

면접전형단계에서 대인관계능력의 평가는 앞서 설명한 바와 같이 경험 및 상황면접, 발표면접, 그룹토의, 역할연기 등으로 평가할 수 있다. 먼저 경험면접을 살펴보면, 대인관계능력의 하위요소에 대한 경험이나 사례 관련 질문을 앞서 설명한 자기소개서 문항형식으로 개발하면 된다. 다만, 여기서는 '기술하시오'가 아니라 '설명해 주세요'로 형식을 변경해 면접질문지를 구성한다. 이때 자기소개서의 행동지표 역시 면접의 평가지표로 활용할 수 있다.

상황면접의 경우 대인관계능력 중 갈등관리능력, 고객서비스능력을 평가하는 데 적합하다. 먼저 갈등관리능력의 경우 직장 내에서의 다양한 갈등상황을 제시하고, 본인이 이러한 상황에 처해 있다면 어떻게 해결해 나갈 것인가를 물을 수 있다. 고객서비스능력의 경우 직장 내에서 빈번하게 발생하는 고객의 민원사항을 제시하고, 이러한 상항에서 어떻게 대응해 나갈 것인가를 물을 수 있다. 예를 들면, 갈등관리능력에서는 "지원자는 기획팀으로 발령받아 회사의 신규사업 TF팀에 소속돼 프로젝트 성공을 위해 열심히 일하고 있습니다. 그런데 팀원 중 두 명의 빈번한 의견 충돌 및 대립으로 인해 프로젝트 진행에 어려움을 겪고 있습니다. 이런 상황에서 지원자는 어떻게 행동하시겠습니까? 말씀해 주십시오."라고 질문할 수 있다. 또한 고객서비스능력에서는 "지원자는 민원처리 담당부서의 직원입니다. 어느 날 자기 실수로 파손된 상품에 대해 환불을 요구하는 고객의 민원이 들어왔는데, 이 경우 회사규정상 환불이 안 됩니다. 이럴 때 지원자는 어떻게 처리하시겠습니까? 말씀해 주십시오."라고 질문할 수 있다.

[표 8.7-8] 갈등관리능력의 상황면접에서의 세부요소와 행동지표

평가요소	세부요소	행동지표
갈등관리 능력	• 타인 이해 • 타인 배려 • 피드백 주고받기	• 갈등의 원인을 파악하고 이를 해결하고자 하는 의지가 있는가 • 타인의 말을 적극적으로 경청하는가 • 타인의 생각과 가치관을 배려하는가 • 타인과 의견 차이가 있을 때 조언을 구하는가 • 타인과의 갈등을 조정할 수 있는 다양한 방법을 활용하는가

[표 8.7-9] 고객서비스능력의 상황면접에서의 세부요소와 행동지표

평가요소	세부요소	행동지표
고객서비스 능력	• 고객의 불만 이해 • 매너 있고 신뢰감 있는 대화 • 적절한 해결책 제시	• 고객의 요구와 특성을 파악하는가 • 고객의 유형에 따라 응대방법을 다르게 하는가 • 고객의 불만을 해결하기 위한 다양한 방법들을 활용하는가 • 고객에게 적절한 해결방안을 제시하는가 • 고객불만의 처리 결과를 조직 내에 공유해 업무의 효율성을 높이고자 하는가

발표면접에서는 고객서비스능력을 평가할 수 있다. 예컨대 지원자에게 민원과 관련된 내용 또는 고객의 만족도를 향상시킬 수 있는 새로운 상품 및 서비스 개발, 상황이나 과제를 제시해 자신의 의견을 분석·정리하게 한 뒤 발표시키고 관찰·평가하는 방식이다. 발표면접에서 고객서비스능력에 대한 평가는 과제의 내용에 따라 달라질 수 있겠지만, 일반적으로 상황면접과 동일한 세부요소 및 행동지표로 평가할 수 있다.

역할연기는 대인관계능력 중 갈등관리능력, 협상능력, 고객서비스능력을 평가하는 면접기법으로 적합하다. 왜냐하면 역할연기에서 주로 측정하는 역량이 갈등의 원인이 되는 문제를 해결하고 해결방안을 상대방에게 설득하는 것이기 때문이다. 이때에는 갈등의 유형에 따라 갈등관리능력과 협상능력, 갈등관리능력과 고객서비스능력을 평가할 경우에는 1:1 유형으로 역할연기를 할 수 있다. 또, 세 가지 평가요소를 동시에 평가할 경우에는 1:2 유형의 역할연기를 할 수 있다. 예를 들면, 협상의 대상자가 홍보팀과 신문기자, 구매팀과 공급업체 담당자인 경우 1:1로 갈등관리능력과 협상능력을, 내부 직원과 민원인·상담원의 경우 1:1로 갈등관리능력과 고객서비스능력을 평가할 수 있다. 그리고 세 가지 요소 모두를 평가하는 경우에는 내부 직원과 민원인, 신문기자 또는 공급사 직원 등 3자가 대면하는 구도를 과제로 만들어 1:2로 역할연기를 수행할 수 있다.

[표 8.7-10] 갈등관리능력, 협상능력, 고객서비스능력에 대한 역할연기 행동지표

평가요소	세부요소	행동지표
갈등관리능력	• 타인 이해 • 타인 배려 • 피드백 주고받기	• 갈등을 원인을 파악하고 해결하고자 하는 의지가 있는가 • 타인의 말을 적극적으로 경청하는가 • 타인의 생각과 가치관을 배려하는가 • 타인과의 의견 차이가 있을 때 조언을 구하는가 • 타인과의 갈등을 조정할 수 있는 다양한 방법을 활용하는가
협상능력	• 다양한 의견 수렴 • 실질적 목표추구 • 타협하기	• 협상의 쟁점을 파악하고 있는가 • 협상 상대방의 입장 및 핵심 요구사항을 파악하고 있는가 • 자기 팀(조직)의 입장을 파악하고 있는가 • 팀(조직)의 목표달성을 위해 다양한 협상전략을 수립하는가 • 협상의 시한을 정하고 협상의 타결을 위해 자신의 입장을 높은 조건에서부터 조금씩 양보하는가
고객서비스 능력	• 고객의 불만 이해 • 매너 있고 신뢰감 있는 대화 • 적절한 해결책 제시	• 고객의 요구와 특성을 파악하는가 • 고객의 유형에 따라 응대방법을 다르게 하는가 • 고객의 불만을 해결하기 위한 다양한 방법들을 활용하는가 • 고객에게 적절한 해결방안을 제시하는가 • 고객불만의 처리결과를 조직 내에 공유해 업무의 효율성을 높이고자 하는가

참고 [8.7] **역할연기**

참고로 역할연기는 일반적인 역량평가에서는 NCS 작업기초능력 대인관계능력의 하위요소와 다소 상이한 것을 평가할 수 있다. 그러나 역할연기에서도 갈등해결·문제해결·조정·통합·설득력 등을 평가하며, 갈등을 해결하기 위해서 상대방에 대한 이해도 필수적인 요소이므로 대인이해 및 고객지향과 같은 역량도 평가한다. 따라서 일반적인 시뮬레이션 면접에서의 역할연기 평가역량과 NCS 직업기초능력으로 대인관계능력의 하위요소는 그 평가 대상이 유사하다고 할 수 있다.

역할연기는 주로 업무적 또는 대인적 차원의 갈등해결, 상대방에 대한 자문 및 조언, 의견 제시가 이뤄지는 상황에 적합하다. 따라서 부하직원을 가진 관리자·감독자의 선발, 신입사원의 경우 고객과 빈번한 접촉이 있는 직무 등의 직원 선발에 활용될 수 있다.

한편, 역할연기면접에서는 변별력을 높이기 위해 면접관이 흔히 압박면접의 질문을 구사하는 경우가 있다. 압박면접에서는 면접관이 지원자에게 의식적·인위적으로 충격을 줘 긴장 상태에서의 반응과 행동을 관찰한다. 즉, 스트레스를 유도해 후보자가 긴장이나 불안을 느끼는 상황에서 면접을 진행한다. 이처럼 압박면접은 피면접자의 스트레스 대응능력을 평가해 평상시 발견되지 않는 자제력, 인내력, 적응력 등을 정확하게 발견할 수 있으므로 간호사, 방송인, 항공사 승무원, 경찰관 등 긴장도가 높은 직무에서 주로 사용되고 있다.

이때 중요한 점은 역할연기자나 면접관이 피면접자 누구에게나 동일한 수준의 역할연기와 질문을 수행해야 한다는 것이다. 그러기 위해서 역할연기자는 특별한 훈련을 받아야 한다. 어떤 피면접자에게는 낮은 강도의 불만 수준을 표출하고, 또 다른 피면접자에게는 높은 수준의 불만을 표현한다면 면접평가의 형평성에 문제가 생길 수 있기 때문이다.

역할연기면접에서는 면접관이 직접 역할연기를 하며 피면접자를 관찰하기도 하지만, 경우에 따라 전문배우를 활용하는 경우가 있다. 특히 상위직급의 경력직에 선발될 지원자들을 평가하는 경우가 그렇다. 그 외의 경우에는 비용이나 효율성 측면에서 대부분 면접관이 역할연기를 하게 된다. 이때는 면접관이 역할연기를 하면서 지원자의 행동을 관찰·기록하는 평가자의 역할까지 2중의 역할을 수행해야 하는데, 이 때문에 고도의 전문성이 필요하며 특별한 훈련을 받게 된다.

더군다나 면접관이 일부러 지원자의 말꼬리를 잡기도 하고, 지원자를 비난하기도 하고, 고의로 약점이나 핸디캡 등을 들춰내는 압박면접을 역할연기에 가미하게 되면, 면접관의 역할연기와 질문에는 더욱 일관성이 요구된다.

따라서 역할연기는 임기응변이 아니라, 고도로 구조화된 면접방식(Structural Interview)이어야 한다. 실제 면접에 임하는 면접관들이 명심해야 할 것은 면접 가이드의 지침을 명심보감처럼 절대적으로 고수해야 한다는 것이다.

이때 면접 가이드에는 표준적인 질문만이 아니라, 돌발상황이나 피면접자의 반응에 따른 압박 또는 예외적 대처요령도 모두 제시되는 것이 원칙이다. 면접관은 면접 가이드에 나와 있는 역할과 질문 내용을 모든 지원자에게 공통으로 적용해 오류를 최소화해야 한다. 그리고 의사소통이나 임기응변이 뛰어난 면접관을 능수능란하게 다루는 아주 고수의 예외적인 피면접자에게 현혹되지 않는 요령도 필요하다.

이와 같이 충실한 면접 가이드의 개발, 면접관 훈련이 상대적으로 중요한 면접이 역할연기 면접이다. 지원자나 면접관 모두 부담스러운 면접방식이지만, 다른 어떤 방식의 면접보다 우수 인재를 식별해내는 데 매우 적합하므로 최근 이를 활용하는 사례가 증가하고 있다.

서류함기법(In-Basket)은 대인관계능력 중 갈등관리능력, 협상능력, 고객서비스능력 세 가지 하위요소에 대한 평가로 적합하다. 이때 세부요소 및 행동지표는 역할연기와 동일하게 적용할 수 있다. 여기에서는 직장 내 갈등상황, 협상 자료, 고객서비스 관련 민원

내용 등에 대한 과제를 지원자들에게 해결하게 할 수 있다. 이때 대인관계능력 자체만을 평가하기보다는 문제해결능력, 자원관리능력 등 다른 평가요소와 결합해 평가하는 경우가 일반적이다.

다음 표는 서류함기법에서 대인관계능력, 문제해결능력, 자원관리능력을 동시에 평가하고자 할 때 활용할 수 있는 평가표의 예시이다. 과제의 내용에 따라 행동지표를 다르게 적용할 수 있지만, 참고자료로 활용하길 바란다.

[표 8.7-11] **대인관계능력, 문제해결능력, 자원관리능력에 대한 서류함기법 평가표**

평가요소	행동지표	배점
대인관계능력	• 조직의 목표를 달성하기 위해 다른 사람들과 협조적인 관계를 유지하고 구성원들에게 도움을 줄 수 있는가 • 조직 내부 및 외부와의 갈등을 원만하게 해결할 수 있는가 • 고객의 욕구를 충족시킬 수 있는 능력을 소유하고 있는가	
문제해결능력	• 문제원인을 정확하게 파악하고 있는가 • 문제해결의 적극적 의지가 있는가 • 발생한 문제를 해결하기 위해 창의적·논리적·비판적으로 생각하는가 • 발생한 문제의 특성을 파악하고 적절한 대안을 선택·적용하며, 그 결과를 평가해 Feed-back하는가	
자원관리능력	• 업무를 추진하면서 어떤 자원이 얼마만큼 필요한지 파악할 수 있는가 • 업무를 추진하면서 필요한 자원을 확보할 수 있는 능력을 갖고 있는가 • 업무나 활동의 우선순위를 고려해 자원을 업무에 적절히 할당하는가 • 업무추진단계에서 계획에 맞게 업무를 수행할 수 있는가	

그룹토의면접은 대인관계능력 중 팀워크능력 평가에서 가장 보편적으로 사용되는 면접 기법이다. 여기에서는 자신의 의견을 논리적으로 피력해 상대방에게 신뢰감을 주는지, 다른 사람의 생각과 감정을 이해하고 배려하는지, 갈등상황을 원만하게 조정할 수 있는지, 다른 지원자들의 다양한 의견을 수렴하는지, 협상 가능한 실질적 목표를 구축해 최선의 방법을 찾는지 등에 대해 지원자의 행동을 관찰·평가할 수 있다.

[표 8.7-12] **팀워크능력의 그룹토의 행동지표**

평가방법	평가요소	행동지표
그룹토의	팀워크능력	• 다른 사람의 생각과 감정을 이해하고 배려하는가 • 갈등상황을 원만하게 조절할 수 있는가 • 다른 지원자들의 다양한 의견을 수렴하는가 • 협상 가능한 실질적 목표를 구축하고 실행하는가 • 구성원 간 최선의 타협방법을 모색하는가

대인관계능력의 하위능력별 평가내용

마지막으로 대인관계능력 하위능력별 평가내용으로서 지식(K), 기술(S), 상황(C)을 소개하고자 한다. 다음 표의 자료는 NCS 홈페이지(www.ncs.go.kr)의 'NCS 소개'에서 '직업기초능력' 중 '대인관계능력'의 『교수자용 가이드북(직업기초능력 가이드북: 교수자용)』을 참고한 것이다. 해당 가이드북에서는 'I-3. 내용체계 및 시간'에서 '대인관계능력 하위능력별 교육내용으로서의 지식, 기술, 상황'을 통해 대인관계능력의 하위요소에 대한 교육내용으로 지식, 기술, 상황을 나열하고 있다.

이는 채용담당자 입장에서 대인관계능력의 평가와 관련해 유용하게 활용할 수 있으므로, 다음 표에서는 기존 자료의 '교육내용'을 '평가내용'으로 수정해 실제 평가과제를 만드는 데 사용할 수 있도록 했다. 예컨대 지식과 기술은 필기시험 평가내용의 기준으로, 상황은 상황면접 또는 자기소개서 질문 문항을 개발하거나 시뮬레이션 면접 과제를 개발하는 과정에서 직무상황을 설정하는 근거자료로 유용하게 활용할 수 있다.

[표 8.7-13] 대인관계능력 하위능력별 평가내용으로서의 지식·기술·상황

하위능력		평가내용
팀워크 능력	K(지식)	• 팀워크의 의미 • 팀워크의 유형 • 팀워크를 저하시키는 요인 이해 • 팀 발달단계에 대한 이해 • 팀의 구성요건에 대한 이해 • 높은 성과를 내는 팀의 특성 이해 • 멤버십 유형의 이해 • 팀 구성원들과의 관계정립방법의 이해 • 팀 구성원으로서 역할 및 책임에 대한 이해
	S(기술)	• 팀의 구성원으로서 자신에게 주어진 목표를 명확하게 확인 • 팀 내에서 자신이 수행해야 할 직접적인 업무 파악 • 팀의 목표 달성에 필요한 자원, 시간, 활동 파악 • 팀이 달성하기를 희망하는 성과를 확인하고 점검 • 팀의 규칙 및 규정 준수 • 팀 구성원들과 효과적으로 의사소통 • 팀 구성원들과 효과적으로 업무를 수행할 수 있는 방법 적용

	C(상황)	• 팀 내에서 프로젝트나 할당된 일을 하는 경우 • 팀에 주어진 주요 행사를 조직해야 하는 경우 • 팀의 구성원들에게 자신의 의견을 제시해야 하는 경우 • 팀의 구성원들 간에 갈등이 있을 경우 • 팀의 구성원들과 타협점을 찾아야 하는 경우 • 팀 내에서 고객과 소비자를 위한 업무를 수행하거나 계획을 세우는 경우 • 팀 내에서 고객과 소비자를 위해 제품을 디자인, 제작, 제시해야 하는 경우 • 팀별로 고객서비스를 개선하는 방법을 조사해야 하는 경우 • 팀별로 서비스와 작업수행 개선을 위해 조사하거나 실행을 해야 하는 경우
리더십 능력	K(지식)	• 리더십의 개념 • 리더십 스킬의 종류 • 리더의 역할 이해 • 환경변화에 따른 리더의 역할에 대한 이해 • 리더십의 유연성·효과성에 대한 이해 • 조직 구성원의 특성에 관한 이해 • 동기부여의 개념 • 동기부여 방법 이해 • 변화관리의 개념 • 변화관리 방법 이해
	S(기술)	• 조직 구성원의 특성 파악 • 조직 구성원에게 자신의 의견을 논리적으로 설명 • 조직 구성원을 설득하고 동기화시킬 수 있는 기술 • 조직 구성원들에게 도움이 되는 정보 제공 • 조직 구성원들에게 적절한 때 도움을 줄 수 있는 기술 • 리더의 행동특성을 상황에 맞게 활용 • 조직의 성과 향상을 달성하기 위한 전략 제시 • 조직의 환경변화에 대처할 수 있는 기술
	C(상황)	• 팀 내에서 업무를 수행하는 과정에서 목표를 확실히 해야 하는 경우 • 팀 내에서 조직 구성원들이 자신의 도움을 필요로 하는 경우 • 팀 내에서 자신의 생각을 논리적으로 표현해 조직 구성원들을 설득해야 하는 경우 • 팀 내의 프로젝트나 업무를 관장하는 경우 • 팀 내에서 부하 육성과 팀 효율 향상이 요구되는 경우 • 팀 내의 위기 극복을 위한 변화가 필요한 경우

갈등관리 능력	K(지식)	• 갈등의 개념 • 갈등의 유형 • 갈등의 원인 이해 • 갈등의 전개과정 이해 • 조직 구성원들의 다양한 가치관 유형 • 갈등관리 방법 이해
	S(기술)	• 타인의 말을 적극적으로 경청 • 타인의 생각과 가치관 배려 • 타인과의 의견 차이가 있을 때 조언을 구하기 • 타인과의 갈등이 있을 때 원인 파악 • 타인과의 갈등을 조정할 수 있는 방법 활용
	C(상황)	• 팀 내에서 프로젝트를 할 때 의견 차이가 있는 경우 • 팀 내에서 고객과 소비자를 위한 업무를 수행함에 있어서 의견 차이가 있는 경우 • 팀 내에서 주요 행사를 조직할 때 의견 차이가 있는 경우 • 팀 내에서 목표를 세우거나 계획을 세울 때 의견 차이가 있는 경우
협상능력	K(지식)	• 협상의 의미 • 협상의 원칙 • 협상 프로세스 이해 • 협상전략에 대한 이해 • 협상전략의 종류 • 상대방 설득 방법에 대한 이해
	S(기술)	• 협상의 쟁점사항을 파악 • 협상 상대방의 입장 파악 • 협상 상대방의 핵심 요구사항 파악 • 자기 팀의 입장 파악 • 자기 팀의 협상목표 이해 • 협상전략 수립 • 협상시한 설정 • 높은 조건에서 시작해서 조금씩 양보하기
	C(상황)	• 같은 조직 내의 당사자들끼리 인식이나 상황 규정방식이 다른 경우 • 경쟁적이면서 상호보완적인 조직과 갈등이 있는 경우 • 대량의 물적자원을 구입해야 하는 경우 • 계약을 체결해야 하는 경우 • 고객에게 판매행위를 해야 하는 경우 • 고객에게 서비스를 제공해야 하는 경우

고객서비스 능력	K(지식)	• 고객의 유형 • 고객유형에 따른 응대법 이해 • 고객서비스의 의미 • 고객서비스의 중요성 이해 • 고객서비스 방법에 대한 지식 • 고객의 요구분석법에 대한 지식
	S(기술)	• 고객의 특성 파악 • 고객의 유형에 따른 응대법 적용 • 고객의 요구 파악 • 고객의 불만사항 개선을 위한 계획서 작성 • 고객의 불만사항을 해결할 수 있는 방법 목록화 • 고객서비스 방법을 적용
	C(상황)	• 고객과 소비자를 위한 업무를 수행하거나 계획을 세우는 경우 • 고객을 돕기 위해서 서비스를 제공해야 하는 경우 • 고객을 위해 제품을 디자인, 제작, 제시해야 하는 경우 • 고객서비스를 개선하는 방법을 조사해야 하는 경우 • 고객의 불만사항을 해결하는 업무를 수행해야 하는 경우

정보능력

　정보능력은 NCS 직업기초능력 10개 영역 중 하나로, 컴퓨터를 사용해 업무에 필요한 정보를 수집·분석하고, 의미 있는 정보를 찾아 적절히 활용하는 능력을 말한다. 이는 급변하는 정보화사회에서 새로운 정보를 신속히 발견하고 이를 바탕으로 해결책을 창출해 내는, 직업인들에게 필수적으로 요구되는 능력이라고 할 수 있다. 이때 '정보화사회'란 이 세상에서 필요로 하는 정보가 중심이 되는 사회를 말한다. 여기에서는 컴퓨터기술과 정보통신기술을 활용해 사회 각 분야에서 필요로 하는 가치 있는 정보를 창출함으로써 보다 유익하고 윤택한 생활을 영위하는 사회로 발전시켜 나간다. 정보능력은 컴퓨터활용능력과 정보처리능력으로 구분할 수 있다.

[표 8.8-1] **정보능력의 하위요소**

하위요소	내용	세부요소
컴퓨터활용능력	업무수행에 필요한 정보를 수집·분석·조직·관리·활용하는 과정에서 컴퓨터를 사용하는 능력	• 인터넷 사용 • 소프트웨어 사용
정보처리능력	업무수행에 필요한 정보를 찾아 업무에 맞게 적절히 조직·관리·활용하는 능력	• 정보수집 및 분석 • 정보관리 • 정보활용

정보능력의 평가

　신입사원 선발과정에서 정보능력에 대한 평가는 우선 서류전형단계에서는 입사지원서의 교육사항, 자격사항, 경험 및 경력사항을 활용한다. 필기전형에서는 직업기초능력 중 하나의 영역으로 4지 선다·5지 선다형식의 필기시험을, 면접전형에서는 실무진면접 등을 활용할 수 있다.

(1) 서류전형

　서류전형단계에서는 입사지원서의 교육사항과 자격사항란에 정보기술 활용과 관련된 내용을 작성하게 해 평가한다. 그러나 아무래도 정보활용능력이 직업기초능력이다 보니 직무 기반인 입사지원서의 교육·자격사항에 적용하기는 어려울 수 있다. 다만 직무기술서상의 세분류(직무) 및 능력단위에 정보능력과 관련된 내용이 삽입돼 있다면 이에 대한 작성 및 평가가 가능할 수 있으며, 이는 채용담당자가 판단해야 한다. 만약 정보능력을 입사지원서를 통해 평가하고자 한다면 입사지원서의 교육사항에 정보활용과 관련된 학교교육이나 직업교육의 내용을 작성하게 해 평가할 수 있다. 자격사항 역시 지원자에게 정보능력 관련 내용을 작성하도록 해 평가할 수 있다. 정보활용과 관련된 대표적인 자격증으로는 전자계산기조직응용기사, 정보처리기사, 정보보안기사 등이 있다.

　경험 및 경력기술서에는 지원자에게 정보활용과 관련해 활동했던 내용을 작성하도록 함으로써 평가할 수 있다. 또한 일반적이지는 않지만 자기소개서 항목에도 정보활용에 대한 경험이나 사례를 추가하고 이를 통해 지원자의 정보활용능력을 평가할 수 있을 것이다.

(2) 필기시험

　필기전형에서는 NCS 직업기초능력 중 하나의 영역으로 4지 선다, 5지 선다 형식의 객관식 필기시험으로 평가한다. 이는 컴퓨터활용능력 및 정보처리능력에 대한 이해도를 평가하는 문제와 주어진 자료나 정보를 파악해 적절한 대응능력을 평가하는 문제로 구분할 수 있다.

　예를 들면, 컴퓨터활용능력 및 정보처리능력에 대한 이해도와 관련해 ▷컴퓨터 관련 지식과 컴퓨터 프로그램 활용에 대한 이론적 지식 ▷Window 운영체제에 대한 기본적인 사용법 ▷MS Office 프로그램 사용법 ▷단축키 사용법 등을 물을 수 있다. 또한 특정 사례를 동반해 이론적 지식을 물어보는 형태로도 문제를 출제할 수 있다. 여기에 주어진 자료나 정보를 활용한 적절한 대응능력을 평가하기 위해 주어진 자료를 파악·분석해 원리를 찾아내고 이를 올바르게 적용할 수 있는지 묻는 문제와, 제품코드 및 전산처리규칙에 대한 정보를 제시하고 이를 활용해 답을 도출하는 형태의 문제 등을 출제할 수 있다.

이 경우 정보제공의 원리에 대한 이해도를 평가하기 위해 최대한 복잡해 보이도록 방대한 양의 정보를 담은 자료를 제시할 수도 있다.

(3) 면접

정보활용에 대한 평가내용 자체에는 지식적·기술적 내용이 많다. 따라서 면접전형에서는 일반적으로 행동을 관찰·평가하는 경험면접이나 상황면접, 시뮬레이션 면접보다는 정보활용 관련 현업 부서 담당자와의 질의응답으로 평가하는 것이 효율적이다. 다음은 정보능력에 대한 면접평가표 예시이다. 질문의 내용에 따라 행동지표의 내용이 변할 수 있으므로 회사나 직무상황에 맞게 적용하는 것이 바람직하다.

[표 8.8-2] 정보능력에 대한 면접평가표 예시

평가요소	행동지표	배점
정보능력	• 정보가 필요하다는 문제상황을 인지할 수 있는가 • 문제해결에 적합한 정보를 찾고 선택할 수 있는가 • 습득한 정보를 문제해결에 적용할 수 있는가 • 윤리의식을 갖고 정보를 합법적으로 활용할 수 있는가	

정보능력의 하위능력별 평가내용

마지막으로 정보능력 하위능력별 평가내용으로서 지식(K), 기술(S), 상황(C)을 소개하고자 한다. 다음 표의 자료는 NCS 홈페이지(www.ncs.go.kr)의 'NCS 소개'에서 '직업기초능력' 중 '정보능력'의 『교수자용 가이드북(직업기초능력 가이드북: 교수자용)』을 참고한 것이다. 해당 가이드북에서는 'I-3. 내용체계 및 시간'에서 '정보능력 하위능력별 교육내용으로서의 지식, 기술, 상황'을 통해 정보능력의 하위요소에 대한 교육내용으로 지식, 기술, 상황을 나열하고 있다.

이는 채용담당자 입장에서 정보능력의 평가와 관련해 유용하게 활용할 수 있으므로, 다음 표에서는 기존 자료의 '교육내용'을 '평가내용'으로 수정해 실제 평가과제를 만드는 데 사용할 수 있도록 했다. 예컨대 지식과 기술은 필기시험 평가내용의 기준으로, 상황은 상황면접 또는 자기소개서 질문 문항을 개발하거나 시뮬레이션 면접 과제를 개발하는 과정에서 직무상황을 설정하는 근거자료로 유용하게 활용할 수 있다.

[표 8.8-3] 정보능력 하위능력별 평가내용으로서의 지식·기술·상황

하위능력		평가내용
컴퓨터 활용능력	K(지식)	• 컴퓨터의 원리 및 개념, 컴퓨터의 역사와 분류, 컴퓨터의 구성단위 • PC 유지와 보수 • Window에서의 PC 관리 • 한글 Window의 기본(바탕화면, 제어판, 파일과 파일관리, 인쇄) • 한글 Window의 보조프로그램 • 한글 Window의 네트워크 관리 • 소프트웨어의 분류 • 응용 소프트웨어, 유틸리티, 프로그래밍 언어 • 정보통신의 개념, 인터넷의 개념 • 정보윤리, 정보보안, 컴퓨터범죄 • 바이러스 예방과 치료 • 멀티미디어의 개념과 활용 • 멀티미디어 하드웨어와 소프트웨어 • 워크시트의 기본, 편집과 출력 • 서식 지정, 수식 활용
	S(기술)	• PC 유지와 보수를 직접 실행 • 한글 Window의 바탕화면, 제어판, 파일과 폴더관리, 인쇄를 직접 실행 • 한글 Window의 보조프로그램 실행 • 한글 Window의 네트워크 실행 • 컴퓨터 응용프로그램, 유틸리티, 프로그래밍 언어 사용 • 인터넷을 이해하고 사용 • 바이러스의 예방 및 치료 • 멀티미디어와 관련된 하드웨어 및 소프트웨어 사용 • 워크시트를 활용해 편집, 출력, 서식 지정, 수식 활용, 차트, 데이터 관리와 분석, 매크로 등을 사용
	C(상황)	• 인터넷에 필요한 하드웨어 및 소프트웨어 준비 • Window 등 업무에 필요한 운영프로그램 설치 • 업무에 필요한 각종 응용 소프트웨어 설치 • 업무에 필요한 각종 하드웨어 준비 • 한글(아래한글, word 등을 이용)문서를 작성할 경우 • 빔 프로젝터로 프레젠테이션을 하기 위해 자료를 제작할 경우 • 네트워크를 이용해 직원과 컴퓨터 공유를 할 경우 • 정보를 데이터베이스화해 저장할 경우 • 인터넷 서비스를 이용해 각종 자료를 검색할 경우 • 사내 E-Learning 프로그램에 참여할 경우

정보처리능력	K(지식)	• 정보의 개념 • 정보수집의 개념, 원리, 방법의 종류 • 정보분석의 개념, 원리, 방법의 종류 • 정보관리의 개념, 원리, 방법의 종류 • 정보활용의 개념, 원리, 방법의 종류 • 정보수집·분석·관리·활용의 실제
	S(기술)	• 정보를 탐색하는 데 적절한 기술 선정 및 탐색 • PC 통신을 포함한 인터넷을 사용해 정보수집 • 업무에 필요한 정보 구별 • 목적과 관련된 부분을 선택해 정보의 정확성 및 신뢰도 제시 • 다른 출처의 정보를 획득하는 데 있어 이점 및 제한점을 비교하고 목적에 적합한 것을 선택 • 정보를 목적에 맞고 쉽게 찾을 수 있도록 분류 • 정보를 관리할 수 있는 여러 가지 매체를 사용 • 수집된 정보나 자료를 표나 그래프 등의 다양한 방법을 통해 조직 • 수집된 정보를 DB로 조직·관리 • 정보의 저작권이나 기밀성을 확인해 사용 • 정보를 제시할 수 있는 매체의 특성을 고려해 사용
	C(상황)	• 고객의 질문에 대한 답변에 관련된 정보를 찾는 경우 • 고객 리스트를 일정한 형식으로 분류해 다양한 매체로 전환하는 경우 • 업무와 관련된 정보를 다양한 매체를 통해 찾으려 하는 경우 • 주어진 정보의 중요성, 정확성 등을 파악하려 하는 경우 • 주어진 정보를 업무와 관련이 있는 정보와 그렇지 않은 정보로 분류하는 경우 • 주어진 정보를 업무의 목적에 맞게 분류하는 경우 • 업무와 관련된 정보를 중요도순으로 분류하는 경우 • 조사나 프로젝트의 결과를 계획·실행·보고할 경우 • 정보를 조사하고 고객에게 결과물을 보고할 경우

기술능력

　　기술능력은 NCS 직업기초능력 10개 영역 중 하나로, 업무를 수행하는 데 필요한 도구·수단 등에 관한 기술적 요소들을 이해하고 이를 적절히 선택 및 적용하는 능력이다. 기술능력이 직업기초능력이 되는 이유는, 기술능력을 일반적으로 사용되는 기술교양의 구체화된 개념으로 보면 기술직 종사자뿐만 아니라 사회의 모든 직업인이 지녀야 할 능력으로 볼 수 있기 때문이다.

일반적으로 기술은 다음 세 가지 의미를 갖는다. 첫째, 물리적인 것뿐만 아니라 사회적인 것으로서 지적인 도구를 목적에 사용하는 지식체계이다. 둘째, 인간의 주위 환경에 대한 통제를 확대하는 데 필요한 지식의 적용이다. 셋째, 제품이나 용역을 생산하는 원료·생산공정·생산방법·자본재 등에 대한 지식의 집합체이다.

　　직업기초능력으로서 기술능력이란 업무를 수행하는 데 필요한 도구·수단·장치·조작 등에 관한 기술의 원리 및 절차를 이해하고, 이를 바탕으로 적절한 기술을 선택해 업무에 실제로 적용하는 능력을 말한다. 직업인이 직장생활에서 일상적으로 접하는 기술을 이해하고 효과적인 기술을 선택, 다양한 상황에 기술을 적용하기 위해서는 기본적인 기술능력의 함양이 필수적이다. 기술능력은 기술이해능력, 기술선택능력, 기술적용능력으로 구분할 수 있다.

[표 8.9-1] 기술능력의 하위요소

하위요소	내용	세부요소
기술이해능력	업무수행에 필요한 기술의 원리 및 절차를 확실하고 올바르게 이해하는 능력	기술의 원리 이해
기술선택능력	업무수행에 필요한 기술을 비교 및 분석해 장단점을 파악한 후, 최적의 기술을 선택하는 능력	• 기술 비교·분석 • 최적의 기술 선택
기술적용능력	업무수행에 필요한 기술을 실제 상황에 적용하고, 그 결과를 분석할 수 있는 능력	• 기술의 활용 • 기술적용결과 분석 및 평가

먼저 기술이해능력은 기본적인 직장생활에서 필요한 기술의 원리와 절차를 이해하는 능력이다. 이를 향상시키기 위해서는 기술의 개념, 관련 용어, 가정·직장 및 사회에 미치는 긍정적·부정적 영향, 유형별 기초 기술, 기술과 인간, 기술과 환경 등의 관계, 기술의 선택과정에 대한 이해가 선행돼야 한다.

기술선택능력은 기본적인 직장생활에 필요한 기술을 선택하는 능력이다. 이를 향상시키기 위해서는 기술선택의 의미와 중요성, 매뉴얼 활용방법, 벤치마킹을 이용한 기술선택방법, 상황에 따른 기술의 장단점, 상황별 기술선택과 활용에 대한 이해가 선행돼야 한다.

기술적용능력은 기본적인 직장생활에 필요한 기술을 실제로 적용하고 결과를 확인하는 능력이다. 이를 향상시키기 위해서는 기술적용의 문제점을 찾고, 기술유지와 관리방법, 새로운 기술에 대한 학습, 최신 기술동향 등에 대한 이해가 선행돼야 한다.

기술능력이 뛰어난 사람은 다음과 같은 특징을 가진다. 첫째, 실질적으로 해결이 필요한 문제를 인식할 수 있다. 둘째, 인식된 문제에 대한 다양한 해결책이 개발·평가할 수 있다. 셋째, 지식이나 기타 자원을 선택·최적화해 적용할 수 있다. 넷째, 주어진 한계 속에서 제한된 자원을 사용할 수 있다. 다섯째, 기술적 해결에 대한 효용성을 평가한다. 여섯째, 여러 상황에서 기술의 체계와 도구를 사용하고 습득할 수 있다.

기술능력의 평가

기술능력은 다른 직업기초능력들에 비해 지원자의 행동을 직접적으로 관찰·평가하기가 어려운 능력이라 할 수 있다. 기술능력을 직원 선발 평가에 적용하는 방법으로는 서류전형단계에서 입사지원서의 자기소개서 평가, 필기전형에서 직업기초능력의 하나의 영역으로서 4지 선다 또는 5지 선다 형식의 객관식 필기시험·논술형 필기시험, 면접전형에서 경험 및 상황면접·발표면접 등이 있다.

(1) 서류전형

먼저, 서류전형단계의 자기소개서에서 지원자가 새로운 기술로 만들어 내거나 기존의 기술을 응용했던 경험이나 사례를 기술하게 한다. 예를 들면 "지원자가 업무(과제)를 수행하면서 새로운 기술 또는 기존의 기술을 적용하여 성과를 냈던 경험이나 사례를 기술하시오."라는 문항을 개발할 수 있다.

다음에 기술능력에 대한 자기소개서 문항을 정리해 뒀다. 기술능력 역시 다른 직업기초능력 자기소개서 평가와 마찬가지로 사전에 평가요소에 대한 정의 및 행동지표를 준비해 평가하는 것이 바람직하다.

[표 8.9-2] **기술능력에 대한 자기소개서 문항 사례**

사례1.

하위요소	자기소개서 문항 예시
기술이해능력	지원업무를 수행할 때 고려할 요소에는 어떤 것이 있으며, 그러한 기술요소들을 잘 활용하여 성공한 경험이나 사례를 기술하시오.

사례2.

하위요소	자기소개서 문항 예시
기술선택능력	업무수행에 필요한 기술들을 비교·분석하여 장단점을 파악한 후, 최적의 기술을 선택했던 경험이나 사례가 있으면 구체적으로 기술하시오.

사례3.

하위요소	자기소개서 문항 예시
기술적용능력	자신이 보유한 기술을 잘 활용하여 성과를 내었던 경험이나 사례에 대해 구체적으로 기술하시오.
	자신의 기술을 향상시키기 위해 노력했던 경험이나 사례를 구체적으로 기술하시오.
	자신이 가지고 있는 기술의 분야와 관련하여 매뉴얼 또는 가이드 등을 만들어본 경험이나 사례가 있다면 구체적으로 기술해 주시오.

[표 8.9-3] 기술능력 자기소개서 평가요소 및 행동지표 사례

평가방법	평가요소	행동지표
자기소개서	기술능력	• 실질적으로 해결이 필요한 문제를 인식하는가 • 인식된 문제에 대한 다양한 해결책을 개발·평가하는가 • 지식이나 기타 자원을 선택·최적화하여 적용하는가 • 주어진 한계 속에서 제한된 자원을 사용하는가 • 기술적 해결에 대한 효용성을 평가하는가 • 여러 상황에서 기술의 체계와 도구를 사용하고 습득하는가

(2) 필기시험

필기전형에서는 먼저 직업기초능력 중 하나의 영역으로 평가하는 객관식 필기시험에서 기술이해 및 선택능력과 기술적용능력으로 구분해 문제를 출제할 수 있다. 우선 기술이해 및 선택능력에서는 기술에 대한 이해와 이를 통한 올바른 선택을 할 수 있는지를 물을 수 있다. 또한 사례를 제시하고 이를 통해 지원자가 특정 개념에 대해 정확한 이해를 하고 있는지 확인하거나, 직장 내에서 실제로 접할 수 있는 경우를 사례로 제시할 수도 있다.

기술적용능력의 평가는 제품 매뉴얼 등의 자료를 제시한 뒤 이를 근거로 문제상황에 대한 적절한 해결방안을 찾을 수 있는지를 확인하는 문제, 개인의 지식에 의존하는 것이 아니라 철저히 제시된 매뉴얼에 기반해 답을 찾을 수 있는지를 평가하는 문제를 활용할 수 있다. 이 밖에도 두 개 이상의 자료를 제시해 많은 양의 자료를 빠르게 분석할 수 있는지를 평가하는 문제 등이 있다.

지원자가 많지 않을 경우 객관식 시험보다는 논술형 시험이 지원자의 능력을 변별하는 데 더 효과적이다. 기술능력의 논술형 시험은 앞서 설명한 방식과 비슷하게 제품 매뉴얼 등의 자료를 제시하고 "자료를 근거로 문제상황에 대한 적절한 해결방안을 찾으시오." 또는 회사의 사업과 관련된 자료 등을 제시하고 "우리 회사가 신규사업을 진출하는 데 필요한 기술은 어떤 것이 있으며, 그 이유를 설명하시오."와 같은 문제를 개발할 수 있다. 논술시험에 대한 일반적인 평가항목 및 내용은 다음 표와 같으며, 점수의 비중(%)은 지원직무나 신입·경력 등 지원자들의 특성에 따라 조정 가능하다.

[표 8.9-4] 논술시험 평가항목 및 내용

평가항목	비중(%)	평가내용
이해·분석력	20	• 주어진 논제에 대한 정확한 이해·분석능력 • 제시문에 대한 정확한 이해·분석(독해)능력 • 논술문이 논제에 충실한 정도 • 제시문을 적절히 활용한 정도
논증력	30	**근거설정능력** • 주장에 대한 적절하고 분명한 논거 제시 • 주장과 논거의 논리적 타당성 • 논제에 대한 분명한 견해 표현 • 표현견해가 제시문의 논의에 의거해 적절히 뒷받침 **구성조직능력** • 전체 논의 전개에 정합성 및 일관성 유지 • 전체 논의 전개에 있어 논리적 비약의 여부 • 글의 전체적인 흐름이 체계적이고 조직적으로 전개
창의력	30	**심층적인 논의 전개** • 본인의 주장이나 논거에 대해 스스로 가능한 반론들의 고려 • 본인의 논의가 지니는 더 나아간 함축이나 귀결들에 대해 고려 • 논의가 전개되고 있는 맥락이나 배경·상황에 대한 적절한 고려 • 묵시적인 가정이나 생략된 전제에 대한 더 나아간 고찰 **다각적인 논의 전개** • 발상이나 관점전환을 시도 • 가능한 대안들에 대한 고려 • 여러 개념들의 종합 • 암묵적으로 가정된 전제에 대한 비판적 고찰 **독창적인 논의 전개** • 주장이나 논거의 새로움 • 문제를 통찰함에 있어 특이함 • 관점이나 논의 전개에 있어 참신함
표현력	20	**표현의 적절성** • 문장 표현의 매끄럽고 자연스러움, 적절한 비유 등 • 단락 구성 및 어휘 사용 • 맞춤법, 답안지 작성법

(3) 면접

면접전형에서는 경험면접, 상황면접, 발표면접 등을 활용할 수 있다. 먼저 경험면접에서는 입사지원서의 자기소개서 문항과 같은 내용으로 질문지를 개발해 평가하면 된다.

예를 들어 앞서 설명한 기술능력의 자기소개서 문항인 "지원자가 업무(과제)를 수행하면서 새로운 기술 또는 기존의 기술을 적용하여 성과를 냈던 경험이나 사례를 기술하시오."를 "지원자가 업무(과제)를 수행하면서 새로운 기술 또는 기존의 기술을 적용하여 성과를 냈던 경험이나 사례를 말씀해 주십시오."라는 면접 문항으로 개발·활용할 수 있다.

상황면접의 경우 필기전형단계에서의 논술형 시험 문항을 참고해 질문지를 만들 수 있다. 예를 들어 "우리 회사 제품 매뉴얼 내용에 대해 고객들의 이해도가 낮아 AS 요청이 점점 증가하고 있습니다. 이러한 상황에서 고객의 AS를 낮추기 위한 기술적 해결방안에 대해 말씀해 주시기 바랍니다." 또는 회사의 사업과 관련된 자료 등을 제시하고 "우리 회사는 현재 신규사업을 준비하고 있습니다. 이 경우 담당자로서 필요하다고 생각하는 기술은 어떤 것이 있으며, 그 이유를 말씀해 주십시오." 등이다.

발표면접의 경우에는 기술능력과 관련해 직장 내에서 실제로 접할 수 있는 사례들이나 제품 매뉴얼, 신규 사업기획서와 같은 자료를 지원자에게 제시한다. 그리고 이를 근거로 문제상황에 대한 적절한 해결방안과 대안을 발표시키고, 행동관찰을 통해 평가할 수 있다. 이때 발표면접에 대한 평가표의 구성은 일반적인 평가항목인 분석력, 문제해결, 의사소통에 기술능력과 관련된 전문성 등의 관련 항목을 추가하면 된다.

[표 8.9-5] **기술능력을 포함한 발표면접 평가표 예시**

평가요소	행동지표	배점
분석력	• 정보나 상황을 세분하여 이해하거나 함축된 의미를 파악한다. • 현안에 대해 주어진 정성적·정량적 자료들을 분석하여 시사점을 도출한다. • 해결해야 하는 과업과 관련된 자료, 이슈들의 다른 특징들을 체계적으로 비교·분석한다.	
문제해결	• 자료를 구체적으로 분석하고 이해한다. • 현 상황에서 발생할 수 있는 문제점을 예측하여 해결대안을 제시한다. • 제시대안과 함께 이에 대한 타당한 근거를 제시한다.	
의사소통	• 자신의 아이디어를 논리정연하고 일관성 있게 전달한다. • 전달하고자 하는 내용에 맞는 적절한 비언어적 행동(시선, 제스처, 목소리 톤·강약 등)을 사용한다. • 상대방의 반응이나 생각의 흐름을 적절히 파악하고, 자신의 아이디어를 효과적으로 전달하기 위한 적절한 단어와 표현을 사용한다.	
기술능력 또는 전문성	• 업무 관련 인터넷 및 소프트웨어를 잘 활용한다. • 필요한 정보의 수집 및 분석이 가능하다. • 업무에 필요한 정보를 잘 이해하고 활용한다.	

기술능력의 하위능력별 평가내용

마지막으로 기술능력 하위능력별 평가내용으로서 지식(K), 기술(S), 상황(C)을 소개하고자 한다. 다음 표의 자료는 NCS 홈페이지(www.ncs.go.kr)의 'NCS 소개'에서 '직업기초능력' 중 '기술능력'의 『교수자용 가이드북(직업기초능력 가이드북: 교수자용)』을 참고한 것이다. 해당 가이드북에서는 'I-3. 내용체계 및 시간'에서 '기술능력 하위능력별 교육내용으로서의 지식, 기술, 상황'을 통해 정보능력의 하위요소에 대한 교육내용으로 지식, 기술, 상황을 나열하고 있다.

이는 채용담당자 입장에서 기술능력의 평가와 관련해 유용하게 활용할 수 있으므로, 다음 표에서는 기존 자료의 '교육내용'을 '평가내용'으로 수정해 실제 평가과제를 만드는 데 사용할 수 있도록 했다. 예컨대 지식과 기술은 필기시험 평가내용의 기준으로, 상황은 상황면접 또는 자기소개서 질문 문항을 개발하거나 시뮬레이션 면접 과제를 개발하는 과정에서 직무상황을 설정하는 근거자료로 유용하게 활용할 수 있다.

[표 8.9–6] 기술능력 하위능력별 평가내용으로서의 지식·기술·상황

하위능력		평가내용
기술이해 능력	K(지식)	• 기술의 원리 • 기술의 절차 • 업무에 필요한 기술의 동향 이해 • 새로운 기술에 대한 학습방법 이해
	S(기술)	• 매뉴얼 숙지 • 특정한 업무에 필요한 기술을 파악하는 기술 • 매뉴얼로부터 원리와 절차를 파악하는 기술 • 새로운 기술에 대한 학습, 결과에 대한 확인 기술
	C(상황)	• 기술적인 문제해결이 필요한 경우 • 기술적 문제를 해결하기 위해 지식, 기타 자원을 선택·최적화해 적용해야 하는 경우 • 업무의 목적에 맞게 다양한 도구를 사용하는 경우 • 기술적 문제에 대한 효과성을 평가하는 경우 • 기술 매뉴얼을 평가·수정하는 경우 • 업무에서 요구된 새로운 기술을 파악하고 학습하는 경우 • 상품을 디자인·제작·제시하는 경우 • 업무수행이나 서비스 향상을 위한 실제적인 활동을 수행하는 경우

기술선택 능력	K(지식)	• 필요한 기술 인식 • 새로운 기술 선택방법에 대한 지식 • 기술 선택 시 고려할 사항 이해 • 선택한 기술의 장단점 이해
	S(기술)	• 업무상황에 적합한 기술 선택 • 업무상황에서 요구되는 기술에 대한 벤치마킹(Benchmarking) 기술 • 선택한 기술의 장단점 평가 • 업무에 적용하는 데 있어서 선택한 기술의 결과 예측 • 업무와 관련된 새로운 기술에 대비한 매뉴얼 구축
	C(상황)	• 문제해결을 위해 최적의 기술을 선택해야 하는 경우 • 업무의 목적에 맞게 다양한 도구를 사용하는 경우 • 기술 선택을 위해 기술 각각의 장단점을 비교하는 경우 • 기술 매뉴얼을 평가·수정하는 경우 • 업무에서 요구된 새로운 기술을 파악하고 학습하는 경우 • 상품을 디자인·제작·제시하는 경우 • 업무수행이나 서비스 향상을 위한 실제적인 활동을 수행하는 경우
기술적용 능력	K(지식)	• 장비·기계 설치과정 및 방법에 대한 지식 • 조작과정에 대한 이해 • 기술 적용에 따른 장단점 이해 • 기술 유지와 보수의 방법 이해
	S(기술)	• 기술 적용에 있어서 문제 확인 및 해결 • 기계 및 장비 설치 • 사용한 기술에 대한 결과 해석 • 기술 사용에 있어 오류 찾아내기 • 기존 기술에 대한 개선 • 기술 적용에 따른 개선점 파악 • 기술 유지 및 보수 • 업무와 관련된 새로운 기술 습득
	C(상황)	• 업무수행 과정에서 장비 및 기계를 활용해야 하는 경우 • 현재의 기술을 보완·개선해야 하는 경우 • 업무의 목적에 맞게 다양한 도구를 사용하는 경우 • 기술적 문제에 대한 결과를 평가하는 경우 • 기술 매뉴얼을 평가·수정하는 경우 • 제품을 디자인·제작·제시하는 경우 • 기술 적용 후 문제에 대한 대책을 제시해야 하는 경우

조직이해능력

조직이해능력은 NCS 직업기초능력 10개 영역 중 하나로, 업무를 원활하게 수행하기 위해 자신이 속한 조직의 경영과 체제뿐만 아니라 다른 나라의 문화 및 전반적인 국제 동향을 이해하는 능력을 말한다.

조직은 두 사람 이상이 공동의 목표를 달성하기 위해 의식적으로 구성한, 상호작용 및 조정 행위의 집합체를 의미한다. 조직은 목적과 구조를 가지며, 목적을 달성하기 위해 구성원들이 서로 협동적인 노력을 한다는 특징이 있다. 또한 조직은 외부와 긴밀한 관계를 맺고 있으며, 경제적·사회적 기능을 가진다.

따라서 조직이해능력은 조직을 구성하는 체제를 이해하고, 조직의 큰 그림에서 자신의 업무를 이해하는 능력을 의미한다. 조직이해능력이 직업기초능력인 이유는 조직의 규모가 커질 때에는 구성원들이 정보를 공유하고 조직 목적을 달성하기 위해 하나로 나아가는 것이 중요하기 때문이다.

조직이해능력은 경영이해능력, 체제이해능력, 업무이해능력, 국제감각으로 구분할 수 있다. 조직이해능력 중 경영이해능력은 자신이 속한 조직의 경영목표와 방법을 이해하고, 조직의 목적을 달성하기 위한 전략·관리·운영활동에 알맞게 참여할 수 있는 능력을 의미한다. 이를 위해 경영목적·인적자원·자금·전략 등과 같은 경영의 구성요소와 '계획→실행→평가'라는 경영의 과정, 조직체제의 구성요소, '확인→개발→선택'의 의사결정방법, '전략목표 설정→환경 분석→경영전략 도출→경영전략 실행→전략목표 실행'이라는 조직의 경영전략에 대한 이해가 필요하다.

체제이해능력이란 조직의 목표와 구조·문화·규칙·절차 등을 이해하는 능력을 의미한다. 이때 조직목표는 조직이 달성하려는 미래의 상태를 말한다. 조직목표의 역할은 첫째, 조직의 존재에 정당성과 합법성을 제공한다. 둘째, 조직이 나아갈 방향을 제시한다. 셋째, 조직 구성원들이 행하는 의사결정의 기준이 된다. 넷째, 조직 구성원들이 행동을 수행하는 동기를 제공한다. 다섯째, 수행평가의 기준이 되며, 여섯째, 조직설계의 기준이 되기도 한다. 조직목표의 특징을 살펴보면 첫째, 공식적 목표와 실제적 목표가 다를 수 있다. 둘째, 다수의 조직목표를 추구할 수 있다. 셋째, 조직목표 간 위계적 상호관계가 있다. 넷째, 가변적 속성이 있다. 다섯째, 조직의 구성요소와 상호관계를 가진다는 것이다.

조직체제이해능력에 대해서는 조직목표의 역할과 특징 외에도 조직구조의 의미 및 형태, 조직문화의 의미 및 기능, 조직 내 집단의 의미와 유형에 대한 이해가 필요하다.

업무이해능력은 자신에게 주어진 업무의 성격과 내용을 알고 그에 필요한 지식, 기술, 행동을 확인하는 능력을 의미한다. 이때 업무란 상품이나 서비스를 창출하기 위한 생산적 활동을 말한다. 업무수행단위는 총무부·인사부·기획부·회계부·영업부 등으로 나뉠 수 있다. 업무의 특징은 첫째, 조직의 목표를 달성하기 위한 것이다. 둘째, 업무마다 요구되는 지식·기술·도구의 종류가 다르다. 셋째, 업무는 보통 독립적으로 이루어지지만, 순차적이거나 서로 정보를 주고받는 식으로 진행되기도 한다. 넷째, 업무마다 수행하는 절차나 과정이 다르다. 다섯째, 조직이 정한 규칙과 규정·시간 등이 존재한다.

국제감각능력은 다른 나라의 문화를 이해하고 국제적인 동향을 이해하는 능력을 의미한다. 국제감각능력이 필요한 이유는 업무를 수행하다 보면 국제적 이슈에 영향을 받는 경우가 많으며, 업무와 관련된 국제적인 법규나 규정을 제대로 이해하지 못하면 커다란 손실을 입을 수도 있기 때문이다.

[표 8.10-1] **조직이해능력의 하위요소**

하위요소	내용	세부요소
경영이해능력	자신이 속한 조직의 경영 목표와 방법에 대해 이해하는 능력	• 조직의 방향성 파악 • 생산성 향상방법
체제이해능력	조직의 전반적인 구조, 체제 구성요소, 규정, 절차 등을 이해하는 능력	• 조직구조 이해 • 조직의 규칙 및 절차 파악
업무이해능력	직업인이 자신이 맡은 업무의 성격과 내용을 파악해 그에 필요한 지식·기술을 확인함으로서 업무활동을 계획하는 능력	• 업무 우선순위 파악 • 업무활동 조직·계획
국제감각	업무 연관성을 바탕으로 다른 나라의 문화와 국제적인 동향을 이해하는 능력	• 국제 동향 이해 • 국제 상황 변화에 대처

조직이해능력의 평가

조직이해능력을 신입직원 선발평가에 적용해 보면 서류전형단계의 입사지원서·경험 및 경력기술서·자기소개서, 필기전형단계 직업기초능력 중 하나의 영역으로서 4지 선다· 5지 선다 형식의 객관식 필기시험과 인성검사, 면접전형단계의 경험 및 상황면접·발표면접 등으로 평가할 수 있다. 다만, 대학을 막 졸업하고 입사지원을 하는 신입사원에게는 직장경력이 없기 때문에 조직이해능력은 다소 어려워하는 영역일 수 있다는 점을 감안해 평가 문항을 개발해야 할 것이다.

(1) 서류전형

서류전형단계에서는 입사지원서상의 교육 및 자격증 항목을 평가할 수 있으며, 경험 및 경력사항에서도 지원자의 조직생활에 대해 간접적으로 평가할 수 있다. 그리고 자기소개서 항목에서 조직생활에서의 경험과 지원동기 등을 작성하게 할 수도 있다.

먼저 입사지원서의 교육 및 자격 사항을 살펴보면 교육사항의 경우 학교교육에서는 경영학이나 행정학 관련 과목을 이수했는지, 직업교육의 경우 직장생활에 필요한 자격증을 취득했는지를 평가할 수 있다. 그런데 이 분야의 교육과목이나 자격증은 너무 광범위하고 다양하기 때문에 채용공고 또는 직무설명자료에 근거해 그 범위를 명확히 하는 것이 필요하다.

경험 및 경력기술서는 지원자가 신입사원일 경우 학교에 다니면서 참여한 학회·동아리·아르바이트에서의 활동내용을 통해 조직생활에 대한 간접적인 평가가 가능하다. 경력직일 경우에는 이전 직장에서의 활동내용으로 조직생활에 대한 직접적인 평가를 할 수 있다.

조직이해능력에 대한 자기소개서 평가의 경우 하위요소 네 가지에 대한 경험을 각각 평가하기보다는 조직생활에 대한 전반적 경험이나 사례를 묻는게 바람직하다. 예컨대 "학교나 조직생활을 통해 얻은 경험이나 사례를 기술하시오."라는 문항을 개발하고 지원자가 답변한 내용을 평가하는 식이다. 그러나 조직생활이라는 단어 자체가 너무 막연하기 때문에 문항 개발 시 지원분야 관련 명확한 정의와 "해당 직무에 해당하는" 등의 단서를 붙임으로써 조직생활의 정의와 범위를 좁히는 것도 고려해볼 수 있다.

[표 8.10-2] 조직이해능력의 자기소개서 행동지표 사례

평가방법	평가요소	행동지표
자기소개서	조직이해능력	• 조직생활에 대한 자신의 목적을 명확히 하는가 • 자신과 조직의 목표를 얼마나 일치시키려고 하는가 • 우리 공사 조직문화에 적합한가 • 조직의 구성원으로서 적극적으로 자신의 역할을 수행하고자 노력하는가 • 목적을 달성하기 위해 구성원 간의 협력을 조성하는가 • 목적 달성을 위한 계획이나 전략을 수립하고 실행하는가 • 실행과 관련한 시간, 예산, 물적·인적자원관리를 하는가 • 외부 환경과 긴밀한 관계를 맺으려 시도하는가

또한 지원자의 지원동기를 다양하게 작성하도록 함으로써 지원자와 회사 간 조직적합도와 직무적합도를 평가할 수 있다. 예를 들어 "우리 회사에 지원하게 된 동기는 무엇입니까?", "우리 회사에 대해서는 어떻게 알게 되었습니까?", "취업을 준비하면서 많은 회사들을 알아봤을 텐데 우리 회사를 선택한 이유는 무엇입니까?", "우리 회사에 입사한다면 어떤 일을 할 거라고 생각하십니까?" 등의 문항을 만들 수 있다.

이를 조직의 가치관과 연결하면 "직장을 선택하는 데 가장 중요시하는 가치는 무엇이고 그렇게 생각하는 이유는 무엇입니까?", "직장생활을 통해 본인이 이루고자 하는 목표는 무엇입니까?", "직장이 지원자의 삶에 어떠한 의미를 갖고 있습니까?" 등으로 확장할 수 있다.

(2) 필기시험

필기전형단계에서 조직이해능력은 직업기초능력 중 하나의 영역으로서 4지 선다·5지 선다 형식의 객관식 필기시험으로 평가할 수 있다. 이때 시험 문항은 크게 기업의 경영환경 및 체제이해능력을 평가하는 문제와 실제 업무 진행과정에 대한 이해능력을 평가하는 문제로 구분할 수 있다.

기업의 경영환경 및 체제이해능력을 평가하는 문제의 경우 업무를 수행함에 있어 조직의 방향을 예측할 수 있는지, 조직의 유형 또는 특징을 파악할 수 있는지에 대한 문제를 출제할 수 있다. 또한 기업 내에서 부서의 역할을 정확히 이해하고, 부서 간의 이동에 따른 경영환경의 변화를 예측할 수 있는지에 대한 문제도 가능하다. 이 밖에 기업의 거시적인 경영환경을 파악할 수 있는지를 묻기 위해 SWOP 분석, BCG Matrix 등과 관련된 문제들도 활용할 수 있다.

실제 업무 진행과정에 대한 이해능력을 평가하는 문제의 경우, 업무를 수행할 때 필수로 요구되는 업무체계에 대한 이해능력을 평가하는 문제를 출제할 수 있다. 또 실제 업무상황에서 접할 수 있는 보고서 형태의 문서나 결재양식을 자료로 제시하고, 이를 바탕으로 한 이해능력을 평가하는 문제도 낼 수 있다. 이 밖에 보고서의 일부가 지워지거나 알아볼 수 없게 됐을 때 이 부분과 관련된 사항을 묻는 문제도 가능하다.

필기전형단계에서 인성검사의 경우 직업기초능력의 조직이해능력을 인성검사의 조직적 합도와 매칭하기도 한다. 물론 이 둘의 내용이 완전히 일치하는 것은 아니다. 그러나 조직이해능력을 구성하는 하위능력들의 행동 기반이 성격으로부터 기인한다는 연관성으로도 인성검사를 실시할 수 있다. 이때에는 긍정적 성격의 검사와 부정적 성격의 검사로 구분해 지원자를 측정한다.

긍정적 성격의 인성검사에서는 지원자를 개인차원, 과업차원, 관계차원으로 구분하고 있다. 개인차원에서는 긍정태도·신뢰·의지·자기관리를, 과업차원에서는 창의·혁신·실행·추진·분석·관리·팀워크를, 관계차원에서는 타인수용·타인이해·배려·관계형성에 대한 성격적 요소들을 측정한다.

부정적 성격의 검사는 조직적응요소로서 공격성·충동성·관심욕구·나태·의존성·자기 비하·집착·타인 경시·고립·냉담·비도덕·비협조를, 이상 성향으로서 감정기복·반사회성·불안·우울·긍정인상 등을 측정한다. 기존 인성검사는 대부분의 회사들이 지원자의 긍정적 성격에 초점을 맞춰 실시해 왔다. 그러나 최근에는 채용의 위험요소 (Risk), 즉 부적격자 선발방지를 위한 방안으로 부정적 성격의 조직적합도 검사 실시 사례가 증가하고 있다.

(3) 면접

면접전형단계에서는 경험면접, 상황면접, 발표면접 등을 활용할 수 있다. 먼저 경험면접의 경우 자기소개서의 평가 문항과 같은 방식으로 개발하면 된다. 즉, 조직생활에 대한 전반적 경험이나 사례를 묻기 위해 "학교나 조직생활을 통해 얻은 경험이나 사례를 말씀해 주십시오."라는 질문을 개발할 수 있다. 그리고 지원자의 조직이해에 대한 평가 질문으로 "지원자가 우리 회사에 입사하신다면 어떠한 업무를 맡을 것이라고 생각하며, 그 업무를 잘 수행하기 위해 노력했던 경험이나 사례를 말씀해 주십시오."를 묻고 관찰·평가할 수도 있다.

여기에 지원동기나 조직생활에 대한 가치관 등을 물어봄으로써 지원자의 조직적합도와 직무적합도를 평가할 수 있다. 이때 지원동기는 다음 표에 있는 행동지표 외에 지원자 답변의 구체성·명확성 등으로도 평가해야 한다. 일반적으로 지원자가 뚜렷한 지원동기 없이 묻지마식으로 지원했을 경우 형식적 답변을 할 가능성이 높기 때문이다. 이 경우 직원으로 선발되더라도 다른 좋은 회사의 입사지원 기회가 있으면 이직할 가능성이 높다. 다음은 신입사원 면접 시 가장 일반적으로 사용하는 조직적합도와 직무적합도에 대한 평가표 예시이다. 신입사원 선발이므로 다음과 같이 전반적인 평가요소를 적용하는 것이 바람직하며, 경력직 선발의 경우 여기에 직무전문성 등을 포함해 평가할 수 있다.

[표 8.10-3] 조직적합도와 직무적합도에 대한 신입직 면접평가표 예시

평가요소	행동지표	배점
조직적합도	• 우리 회사 조직문화에 적합한가 • 우리 회사에 계속 근무하려는 의지가 있는가 • 우리 회사에 근무하고자 하는 명확한 목표의식이 있는가 • 조직의 구성원으로서 적극적으로 자신의 역할을 수행하고자 노력하는가	
직무적합도	• 지원분야에 대한 지식, 스킬 활용도 • 경험을 통한 학습, 개선 • 자신의 전문성 수준에 대한 객관적 인식 • 담당직무에 대한 기대의 현실성 정도 • 우리 회사에 대한 사전 지식의 정도 • 우리 회사와 자신의 적합성에 대한 구체적·공감적 답변의 정도	

상황면접은 우선 회사 내 운영방침의 변화, 조직의 변경, 다른 직무로의 배치 등과 관련해 실제 업무상황에서 발생할 수 있는 상황을 설정한다. 그 다음 지원자에게 "이러한 상황에서 지원자는 어떻게 행동하시겠습니까? 말씀해 주십시오."라고 질문함으로써 지원자의 행동의도를 파악하고 평가할 수 있다.

발표면접의 경우 실제 업무상황에서 접할 수 있는 회사의 자료들을 지원자에게 제시한다. 그 다음 이 자료를 분석·가공해 보고서나 기획서를 작성하게 하는 과제를 주고, 작성된 내용에 대해 질의응답하는 방식으로 지원자의 조직이해능력을 평가할 수 있다. 이때 발표면접에 대한 평가표의 구성은 일반적인 평가항목인 분석력, 문제해결, 의사소통에 조직이해와 관련된 항목을 추가하면 된다.

[표 8.10-4] 조직이해능력을 포함한 발표면접 평가표 예시

평가요소	행동지표	배점
분석력	• 정보나 상황을 세분하여 이해하거나 함축된 의미를 파악한다. • 현안에 대해 주어진 정성적·정량적 자료들을 분석하여 시사점을 도출한다. • 해결해야 하는 과업과 관련된 자료, 이슈들의 다른 특징들을 체계적으로 비교·분석한다.	
문제해결	• 자료를 구체적으로 분석하고 이해한다. • 현 상황에서 발생할 수 있는 문제점을 예측하여 해결대안을 제시한다. • 제시대안과 함께 이에 대한 타당한 근거를 제시한다.	
의사소통	• 자신의 아이디어를 논리정연하고 일관성 있게 전달한다. • 전달하고자 하는 내용에 맞는 적절한 비언어적 행동(시선, 제스처, 목소리 톤·강약 등)을 사용한다. • 상대방의 반응이나 생각의 흐름을 적절히 파악하고, 자신의 아이디어를 효과적으로 전달하기 위한 적절한 단어와 표현을 사용한다.	
조직이해	• 조직의 방향성에 대해 파악하고 있다. • 조직의 구조에 대해 이해하고 있다. • 업무의 우선순위를 파악하고, 업무활동을 조직·계획한다.	

조직이해능력의 하위능력별 평가내용

　　마지막으로 조직이해능력 하위능력별 평가내용으로서 지식(K), 기술(S), 상황(C)을 소개하고자 한다. 다음 표의 자료는 NCS 홈페이지(www.ncs.go.kr)의 'NCS 소개'에서 '직업기초능력' 중 '조직이해능력'의 『교수자용 가이드북(직업기초능력 가이드북: 교수자용)』을 참고한 것이다. 해당 가이드북에서는 'I-3. 내용체계 및 시간'에서 '조직이해능력 하위능력별 교육내용으로서의 지식, 기술, 상황'을 통해 조직이해능력의 하위요소에 대한 교육내용으로 지식, 기술, 상황을 나열하고 있다.

이는 채용담당자 입장에서 기술능력의 평가와 관련해 유용하게 활용할 수 있으므로, 다음 표에서는 기존 자료의 '교육내용'을 '평가내용'으로 수정해 실제 평가과제를 만드는 데 사용할 수 있도록 했다. 예컨대 지식과 기술은 필기시험 평가내용의 기준으로, 상황은 상황면접 또는 자기소개서 질문 문항을 개발하거나 시뮬레이션 면접 과제를 개발하는 과정에서 직무상황을 설정하는 근거자료로 유용하게 활용할 수 있다.

[표 8.10-5] **조직이해능력 하위능력별 평가내용으로서의 지식·기술·상황**

하위능력		평가내용
경영이해 능력	K(지식)	• 조직 내에서 자신의 역할 이해 • 조직의 목적과 목표 이해 • 조직 구성원의 역할과 업무분담에 대한 이해 • 경영상 변화에 대한 이해
	S(기술)	• 조직의 구조와 운영체제 파악 • 하위조직의 역할 파악 • 전체 조직에서 나의 역할 확인 • 조직의 운영과정과 의사결정과정에 참여 • 조직의 운영상 문제점 분석과 해결책 제시
	C(상황)	• 조직의 운영에 참여하는 경우 • 조직의 효과성 증대를 위해 조직의 체제를 개선해야 하는 경우 • 업무 수행에 필요한 국제적인 추세를 파악해야 하는 경우 • 업무가 진행되는 단계를 관리해야 하는 경우 • 경제 변화를 업무수행에 반영해 활용해야 하는 경우 • 수출·수입 등 국제무역을 행해야 하는 경우 • 조직 구성원의 사기와 심리적 상태를 이해해야 하는 경우
체제이해 능력	K(지식)	• 조직의 목표에 대한 인식 • 조직의 구성 이해 • 조직문화 유형 • 조직문화 유형별 장단점 • 조직 내의 규칙과 절차
	S(기술)	• 조직의 구조·기능 및 목표에 대한 공유 • 조직 내 규칙과 절차를 준수한 업무 추진 • 다른 조직과의 구조 및 특성 비교 • 조직의 고유한 문화적 특성 파악
	C(상황)	• 조직의 성과를 판단하는 경우 • 조직에 대한 구조조정이 시행되는 경우 • 조직의 운영 관련 회의에 참여하는 경우 • 조직 내의 인사 관련 업무를 하는 경우 • 조직체제 개선 또는 개편에 대한 의견을 제시하는 경우 • 조직 내의 규칙 또는 규정에 대해 의견을 제시하는 경우 • 조직 구성에 대해 고객에게 설명해야 하는 경우

업무이해 능력	K(지식)	• 업무의 특성 이해 • 주어진 업무 확인 • 업무처리과정 및 절차에 대한 이해 • 업무처리 시 방해요인 이해
	S(기술)	• 자신에게 주어진 업무를 확인하는 방법 • 주어진 업무의 중요도를 파악 • 업무처리계획 수립 • 업무수행에 필요한 인적·물적자원 파악 • 업무처리단계별 효과적인 방법 도출
	C(상황)	• 자신의 업무에 문제가 발생하는 경우 • 신입사원으로 들어와 업무를 파악하는 경우 • 후배에게 업무에 대해 설명해야 하는 경우 • 동료의 업무를 대신할 경우 • 업무를 인수인계할 경우 • 부서 이동으로 새로운 위치에서 업무를 수행하는 경우 • 기존의 업무와 다른 새로운 업무가 주어지는 경우
국제감각	K(지식)	• 일반적 국제 이슈 이해 • 관련 업무의 국제적 동향 분석 방법 이해 • 업무 관련 국제적 법규 및 규정 이해
	S(기술)	• 각종 매체를 활용한 동향 파악 • 관련 업무의 국제적인 동향 파악 • 국제적인 상황 변화 파악 • 국제적인 이슈 분석 • 다른 나라와의 문화적 차이 분석
	C(상황)	• 업무수행에 필요한 국제적인 동향을 파악해야 하는 경우 • 외국인과 함께 업무를 수행하는 경우 • 업무수행 중 외국 출장을 가야 하는 경우 • 조직의 운영 관련 회의에 참여하는 경우 • 조직의 성과 증대를 위해 조직체제에 대한 의견을 제시하는 경우 • 업무가 진행되는 단계를 타 조직과 비교해야 하는 경우 • 수출·수입 등 국제무역을 행해야 하는 경우

직업윤리

　직업윤리는 NCS 직업기초능력 10개 영역 중 하나로, 직업인들에게 요구되는 행동규범이다. 대표적으로 원만한 직장생활을 위해 요구되는 자세, 가치관 및 올바른 직업관을 직업윤리라 할 수 있다. 실제로 직업인은 성실하고 근면한 자세, 정직함, 봉사정신, 책임의식, 직장예절 등을 갖춰야만 원만한 직장생활을 할 수 있다.

　사람들은 직업을 통해 얻는 수입으로 생활하므로, 대부분 직업을 갖고 있다. 이때 모든 직업에서 공통으로 지켜야 할 행동규범과 각각의 직업에서 지켜야 할 세분화된 행동규범들이 직업윤리로, 이는 직업윤리가 직업기초능력 중의 하나인 이유이기도 하다. 직업인에게 요구되는 직업윤리로는 각자 자기가 맡은 일에 투철한 사명감과 책임감을 갖고 일을 충실히 수행해야 하며, 도덕적이어야 한다는 것을 들 수 있다. 다만 직업윤리는 개인이 사회와 직업을 보는 관점이 다르기 때문에 서로 다를 수 있다.

직업윤리가 중요한 이유는 직업윤리가 결여되면 집단이기주의가 성행해 사회병리현상을 일으킬 수 있기 때문이다. 반면에 직업윤리가 확립되면 인격을 완성하고 사회발전에 기여할 수 있다. 직업윤리는 기본적으로 개인윤리를 바탕으로 성립되는 규범이지만, 상황에 따라 양자가 충돌하는 경우 직업인이라면 직업윤리를 우선시해야 한다.

직업윤리는 근로윤리와 공동체윤리로 나눌 수 있는데, ▷근로윤리는 성실성·근면성·정직성 ▷공동체윤리는 준법성·봉사정신·책임의식·직장예절로 구분할 수 있다. 먼저 직업윤리로서 근로윤리란 직장생활에서 일에 대한 존중을 바탕으로 근면·성실·정직하게 업무에 임하는 자세를 의미한다. 여기서 근면은 게으르지 않고 부지런한 것을, 정직은 신뢰를 형성하고 유지하는 데 가장 필수적인 규범을 말한다. 성실하다는 것은 일관하는 마음과 정성의 덕으로, 성실한 사람일수록 높은 성과를 낼 가능성이 높다.

공동체윤리는 인간존중을 바탕으로 봉사하며, 책임 있고 규칙을 준수하고 예의 바른 태도로 업무에 임하는 자세를 의미한다. 여기서 봉사는 사전적 의미와 직업적 의미 두 가지가 있다. 사전적 의미는 자신보다 남을 위해 일하는 것이며, 직업적 의미는 자신보다는 고객의 가치를 최우선으로 하는 서비스 개념을 말한다.

공동체윤리의 세부요소로서 책임은 모든 결과는 나의 선택으로 말미암아 일어난 것이라는 식의 태도를 의미한다. 책임지는 태도는 인생을 지배하는 능력을 최대화하는 데 긍정적 역할을 하며, 책임감이 투철한 사람은 조직에서 꼭 필요한 사람으로 인식된다. 규칙을 준수하는 준법은 민주시민으로서 기본적으로 지켜야 하는 의무와 생활자세를 의미한다. 이는 시민으로서 자신의 권리를 보장받고, 다른 사람의 권리를 보호해주며, 사회질서를 유지하는 기반이 된다. 예의 바른 태도인 예절은 일정한 생활문화권에서 오랜 생활습관을 통해 하나의 생활방법으로 정립돼 관습적으로 행해지는 사회계약적인 생활규범을 의미한다. 이 예절은 언어문화권에 따라 다르며, 같은 언어문화권이라도 지역에 따라 다를 수 있다.

[표 8.11-1] **직업윤리의 하위요소**

하위요소	내용	세부요소
근로윤리	맡은 업무를 성실하고 근면한 자세로 처리하고, 정직하게 업무에 임하는 자세	• 성실성 • 근면성 • 정직성
공동체윤리	인간존중을 바탕으로 봉사하며, 책임감을 갖고 업무를 충실히 수행하고, 직장 내 규범과 대인관계에서의 예의를 지켜 행동할 수 있는 자세	• 준법성 • 봉사정신 • 책임의식 • 직장예절

직업윤리의 평가

지금까지 직업윤리의 하위요소와 세부요소에 대해 설명했다. 그러나 이러한 직업윤리를 직원 선발과정에서 평가하는 것은 대단히 어려운 일이다. 이는 아는 것과 행동하는 것이 일치하지 않을 수 있고, 윤리라는 것이 마음 깊숙한 곳에 위치해 잘 드러나지 않기 때문이다. 따라서 단기적인 행동관찰만으로는 이를 평가할 수 없다. 이러한 어려움을 감안하고 직업윤리를 직원의 선발평가에 적용하면 서류전형단계에서의 자기소개서 평가와 필기전형에서의 직업기초능력 필기시험, 면접전형에서의 경험면접을 활용할 수 있을 것이다.

(1) 서류전형

먼저 서류전형에서의 자기소개서 평가는 직업윤리에 관한 지원자의 과거 경험이나 사례를 묻는다. 이 경우 직업윤리의 하위요소인 근로윤리, 공동체윤리보다는 세부요소를 기준으로 자기소개서 질문 문항을 개발하는 것이 바람직할 수 있다.

직업윤리의 세부요소에는 근로윤리의 성실성·근면성·정직성과, 공동체윤리의 준법성·봉사정신·책임의식·직장예절이 있다. 이 중에서 봉사정신(준법성·책임의식)과 관련된 자기소개서 문항을 만들어 보자. 이때에는 "지원자가 봉사정신(준법성·책임의식)을 발휘했던 사례 중 가장 기억에 남는 사례와 그 사례를 통해 얻은 교훈은 무엇인지 기술하시오"라는 문항을 개발하고 지원자가 답변한 내용에 담긴 행동을 관찰·평가할 수 있다. 추가로 근로윤리의 세부요소인 성실성을 예로 들어 설명해 보겠다. 성실성이란 '모든 일에 성실·정직해 남에게 신뢰감을 주며, 꼼꼼하고 정확하게 일을 수행하는 태도나 자세'로 정의할 수 있다. 이에 대한 구체적 정의와 행동지표를 정리하면 다음과 같다.

[표 8.11-2] 근로윤리 하위요소인 성실성에 대한 구체적 정의

하위요소	세부요소	구체적 정의
근로윤리	성실성	• 생활태도와 언행이 성실하고 정직하며, 상대방과의 신의를 중요시함. 또한, 눈앞의 이익만을 추구하거나 거짓 언행과 이기적 행동을 하지 않음으로써 타인에게 신뢰받을 수 있는 도덕적 품성 • 세부적인 부분까지 주의 깊고 꼼꼼하게 일을 처리하는 태도

성실성에 대한 구체적 정의에 기반해 자기소개서 질문을 개발해 보면 "지원자가 다른 사람과의 신의를 지키기 위해 노력했던 경험이나 사례에 대해 구체적으로 기술하시오."라고 할 수 있다. 이에 대해서는 다음 행동지표를 참고해 지원자의 행동을 관찰·평가하면 된다.

[표 8.11-3] 성실성에 대한 자기소개서 행동지표

평가방법	평가요소	행동지표
자기소개서	성실성	• 투명하고 공정하게 일을 처리한다. • 항상 신용을 유지한다. • 신뢰를 구축하며, 존경을 받는다. • 모든 상황에서 올바른 가치를 실천하기 위해 노력한다. • 잘못이나 부정을 감추지 않고 즉시 드러내 발전의 기회로 활용한다. • 상대방과의 약속을 준수하고 항상 진실된 정보를 제공한다.

(2) 필기시험

필기전형에서 직업윤리는 직업기초능력 중 하나의 영역으로, 객관식 필기시험으로 평가할 수 있다. 이때에는 직업인이 갖춰야 할 기본적인 근로윤리의식과 공동체윤리의식을 구분해 문제를 출제할 수 있는데, 전자는 업무수행 시 기본적으로 필요한 윤리의식을 갖고 있는가를 말한다. 이에 대해서는 일반적으로 사회에서 통용되는 수준의 윤리의식뿐 아니라 직업인으로서 요구되는 윤리의식에 대해서도 출제할 수 있다. 또한 비즈니스 매너와 관련된 문제도 출제할 수 있다.

공동체윤리의식에 대해서는 직업인이 갖춰야 할 기본적인 윤리 수준에서 공동체윤리에 대한 개념으로 확장할 수 있다. 이때에는 개인적인 수준에서의 윤리와는 구분되는 공동체적·사회적 책임 등에 대해 출제할 수 있다.

(3) 면접

면접전형단계의 경험면접에서도 질문의 개발은 자기소개서 문항의 개발방식과 같으며, 다만 "기술하시오"를 "말씀해 주십시오"로 바꿔주면 된다. 앞선 자기소개서 문항을 면접질문으로 바꾼다면 "지원자가 봉사정신(준법정신·책임감)을 발휘했던 사례 중 가장 기억에 남는 사례와 그 사례를 통해 얻은 교훈은 무엇인지 말씀해 주십시오."가 된다. 그리고 이 질문에 대한 지원자의 답변내용을 행동관찰을 통해 평가하면 된다.

그러나 아는 것과 행동하는 것이 동일하지 않으므로, 직업윤리는 다른 직업기초능력에 비해 평가할 수 있는 도구가 한정적이다. 실제로 상황면접이나 시뮬레이션 면접 모두가 직업윤리를 평가하는 데 적합하지 않다. 예를 들어 지원자들이 상황면접 질문에 대답한 내용과 시뮬레이션 면접을 통해 드러낸 행동들이 그들의 내면에 있는 것을 보여주면 좋겠지만, 실제로 그렇지 않은 경우가 대부분이다. 사람들은 대부분 무엇이 더 바람직하다는 것을 인식할 수 있지만, 그것을 실제 행동으로 실천하는 것은 매우 힘들며 이를 선발장면에서 관찰해 평가하는 것은 더더욱 힘들기 때문이다.

직업윤리의 하위능력별 평가내용

마지막으로 직업윤리 하위능력별 평가내용으로서 지식(K), 기술(S), 상황(C)을 소개하고자 한다. 다음 표의 자료는 NCS 홈페이지(www.ncs.go.kr)의 'NCS 소개'에서 '직업기초능력' 중 '직업윤리'의 『교수자용 가이드북(직업기초능력 가이드북: 교수자용)』을 참고한 것이다. 해당 가이드북에서는 'Ⅰ-3. 내용체계 및 시간'에서 '직업윤리 하위능력별 교육내용으로서의 지식, 기술, 상황'을 통해 직업윤리의 하위요소에 대한 교육내용으로 지식, 기술, 상황을 나열하고 있다.

이는 채용담당자 입장에서 직업윤리의 평가와 관련해 유용하게 활용할 수 있으므로, 다음 표에서는 기존 자료의 '교육내용'을 '평가내용'으로 수정해 실제 평가과제를 만드는 데 사용할 수 있도록 했다. 예컨대 지식과 기술은 필기시험 평가내용의 기준으로, 상황은 상황면접 또는 자기소개서 질문 문항을 개발하거나 시뮬레이션 면접 과제를 개발하는 과정에서 직무 상황을 설정하는 근거자료로 유용하게 활용할 수 있다.

[표 8.11-4] 직업윤리 하위능력별 평가내용으로서의 지식·기술·상황

하위능력		평가내용
근로윤리	K(지식)	• 근로윤리의 의미 • 근로윤리의 특성 • 일에 대한 존중을 바탕으로 하는 근로윤리 • 특수직업윤리 각 직종·직장별 특성에 맞는 고유한 행위규범 • 근면의 의미와 근면한 생활 • 정직의 의미와 정직한 생활 • 성실의 의미와 성실한 생활
	S(기술)	• 직장생활에서 정해진 시간을 준수하며 생활 • 맡은 바 역할을 타인에게 전가하지 않는 행동 • 권위적이고 오만한 행동 지양 • 남이 한 일이나 아이디어를 도용하거나 가로채지 않는 행동 • 공사를 불문하고 지킬 수 있는 약속만을 말하고 철저히 지키는 행동 • 타 회사 경영정보나 기술의 불법적인 취득행위 지양 • 회사 경영정보나 기술정보를 이용한 사적 이익추구행위 지양 • 자신이 세운 목표를 달성하기 위해 부지런한 생활을 유지 • 검소한 생활자세를 유지하고 화목한 가정을 유지 • 심신을 단련하고, 금주·금연운동에도 앞장 • 맡은 바 임무에 최선을 다함 • 직장생활에서 주어진 업무를 성실히 수행 • 직장생활에 있어 근면한 생활을 행동으로 표출
	C(상황)	• 업무를 적극적으로 추진해야 하는 경우 • 자기발전을 위해 스스로를 개발해야 할 경우 • 업무에 성실히 임해야 하는 경우 • 공정한 인사를 해야 하는 경우 • 직업인으로서 윤리를 지켜야 하는 경우

공동체윤리	K(지식)	• 공동체윤리의 의미와 특성 • 인간사회의 존중을 바탕으로 하는 공동체윤리 • 특수직업윤리 각 직종·직장별 특성에 맞는 고유한 행위규범 • 타율적 구속의 윤리 • 봉사의 의미와 봉사하는 생활 • 책임의 의미와 책임 있는 생활 • 준법의 의미와 준법적인 생활 • 직장예절
	S(기술)	• 자신의 이익을 배제하고 타인에게 봉사하려는 마음가짐을 행동으로 표출 • 힘들고 어려운 일에 솔선수범하는 행동 • 사랑과 봉사의 자세로 어려운 형편에 있는 이웃과 동료를 돕는 행동 • 지역사회와의 자매결연, 지역협력사업에 지원을 아끼지 않는 행동 • 주어진 업무에 책임의식을 갖는 자세 • 직무나 직책을 이용한 금품수수, 청탁, 알선행위 지양 • 회사 내 사규와 사훈을 지키며 생활 • 사내 윤리규범의 진정한 의미를 숙지하여 업무에 적용 • 다른 임직원으로 하여금 윤리규범을 위반하도록 종용하거나 방관하는 행위 지양 • 인종, 종교, 성별, 출신지, 학벌, 연령, 신체적 특성 차이를 이유로 불쾌감을 주거나 괴롭힘을 가하지 않는 행동 • 직장 내 상하관계에 있어 예절을 지키며 생활 • 칭찬, 격려 등 긍정적인 언행 생활화 • 공과 사를 구분하고 직장 동료와의 예절을 지키며 생활 • 사회적으로 금지되거나 비난의 대상이 되는 퇴폐적 행위 지양 • 부드러운 미소와 눈빛으로 즐겁고 편안한 분위기 조성 • 이성 근로자에 대한 성 예절 생활화
	C(상황)	• 업무를 책임감 있게 수행해야 할 경우 • 회사나 기관의 규정과 규칙을 철저히 지키며 법을 준수하려는 마음가짐을 지녀야 할 경우 • 안전사고에 유의하며 업무를 수행해야 할 경우 • 업무 수행에 있어 국가, 사회 및 이웃을 위해 봉사한다는 마음가짐을 지녀야 하는 경우 • 자신의 명예를 걸고 최선을 다해 업무를 수행해야 하는 경우 • 자신의 직업을 천직으로 여겨야 하는 경우 • 현재 몸담고 있는 회사 또는 기관을 평생 일터로 여겨야 하는 경우 • 직장생활에 필요한 예의범절을 지켜야 하는 경우 • 업무를 공정하게 수행해야 하는 경우

직무수행능력 평가를 위한 제언

능력중심채용과 직무수행능력

지금까지 능력중심채용에서 직업기초능력을 어떻게 평가하는가에 대해 설명했다. 구체적으로는 선발 매트릭스에서 직업기초능력 10개 영역의 34개 하위요소들을 ▷서류전형 단계에서의 입사지원서, 경험 및 경력기술서, 자기소개서 ▷필기전형에서의 직업기초능력 필기시험과 논술시험, 인성검사 ▷면접전형에서의 경험 및 상황면접, 시뮬레이션 면접으로서 발표면접·토론면접·서류함기법·역할연기 등의 평가도구들과 어떻게 매칭해 평가하는지에 대해 살펴봤다.

일반적으로 직업기초능력을 필기시험의 평가도구로만 생각하는 경우가 많다. 하지만 실제로 직업기초능력은 서류전형단계에서의 입사지원서 평가부터 면접전형에서의 평가까지 전 채용 과정에서 다양한 평가도구로 활용되고 있다.

능력중심채용은 편견이 개입되는 차별적인 요소를 제외하고 직무능력(직업기초능력 + 직무수행능력)을 중심으로 평가하는 채용방식을 말한다. 따라서 이 책에서 설명한 직업기초능력에 대한 평가방식으로는 능력중심채용을 50% 정도만 설명한 것이다. 직무수행능력 역시 직업기초능력과 마찬가지로 서류전형의 입사지원서·경험 및 경력증명서·자기소개서, 필기전형에서의 전공 필기시험, 면접전형에서의 실무진면접 또는 임원면접을 통해 평가한다. 그럼에도 불구하고 직무수행능력을 이 책에서 설명하지 않은 것은 직무수행능력 자체가 너무 광범위하고 전문적인 영역이기 때문이다. 실제로 직업기초능력은 10개 영역과 34개

하위요소로 구성됐지만, NCS 직무는 이미 1080여 개가 넘었다. 이렇게 많은 개별 직무에 대한 평가방법으로 책을 구성할 수는 있지만, 한 권의 책으로 1080여 개가 넘는 직무를 다룬다는 것은 현실적으로 불가능함을 이해해 주시길 바란다.

직무수행능력의 평가

이하에서는 지금까지 다루지 않았던 직무수행능력의 평가방법을 간단히 설명하고자 한다. 능력중심채용에서 직원을 채용할 때 사용하는 평가기준은 채용공고에 첨부한 직무설명자료라고 할 수 있다. 능력중심채용에서 직무설명자료는 동일한 구성체계를 가진다. 즉, 분류체계로 NCS상의 '대분류 – 중분류 – 세분류 – 세분류(직무)'를 직무설명자료 상단에 표시해 주고 있다. 그리고 회사(기관) 소개·직무내용·지원자격·채용절차 등은 회사(기관)별로 구성이 상이하지만, 나머지 능력단위·지식·기술·태도·자격증·직업기초능력·참고 사이트는 공통적으로 구성돼 있다.

능력중심채용에서 우리가 말하는 직무수행능력은 앞에서 설명한 직무설명자료의 능력단위, 지식, 기술, 태도, 자격증이다. 지금부터는 이 다섯 가지 직무수행능력이 채용과정에서 어떻게 평가되는지 설명하고자 한다.

(1) 서류전형

입사지원서의 작성항목에는 최소 인적사항(성명, e-Mail, 휴대전화 등 연락처) 외에 교육사항과 자격사항이 있다. 이 교육사항과 자격사항의 작성기준이 능력단위로, 능력단위와 관련된 교육사항과 자격사항을 작성하게 하는 것이 입사지원서의 가장 핵심적인 내용이다. 경험 및 경력기술서도 지원한 직무와 관련해 작성하는 것으로, 지원자는 직무설명자료의 직무수행 내용 및 지식·기술·태도를 잘 확인해 자신의 학교·동아리·아르바이트 활동을 작성해야 한다. 경력직의 경우 이전 근무지의 직무 관련 수행내용을 자세히 작성한다. 자기소개서의 경우 직무수행과 관련된 경험을 작성하게 하거나, 직무 상황을 제시하고 이러한 상황에서 지원자는 어떻게 업무를 처리할 것인가를 작성하게 할 수 있다.

이상 서류전형단계에서의 세 가지 서류는 필요에 따라 평가하기도 하고 평가하지 않기도 한다. 예를 들어 지원자가 너무 많으면 서류심사를 하지 않고 필기전형단계에서 면접 대상자를 가리는 경우도 있으며, 이때에는 서류를 면접 시 지원자에 대한 면접자료로 활용한다.

(2) 필기시험

필기전형에서는 일반적으로 직업기초능력 필기시험, 직무수행능력 시험으로서 전공 필기시험, 인성검사 등의 세 가지로 평가한다. 그러나 실제로는 회사에 따라 한두 가지 검사만 시행할 수 있다.

직업기초능력의 경우 10가지 중 5~6개 영역을 50~60문항(영역별 10문항)으로 구성해 60분 내외의 필기시험을 실시하는 경우가 많다. 직무수행능력 시험으로서 전공 필기시험은 능력중심채용 이전의 전공시험과 동일하게 출제·진행되고 있다. 이때 출제범위는 직무설명자료의 지식 및 기술로, 직무설명자료에 없는 시험문제를 출제하면 지원자의 민원이 발생하는 경우가 있으므로 필기시험 출제 요청 시 이 부분을 반드시 확인해야 한다.

인성검사는 회사의 인재상, 핵심 가치, 직무 가치 등과 연계해 직무적합도와 조직적합도를 측정하는 평가도구로 활용되고 있다. 인성검사는 긍정적 성격의 검사와 부정적 성격의 검사가 있는데, 이전에는 대부분 긍정적 성격의 검사를 사용했다. 그러나 최근에는 채용의 위험(Risk)을 감소시키는 수단, 즉 부적격자가 합격하는 것을 방지하기 위해 부정적 성격의 검사를 사용하는 사례가 증가하고 있다.

(3) 면접

직무설명자료의 지식·기술이 필기전형단계에서의 평가요소였다면, 태도는 면접전형 단계에서의 평가요소라고 할 수 있다. 요즈음 대부분의 면접평가는 행동에 대한 관찰평가인데, 이때 관찰의 대상이 되는 것이 직무설명자료상의 태도이기 때문이다.

상황면접은 과거의 행동을 통해 입사 후의 행동을 예측하는 것으로, 지원자의 행동의도를 통해 지원자가 앞으로 어떻게 행동할 것인지를 예측한다. 시뮬레이션 면접 역시 지원자에게 과제를 제시하고 수행하게 하면서 지원자의 자세나 태도·행동을 관찰해 평가하는 방식이다.

이처럼 직무설명자료의 능력단위, 지식, 기술, 태도, 자격증 등은 지원직무에 대한 직무수행능력을 평가하는 중요한 평가요소이다. 따라서 채용담당자는 직무설명자료의 평가요소를 잘 이해하고 채용단계별 평가요소를 활용해야 할 것이다.

이상으로 능력중심채용에서 직무수행능력을 평가하는 방법을 직무설명자료를 통해 채용단계별로 간단히 설명했다. 물론 설명한 내용 이외에 다양한 직무수행능력이 있을 수 있겠지만, 이상의 내용을 참고해 평가방법들을 잘 발전시키고 조직에 적합한 인재를 선발할 수 있기를 희망한다.

이제부터는
공정채용이다

Chapter 01 불합격 사유 피드백이란

Chapter 02 불합격 사유 피드백 항목과 효과적인 전달

Chapter 03 불합격 사유 피드백의 운영절차

제 9 부

탈락자 불합격
피드백 운영

○
○
●

불합격 사유 피드백이란 기업에서 채용에 불합격한 지원자에게 단순히 채용결과만을
고지하는 것이 아니라, 불합격 사유에 대한 피드백을 함께 제공하는 것을 말한다.
이는 지원자를 배려한다는 측면에서 공감채용의 기본적인 형태라고 할 수 있다.

불합격 사유 피드백이란

불합격 사유 피드백은 기업이 채용에 불합격한 지원자에게 단순히 결과만을 고지하는 것이 아니라, 불합격 사유에 대한 피드백을 함께 제공하는 것을 말한다. 이는 기업에 관심을 갖고 채용에 응시한 지원자를 배려한다는 측면에서 공감채용의 기본적인 형태라고 할 수 있다. 탈락한 지원자에게 불합격 피드백을 제공하면 최종 채용 여부와 관계없이 기업은 채용 프로세스 자체를 통해 더 좋은 기업문화와 채용 프로세스를 구축할 수 있다. 또한 지원자는 자신이 어떤 부분에서 부족했는지를 파악하고 이를 보완해 취업준비 과정에서 유용하게 활용할 수 있으며, 지속적인 성장에도 도움을 받을 수 있다.

사실 채용과정에서 지원자의 불합격 사유를 공개하지 않는 것은 오랜 관행이었다. 이 때문에 지원자는 본인이 탈락한 사유를 알 수 없었을 뿐더러 특히 면접전형에서는 자신의 불합격 사유를 스스로 예측하기 어려운 경우가 많았다. 그러나 지원자들은 대학교 성적에 대한 피드백이나 탈락에 대한 구체적인 사유를 앎으로써 다음 면접에 효과적으로 대비하기 위해서라도 불합격 사유 피드백을 받고 싶어 하곤 한다.

기업이 탈락한 지원자들에게 구체적인 피드백을 제공하면 지원자 입장에서는 채용결과에 대한 수용성이 제고돼 불필요한 스트레스와 불안감을 줄일 수 있다. 또한 불합격한 이유를 제시받음으로써 채용과정에서의 공정성을 확인, 기업에 대한 불신을 없앨 수 있다. 이는 기업 입장에서도 이미지를 개선하고 불합격한 지원자들을 잠재적 고객으로 확보할 수 있는 기회이기도 하다. 아울러 불합격 사유 피드백은 지원자들이 기업의 채용문화를 더 정확하게 이해할 수 있도록 함으로써 구직자와 기업 간의 적합성을 판단하는 데에도 도움이 된다.

이를 통해 지원자는 취업준비 과정에서 본인에게 부족한 부분을 파악하고, 이를 개선할 수 있는 방향을 제시받으며, 나아가 취업에 대한 예측 가능성을 높일 수 있다.

기업 입장에서도 불합격 사유 피드백은 채용과 관련해 기업의 홍보나 전략에서 보완해야 할 사항들을 인지하고 개선할 수 있게 한다. 예를 들어 불합격한 지원자에게 제공된 피드백을 분석하면 채용 프로세스상 부족한 점이나 개선할 필요성이 있는 부분을 파악할 수 있고, 이를 보완해 우수인재 유인전략 등의 채용전략을 수립할 수 있다.

그리고 탈락한 지원자들도 포함해 인재 풀(Pool)을 구축하면 잠재적인 인재들을 확보할 수 있을 뿐만 아니라, 탈락자가 나중에 다시 지원했을 때 이전의 피드백을 고려해 해당 지원자를 더 잘 평가할 수도 있다. 또한 채용과정에서 불필요한 실수도 줄일 수 있는데, 예컨대 지원자가 필수조건으로 명시된 특정 자격증을 갖추고 있지 않아 불합격됐다고 하자. 이때 기업은 해당 자격증이 필수적인지 다시 검토해 필수적이라면 이를 채용공고에 명확히 반영하고, 그렇지 않다면 해당 자격증을 필수요건에서 제외할 수 있다.

나아가 불합격 사유 피드백을 통해 지원자들이 공감할 만한 자사의 강점과 차별점 등을 도출, 구직자에게 기업에 대한 다양한 정보 획득의 기회를 제공함으로써 기업 평판을 개선하고 고용브랜드를 구축할 수 있다. 불합격 사유 피드백을 제공하는 것은 기업의 책임과 역할을 실행하는 것이기도 하다. 기업은 채용과정에서 공정성과 투명성을 유지하는 것이 중요하며, 이를 통해 사회적 신뢰도를 높일 수 있다. 또한 불합격한 지원자들에게 피드백을 제공하는 것은 그들의 인권과 취업기회를 존중하는 것으로, 이를 통해 사회적 책임을 다하는 기업으로 인식될 수도 있다.

마지막으로, 불합격 사유 피드백은 장기적인 시각에서 기업의 성장과 발전에도 긍정적인 영향을 끼친다. 불합격한 지원자들이 채용과정에서 공정성과 투명성을 느껴 기업의 이미지와 평판이 향상되면, 잠재적인 고객들과 협력업체들에도 긍정적인 인상을 심어줄 수 있기 때문이다.

이상의 내용을 정리하면 불합격 사유 피드백은 구직자와 기업 모두에게 유익한 활용효과를 기대할 수 있다. 따라서 기업은 탈락한 지원자들에게 불합격 사유 피드백을 제공하는 것을 채용과정에서 필수적인 요소로 고려해야 할 것이다.

불합격 사유 피드백 항목과 효과적인 전달

불합격 사유 피드백의 구성

　　기업의 채용담당자가 불합격 사유 피드백 보고서를 운영하는 경우, 피드백은 지원자 입장에서 공감할 수 있도록 형식적인 결과 통보가 아닌 구체적인 탈락 사유를 포함하는 내용으로 구성돼야 한다.

불합격 사유 피드백을 제공하는 방법에는 이메일·편지 등의 서면형식, 전화, 면접 후 구체적 피드백 제공 등 여러 가지가 있다. 이 중 어떤 방식을 선택하더라도 지원자가 받는 피드백은 구체적이고 직접적이어야 하며, 공정하고 선의의 의도로 제공돼야 한다. 특히 피드백을 제공하는 과정에서는 구직자의 개인정보보호와 비밀유지계약을 철저히 준수해야 한다. 다시 말해 채용담당자는 불필요한 개인정보제공이나 비밀누설 등으로 인해 지원자의 인권 침해나 정보유출사고가 발생하지 않도록 주의해야 한다.

　　그렇다면 채용담당자는 불합격 사유 피드백을 어떠한 내용으로 전달해야 할지 고민이 될 것이다. 피드백은 지원자가 전형과정에서 보여준 태도와 행동에 대한 내용으로 구성돼야 하는데, 이는 다음 체크리스트를 참고해 활용할 수 있다.

[표 9.2-1] 채용담당자가 준비해야 할 불합격 사유 피드백 항목

번호	항목	적용 여부	
		○	×
1	지원자가 지원서류를 충실히 작성하여 제출하였는가		
2	지원자의 역량이 채용공고에 기술된 것과 부합하였는가		
3	지원자의 희망연봉이나 근무조건이 우리 회사의 기준에 부합하였는가		
4	지원자가 예정된 시간과 장소에서 시험이나 면접을 잘 진행하였는가		
5	지원자의 경력과 역량 등이 지원서류에 기술된 내용과 일치하는가		
6	지원자가 우리 회사와 직무를 이해하기 위해 충분한 사전 조사를 하였는가		
7	지원자의 성향 등 개인 특성이 우리 회사 조직문화와 잘 맞았는가		
8	그 밖에 지원자와 관련한 조언으로는 어떤 것이 있는가		

출처: 고용노동부·한국산업인력공단·국가직무능력표준원, 『2023 공정채용 컨설팅 가이드북』, 2023, p.63

반대로 지원자 입장에서 채용담당자에게 채용과정에 대한 피드백을 전달할 수도 있다. 이 때 주요 내용은 채용공고문부터 면접전형까지의 채용과정 동안 지원자가 느꼈던 점이다. 채용담당자는 채용이 완료된 후 채용과정상 보완해야 할 내용으로 다음 체크리스트를 참고해 활용할 수 있다.

[표 9.2-2] 지원자가 채용담당자에게 제공할 수 있는 피드백 항목

번호	항목	적용 여부	
		○	×
1	기업 소개는 회사의 방향과 비전을 이해하기에 충분하였는가		
2	채용정보가 입사 후 어떤 업무를 하게 되는지 이해하는 데 충분하였는가		
3	채용담당자와의 의사소통은 적절하고 신속하게 이루어졌는가		
4	수행업무를 고려해 보았을 때 연봉 등 근무조건이 적정하다고 생각하는가		
5	인터뷰 장소, 일정, 내용이 사전에 전달되고 계획대로 진행되었는가		
6	면접관이 이력서 혹은 자기소개서 등을 잘 숙지하고 면접을 보았는가		
7	면접관이 성적·학벌적 차별발언을 하거나 비웃는 등의 태도를 보이지 않고 공정함을 유지하였는가		
8	채용정보에 기술된 내용과 면접과정에서 들은 조건 및 근무 환경이 동일하였는가		

불합격 사유 피드백의 전달

내용적인 측면에서 불합격 사유 피드백은 구체적이고 친절하게 제공돼야 한다. 지원자는 불합격한 이유를 제시받음으로써 채용 결과에 대한 수용성이 제고돼 불필요한 스트레스와 불안감을 줄일 수 있고, 채용과정에서의 공정성을 확인할 수 있기 때문이다. 또한 기업의 채용문화를 더 정확하게 이해해 본인과 기업의 적합성을 더 잘 판단할 수도 있다. 아울러 취업준비 과정에서 부족한 부분을 파악하고 개선 방향을 제시받으며, 취업에 대한 예측 가능성도 높일 수 있다. 이처럼 채용과정에서 탈락한 지원자들에게 피드백을 제공하는 것은 기업이 지원자들과의 신뢰관계를 유지하고, 지원자들이 미래에 다시 지원할 가능성을 높이는 중요한 수단이다.

채용담당자는 불합격 피드백을 제공할 때 다음과 같은 방법을 고려해볼 수 있다.

첫째, 빠른 시일 내에 피드백을 제공해야 한다. 시간이 지나면서 지원자의 감정이 식어버리거나 이미 다른 회사에 합격했을 가능성이 있기 때문이다.

둘째, 개별적인 피드백을 제공해야 한다. 이는 지원자들에게 자신의 강점과 약점을 파악하고 개선 기회를 제공하며, 미래에 더 나은 결과를 얻을 수 있도록 도울 수 있다. 또한 지원자들의 채용 프로세스에 대한 의구심을 감소시키고 기업에 대한 신뢰를 유지할 수 있게 한다.

셋째, 구체적인 피드백을 제공해야 한다. 구체적인 피드백은 표현방식·기술적인 역량·경험·성격 등 다양한 측면에서 제공될 수 있는데, 이는 지원자들이 자신이 어디에서 실패했는지를 이해하고 개선방법을 찾을 수 있도록 해준다.

넷째, 강조하고 싶은 긍정적인 요소도 함께 언급한다. 보통 불합격 피드백에는 부정적인 내용이 많이 포함돼 있는데, 예컨대 구체적인 기술경험이나 전문성·팀워크 능력·창의성 등 긍정적인 면을 지닌 지원자에게 그러한 요소를 언급해주면 자신감을 끌어올리는 데 도움이 된다. 또 새로운 기회를 찾기 위한 동기부여를 제공하고, 결과적으로 취업의 가능성을 높여줄 수 있다.

다섯째, 개선방안을 제시해주는 것이 좋다. 단순히 불합격자의 부족한 점을 지적하기보다는 해당 부분을 개선하기 위한 구체적인 방안을 함께 제시하는 것이다. 예를 들어, 자기소개서에서 구체적인 경험을 제시하지 않은 지원자에게는 경험에 대해 더욱 자세하게 서술하거나 면접에서 답변을 더욱 체계적으로 구성해야 한다는 등의 개선방안을 제시해줄 수 있다. 나아가 지원자에게 다른 포지션에 대한 정보나 도움이 될 만한 자료, 교육 기회 등도 제공해준다면 지원자의 성장을 도울 수 있다.

여섯째, 불합격 지원자의 개인정보를 보호해야 한다. 피드백을 제공할 때는 불필요한 개인 정보제공이나 비밀누설 등으로 인해 구직자의 인권침해나 정보유출사고가 발생하지 않도록 주의해야 한다.

마지막으로 불합격 피드백을 마무리할 때는 탈락한 지원자에 대한 공감과 존중의 마음을 갖고 격려 멘트를 달아주는 것이 좋다. 지원자는 지원서와 면접 등을 통해 많은 노력과 시간을 투자해 왔기 때문에 불합격 소식을 받을 때 매우 실망할 수 있다. 따라서 이들의 감정을 공감하고 존중하는 표현을 하면 좋다. 예를 들어 "이번 채용에서는 많은 지원자들 중에서도 귀하의 경력과 역량을 인정하였으나, 불행하게도 최종적으로는 선발되지 못했습니다. 그러나 귀하의 노력과 열정은 저희에게 큰 인상을 남겼으며, 이후의 기업 발전에도 큰 기여가 될 것입니다."와 같이 격려의 멘트를 남긴다면 지원자가 좀 더 긍정적인 마음으로 다음 도전을 할 수 있을 것이다.

불합격 사유 피드백의 운영절차

불합격 사유 피드백의 운영절차는 다음의 다섯 단계로 나눠 설명할 수 있다. 우선 첫 번째 단계에서는 효과적이고 경제적인 보고방식을 선택해야 한다. 여기서는 평가결과를 도출할 수 있는 정보의 양, 채용전형, 채용 응시인원을 파악해 전형별 피드백 보고방식을 선정한다. 예를 들면 서류전형·필기전형·면접전형에 정량적·정성적, 유형화·개별화방식을 각각 매칭해 그에 따른 보고방식을 선택할 수 있다. 구제척인 평가결과 정보유형 및 전형별 피드백 보고방식은 다음 표와 같다.

[표 9.3-1] 평가결과 정보유형 및 전형별 피드백 보고방식

<table>
<tr><td colspan="2" rowspan="1">구분</td><td colspan="2">평가결과 정보유형</td></tr>
<tr><td colspan="2"></td><td>정량적 평가 위주</td><td>정성적 평가 위주</td></tr>
<tr><td colspan="2">피드백 방향</td><td>유형화 피드백</td><td>개별적(맞춤형) 피드백</td></tr>
<tr><td rowspan="2">전형단계</td><td>서류전형</td><td>• 다수의 지원자, 허수 지원자 등으로 인해 가장 많은 탈락자가 발생하는 전형
• 구체적·개별적 내용보다는 유형화된 멘트를 기반으로 피드백</td><td>• 소규모 또는 수시채용에 적합
• 지원자에 대한 구체적·개별적 내용을 기반으로 피드백</td></tr>
<tr><td>필기전형</td><td>• 지원자를 객관적으로 판단할 수 있는 채점결과표 보유
• 순위·백분율·평균점수 등을 기반으로 피드백</td><td>• 주관식 또는 서술형 평가에 적합
• 평가표에 근거한 지원자의 장단점을 분석해 피드백</td></tr>
</table>

면접전형	• 구조화된 면접 및 표준화 면접심사표를 보유한 기업에 적합 • 면접심사기준 중 상대적으로 미흡했던 항목과 면접관 의견 중 주요 내용 중심으로 피드백		• 평가자가 자율적으로 면접을 진행하는 기업에 적합 • 당시 상황 설명 및 일부 미흡한 부분에 대한 간단한 코멘트를 중심으로 개별적 피드백 진행

출처: 고용노동부·한국산업인력공단·국가직무능력표준원, 『2023 공정채용 컨설팅 가이드북』, 2023, p.66

두 번째 단계는 불합격 사유 피드백 고지방식(채널)을 선택하는 것이다. 어떤 전형에서 어떤 자료를 기반으로 불합격 사유 피드백을 작성할지 결정한 후에는, 지원자들에게 경제적이고 효과적으로 전달할 수 있는 피드백 고지방식(채널)을 선택해야 한다. 예를 들면 개별 보고방식인지 집단 보고방식인지와 문자, 이메일, 전화, 홈페이지 중 어떤 것을 활용할 것인지를 선택하는 것이다. 피드백 고지방식별 장단점 및 활용방안은 다음 표를 참조하길 바란다.

[표 9.3-2] 피드백 고지방식별 장단점 및 활용방안

구분		장점	단점	활용방안
개별 보고 방식	문자 메시지	지원자의 선호도가 가장 높음	한정적인 글자 수, 포함할 핵심 사안에 대한 사전 정의 필요	모든 전형에서 활용 가능
	이메일	텍스트 양에 제한이 없어 메시지 가시성 확보 용이	유효하지 않거나 비활성화된 이메일로 인해 지원자에게 전달되지 않을 가능성	
	전화	1:1 방식으로, 다른 방법보다 더 정중한 방법이며 음성을 통해 감정적인 위로 가능	문자 혹은 이메일 대비 많은 자원 투입 필요	지원자가 소수였을 때 또는 지원자격이 충분함에도 불합격 통보를 받은 지원자에게 활용 예 최종전형 탈락
집단 보고 방식	홈페이지	시간과 비용 절약 가능	구직자의 개인정보유출 우려, 구직자의 이의제기나 문의에 대비해 컨택 포인트 필요	지원자가 다수이거나 사유에 대해 개별적으로 설명할 수 없는 경우 활용 예 서류전형, 필기전형, 1차 면접전형 등

출처: 고용노동부·한국산업인력공단·국가직무능력표준원, 『2023 공정채용 컨설팅 가이드북』, 2023, p.67

세 번째 단계는 불합격 보고서의 작성형태를 결정하는 것이다. 보고서 작성형태에는 ▷합격 여부 등 최소한의 정보만을 제공하는 '기본형' ▷불합격 이유가 지원자가 아닌 기업의 상황적 요소라는 것을 강조하는 '위로형' ▷탈락한 근거를 보다 상세하게 기술해 정량 데이터 기반으로 전달하는 '분석형'이 있다.

기본형은 모든 지원자에게 동일한 양식을 적용해 효율적이며, 대량으로 전달이 가능하다. 그러나 지원자 입장에서 채용과정 자체를 무의미한 활동으로 인식할 수 있으며, 지원자를 기계적으로 대한다는 부정적 이미지를 형성할 수 있다.

위로형은 지원자 입장에서 감정 소모 없이 수용할 수 있다는 장점이 있다. 그러나 불합격 통보를 통해 지원자가 얻고자 하는 실패요인을 분석하기가 어려우며, 모든 지원자에게 동일한 내용을 전달했을 경우 기본형과 차이점을 구분하기 힘들다는 단점이 있다.

분석형은 지원자가 탈락 이유를 보다 명확하게 이해할 수 있으며, 기업 이미지 제고에도 가장 효과적인 방식이다. 그러나 모든 지원자에게 불합격 사유를 명확하게 분석해 전달하는 것은 시간과 비용상 현실적 어려움이 있기 때문에 이를 정량화·유형화하는 등의 효율적 운영이 필요하다.

기업은 채택한 피드백 방식과 메시지의 적정성을 검토할 수 있도록 피드백 보고서 작성형태를 결정해야 한다. 이때에는 가능한 한 구직자에게 실질적으로 의미 있고 도움이 될 수 있도록 분석형 보고서를 제공하는 것이 바람직하다.

[표 9.3-3] **불합격 피드백 보고서 작성형태**

구분	기본형	위로형	분석형
특징	전달이 필요한 매우 기본적인 정보만 포함(기업명, 합격 여부 등)	불합격 사유가 지원자가 아닌 기업의 상황적 요소에 의한 것임을 강조	불합격 사유를 보다 상세히 기술해 정량 데이터 기반으로 전달
장점	모든 지원자에게 동일 양식을 적용해 효율적·대량 전달 가능	• 지원자 입장에서 불합격 사실을 보다 감정 소모 없이 수용 가능 • 기업이 사람(고객, 구성원)을 감정적으로 케어한다는 인식 전달	• 지원자가 불합격 이유를 보다 명확히 알 수 있음 • 기업 이미지 제고에 가장 효과적
단점	• 지원자 입장에서 채용과정 자체를 무의미한 활동으로 인식하게 할 우려 • 지원자를 기계적으로 대하는 기업이라는 부정적 이미지 형성	• 불합격 통보를 통해 지원자가 얻고자 하는 실패요인 분석 어려움 • 모든 불합격자에 동일 양식 적용 시 '기본형'과 차별성이 없음	• 모든 지원자의 불합격 사유 분석은 현실적으로 어려움 • 포함 가능한 정량적 데이터 세트를 구성하는 등 효율적 운영 필요

출처: 고용노동부·한국산업인력공단·국가직무능력표준원, 「2023 공정채용 컨설팅 가이드북」, 2023, p.68

[표 9.3-4] 채용결과 통보 메시지 유형

유형	주요 내용
기본형	안녕하세요. ○○(기업명) 채용담당자입니다. ○○에 관심 갖고 지원해 주셔서 감사합니다. 이번 면접평가 결과, 홍길동 님은 아쉽게도 불합격하셨습니다. 귀한 시간 내어 지원해 주셔서 감사드리며, 좋은 일들이 있기를 진심으로 기원합니다. 감사합니다.
위로형	안녕하세요. ○○ 채용담당자입니다. ○○에 관심 갖고 지원해 주셔서 진심으로 감사드립니다. 좋은 결과를 전달해 드리고 싶었지만, 이번 실무면접 결과 안타깝게도 홍길동 님의 합격소식을 전하지 못하게 되었습니다. 수많은 인재 중 제한된 인원만 선발해야 했기에 그 어느 때보다 어려운 결정이었습니다. 비록 이번 채용에서는 당사와 연이 닿지 못했지만, 귀하의 빛남이 분명 다른 곳에서 환하게 비치리라 확신합니다. 보여주신 관심과 성의에 진심으로 감사드리며, 앞으로 더 좋은 인연으로 만나뵐 수 있기를 바랍니다. 감사합니다.
분석형	안녕하세요, 홍길동 님. ○○ 채용담당자입니다. 먼저 '상반기 ○○ 인사기획' 직무에 관심을 갖고 지원해 주신 점, 진심으로 감사드립니다. 다만, 아쉽게도 이번 면접전형에서 불합격하셨음을 안내 드립니다. 홍길동 님에게 조금이나마 도움이 되고자 불합격 사유를 말씀 드리겠습니다. 홍길동 님의 면접전형 결과, 점수가 가장 높은 영역은 '문제해결력', 가장 낮은 영역은 '표현전달력'으로 나타났습니다. 구체적으로 학생회 사업운영 중 의사결정과정에서 사례조사 분석결과를 기반으로 사업비를 책정했던 경험이 긍정적인 영향을 주었습니다. 다만, 전공과제를 수행하면서 발생하는 스트레스 관리 관련 질문에서 논리적인 근거가 미흡한 점이 아쉬웠습니다. 향후 면접에서는 면접관 질문에 대해 자신감 있는 태도로 답변하면 더 좋은 결과를 기대할 수 있을 것 같습니다. 홍길동 님께서 ○○과/와 함께하기 위해 보여주신 열정과 시간을 생각하면, 불합격 사실을 전하기 매우 조심스럽고 안타까운 마음입니다. 홍길동 님이 더 좋은 기회를 만나 원하는 모습으로 성장하길 진심으로 기원합니다. 홍길동 님의 앞날에 행복이 가득하길 바라겠습니다. 다시 한번 홍길동 님이 보여주신 관심과 열정에 깊은 감사를 드립니다. 감사합니다.

출처: 고용노동부·한국산업인력공단·국가직무능력표준원, 『2023 공정채용 컨설팅 가이드북』, 2023, p.68~69

　　네 번째 단계에서는 불합격 피드백 보고서 작성 시 유의사항을 숙지해야 한다. 채용담당자는 지원자 모두가 잠재고객이자 외부 관점에서 우리 회사를 판단하는 평가자임을 항상 염두에 둬야 한다. 불합격 피드백 보고서는 핵심 내용을 중심으로 모호한 표현 없이 간결하고 완곡하게 내용을 전달해야 한다. 지원자에게 불필요한 정보는 불쾌한 감정만 유발하고 지원자 본인의 강·약점 파악에 도움이 되지 않으므로 지양해야 할 것이다. 예컨대 "다른 지원자들과 비교했을 때 상대적으로 미흡해~", "귀하의 업무역량이 부족해~" 등이다.

또한, 불합격한 사실을 명확하게 전달해야 한다. 이때 채용담당자가 책임지기 어려운 표현이나 근거 없는 희망을 제시하는 것은 지양해야 한다. 예를 들면 "다음에는 함께하기를 기대합니다.", "TO가 충분했다면 합격하실 수 있었을 텐데." 등이 있다. 다음 체크리스트를 불합격 피드백 보고서 작성 시 활용해 보길 바란다.

[표 9.3-5] **불합격 피드백 보고서 작성 시 메시지 적정성 검토 체크리스트**

구분	체크리스트	확인
1	발신자의 소속을 명확히 밝혔는가	
2	지원자의 지원직군·직무·포지션 및 전형을 포함하였는가	
3	지원해준 것에 대한 감사 인사를 포함하였는가	
4	합격/불합격 여부를 명확히 밝혔는가	
5	가능한 간결하게 작성하였는가	
6	불합격 사유를 유형화하여 포함하였는가	
7	지원자의 장점을 이야기하였는가	
8	불합격 사실에 대해 불필요한 사과를 하지는 않았는가	
9	합격자 결정 후 가능한 빠른 시일 내에 송부하였는가	

출처: 고용노동부·한국산업인력공단·국가직무능력표준원, 『2023 공정채용 컨설팅 가이드북』, 2023, p.69

　　마지막 다섯 번째 단계는 불합격 피드백 보고서 작성 가이드를 준수해 피드백 보고서를 작성하는 것이다. 채용담당자는 불합격 피드백 보고서 작성 시 다음 가이드의 내용에 유의해야 한다.

불합격 피드백 보고서 작성 가이드

- 발신자의 소속을 명확히 밝힌다.
  - 전달 내용 서두에 발신자의 소속을 밝히는 것은 비즈니스 글쓰기의 기본 매너임을 항상 기억해야 한다.
  - 지원과정에서 상호 연락을 통해 지원자가 발신자의 소속을 미리 알고 있다고 하더라도, 피드백 보고서는 채용결과를 알리는 최종 통보인 만큼 소속을 명확하게 기재하는 것이 중요하다.

- 지원자의 지원직군, 직무, 포지션 및 전형을 포함한다.
  다수 기업에 동시에 지원한 지원자를 배려해 '2023년 상반기 ○○직군/○○직무 서류전형 결과' 등 지원자의 지원대상을 명확하게 확인할 수 있는 정보를 포함한다.

- 지원 감사인사를 포함한다.
  - 합격/불합격 여부와 무관하게 우리 회사에 관심을 갖고 지원한 사실 자체에 감사의 인사말을 포함하는 것이 좋다.
  - 지원자 모두가 잠재고객이자 외부 관점에서 기업을 판단하는 평가자임을 항상 염두에 둬야 한다.

- 합격/불합격 여부를 명확히 밝힌다.
  - 완곡한 전달을 위한 모호한 표현의 사용을 지양한다.
  - 지원자의 해석이 필요한 문장 역시 적합하지 않다.
  - 불합격 사유와 감정적 배려는 포함하더라도, '불합격'했다는 사실 자체를 서두에 명확하게 전달하는 것이 중요하다.

- 가능한 한 간결하게 작성한다.
  - 불합격 통보는 어떤 위로문구와 표현을 포함하더라도 지원자에게 부정적 내용을 전달하는 것을 목적으로 한다.
  - 지원자가 채용결과를 확인하고 수용할 수 있도록 핵심 내용 위주로 신속하게 안내한다.

- 불합격 사유를 유형화하여 포함한다.
  - 모든 사유를 개별적으로 작성하는 것은 현실적으로 어려움이 있다.
  - 따라서 채용전형별로 주로 발생하는 사유를 유형화하고, 해당 지원자가 어떤 유형에 해당하는지 분류하기 위해 전형별 담당자를 지정·관리할 필요가 있다. 예를 들면 서류전형 불합격 사유 유형화, 면접전형 불합격 사유 유형화 등이 있다.

- 지원자의 강점을 이야기한다.
  - 불합격 사유를 처음부터 끝까지 전달하기는 불가능하나, 지원자별 강점으로 생각되는 몇 가지를 미리 검토한 후 전달한다.
  - 앞서 언급한 불합격 사유 유형화와 유사하게 대표적인 강점 피드백 사항을 미리 정의하는 것이 필요하다.

- 불합격한 사실에 사과하지 않는다.
  - 지원자를 위로하기 위해 불합격한 사실에 대해 사과하거나 회사의 결정이 유감이라는 표현은 바람직하지 않다.
  - 특히, 작성자와 회사의 생각이 달랐다는 내용 등이 포함되지 않도록 주의한다.

- 합격자 결정 후 가능한 빠른 시일 내 전달한다.
  - 피드백 보고서는 가능한 한 빠른 시일 내에 전달해 지원자의 구직활동이 단절되지 않도록 해야 한다.
  - 불합격 결정 후 2~3 영업일 내에 통보하는 것이 바람직하다.

부록

채용절차법 외 고용 관련 법률

채용담당자를 위한 AI 챗봇 활용

자기소개서 · 면접 질문 예시

시뮬레이션 면접 과제 예시

채용절차법 외 고용 관련 법률

고용 관련 법률

(1) 대한민국헌법

제11조 ① 모든 국민은 법 앞에 평등하다. 누구든지 성별·종교 또는 사회적 신분에 의하여 정치적·경제적·사회적·문화적 생활의 모든 영역에 있어서 차별을 받지 아니한다.

(2) 고용정책기본법

제7조(취업기회의 균등한 보장) ① 사업주는 근로자를 모집·채용할 때에 합리적인 이유 없이 성별, 신앙, 연령, 신체조건, 사회적 신분, 출신지역, 학력, 출신학교, 혼인·임신 또는 병력(病歷) 등(이하 "성별 등"이라 한다)을 이유로 차별을 하여서는 아니 되며, 균등한 취업기회를 보장하여야 한다.

(3) 남녀고용평등과 일·가정 양립지원에 관한 법률

제7조(모집과 채용) ① 사업주는 근로자를 모집하거나 채용할 때 남녀를 차별하여서는 아니 된다.
② 사업주는 근로자를 모집·채용할 때 그 직무의 수행에 필요하지 아니한 용모·키·체중 등의 신체적 조건, 미혼조건, 그 밖에 고용노동부령으로 정하는 조건을 제시하거나 요구하여서는 아니 된다.
제37조(벌칙) ④ 사업주가 다음 각 호의 어느 하나에 해당하는 위반행위를 한 경우에는 500만 원 이하의 벌금에 처한다.
1. 제7조를 위반하여 근로자의 모집 및 채용에서 남녀를 차별하거나, 근로자를 모집·채용할 때 그 직무의 수행에 필요하지 아니한 용모·키·체중 등의 신체적 조건, 미혼 조건 등을 제시하거나 요구한 경우

(4) 고용상 연령차별금지 및 고령자 고용촉진에 관한 법률

제4조의4(모집·채용 등에서 연령차별 금지) ① 사업주는 다음 각 호의 분야에서 합리적인 이유 없이 연령을 이유로 근로자 또는 근로자가 되려는 자를 차별하여서는 아니 된다.

1. 모집 · 채용

② 제1항을 적용할 때 합리적인 이유 없이 연령 외의 기준을 적용하여 특정 연령집단에 특히 불리한 결과를 초래하는 경우에는 연령차별로 본다.

제23조의3(벌칙) ② 제4조의4 제1항 제1호를 위반하여 모집 · 채용에서 합리적인 이유 없이 연령을 이유로 차별한 사업주는 500만 원 이하의 벌금에 처한다.

(5) 장애인고용촉진 및 직업재활법

제5조(사업주의 책임) ② 사업주는 근로자가 장애인이라는 이유로 채용 · 승진 · 전보 및 교육훈련 등 인사관리상의 차별대우를 하여서는 아니 된다.

제28조의2(공공기관 장애인 의무고용률의 특례) 제28조에도 불구하고 「공공기관의 운영에 관한 법률」에 따른 공공기관, 「지방공기업법」에 따른 지방공사 · 지방공단과 「지방자치단체 출자 · 출연기관의 운영에 관한 법률」에 따른 출자기관 · 출연기관은 상시 고용하고 있는 근로자 수에 대하여 장애인을 다음 각 호의 구분에 해당하는 비율 이상 고용하여야 한다. 이 경우 의무고용률에 해당하는 장애인 수를 계산할 때에 소수점 이하는 버린다.

1. 2021년 1월 1일부터 2021년 12월 31일까지: 1000분의 34

2. 2022년 1월 1일부터 2023년 12월 31일까지: 1000분의 36

3. 2024년 이후: 1000분의 384

(6) 장애인차별금지 및 권리구제 등에 관한 법률

제10조(차별금지) ① 사용자는 모집 · 채용, 임금 및 복리후생, 교육 · 배치 · 승진 · 전보, 정년 · 퇴직 · 해고에 있어 장애인을 차별하여서는 아니 된다.

(7) 국가인권위원회법

제2조(정의) 3. "평등권 침해의 차별행위"란 합리적인 이유 없이 성별, 종교, 장애, 나이, 사회적 신분, 출신지역(출생지 · 등록기준지 · 성년이 되기 전의 주된 거주지 등을 말한다), 출신국가, 출신민족, 용모 등 신체조건, 기혼 · 미혼 · 별거 · 이혼 · 사별 · 재혼 · 사실혼 등 혼인 여부, 임신 또는 출산, 가족 형태 또는 가족상황, 인종, 피부색, 사상 또는 정치적 의견, 형의 효력이 실효된 전과(前科), 성적(性的) 지향, 학력, 병력(病歷) 등을 이유로 한 다음 각 목의 어느 하나에 해당하는 행위를 말한다. 다만, 현존하는 차별을 없애기 위하여 특정한 사람(특정한 사람들의 집단을 포함한다. 이하 이 조에서 같다.)을 잠정적으로 우대하는 행위와 이를 내용으로 하는 법령의 제정 · 개정 및 정책의 수립 · 집행은 평등권 침해의 차별행위(이하 "차별행위"라 한다)로 보지 아니한다.

가. 고용(모집, 채용, 교육, 배치, 승진, 임금 및 임금 외의 금품 지급, 자금의 융자, 정년, 퇴직, 해고 등을 포함한다.)과 관련하여 특정한 사람을 우대 · 배제 · 구별하거나 불리하게 대우하는 행위

채용절차법상 투명채용[1]

- 채용광고 내용·근로조건 변경 금지: 정당한 사유 없이 채용광고 내용을 지원자에게 불리하게 변경하거나 채용 이후 광고에서 제시한 근로조건을 지원자에게 불리하게 변경 금지
- 채용일정 및 채용과정 고지: 채용일정, 심사 지연 사실, 채용과정 변경 등 알림

「채용절차법」 제4조 제2항(거짓 채용광고 금지) 위반 사례

> **[일방적 채용전형 취소]** A기업은 신입사원 채용 진행 중 면접 당일 이메일·문자로 채용전형이 취소됐다고 지원자에게 통보. 해당 언론보도에 대해 관할 고용노동지청에서 조사를 실시한 결과, 보도 내용 외에도 다수 모집단위에서 일방적으로 채용전형이 취소된 것을 확인
> ➡ 채용절차법 제4조 제2항을 위반한, 정당한 사유 없는 채용광고의 불리한 변경으로 판단해 과태료 300만 원 부과
> **[거짓 채용광고]** 구인기업 B는 채용광고에서는 소정의 기본급이 있다고 언급했으나, 면접과정에서 기본급은 전혀 없고 100% 성과급이라고 일방적으로 통보하는 등 지원자의 동의 없이 채용광고에서 제시한 근로조건을 지원자에게 불리하게 변경

「채용절차법」 제10조(채용 여부의 고지) 위반 사례

> **[채용 여부의 고지]** 제조업체 C는 채용 사이트를 통해 근로자 3명을 모집하면서 최종합격 여부를 합격자에게만 고지하고 불합격자에게는 알리지 않았음
> ➡ 채용절차법 제10조 위반을 근거로 개선 지도

- 직무와 무관한 개인정보 수집 금지: 직무와 무관한 출신지역 등 개인정보를 요구 및 수집 금지
  ➡ 직무능력중심으로 채용이 이뤄질 수 있도록 컨설팅 필요

「채용절차법」 제4조의3(출신지역 등 개인정보 요구 금지) 위반 사례

> **[직무 무관 정보 수집]** D호텔은 채용 사이트에 조리팀 사무관리직원 채용광고를 게재하면서 입사지원서에 직무수행과 관련 없는 구직자 본인의 키와 몸무게, 가족의 학력 등 정보를 기재하도록 요구했음
> ➡ 관할 고용노동지청은 채용절차법 제4조의3 위반을 근거로 과태료 300만 원 부과

---

1 출처: 고용노동부·한국산업인력공단·국가직무능력표준원, 『2023 공정채용 컨설팅 가이드북』, 2023, p.8·11

채용절차법 규정

[표 부록.1-1] 채용절차법 제재규정

구분	주요 내용	제재수단
거짓 채용광고 금지 (제4조 제1항)	채용을 가장해 아이디어를 수집하거나 사업장 홍보 목적 등으로 거짓 채용광고 금지	5년 이하 징역 또는 2000만 원 이하 벌금
내용·근로조건 변경 금지 (제4조 제2항·3항)	정당한 사유 없이 광고 내용의 불리한 변경 및 채용 이후 채용광고보다 근로조건 불리하게 변경 금지	500만 원 이하 과태료
채용강요 등 금지 (제4조의2)	1. 법령 위반 채용 관련 부당한 청탁·압력·강요 금지 2. 채용 관련 금품 등 제공·수수 금지	3000만 원 이하 과태료

출신지역 등 개인정보 요구 금지
(제4조의3)
	직무 무관 정보 서류상 요구·수집 금지
	  1. 구직자 본인의 용모·키·체중 등 신체적 조건
	  2. 구직자 본인의 출신지역·혼인 여부·재산
	  3. 구직자의 직계 존비속 및 형제자매의 학력·직업·재산
		500만 원 이하 과태료

채용심사비용 부담 금지 (제9조)	채용서류 제출비용 외 채용심사 목적의 어떠한 금전적 비용도 구직자에게 전가 금지	시정명령 → 불이행 시 300만 원 이하 과태료
채용서류 반환 등 (제11조)	• 서류 반환 요구 시 반환 의무 및 미반환 서류 파기 • 서류 반환 비용 구인자 부담	시정명령 → 불이행 시 300만 원 이하 과태료
	• 서류 반환 청구 대비 일정 기간 보관 의무 • 서류 반환·폐기 등에 대한 규정 고지	300만 원 이하 과태료

[표 부록.1-2] 채용절차법 권고규정

구분	주요 내용
표준이력서 권장 (제5조)	기초심사자료(응시원서, 이력서, 자기소개서) 표준양식 사용 권장
전자방식 서류접수 (제7조)	채용서류를 홈페이지 또는 전자우편으로 받도록 노력
채용일정 및 채용과정 고지 (제8조)	채용일정, 심사 지연 사실, 채용과정 변경 등 알려야 함
채용 여부 고지 (제10조)	채용대상자 확정 시 지체 없이 채용 여부 알려야 함
입증·심층심사자료 제출 제한 (제13조)	서류 합격자에 한정해 입증자료·심층심사자료 제출받도록 노력

채용담당자를 위한 AI 챗봇 활용

채용과정에서 AI 챗봇의 활용

AI 챗봇은 다양한 언어의 문장을 이해하고 생성할 수 있으며, 사용자의 질문이나 요청에 적절한 답변을 제공할 수 있다. 따라서 채용담당자 역시 AI 챗봇을 채용 관련 질문에 대한 답변이나 채용공고 작성 등에 활용할 수 있다. 예컨대 AI 챗봇을 활용해 구직자들이 자주 묻는 질문에 대한 답변을 작성하거나, 자신이 원하는 인재상에 대한 구체적인 질문을 입력함으로써 적합한 인재를 찾는 식이다. 또한, 채용공고를 작성하는 과정에서도 AI 챗봇을 활용해 기업의 브랜드 이미지를 강화하고, 적합한 인재들이 지원할 수 있도록 유도할 수도 있다. 즉, AI 챗봇은 채용담당자가 채용과 관련된 다양한 작업을 더욱 효율적으로 수행할 수 있도록 도와주는 유용한 도구 중 하나이다.[2]

프롬프트의 이해

'프롬프트(Prompt)'는 인공지능에게 인간의 언어(자연어)로 일을 시키는 명령어를 말한다. 다음은 OpenAI가 제시한 '좋은 프롬프트 쓰는 다섯 가지 방법'에 대한 내용이다.

• 원하는 바를 구체적으로 요청한다.
• 맥락을 함께 제공한다.
• 한 번에 한 가지 주제에 대해 이야기한다.
• 윤리적으로 문제가 되는 대화는 시도하지 않는다.
• 결과가 만족스럽지 않다면 조금 다르게 물어본다.

프롬프트의 기본구조는 내용과 형식으로 구성되는데, 이는 우리가 사람과 나누는 대화의 구조와 유사하다고 할 수 있다. 내용에는 맥락이 들어가야 하는데, 여기서 '맥락'은 주제를 보충하는 설명을 말한다. 그리고 '형식(분량+포맷)'은 내가 원하는 결과물의 구체적인 모습을 가리킨다.(**예** "답변은 1000자 내외의 텍스트로 작성해 주세요.", "이상에서 제시한 수치들을 표로 만들어 주세요." 등)

---

2 ChatGPT 답변 일부 인용

[표 부록.2-1] **프롬프트의 기본구조**

내용		형식	
주제	맥락	분량	포맷
채용공고문 작성	AI 개발자	정하지 않아도 됨	채용공고문
입사 지원서류 분석	장점과 단점	500자, 1000자, 2000자 등	리스트
면접 질문 개발	평가요소-질문-중요도순	10문항, 20문항, 30문항 등	테이블

[표 부록.2-2] **결과물의 형식을 지정하는 프롬프트 예시**

원하는 결과물 형식	영어 프롬프트	한글 프롬프트
텍스트	Write it in plain text format.	일반 텍스트 형식으로 써 주세요.
리스트	Make it in list format.	리스트 형식으로 만들어 주세요.
표	Make it in tabular(table) format.	표 형식으로 만들어 주세요.
CSV	Make it in CSV format.	CSV 형식으로 만들어 주세요.
HTML	Make it in HTML format.	HTML 형식으로 써 주세요.
마크다운	Make it in Markdown format.	마트다운 형식으로 만들어 주세요.
프로그램 코드	Make it in Javascript code format.	자바스크립트 코드로 만들어 주세요.
이모지	Make it with imojis.	이모지를 넣어서 만들어 주세요.

채용담당자를 위한 프롬프트 사용 예시는 다음과 같다.

- 인공지능과 공전하는 미래를 비전으로 하는 Chat Lab. AI Saas 서비스를 개발합니다. 프론트 엔드 개발자를 채용하기 위한 채용공고를 작성해 주세요.
- 지원번호 A-2023 지원자의 장점과 보완할 점 분석해 주세요.
- 지원자를 위한 20개의 면접 질문을 만들어 주세요. 중요도에 따라 A-B-C로 분류해 주시고, 질문의 주제에 따라 카테고리는 해시태그로 분류해 주세요. 주제 카테고리-질문-중요도 순으로 열을 구성해 테이블 형식으로 써 주세요.

[표 부록.2-3] AI 서류평가 실험

프롬프트	다음은 지원동기를 작성한 글입니다. 10점 만점으로 평가점수를 부여해 주시기 바랍니다. "학원에서 강의하고 공부방 등을 운영하던 과정에서 경기침체 등과 맞물려 오랜 기간 종사하던 학원 관련업을 정리해야 할 상황에 직면하였습니다. 이후 새로운 일자리를 탐구하는 과정에서 고용센터 등의 도움을 받을 수 있었습니다. 이 과정에서 워크넷에 등록하여 구직활동을 할 수 있었고, 여러 도움도 받을 수 있었습니다. 특히 동사무소에서 직업상담활동에 종사하고 계신 상담사의 도움과 조언을 받을 수 있었고, 상담과정에서 귀사의 채용공고를 접하게 되었습니다. 이전에는 동사무소 행정 보조로 군복무를 하였고, 고등학교 교육조교로 일하면서 국가의 말단 일반행정업무와 대학교의 일반행정업무를 경험할 수 있었습니다. 여기에 5년간 교육 및 학원업에 종사하면서 교육 서비스 제공과 상담 등을 통해 다양한 사람들과 접촉할 수 있었습니다. 이런 과정과 활동이 주로 다양한 서비스를 생산하고 제공하는 과정이었다는 점에서 사무 보조원으로서 일하기에 도움이 될 것으로 생각해 지원하게 되었습니다."
AI 답변 결과	
ChatGPT	이 글에는 지원자가 이전에 일했던 학원업무와 관련된 일을 정리하면서 새로운 일자리를 탐색하던 중 고용센터와 상담사를 통해 귀사의 채용공고를 접하게 되었다는 내용이 있습니다. 지원자는 군복무 및 교육 조교와 함께 대학교와 고등학교에서 일한 경험을 갖고 있으며, 교육 서비스 제공과 상담 등을 통해 다양한 사람들과 접촉할 수 있는 역량을 보유하고 있습니다. 평가점수는 9점으로, 이전 직장에서의 경험과 새로운 일자리를 탐구하던 과정 및 도움을 받은 고용센터와 상담사를 잘 언급하여 자신의 지원동기를 설득력 있게 전달하였습니다. 하지만 귀사와 지원자의 연관성을 강조하기 위해 귀사의 업무에 대한 보다 구체적인 언급이 필요할 것으로 판단됩니다.
Notion AI	해당 글은 지원자의 경험과 역량을 바탕으로, 새로운 일자리를 찾기 위해 고용센터 등의 도움을 받아 구직활동을 하는 과정에서 채용공고를 접하게 된 상황을 서술하고 있습니다. 지원자는 군복무와 교육 조교, 학원 강사 등 그동안 쌓아온 다양한 경험이 다양한 서비스를 제공하기에 적절할 것으로 생각하고 지원하게 된 것 같습니다. 따라서 해당 지원서의 평가점수는 9점입니다.
Bing	다음은 지원동기를 작성한 글에 대한 평가입니다. 10점 만점으로 평가점수는 7점을 부여하겠습니다. 지원자는 학원 관련업에서의 경험과 고용센터에서의 도움을 통해 귀사에 지원하게 된 동기를 설명하였습니다. 지원자는 군복무와 교육 조교로서의 행정업무와 교육 서비스 제공 및 상담업무를 통해 다양한 사람들과의 소통능력과 서비스 마인드를 갖추었다고 주장하였습니다. 이는 사무 보조원으로서 필요한 역량이라고 생각됩니다. 하지만 지원자는 귀사의 사업 내용이나 비전에 대해 언급하지 않았으며, 귀사에서 일하고 싶은 구체적인 이유나 목표를 밝히지 않았습니다. 또한 자신의 강점이나 특기, 귀사에 기여할 수 있는 방법 등에 대해서도 설명하지 않았습니다. 이러한 점들은 지원동기를 작성할 때 중요한 요소이므로 지원자는 자신의 지원동기를 좀 더 구체적이고 설득력 있게 표현할 필요가 있습니다.

자기소개서·면접 질문 예시

NCS 직업기초능력 자기소개서 항목은 조직적합도와 직무적합도를 평가하기 위한 2개의 공통 문항과 5개 직업기초능력으로 구성한다. 면접 질문도 이와 같은 형식인데, 이 경우 질문의 서술어인 "기술하시오."를 "말씀해 주십시오"로 바꾸면 된다.

[표 부록.3-1] **공통 문항**

공통 능력	유형	문항(Pool)
조직적합도	지원동기	• 본인이 우리 회사에 입사하기 위해 어떤 노력을 했는지와 그러한 노력이 본인의 지원업무와 어떠한 연관성이 있는지 기술하시오. • 지원분야와 관련하여 우리 회사에 입사하기 위해 갖춰야 할 능력에는 어떤 것들이 있으며, 본인 스스로 생각하기에 자신이 얼마만큼의 능력을 갖추고 있는지 기술하시오.
직무적합도	전문성	• 지원분야와 관련하여 본인의 전문적인 지식이나 경험을 가지고 어떤 일을 추진했거나 문제를 해결했던 경험에 대해 기술하시오. • 지원분야와 관련하여 직무설명자료에 있는 여러 능력들 가운데 본인이 입사 후 가장 잘할 수 있는 것은 어떤 것이고, 또한 부족한 부분은 어떻게 보완해 나갈 것인지 기술하시오.

공통 능력	문항(Pool)
의사소통능력	• 과제 혹은 업무수행 중 타인과의 의사소통에서 어려움을 겪었을 때 자신이 가장 중요하게 생각하는 것은 무엇이며, 이를 바탕으로 어떻게 문제를 해결했는지 구체적으로 기술해 주십시오. • 과제나 업무 중 타인을 설득하기 위해 자신이 사용했던 방법이 무엇이며, 그 결과는 어떠했는지 구체적으로 기술해 주십시오.
문제해결능력	• 자신의 전문적인 지식 및 기술을 활용하여 주어진 과제나 업무의 문제상황을 효과적으로 해결했던 경험에 대해 구체적으로 기술해 주십시오. • 다양한 경험을 하면서 예상치 못한 문제에 부딪쳐 과제나 업무가 예상했던 대로 진행되지 못했을 때, 이를 해결하기 위해 포기하지 않고 노력했던 경험이 있다면 구체적으로 기술해 주십시오.
정보능력	• 과제나 업무를 완수하기 위해 필요한 정보를 적절히 수집해 성공적으로 완료했던 경험에 대해 구체적으로 기술해 주십시오. • 과제 혹은 업무와 관련된 정보를 적절히 관리 및 활용해서 성과에 결정적인 기여를 한 경험이 있다면 구체적으로 기술해 주십시오.
자원관리능력	• 팀 프로젝트를 수행하면서 팀원 간의 역할을 조정했거나 시간·예산 등을 효율적으로 운영하여 성공했던 사례나 경험을 구체적으로 기술하시오. • 여러 가지 일을 한꺼번에 처리해야 하는 경우, 본인은 어떠한 방식으로 우선순위를 정해왔는지 그 원칙을 설명하고 실행 사례나 경험을 기술하시오.
대인관계능력	• 다른 사람들과 함께 팀을 이루어 만족스러운 성과를 내기도 하고 아쉬운 경우도 있을 텐데, 그중 자신의 기억에 남는 가장 아쉬운 팀 활동은 무엇인지 제시하고, 그 이유와 당시 만족스러운 성과를 내기 위한 개선책 및 본인의 역할을 자세히 기술하시오. • 다른 사람들과 일 또는 학업을 수행하는 과정에서 흔히 의견이 다른 경우가 발생합니다. 이러한 경험이나 사례를 설명하고 어떻게 조율했었는지 기술하시오.

그룹토의

Ⅰ. 과제 설명

본 과제는 다음 주제에 따라 자신의 생각과 입장을 정리하고 서로 의견을 교환하며 자유롭게 토론을 진행하는 활동이다. 토론이 진행된 후에는 합의점을 도출해야 한다. 각 지원자는 합의점을 도출하는 과정에서 상대를 설득하여 자신의 의견이 최대한 반영되도록 해야 한다.

Ⅱ. 토론 주제

최근 우리 회사 사장은 인사부서에 '신입사원의 조기 적응방안'을 마련하여 추진하라고 지시하였다. 이에 인사부서는 방안을 마련하기에 앞서 직원들은 어떤 생각을 가지고 있는지 알아보기 위해 직원들을 대상으로 설문조사를 실시하였고, 다음과 같은 결과를 얻었다.

선배들이 보는 신입사원들의 모습	신입사원들이 보는 선배들의 모습
자기의 직무에 대해서 잘 모른다.	무엇을 물어봐도 잘 가르쳐 주지 않는다.
일을 배우려고 하지 않는다.	6개월째 허드렛일만 시킨다.
친화력이 없다.	때로는 권위주의적인 언행을 한다.
인사를 잘 하지 않는다.	물어보면 찾아보라고 한다.
금방 들통날 거짓말을 한다.	(신입사원이) 모르고 있다는 것을 알고도 물어보는 것 같다.
일 배우는 것을 무서워한다.	왜 야근을 하는지 이해가 안 된다.
정보 검색, 오피스 프로그램은 잘 한다.	회식을 좋아한다.
회식을 싫어하거나 꺼린다.	(야근, 휴일 근무로) 가정이 걱정된다.
이기적이다.	회사에 충성심이 강하다.

지원자들은 위에 있는 선배들의 입장과 신입사원들의 입장에 대해 토론하고, 앞으로 신입사원들이 회사에 조기에 적응하기 위해서 어떻게 해야 바람직한지 조별로 합의된 의견을 제시해야 한다.

Ⅲ. 유의 사항

- 지금부터 15분 동안 토론 준비를 한다. 이후 토론시간은 30분이다.
- 토론에서 발언 순서는 없으므로, 발언하고 싶은 지원자가 먼저 발언을 하면 된다.
- 토론이 시작되면, 먼저 선배들과 신입사원들의 입장에 대한 자신의 의견을 피력한다.
- 본격적인 토론(자유토론)이 시작되면 자신이 제시하는 안을 다른 지원자들에게 설득한다.
- 신입사원의 바람직한 행동(방안)은 전원이 합의한 방안이어야 한다.

Ⅳ. 자유 메모

메모 페이지가 부족할 경우 진행자에게 추가 백지를 요청하십시오.

발표면접

Ⅰ. 과제 설명: 기업의 사회적 책임(CSR) 실천방안

국내 최대 규모의 건설회사에 근무하는 귀하는 최근 조직 개편으로 사장 직속부서인 사회공헌팀의 팀원으로 발령받았다. 사회공헌팀은 사장님이 지난 신년사에서 올해는 우리 기업의 위상에 걸맞은 사회적 책임(CSR · Corporate Social Responsibility)을 실천해야 한다는 강력한 의지로 신설된 조직이다. 사회공헌팀은 이에 따라 '미래를 향한 진정한 파트너'라는 비전 아래 향후 10년의 사회공헌 사업계획을 발표하여 우리 회사가 보여주기식 사회공헌이 아닌, 사회적 파트너로서의 진정성을 가지고 있음을 인정받아야만 한다.

Ⅱ. 발표 실시 배경

사장님은 올해 신년사를 통해 "회사의 성장과 더불어 국민 모두가 행복한 사회를 만들기 위해 함께 노력하고, 청년 일자리 창출과 사회공헌 활동에 적극 앞장서겠다."고 밝힌 바 있다. 사장님은 사회공헌팀과의 회의를 통해 "지금이야말로 국내 CSR의 진정성을 엿볼 수 있는 시점"이며, "역대 최악의 CSR 사례로 기억될 폴크스바겐 연비조작 사건은 CSR의 가장 중요한 핵심 키워드가 '진정성'임을 다시 보여줬다."면서 "과거 폴크스바겐이 CSR(특히 환경 분야)을 기업의 경쟁력으로 자랑하다가 모두 거짓으로 밝혀지면서 신뢰를 잃은 것처럼, 국내에서도 CSR을 홍보수단으로 어설프게 포장해 '그린워싱(green washing)'을 한 기업들은 올해가 분수령이 될 것"이라고 강조하셨다.

회의 직후 사장님은 팀장님에게 우리 회사가 사회적 파트너로서 진정성을 인정받기 위한 10년의 사회공헌 사업계획을 발표하라고 지시하였고, 팀장님은 귀하에게 이와 관련한 초기 3년 이내에 실행 가능한 방안을 구상하고 이를 체계적으로 실행할 수 있는 계획을 수립하라고 하셨다. 지금은 그것에 대해 보고하는 시간이다.

Ⅲ. 지시 사항

- 관련 자료들을 분석하고 발표를 준비하는 데 주어진 시간은 20분이다.
- 다음 페이지의 관련 자료를 참고하여, 건설업을 하고 있는 우리 회사가 실행할 수 있는 초기 단계의 사회공헌 활동과 이를 체계적으로 실행할 수 있는 방안을 제시해야 한다. 단, 발표한 내용에 대해서는 그 이유가 명확해야 한다.
- 총 면접시간은 15분이며, 이 중 귀하가 발표할 시간은 7분이다.
- 발표가 끝난 이후에는 면접관들의 질문을 받고 적절한 대답을 해야 한다.
- 본 과제의 마지막 메모 페이지에 자유롭게 메모할 수 있으며, 발표 시 이를 볼 수 있다.

기업의 사회적 책임 활동 전략 수립은 신중하고 계획적으로 이루어져야 한다. 효과적인 CSR 전략을 수립하기 위해서는 먼저 기업과 연관된 사회적 이슈와 관심, 기업 이해관계자들의 요구와 의견, 그리고 기업의 이익 달성과 같은 CSR 활동의 목표를 달성하기 위해 관련 정보들을 수집·분석하고 실행계획들의 우선순위를 정해야 한다. CSR 활동은 기업이 경영적 측면에서 성공적으로 사업 경쟁력을 유지하도록 하는 전반적인 전략에 통합해서 운영되어야 한다. 기업이 사업을 유지하기 위해서는 수익성이 보장되어야 하기 때문에 전략적 CSR 활동은 기업의 성공에 기여하는 역할을 해야 한다. 이런 관점에서 CSR 활동은 기업의 이익, 환경의 지속성, 사회적 책임이라는 세 가지 중요한 비즈니스 원칙을 고려할 필요가 있다. 이러한 세 가지 원칙은 CSR 활동의 목표가 기업의 재정적 성공과 밀접하게 연관되어 있다는 것을 잘 보여준다.

즉, CSR 활동은 기업이 사회적 책임을 수행하는 과정을 통해 기업의 경영적인 성과에 긍정적인 영향을 미쳐 재정적인 수익을 창출하는 데 기여해야 한다는 것을 의미한다. 따라서 CSR 활동은 기업의 재정적인 수익 창출에 기여하는 활동인 동시에, 기업이 경영임무를 수행하는 과정에서 피고용자·사회 공동체·환경 등 이해관계자들이 기업에 기대하는 사회적 책임과 의무를 수행하는 활동이 되어야 한다.

그러므로 CSR 활동은 기업이 사회를 개선하고 발전시키기 위해 기업이 가지고 있는 전문 지식과 다양한 자원들을 활용하는 것을 의미한다고 할 수 있다. 결국 CSR 활동과 기업의 재정적인 수익 창출은 상호배타적인 것이 아니라 상호 보완적인 관계로, 전략적 CSR 활동의 주요 목표인 동시에, 기업과 이해관계자들이 윈윈(Win-Win)하는 전략으로, 기업의 비즈니스 관심과 이해관계자들의 관심 모두에 영향을 미치는 것이다. 나아가 CSR 활동은 기업의 경영활동에 대한 사회적 반응과 책임에 대한 정확한 인식, 조직의 행동에 영향을 주거나 받을 수 있는 기업 이해관계자의 CSR 활동에 대한 참여로 이루어진다고 할 수 있다. 특히 기업 이해관계자들의 CSR 활동에 대한 적극적인 참여를 이끌어 내기 위해 기업 경영진은 그들의 주장과 의견에 관심과 주의를 기울일 필요가 있다. 이러한 활동을 통해 기업의 경영진은 이해관계자의 관심과 의견들을 다루고 활용하는 데 도움을 얻을 수 있다.

기업들은 일반적으로 다른 경쟁자들로부터 자신들을 차별화하기 위한 방법으로 종종 CSR 활동을 활용하는데, 이를 통해 상업적으로 이익의 우위를 만들어 내기도 한다. 기업은 CSR 활동을 통해 사회에 투자함으로써 더 높은 경영 경쟁력을 갖출 수 있게 된다. CSR 활동은 '비닐봉지 사용하지 않기', '일회용 컵 사용 줄이기' 등 적은 비용을 투자해 더 나은 사회를 만들기 위한 소비자의 요구에 대응함으로써 기업의 긍정적 이미지를 창출하는 데 유용한 전략이다.

Ⅳ. 관련 자료 ② CSR 활동의 국내 우수 사례

• CSR로 젊은이의 꿈을 키워 주는 LG 디스플레이

LG디스플레이는 "젊은 꿈을 키우는 사랑"이라는 슬로건 아래 어느 기업보다 사회공헌 활동을 체계적으로 벌이고 있는 업체로 정평이 나 있다. LG디스플레이는 특히 잠재력 있는 취약계층, 아동, 청소년들에게 성장 기회를 제공하는 것에 초점을 맞추고 있다. 이를 위해 교육·의료 분야와 조합의 사회적 책임(USR·Union Social Responsibility) 활동에 주력한다.

교육·의료 분야에서는 아동보육시설 내 여유공간을 활용하여 인터넷 접속이 가능한 첨단 PC 환경과 시청각 학습이 가능한 멀티미디어 환경을 갖춘 별도 공간을 조성해 나가고 있다. 2015년도부터 올해까지 34개소에 이런 공간을 확보해 기부한다는 목표다. 이와 함께 성장기 아동들의 시력 보호와 실명 예방을 위해 초등학교 저학년을 대상으로 '초롱이 눈 건강 교실'과 저시력 아동 대상 맞춤형 재활캠프를 운영하고 있다. 초롱이 눈 건강 교실은 2016년부터 시작하여 현재까지 약 200회에 걸쳐 1000여 명의 초등학생들을 대상으로 운영되었다. LG디스플레이는 지난 2018년 '보건의 날'에 이와 같은 공로를 인정받아 국무총리 표창을 수상하기도 했다.

USR은 LG디스플레이의 CSR에서 가장 차별화된 활동으로 손꼽힌다. 이는 최근 대기업 노동조합의 사회적 책임에 대한 요구가 증대하는 등 '노동조합의 노동운동 패러다임 전환'이라는 시대적 흐름에 부응한다는 차원에서 적극 전개하고 있는 활동이기도 하다. 실제로 LG디스플레이 노동조합은 캄보디아, 몽골 등에서 해외봉사활동을 벌이는 것은 물론 헌혈, 기숙사 내 헌옷 모으기 등으로 회사의 CSR에 적극 동참하고 있다.

• 안전 CSR로 글로벌 경쟁력을 제고하는 포스코

포스코는 지난 1977년 안전관리사 제도를 도입한 이래 안전 CSR 분야를 지속적으로 선도해 오고 있는 업체다. '일터가 안전하고 삶이 행복한 포스코 패밀리 구현'이라는 비전 아래, 수치에 근거한 하이테크를 활용한 인프라 구축으로 과학적이고 객관적인 안전관리 시스템을 운영하는 데 주력하고 있다. 이를 위해 포스코는 크게 안전, 보건, 재난 분야로 나눠 안전관리를 실천하고 있다. 먼저 안전 분야에서는 안전한 행동이 체질화된 직원 육성과 위험제로(Hazard free) 설비 구축을 최우선 실행전략으로 추진하고 있다. 보건 분야에서는 인간존중에 기반한 선행적 보건활동으로 직원의 삶의 질을 향상시키는 데 주력한다. 재난 분야에서는 전사 차원의 재난사고 예방 프로세스를 체계화해 전 직원의 재난관리역량 및 비상대응 능력을 강화해 나가고 있다.

이 밖에도 포스코는 안전보건 활동을 강화하기 위해 사람과 장비, 시스템을 축으로 그룹의 역량을 결집하고 있다. 사람 측면에서는 포항 및 광양의 글로벌 안전센터 내에 교육을 강화하고 안전리더십, 안전문화, 자율상호주의, 10대 안전철칙, 건강이상 직원 개인별 돌봄활동에 주력하고 있다. 장비 분야에서는 격리잠금자(ILS·Isolation Locking System), 안전시설물, 수작업 치공구 개선,

응급 의료기능 강화(산소치료시설 도입 등)를 우선적으로 보강하고 있다. 시스템 분야에서는 안전보건경영체계, 포스코 안전평가시스템(PSRS · Posco Safety Rating System), 스마트 안전(Smart Safety), 글로벌 안전보건 전산시스템, 안전마스터, 자체 건강검진 및 치료체계 등을 강화하고 있다.

• 제품 라이프사이클 관점에서 환경과 사회공헌에 앞장서는 아모레퍼시픽

국내 대표 화장품업체인 아모레퍼시픽은 환경과 사회적 측면을 고려한 제품의 지속 가능성 강화에 자원을 집중하고 있다. 특히 제품의 제조 전 단계부터 제조·운송·사용·폐기 등 제품의 라이프사이클 관점에서 환경과 사회공헌 측면을 고려해 사업을 전개하고 있다.

제조 전 단계에서는 희귀 생물종 연구 및 '아리따운 구매', 식물 부산물 패키지, 화장품 용기 절감 등을 집중적으로 검토해 제품화단계에 반영한다. 이 과정을 통해 아모레퍼시픽은 토종 희귀종을 복원해 화장품 소재의 효능 연구 및 원료화에 상당한 진전을 이뤄 내기도 했다. 또 멸종 위기의 흰 감국을 복원해 식약청 미백 기능성 원료로 인증받은 바 있다. 나아가 감귤 껍질, 해초지 등 식물 부산물 소재 패키지를 개발해 자원 절감에 성공했다. 이 단계를 거치면서 화장품 용기도 약 24% 줄이는 등 환경보호에 앞장서고 있다.

제조·운송단계에서는 사업장 폐열회수 시스템 구축을 포함해 물류수송차량(EMS) 등을 도입해 환경보호에 나서고 있다. 폐열회수 시스템 구축을 통해서는 연간 온실가스 95만 톤을, 물류수송차량 도입을 통해서는 온실가스 87만 톤을 각각 감축하고 있다.

제품사용단계에서는 유니버설 디자인, 물사용 저감 연구 등을 고려한다. 폐기단계에서도 그린사이클을 중시하는데, 특히 수거된 용기를 새로운 화장품 용기로 만들어 내는 등 재활용에 적극 나서고 있다.

• 인체 무해한 친환경 소재 개발을 최우선시하는 LG하우시스

건축장식자재, 고기능소재, 자동차소재 부품업체인 LG하우시스는 업계 특성상 친환경 선도제품 개발에 사활을 걸고 있는 대표적 기업이다. "자연을 닮은, 사람을 담은 행복한 생활공간을 만듭니다."라는 비전 아래 친환경 소재 공급 및 에너지 성능 향상 등 자연과 어울리는 공간을 제공하는 데 주력하고 있다.

LG하우시스는 지속 가능한 기업이 되기 위해 사회에 이바지하는 기업이 되어야 한다는 경영철학 아래 사회공헌활동에 조직의 역량을 집중하고 있다. 이 회사가 벌이고 있는 대표적 사회공헌활동으로는 그린 독도 공간 가꾸기, 독도사랑 청년 캠프 등 독도 천연보호구역 지킴이 역할이 있다. 여기에 행복한 공간 만들기, 행복한 디자인 나눔 캠페인, 지역사회공헌활동 등을 지속적으로 전개하고 있다.

이 회사는 그린경영에도 특별한 관심을 쏟고 있다. 이를 위해 친환경 소재를 사용하는 것은 물론, 층간소음 개선과 단열성 강화 등을 통해 에너지 절감을 꾀하고 있다. 이를 통해 지난해에는 10%에 불과했던 친환경 제품 매출을 올해 20%까지 끌어올린다는 목표다. 특히 식물성 원료(옥수수성분)로 만들어 유해물질 걱정이 없는 바닥재와 벽지 개발에 주력하고 있다. 이러한 노력의 결과 세계 건자재업계 최초로 유럽섬유환경인증 1등급(Baby Class)을 획득하는 쾌거를 올리기도 했다.

V. 자유 메모

메모 페이지가 부족할 경우 진행자에게 추가 백지를 요청하십시오.

표 / 그림 차례

표

[표 1.2-1] 채용절차법상 능력중심채용 위반 사례 · 19

[표 1.2-2] 공감채용의 실천 사례 · 20

[표 1.3-1] 공정채용의 전형단계 · 21

[표 1.3-2] 선발단계별 편견요소의 제외 · 23

[표 1.3-3] 5대 법률에서 정하는 차별금지 항목 · 23

[표 1.3-4] 채용단계별 주요 편견요소 · 25

[표 1.3-5] 공정채용 도입을 위한 채용단계별 주요 활동 · 27

[표 1.4] 블라인드 채용의 유형 · 28

[표 2.1] 채용제도 현황 진단방법 및 내용 · 34

[표 2.2] 채용단계별 진단 체크리스트 · 36

[표 2.3-1] 채용절차법의 주요 제재규정 · 40

[표 2.3-2] 채용절차법의 주요 권고사항 · 41

[표 2.3-3] 채용절차법 준수사항 진단 Sheet · 42

[표 2.4] 벤치마킹의 단계별 주요 내용 · 45

[표 2.5] 진단결과에 따른 개선방안 도출 사례 · 46

[표 3.1-1] 지식 · 기술 · 능력 · 태도 vs 역량 · 54

[표 3.1-2] 직무분석과 역량모델링의 차이 · 55

[표 3.3-1] 인재선발을 위한 다양한 평가도구 · 63

[표 3.3-2] 선발도구 선택 시 고려사항 · 63

[표 4.1] 직무설명자료의 구성 및 주요 내용 예시 · 72

[표 4.2] 내부자원을 이용한 직무설명자료 개발과정 · 74

[표 4.3-1] NCS를 활용한 직무분석 과정 · 76

[표 4.3-2] NCS에서 세분류(직무)별 구성요소 · 79

[표 4.3-3] 요구 능력단위 선정 Matrix · 84

[표 4.3-4] 능력단위별 관련 지식(Knowledge) 도출 Matrix · 86

[표 4.3-5] 능력단위별 관련 기술(Skill) 도출 Matrix · 87

[표 4.3-6] 능력단위별 관련 자격 도출 Matrix · 88

[표 4.3-7] 채용대상 직무(군)별 직업기초능력 도출 Matrix · 89

[표 4.4-1] 직무기본정보의 구성항목 및 내용 · 91

[표 4.4-2] 직무기본정보 작성 Worksheet · 91

[표 4.4-3] 주요 업무 및 수행준거 작성하기 · 92

[표 4.4-4] 주요 업무 및 수행준거 작성 Worksheet · 93

[표 4.4-5] 직무수행조건 작성하기 · 93

[표 4.4-6] 직무수행조건 작성 Worksheet · 94

[표 4.4-7] 직업기초능력 선별 Worksheet · 95

[표 5.2] 고용브랜드의 기대효과 · 103

[표 5.3-1] 직원가치제안의 유형 · 105

[표 5.3-2] 직원가치제안의 유형 예시 · 106

[표 5.4] 고용브랜딩 예시 · 111

[표 5.5-1] 채용단계별 고용브랜딩 활용 예시 · 114

[표 5.5-2] 고용브랜딩 활용 체크리스트 예시 · 114

[표 6.1-1] 서류전형에서의 평가도구 및 내용 · 120

[표 6.1-2] 입사지원서 개발 프로세스 · 122

[표 6.1-3] 서류전형 평가 프로세스 · 123

[표 6.1-4] 능력중심채용 입사지원서의 교육사항 작성양식
예시 · 123

[표 6.1-5] 능력중심채용 입사지원서의 자격사항 작성양식
예시 · 123

[표 6.1-6] 신입 일반직(경력 미포함) 서류전형 사례 1 · 125

[표 6.1-7] 신입 일반직(경력 미포함) 서류전형 사례 2 · 125

[표 6.1-8] 개인별 서류전형 평가표 예시 · 125

[표 6.2-1] 자기소개서 평가 Frame · 128

[표 6.2-2] 자기소개서 평가기준 및 확인사항 예시 · 129

[표 6.2-3] 자기소개서 평가의 기본 방향 및 낮은 점수의
착안 Point · 129

[표 6.2-4] 자기소개서 평가요소별 평가표 구성 예시 · 130

[표 6.2-5] 평가요소별 평가(행동)수준별 배점 예시 · 130

[표 6.2-6] 자기소개서 활용 평가표 예시 · 130

[표 6.3] 단계별 허들방식의 예 · 134

[표 6.4-1] 구조화면접과 비구조화면접 · 137

[표 6.4-2] 구술면접과 시뮬레이션 면접 비교 · 139

[표 6.4-3] 수행준거를 활용한 면접문항 Pool 선정 예시 · 142

[표 6.4-4] 수행준거를 활용한 면접질문 개발 · 142

[표 6.4-5] 경험면접 평가에서 추가질문에 대한 예시 · 144

[표 6.4-6] FACT의 내용과 원칙 · 144

[표 6.4-7] 상황면접의 질문과 스킬 · 145

[표 6.4-8] 발표면접에서 운영과제에 의한 분류 예시 · 152

[표 6.4-9] 발표면접에서 준비방식 · 발표방식에 따른
　　　　　분류 예시 · 152

[표 6.5-1] 면접관 평가성향: 오류의 종류와 극복방안 · 157

[표 6.5-2] 면접관의 오류 원인 · 158

[표 6.5-3] 면접단계의 가치판단 요인 · 159

[표 6.5-4] 면접단계 개발 · 159

[표 6.5-5] 면접운영 프로세스 · 160

[표 6.5-6] 면접관 교육 모듈 예시(4시간 기준) · 161

[표 7.1] 사전 면접질문지 제작 및 적용을 기준으로 한
　　　　구조화면접 방식 구분 · 166

[표 7.2-1] 평가요소 예시 · 171

[표 7.2-2] 우수성과자 인터뷰 질문 예시 · 173

[표 7.3-1] 평가요소 정의와 경험면접 질문 목록 · 177

[표 7.3-2] 카드형식 상황 제시 예시 · 179

[표 7.3-3] 발표면접 진행 예시 · 180

[표 7.3-4] 토론면접 진행 예시 · 182

[표 8.2-1] 의사소통능력의 하위요소 · 196

[표 8.2-2] 문서작성능력의 평가항목 및 내용 예시 · 199

[표 8.2-3] 경청능력의 행동지표 · 200

[표 8.2-4] 의사표현능력의 개별면접 행동지표 사례 · 201

[표 8.2-5] 의사표현능력의 그룹토의 행동지표 사례 · 201

[표 8.2-6] 협조성의 그룹토의 행동지표 · 203

[표 8.2-7] 그룹토의에서 긍정적 · 부정적 행동 · 203

[표 8.2-8] 의사표현능력의 발표면접 행동지표 사례 · 204

[표 8.2-9] 분석력의 발표면접 행동지표 · 206

[표 8.2-10] 발표면접에서의 긍정적 · 부정적 행동 · 206

[표 8.2-11] 의사소통능력 하위능력별 평가내용으로서의
　　　　　 지식 · 기술 · 상황 · 207

[표 8.3-1] 수리능력의 하위요소 · 211

[표 8.3-2] 수리능력 하위능력별 평가내용으로서의
　　　　　지식 · 기술 · 상황 · 215

[표 8.4-1] 문제해결능력의 하위요소 · 218

[표 8.4-2] 사고력에 대한 자기소개서 문항 예시 · 218

[표 8.4-3] 사고력의 그룹토의 행동지표 · 220

[표 8.4-4] 문제처리능력에 대한 자기소개서 문항 예시 · 221

[표 8.4-5] 문제처리능력의 서류함기법 및 발표면접
　　　　　행동지표 사례 · 223

[표 8.4-6] 문제해결능력의 발표면접 행동지표 사례 · 223

[표 8.4-7] 문제해결능력 하위능력별 평가내용으로서의
　　　　　지식 · 기술 · 상황 · 224

[표 8.5-1] 자기개발능력의 하위요소 · 226

[표 8.5-2] 자기개발능력의 자기소개서 행동지표 사례 · 228

[표 8.5-3] 자기관리능력에 대한 자기소개서 문항 예시 · 228

[표 8.5-4] 경력개발능력에 대한 자기소개서 문항 예시 · 229

[표 8.5-5] 자기개발능력 하위능력별 평가내용으로서의
　　　　　지식 · 기술 · 상황 · 231

[표 8.6-1] 자원관리능력의 하위요소 · 234

[표 8.6-2] 시간관리능력에 대한 자기소개서 문항 예시 · 235

[표 8.6-3] 예산관리능력에 대한 자기소개서 문항 예시 · 236

[표 8.6-4] 물적자원관리능력에 대한 자기소개서 문항 예시 · 236

[표 8.6-5] 인적자원관리능력에 대한 자기소개서 문항 예시 · 236

[표 8.6-6] 자원관리능력의 자기소개서 행동지표 사례 · 237

[표 8.6-7] 자원관리능력의 서류함기법과 발표면접에서
　　　　　행동지표 · 240

[표 8.6-8] 자원관리능력 하위능력별 평가내용으로서의
　　　　　지식 · 기술 · 상황 · 241

[표 8.7-1] 대인관계능력의 하위요소 · 245

[표 8.7-2] 팀워크능력에 대한 자기소개서 문항 예시 · 246

[표 8.7-3] 리더십능력에 대한 자기소개서 문항 예시 · 247

[표 8.7-4] 갈등관리능력에 대한 자기소개서 문항 예시 · 247

[표 8.7-5] 협상능력에 대한 자기소개서 문항 예시 · 247

[표 8.7-6] 고객서비스능력에 대한 자기소개서 문항 예시 · 248

[표 8.7-7] 대인관계능력의 자기소개서 행동지표 사례 · 248

[표 8.7-8] 갈등관리능력의 상황면접에서의 세부요소와
　　　　　행동지표 · 251

표 / 그림 차례

[표 8.7-9] 고객서비스능력의 상황면접에서의 세부요소와
　　　　　행동지표 · 251

[표 8.7-10] 갈등관리능력, 협상능력, 고객서비스능력에 대한
　　　　　역할연기 행동지표 · 252

[표 8.7-11] 대인관계능력, 문제해결능력, 자원관리능력에 대한
　　　　　서류함기법 평가표 · 254

[표 8.7-12] 팀워크능력의 그룹토의 행동지표 · 254

[표 8.7-13] 대인관계능력 하위능력별 평가내용으로서의
　　　　　지식 · 기술 · 상황 · 255

[표 8.8-1] 정보능력의 하위요소 · 259

[표 8.8-2] 정보능력에 대한 면접평가표 예시 · 261

[표 8.8-3] 정보능력 하위능력별 평가내용으로서의
　　　　　지식 · 기술 · 상황 · 262

[표 8.9-1] 기술능력의 하위요소 · 265

[표 8.9-2] 기술능력에 대한 자기소개서 문항 사례 · 266

[표 8.9-3] 기술능력 자기소개서 평가요소 및 행동지표 사례 · 267

[표 8.9-4] 논술시험 평가항목 및 내용 · 268

[표 8.9-5] 기술능력을 포함한 발표면접 평가표 예시 · 269

[표 8.9-6] 기술능력 하위능력별 평가내용으로서의
　　　　　지식 · 기술 · 상황 · 270

[표 8.10-1] 조직이해능력의 하위요소 · 273

[표 8.10-2] 조직이해능력의 자기소개서 행동지표 사례 · 275

[표 8.10-3] 조직적합도와 직무적합도에 대한 신입직
　　　　　면접평가표 예시 · 277

[표 8.10-4] 조직이해능력을 포함한 발표면접 평가표 예시 · 278

[표 8.10-5] 조직이해능력 하위능력별 평가내용으로서의
　　　　　지식 · 기술 · 상황 · 279

[표 8.11-1] 직업윤리의 하위요소 · 282

[표 8.11-2] 근로윤리 하위요소인 성실성에 대한 구체적 정의 · 283

[표 8.11-3] 성실성에 대한 자기소개서 행동지표 · 283

[표 8.11-4] 직업윤리 하위능력별 평가내용으로서의
　　　　　지식 · 기술 · 상황 · 285

[표 9.2-1] 채용담당자가 준비해야 할 불합격 사유
　　　　　피드백 항목 · 296

[표 9.2-2] 지원자가 채용담당자에게 제공할 수 있는
　　　　　피드백 항목 · 296

[표 9.3-1] 평가결과 정보유형 및 전형별 피드백 보고방식 · 299

[표 9.3-2] 피드백 고지방식별 장단점 및 활용방안 · 300

[표 9.3-3] 불합격 피드백 보고서 작성형태 · 301

[표 9.3-4] 채용결과 통보 메시지 유형 · 302

[표 9.3-5] 불합격 피드백 보고서 작성 시 메시지 적정성 검토
　　　　　체크리스트 · 303

[표 부록.1-1] 채용절차법 제재규정 · 309

[표 부록.1-2] 채용절차법 권고규정 · 309

[표 부록.2-1] 프롬프트의 기본구조 · 311

[표 부록.2-2] 결과물의 형식을 지정하는 프롬프트 예시 · 311

[표 부록.2-3] AI 서류평가 실험 · 312

[표 부록.3-1] 공통 문항 · 313

[표 부록.3-2] 직업기초능력 질문 문항 · 314

그림

[그림 1.1] 공정채용의 3요소 · 15

[그림 1.3] 채용상 제외요소 판단기준 · 24

[그림 2.4] A기업의 벤치마킹 사례 · 45

[그림 3.3] 채용 프로세스에 따른 선발의사결정 · 61

[그림 4.2] 직무의 내용 및 능력의 도출 · 75

[그림 4.3-1] NCS에서 세분류(직무)별 구성요소 · 77

[그림 4.3-2] 인사 세분류(직무)에 대한 NCS 분류체계
　　　　　탐색 예시 · 79

[그림 4.3-3] 채용대상 직무에 대한 NCS 분류체계 예시 · 80

[그림 4.3-4] 채용대상 직무(직군) 관련 능력단위 선정과정 · 84

[그림 4.3-5] 직무설명자료의 지식 · 기술 · 태도 선정과정 · 86

[그림 4.4] 수행준거 작성 예 · 92

[그림 5.3-1] 직원가치제안의 의미 · 104

[그림 5.3-2] 직원가치제안과 고용브랜딩의 관계 · 105

[그림 5.4-1] 고용브랜드 구축 프로세스 · 108

[그림 5.4-2] 직원가치제안 도출 프로세스 · 109

[그림 5.4-3] 직원가치제안 및 시사점 도출 예시 · 110

[그림 6.1] 능력중심채용 입사지원서 예시 · 121

[그림 6.2] 자기소개서 문항 및 평가기준 개발 · 활용 · 126

[그림 6.3-1] 필기전형 프로세스 · 133

[그림 6.3-2] 검사결과 활용 가이드 · 134

[그림 6.4-1] 구조화에 따른 구술면접의 구분 · 137

[그림 6.4-2] 경험면접의 평가준거 · 140

[그림 6.4-3] 경험면접 질문 및 평가기준 개발과정 · 141

[그림 6.4-4] STAR 기법을 활용한 심층질문 예시 · 143

[그림 6.4-5] 상황면접 기법 · 145

[그림 6.4-6] 시뮬레이션 면접의 구조 · 146

[그림 6.4-7] 시뮬레이션 면접의 구분 · 147

[그림 6.4-8] 그룹토의(GD)에서 역할에 의한분류 예시 · 148

[그림 6.4-9] 그룹토의 과제의 운영구조예시(6인 평가 시) · 151

[그림 6.4-10] 발표면접 과제의 운영구조 · 153

[그림 7.1] 선발도구의 준거타당도 · 168

[그림 7.2-1] 평가요소 구조화 절차 · 172

[그림 7.2-2] 평가요소 도출 예시 · 174

[그림 7.3-1] STAR 기법 개요 · 177

[그림 7.3-2] 발표면접 과제 예시 · 181

[그림 7.3-3] 토론면접 과제 예시 · 182

[그림 8.1-1] 능력중심채용의 단계별 평가도구 및
　　　　　평가요소 예시 · 191

[그림 8.1-2] NCS 직업기초능력의 선발 매트릭스 · 192

[그림 8.4] 기획서 및 보고서 작성 + 면접의 구조 · 222

참고

[참고 1.2] 채용절차법 · 18

[참고 4.3] NCS 검색방법 · 80

[참고 4.4] DACUM(Developing A Curriculum) · 91

[참고 8.7] 역할연기 · 253

이 책은 한국산업인력공단 국가직무능력표준원에서 주관하고 한국표준협회가 시행하는 '2022~2023년 능력중심 채용모델 개발 및 보급 사업 운영 용역'에서 전문위원으로 활동하고 있는 채용전문가들이 기획하고 집필한 것이다. 현재 정부적 차원에서 고용노동부가 공정채용을 국정과제로 추진하고 있으며, 최근 국회에서는 「채용절차의 공정화에 관한 법률」을 「공정채용에 관한 법률」로 개정하는 내용의 '채용절차의 공정화에 관한 법률 전부개정법률안'이 발의됐다. 이에 향후 공정채용의 사회적 확산을 기대하며 출판을 결정했다.

최근 채용과 관련해 국가나 사회에 대한 불신이 높아짐에 따라 '공정성', '예측 가능성', '능력에 따른 보상' 등 지원자의 니즈 파악이 중요해지고 있다. 이에 따라 채용의 전 과정에서 지원자에게 정보를 '투명'하게 공개하고 공개된 내용대로 채용과정을 운영하며, 직무와 무관한 편견요소가 아닌 '능력'을 중심으로 평가해 지원자와 기업이 모두 '공감'할 수 있는 공정채용이 시대적으로 필요한 상황이다.

하지만 채용이라는 업무가 조직 측면에서 대단히 중요하고 전문적인 영역임에도 불구하고 실제 기업에서 채용업무의 사용 빈도가 낮은 탓에 기업들이 공정채용에 대해 관심을 갖기란 쉽지 않다. 특히 중소기업의 경우 인사담당자가 다른 업무와 병행해 채용업무를 수행하는 경우가 많으며, 직원의 충원 자체가 어려운 상황도 있기 때문에 공정채용이라는 중요한 시대적 과제가 확산되기란 현실적으로 매우 어렵다고 생각한다.

이러한 이유에서 이 책은 채용담당자가 직원 선발과정에서 공정채용을 좀 더 효율적이고 쉽게 활용할 수 있도록 돕는 데 중점을 뒀다. 이를 위해 NCS를 기반으로 한 능력중심채용에 대한 기본적 내용부터 채용·선발과정을 설계하는 방법 등을 소개함으로써 전반적인 채용 프로세스에 대한 이해를 높이려 했다. 또한 투명·공감채용과 관련해 기존 채용제도 진단, 고용브랜딩, 구조화면접의 평가와 운영, 탈락자 불합격 피드백 운영 등의 내용을 추가했다. 여기에 중소기업 채용담당자의 업무 생산성과 효율성을 높이기 위해 채용과정에서 AI 챗봇을 활용하는 방법, 자기소개서·면접 질문 등의 예시도 제공했다.

이 책을 보다 효과적으로 활용하기 위해서는 무엇보다 그 구성방식의 특성을 이해하고 있어야 한다. 실제 기업의 채용담당자로서 공정채용을 기획·운영할 경우 이 책의 내용을 처음부터 끝까지 모두 읽어볼 수 있다면 좋겠지만, 시간이 부족하면 필요한 내용만을 찾아서 볼 수 있어 일종의 매뉴얼로도 활용이 가능하다는 것을 강조하고 싶다.

많은 준비를 한다고 했지만 아직 이 책을 읽는 독자의 욕구를 충족하기에는 턱없이 부족한 점이 많을 것이다. 이에 대해서는 앞으로 지속적인 연구를 통해 보완해 나가고자 한다. 그럼에도 불구하고 이 책이 나올 때까지 도와주시고 격려해주신 분들이 매우 많다. 일일이 다 이야기할 수는 없지만 그 분들께 깊은 감사의 말씀을 드리며, 이 책이 우리나라에서 공정채용을 확산시키는 데 도움이 되길 기대해 본다.

광화문 사무실에서
다른 저자들을 대신해

이승철 씀